工业和信息化普通高等教育
“十二五”规划教材立项项目

21世纪高等学校
经济管理类规划教材
高校系列

MANAGEMENT INFORMATION SYSTEM

管理信息系统

✚ 向卓元 彭虎锋 主编
✚ 杨璠 朱志光 丁亚兰 副主编

ECONOMICS AND MANAGEMENT

人 民 邮 电 出 版 社
北 京

图书在版编目（CIP）数据

管理信息系统 / 向卓元，彭虎锋主编. -- 北京 ：
人民邮电出版社，2015.2（2021.2重印）
21世纪高等学校经济管理类规划教材. 高校系列
ISBN 978-7-115-38206-1

Ⅰ. ①管… Ⅱ. ①向… ②彭… Ⅲ. ①管理信息系统
－高等学校－教材 Ⅳ. ①C931.6

中国版本图书馆CIP数据核字(2015)第020310号

内 容 提 要

本书从现代企业对管理人员素质要求出发，阐明了管理者应具备的知识领域，在此基础上，有目标地、系统地、完整地、详细地阐述了管理信息系统的理论、方法和技术。全书由10章组成，包括管理信息系统概述、管理信息系统建设途径、面向对象方法与统一建模语言简介、管理信息系统规划、系统分析、系统设计、系统实施、系统开发管理、系统运行管理和企业管理信息化。同时，每章后都附有习题。

本书可作为高等院校经济类、管理类、法学类专业的信息管理专业基础教材，也可作为从事信息系统建设和计算机应用工作的技术人员与管理人员的参考书。

◆ 主　　编　向卓元　彭虎锋
副 主 编　杨　璠　朱志光　丁亚兰
责任编辑　武恩玉
执行编辑　刘向荣
责任印制　沈　蓉　彭志环

◆ 人民邮电出版社出版发行　　北京市丰台区成寿寺路11号
邮编　100164　　电子邮件　315@ptpress.com.cn
网址　http://www.ptpress.com.cn
北京七彩京通数码快印有限公司印刷

◆ 开本：787×1092　1/16
印张：20.25　　　　　2015年2月第1版
字数：533千字　　　　2021年2月北京第8次印刷

定价：45.00元

读者服务热线：(010)81055256　印装质量热线：(010)81055316
反盗版热线：(010)81055315

前 言 Preface

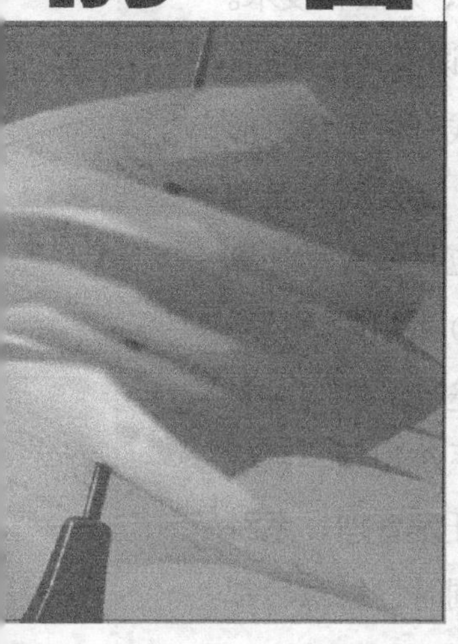

将“管理信息系统教材”作为关键词在百度上进行搜索，可以找到约四百万个相关结果。通过对这些数据进行分析，可以发现目前出版的管理信息系统教材有上百种，大致可分为2类。

（1）从课程学科属性出发组织教材。① 管理学派。以管理学为出发点，系统地研究了MIS（管理信息系统），其特点是重宏观、强调管理方法。② 技术学派。以计算机科学角度系统地研究了MIS，其特点是重视信息系统的建设和实现。

（2）从工程项目出发组织教材。① 项目式。以项目为纽带，将相关联的知识“捆绑”在一起，其特点是学生从参与者变成主导者。② 案例式。以案例为线索，系统介绍MIS，其特点是以内容为线索，教学内容紧凑，中心突出。③ 积木式。根据内在的耦合度将教学内容分为若干模块即“积木”，引导学生积极思考，其特点是具有灵活性、适用性。

以上各种类型的教材各有所长、各具特色。本书是在系统地分析了上述教材的基础上，根据从事该课程教学十多年的经验编写而成的，其特点如下。

（1）定位清晰。本书是针对普通高等财经院校经济类、管理类、法律类专业学生编写的。

（2）以学生为中心。本书没有完全按照课程学科属性来组织内容，而是以学生的培养目标为中心，以培养合格的业务分析员或CIO为目标组织的，从而在管理学派的宏观上和技术学派的深层次上找到一个平衡点。

（3）案例典型、代表性强。本书中的案例是在实地考察了多家实体企业并完成了一家企业项目的基础上，组织有经验的教师总结而来的。在案例的组织上用一个完整的案例贯穿全书，避免了案例琐碎化、离散化带来的知识不连贯、不系统的弊端。在内容组织上结合了“项目式”和“案例式”两种类型的优点，从而使得内容更加紧凑。

本书从现代企业对管理人员素质要求出发，阐明了管理者应具备的知识领域，在此基础上，有目标地、系统地、完整地、详细地阐述了管理信息系统的理论、方法和技术。在组织材料上，力求做到系统、准确、完整、先进、实用、通俗，把培养读者分析问题、解决问题和实际动手的能力作为出发点。并通过案例分析，把理论与实践有机结合，形成信息系统开发的完整框架。本书所涉及的知识点具有新观点、新技术、新发展、新动态的特点，是信息技术与时俱进的特征体现。要求读者在学习本书前，应具备大学计算机的基本基础知识，还应有一定的管理方面的知识。全书由 4 部分，共 10 章组成。第一部分基本概念及相关知识，包括管理信息系统概述、管理信息系统建设途径、面向对象方法与统一建模语言简介；第二部分管理信息系统建设，包括管理信息系统规划、系统分析、系统设计、系统实施；第三部分管理信息系统的管理，包括系统开发管理、系统运行管理；第四部分管理信息系统的典型应用，包括企业管理信息化。同时，每章后都附有习题。

本书由中南财经政法大学向卓元教授和彭虎锋副教授任主编。向卓元负责全书总纂与定稿工作。第 1、第 2、第 3、第 4、第 10 章和 5.1 节由向卓元执笔，第 8、第 9 章由彭虎锋执笔，5.2～5.4 节由杨璠执笔，第 6 章由朱志光、杨璠执笔，第 7 章由丁亚兰执笔，同时还有方齐、杨颖、魏铮铮、毛峰峰、徐志明、刑齐等同学参与 UML 建模工作。

本书的编写得到中南财经政法大学教务部、信息与安全工程学院的领导和教师们的大力支持。在此一并表示衷心的感谢！

由于编者水平有限，书中错误之处在所难免，恳请各位同行和读者批评指正。

编者

2014 年 12 月

目录 Contents

第一部分　基本概念及相关知识

第1章　管理信息系统概述

第2章　管理信息系统建设途径

第3章　面向对象方法与统一建模语言简介

第二部分 管理信息系统建设

第4章 管理信息系统规划

第5章 系统分析

第6章 系统设计

第四部分　管理信息系统的典型应用

第10章　企业管理信息化

第一部分

基本概念及相关知识

第1章 管理信息系统概述

［**学习目的**］通过本章的学习，读者主要应了解社会发展与管理信息系统的内在联系，从而建立管理信息系统的概念，对管理信息系统有一个清晰、全面的认识。并知晓现代企业面临的问题以及学习本课程的目的。

［**本章要点**］

- 掌握管理信息系统的概念、功能，管理信息系统的定义及结构；
- 了解管理信息系统的发展规律；
- 了解业务分析师CIO的概念以及职责。

管理信息系统已经渗透到现代社会的各个领域，它正在并且在将来都将改变着人们的生活和工作。特别是随着人类社会跨入信息时代，它的作用日益明显。

1.1 社会发展与管理信息系统

1. 社会经济的重大变革

人类社会与意识观念的每一次重大进步，几乎都与信息观念和信息技术的重大变革相联系。1980年，美国未来学家阿尔温·托夫勒在《第三次浪潮》一书中把人类文明分为三次浪潮：第一次是人类从原始渔猎社会过渡到农业社会的农业文明浪潮，第二次是工业文明浪潮，第三次则是以电子计算机为工业文明输入智慧开始的信息文明浪潮。特别是第三次文明给人类社会带来了巨大的变化，信息技术的作用功不可没。

第二次世界大战后，计算机的发明开启了人类社会信息文明的新纪元。当今时代，无论在发达国家，还是在发展中国家，信息产业在国民经济中的地位与作用不断提升，并日益成为促进各国经济增长与发展的支柱性产业。所有这些新的经济发展趋势都离不开信息技术的发展。

信息技术的发展无论从广度上还是从深度上，都对整个经济系统产生了重要的影响，同样带来了经济系统诸多方面的重要变革。总的来说，在改变经济系统内经济组织的运行方式和组织结构的同时，整体上提高了整个经济运行的效率，提高了经济系统的绩效水平。首先，从微观层面的主体企业和个人来看，企业对信息技术的应用改变了传统企业的运作模式，提高了企业掌握和运用市场信息的能力，同时也从整体上改变着企业的竞争模式和市场运作模式。个人通过购买和消费大量的信息产品，在不断地提高着其自身物质和精神生活的水平，个人素质得到了提高。其次，从中观层面的产业来看，随着信息技术的发展以及其在整个社会经济中重要地位的日益凸显，依托于信息技术而发展起来的信息产业已成为各国经济发展中竞相扶植和努力开拓的领域，同时信息产业所生产出的大量信息产品应用于传统产业，对传统产业的改造和提升发挥了越来越重要的作用。最后，从宏观层面的国家来看，当今的国际市场，信息产品贸易变得越来越重要，同时一国信息技术的发展水平很大程度上代表着该国在国际市场上的信息竞争力。而信息竞争能力的强弱已成为未来信息经济社会一国竞争能力强弱的重要指标。因此，各国都在积极发展本国的信息技术以及信息产业，并积极推动本国信息基础设施建设的进程。这无疑会促进本国在未来国际竞争中竞争能力的提升，使得经济系统运行效率大幅提升。

如果我们将人类经济活动的动态运行归纳为人流—物流—资金流—信息流的运动，那么，在当今信息经济风起云涌的时代，无疑信息流会最终支配着人—财—物的运动方向和最终落脚点。而信息流的运动又是以一定的信息技术发展水平为依托的，所以，发达国家广泛采用信息技术改造、提升传统产业，极大地提高了产业技术水平，优化了社会资源配置，引领全球产业调整和发展潮流；新兴国家抓住国际产业转移的机遇，大力推动信息化，改善了经济发展条件，实现经济的快速增长。信息网络已经成为承载现代社会信息流、商品流、资金流的“神经系统”，有效地降低了社会交易成本，促进了整个市场体系的高效运转。从这个意义上讲，未来社会的制高点必将为信息所主导，正如美国前总统克林顿所认为的，未来社会各国的竞争将是信息实力的较量。

对于中国而言，从20世纪90年代末开始，中国决策当局就十分重视通过信息化加快传统经济结构和社会模式的改造。中国共产党十五届五中全会首次提出，要“把推进国民经济和社会信息化放在优先位置”，并作为“覆盖现代化建设全局的战略措施”；中国共产党“十六大”正式提出，要把大力推进信息化作为中国21世纪头20年经济建设和改革的主要任务，要求“坚持以信息化带动工业化，以工业化促进信息化”；中国共产党十六届五中全会则提出，“推进国民经济和社会信息化，切实做新型工业化道路，坚持节约发展、清洁发展、安全发展，实现可持续发展”；中国共产党“十七大”明确提出，要“大力推进信息化与工业化融合”；中国共产党“十八大”进一步提出，要“推动信息化和工业化深度融合”，并“促进工业化、信息化、城镇化、农业现代化同步发展”（即著名的“新四化”命题）。在决策当局主动推进之下，中国经济社会信息化水平不断提升，带动了中国国民经济较快发展。尤其是近年来，“物联网”、“智慧地球”以及“能源互联网”等信息技术概念相继提出并付诸应用，预示着信息技术的创新将继续引领未来经济与社会的发展走向。

2. 管理信息系统的作用与地位

管理信息系统是为了适应现代化管理的需要，在管理科学、系统科学、信息科学和计算机科学等学科的基础上形成的一门科学，它研究管理系统中信息处理和决策的整个过程，并探讨计算机的实现方法。它是一个由人、计算机、通信设备等硬件和软件组成的，能进行管理信息的收集、加工、存储、传输、维护和使用的系统。管理信息系统可促使企业向信息化方向发展，使企业处于一个信息灵敏、管理科学、决策准确的良性循环之中，为企业带来更高的经济效益。所以，管理信息系统是企业现代化的重要标志，是企业发展的一条必由之路。

20世纪末，人类文明的发展进入信息时代，计算机技术、现代通信技术、网络互连技术、数据库技术、信息发布技术、智能信息处理技术、信息安全技术等关键技术都日趋成熟，为信息技术的发展、为信息系统的大规模建设和应用提供了坚实的技术理论基础。信息已成为社会生产力的一个重要因素。信息技术的发展使我们社会发生着一场变革，随着网络技术，尤其是 Internet 技术的成熟与发展，管理信息化已成为一种趋势。信息化是“社会经济的发展从以物质和能量为经济结构的重心向以信息与知识为经济结构的重心转变的过程”，数字化、网络化是其主要内容，信息化管理则是利用数字网络信息技术系统所进行的管理。随着信息技术的发展，信息系统在企业中的应用也发生了很大的变化。尤其是近几年，Internet 和 www 的广泛应用与电子商务的发展，信息技术从最初辅助企业运作的支持工具，逐步向能使企业变革的方向发展。信息系统作用的范围和内涵变化很快，可以归纳出信息系统的主要贡献在于以下几点。

（1）支持企业日常运营。

信息系统的基本作用表现为支持企业主要业务的运营，支持企业决策，支持企业获取战略竞争优势等，其根本目的是帮助企业通过信息系统进行资源的整合和控制，形成竞争优势。

信息系统在管理各项事务中有着普遍的应用，促进了企业管理工作的提升。管理信息系统是为管理服务的，它的开发和建立使企业摆脱落后的管理方式，实现管理现代化的有效途径。管理信息系统将管理工作统一化、规范化、现代化，极大地提高了管理的效率，使现代化管理形成统一、高效的系统。过去传统的管理方式是以人为主体的人工操作，虽然管理人员投入了大量的时间、精力，然而个人的能力是有限的，所以管理工作难免会出现局限性，或带有个人的主观性和片面性。而管理信息系统是用系统思想建立起来的，以计算机为信息处理手段，以现代化通信设备为基本传输工具，能力管理决策者提供信息服务的人机系统，这无疑是将管理与现代化接轨，以科技提高管理质量的重大举措。管理信息系统将大量复杂的信息处理交给计算机，使人和计算机充分发挥各自的特长，组织一个和谐、有效的系统，为现代化管理带来便捷。在现代化管理中，计算机管理信息系统已经成为企业管理不可缺少的帮手，它的广泛应用已经成为管理现代化的重要标志。在企业管理现代化中，组织、方法、控制的现代化离不开管理手段的现代化。

（2）支持组织实现“全球化”。

企业实现“全球化”的过程中，信息系统已成为不可缺少的手段。只有形成统一的商业模式和管理模式，并通过信息系统进行支持，实现跨地域的日常管理、控制，“全球化”的组织才能够形成并不断拓展。

随着科学技术的发展，尤其是信息技术和通信技术的发展，使计算机和网络逐渐应用于现代管理之中。面对越来越多的信息资源和越来越复杂的企业内外部环境，企业有必要建立高效、实用的管理信息系统，为企业管理决策和控制提供保障，这是实现管理现代化的必然趋势。

（3）支持企业的流程再造，实现变革。

信息系统代替员工的工作，使业务自动化；信息系统提高员工在工作中的努力，使业务信息化；信息系统重构业务流程，带来企业的变革。因此通过实施信息系统，将给企业带来创新和变革。

3. 管理信息系统的发展趋势

互联网络和信息技术的高速发展，改变了企业经营管理模式、做事的方法和人们的生活方式。全球经济环境不断发展和变化，竞争环境复杂多变，企业的管理思想、管理方法不断创新，计算机网络技术快速发展，促成企业管理信息系统与ERP总是不断发展和变化。信息系统的总的发展趋势是各种管理思想的信息化融合、系统应用网络化、开发平台标准化、业务流程自动化、应用系统集成化和系统运行的智能化这样一个“六化”的发展过程。

（1）各种管理思想的信息化融合。

社会和科学技术总是不断发展的，适应知识经济的新的管理模式和管理方法不断涌现：敏捷制造、虚拟制造、精益生产、客户关系管理、供应商关系管理、大规模定制、基于约束理论的先进计划和排产（APS）、电子商务、商业智能、基于平衡记分卡的企业绩效管理等，不一而足。管理信息系统，其实质就是各种管理思想的信息化实现。因此，有不同的管理思想，相应地就有与之对应的管理信息系统，这就使各种类型的管理信息系统层出不穷。管理信息系统蕴涵的管理思想可以归纳为三种：面向企业功能（如办公自动化，Operation Automation，OA）、面向企业过程（如MRPII）、面向产品生命周期（如 SCM）。随着电子商务思想的成熟，管理信息系统逐步会发展成为一种融合各种管理思想的面向产品生命周期的融合系统。它在ERP的基础上，充分利用互联网技术，将供应链管理（SCM）、客户关系管理（CRM）、商业智能（Business Intelligence，BI）、电子商务（Electronic Commercial，EC）、决策支持系统（Decision Support System，DSS）等功能全面集成，以实现资源共享、数据共享、适应网络经济的充分柔性的企业管理信息系统。

总之，管理信息系统必须不断增加这些新思想、新方法，以适应企业的管理变革和发展要求。

（2）系统应用网络化。

我们现在处在全球经济一体化的年代，网络经济的时代，由于互联网络和通信技术的高速发展，彻底改变了我们的经营管理模式、生活方式和做事的方法。企业对互联网络的依赖将像今天企业对电力和电话的依赖一样重要。管理信息系统网络化趋势及其重要性是十分明显的。今天成功的企业都依赖于其全球运作的能力，网络的应用和发展，使企业的经济活动有可能突破国界而成为全球活动。依靠管理信息系统的网络化的企业有可能建立世界性销售网点、跨国公司，可以跟踪订货、运货、结算，参与世界市场的竞争。以海尔集团为例，它的10 800多种产品的市场涉及几百个国家，几万个经销商，每天有5万台产品出库，每天平均结算资金达2176亿元之多。对于这样一个十分复杂的系统，如果不进行网络化的管理，只要千分之一的环节出错，就可能使企业破产。网络化与应用相结合必然产生巨大产业。从历史上看，网络化与它相关的个人应用会产生巨大的产业。例如交通网与交通工具相结合产生了轿车工业，电力网与家电相结合产生了家电工业，通信网与个人通信相结合产生了电信业。现在，管理信息系统依托互联网向外部发展，已经出现了电子商务、电子政务、供应链信息系统、虚拟企业、网上交易谈判支持系统等许多新的概念。

管理信息系统的网络化为企业营销方式的发展提供了新的机遇。这表现在：企业对目标市场的确定将更加注重对网上信息的分析和利用；可以依靠网络发布商品信息，树立企业形象；可以运用网络和传统相结合的方法开展市场调研，为正确决策创造有利条件；可以打破时空界限搜索货源，利用网络公开招标等采购方法创造更多的贸易机会。

管理信息系统的网络化密切了上、下游企业之间、企业和客户之间的关系，为企业与企业、企业与消费者之间提供了更广泛的商业交流机会，促使企业管理由面向内部资源的管理转变为面向整个供应链的管理。供应链管理覆盖了从供应商到供应商、客户到客户的全部过程的管理，包括外购、制造、分销、库存、运输、仓储、客户服务等。这是实现全球范围内的多工厂、多地点跨国经营运作的重要条件。

管理信息系统的网络化大大增加了企业与企业之间信息资源共享的可能性。这就为上、中、下游企业建立虚拟企业创造了条件。为了快速响应客户个性化需求的发展，企业可以通过Internet，借助分布在世界各地的其他企业的资源来实现一体化的管理。例如，美国福特汽车公司对某些产品就采取了在美国本土设计，在日本生产发动机，在韩国生产零配件和装配，然后向全世界销售的办法。

电子商务在信息系统网络化中占有重要的地位，它打破了对市场的时空限制，使整个社会商业体系结构、消费者的消费观念和行为发生变化，作为一种全新的商业模式，将对社会和企业变革带来深远的影响。

（3）开发平台标准化。

计算机技术发展到今天，那种封闭的专有系统已经走向消亡。基于浏览器/服务器的体系结构，支持标准网络通信协议，支持标准的数据库访问，支持 XML 的异构系统互联；实现应用系统独立于硬件平台、操作系统和数据库；实现系统的开放性、集成性、可扩展性、互操作性，这些已成为应用系统必须遵守的标准，反之，不符合上述标准的系统是没有前途的系统。

（4）业务流程自动化。

传统 ERP 是一个面向功能的事务处理系统，它为业务人员提供了丰富的业务处理功能。但是每个业务处理都不是孤立的，它一定与其他部门、其他人、其他事务有关，这就构成了一个业务流程。传统 ERP 对这个业务流程缺乏有效的控制和管理。一些业务流程被写死在程序里，非此即彼，必须按其执行，否则就要修改程序，许多流程是由人工离线完成的。工作流管理技术是解决业务过程集成的重要手段，它与 ERP 或其他管理信息系统的集成，将实现业务流程的管理、控制和过程的自动化，使企业领导与业务系统真正集成，实现企业业务流程的重构。所以工作流管理技术受到人们的高度重视并得到快速的发展。

（5）应用系统集成化。

企业信息化包括了很多内容：技术系统信息化包括 CAD、CAM、CAPP、PDM、PLM；管理信息化包括 ERP、CRM、SRM、BI、EC；生产制造过程自动化包括 NC、FMS、自动化立体仓库（AS/RS）、制造执行系统（MES）。所有这些系统都是为企业经营战略服务的，它们之间存在着大量的共享信息和信息交换，在单元技术成功运行的基础上，它们之间要实现系统集成，使其应用效果最大化。

（6）系统运行的智能化。

随着人工智能技术的发展，数据仓库、数据挖掘技术，特别是大数据技术在管理信息系统中的应用，管理信息系统必将向着智能化方向发展，如产生了很多的决策支持系统、专家系统等。智能化的管理信息系统具有思维模拟活动，它具有很高的自学习、自组织和进化性，并具有知识创新功能，可以解决非结构化事务，在决策中处于主导地位，是人们行动的向导。在体系上将是大规模分布式计算模式，以基于网络神经元构件的智能网为主。智能化趋势一直是管理信息系统的目标，管理信息系统的发展将以主动性、自适应性、自组织性、柔性为特征，建立更有利、多样化的管理信息系统模型，智能决策支持系统的理论基础和框架、敏捷制造、虚拟组织都是该思想的体现。

1.2 管理信息系统的概念

在“大数据”时代的今天，管理信息系统（Management Information System，MIS）的应用相当广泛，人们的日常工作、生活都离不开各种不同管理信息系统的应用。至于什么是管理信息系统，现在尚无统一、确切的定义。我们从管理信息系统发展历史和研究对象来认识管理信息系统。

1. 管理信息系统定义及其演化

管理信息系统是一个组合词，即管理、信息和系统，它的概念绝不只是 3 个词汇简单的组合，而是有其内在的含义，不是简单的信息，更不只是计算机。它是以决策为目的，通过信息技术手段来进行计划和控制的系统。一般来说，信息是基础、作用的对象，管理提供思路和依据，系统提供方法论。

管理信息系统发展至今，其定义已有很多种。有的偏向理论抽象，有的偏向技术具体；有的偏向组织管理，有的偏向系统实现。

早在 20 世纪 30 年代，柏德就写书强调了决策在组织管理中的作用，就有了管理信息系统概念的萌芽。

20 世纪 50 年代，西蒙在管理学上的第一个贡献是提出了管理的决策职能。西蒙在他所著的《管理决策新科学》一书中，用了大量篇幅来总结计算机在企业管理中的应用，特别是计算机在高层管理及组织结构中的应用。西蒙等人认为，决策贯穿管理的全过程，决策是管理的核心。西蒙指出组织中经理人员的重要职能就是作决策。他认为，任何作业开始之前都要先做决策，制定计划就是决策，组织、领导和控制也都离不开决策。一个企业组织机构的建立及企业的分权与集权不能脱离决策过程而孤立地存在，必须要与决策过程有机地联系起来。西蒙等人非常强调信息联系在决策中的作用。他们把信息联系定义为“决策前提赖以从一个组织成员传递给另一个成员的任何过程”。西蒙认为，今天关键性的任务不是去产生、储存或分配信息，而是对信息进行过滤，加工处理成各个有效的组成部分。今天的稀有资源已不是信息，而是处理信息的能力。

同一时代，维纳发表了《控制论与管理》，他把管理过程当成一个控制过程，而控制要依赖于信息。20 世纪 50 年代计算机已用于会计工作，1958 年盖尔写道：“管理将以较低的成本得到及时准确的信息，做到较好的控制。”这些都预示着管理信息系统的出现。

管理信息系统一词最早出现在 1970 年，由瓦尔特・肯尼万（Walter T. Kennevan）给它下了一个定义：“以书面或口头的形式，在合适的时间向经理、职员以及外界人员提供过去的、现在的、预测未来的有关企业内部及其环境的信息，以帮助他们进行决策。”这个定义说明了管理信息系统的主要功能是提供信息。即信息时效是过去、现在和未来的信息；信息的载体为书面的或口头的；信息的内容是企业内部和外部环境的信息；信息提供的时间是在合适的时间；信息提供的对象为经理、职员以及外界人员；目的是帮助他们进行决策。很明显，这个定义是出自管理的，而不是出自计算机的。它没有强调一定要用计算机，它强调了用信息支持决策，但没有强调应用模型、应用数据库。所有这些均显示了这个定义的初始性。

直到20世纪80年代，1985年管理信息系统的创始人之一，美国明尼苏达大学卡尔森管理学院的著名教授高登·戴维斯（Gordon B. Davis）才给出管理信息系统一个较完整的定义："它是一个利用计算机硬件、软件和手工作业，分析、计划、控制和决策模型以及数据库的用户机器系统。它能提供信息，支持企业或组织的运行、管理和决策功能。"这个定义说明了管理信息系统的目标、功能和组成，而且反映了管理信息系统当时已达到的水平。它说明了管理信息系统的目标是在高、中、低3个层次，即在决策层、管理层和运行层上支持管理活动。它不仅强调了要用计算机，而且强调了要用模型和数据库。它反映了当时的水平，即所有管理信息系统均已用上了计算机。

管理信息系统一词在中国最早出现于20世纪70年代末80年代初《中国企业管理百科全书》上。该定义为："管理信息系统是一个由人、计算机等组成的，能进行信息的收集、传递、储存、加工、维护和使用的系统。管理信息系统能实测企业的各种运行情况；利用过去的数据预测未来；从企业全局出发辅助企业进行决策；利用信息控制企业的行为；帮助企业实现其规划目标。"

朱镕基主编的《管理现代化》一书中定义说："管理信息系统是一个由人、机械（计算机等）组成的系统，它从全局出发辅助企业进行决策，它利用过去的数据预测未来，它实测企业的各种功能情况，它利用信息控制企业行为，以期达到企业的长远目标。"这些定义指出了当时中国一些人认为管理信息系统就是计算机应用的误区，再次强调了管理信息系统的功能和性质，并强调了计算机只是管理信息系统的一种工具。对于一个企业来说，没有计算机也有管理信息系统，管理信息系统是任何企业不能没有的系统。所以，对于企业来说，管理信息系统只有优劣之分，不存在有无的问题。

总之，管理信息系统是利用计算机的硬、软件资源，网络通信设备以及其办公设备，为实现企业整体目标，对信息进行收集、传输、储存、加工、输出，给各级管理人员提供业务信息和决策信息的人机系统。

由此可见，管理信息系统绝不仅仅是一个技术系统，而是把人包括在内的人机系统。近年来，一个比较普遍的趋势是用信息系统代替管理信息系统。应当说，信息系统比管理信息系统有更宽、更广的概念，简而言之，用于管理方面的信息系统即为管理信息系统。

2. 管理信息系统特点

（1）面向管理支持决策：该系统是管理学的思想方法、管理与决策的行为理论之后的一个重要发展，通过量化方法、预测、计划优化支持管理、调节和控制。为管理决策服务，必须能根据管理的需要，及时提供需要的信息，帮助决策者做出决策。

（2）综合性、交叉性和边缘性。MIS是一个对组织进行全面管理的综合系统。体现在3个方面：多学科交叉，多种人才结合，软件和硬件的集成。

（3）有预测能力和控制能力：其使用数学模型，如运筹学模型和数理统计模型，来分析数据和信息，以便预测未来，提供决策支持。

（4）是一个集成的"人—机系统"：在管理信息系统中机器占大部分，但人始终是管理系统建设的主体，它涉及多方面的人员群体。所以管理信息系统也是一个人机结合的系统。各级管理人员既是系统的使用者，又是系统的组成部分，因此，在其开发过程中，要根据这一特点，正确界定人和计算机在系统中的地位和作用，充分发挥人和计算机各自的长处，使系统的整体性能达到最优。

3. 管理信息系统研究对象以及领域

由定义可知，管理信息系统研究对象是将人和管理方面的信息系统以及其关系作为其研究对象，其目的是为了揭示信息系统建设过程中原理、方法等一般规律。

从不同角度考察管理信息系统，其研究对象有不同的表现，一般从3种角度：工程技术类、经济类和行为类来考察。

（1）基于工程的管理信息系统（Technical IS）研究起源于工程学（例如，计算机科学），基本上基于工程设计的思路，围绕完成开发一个新的IS系统所涉及的概念、方法、过程以及工具等，然后以这个系统或方法作为研究对象，评价这个开发过程、系统性能、应用价值并不断加以改进和创新应用。具体是：

① 用户需求研究。信息用户的需求是管理信息系统存在和发展的前提条件。需求研究的任务是探索和总结出与信息用户进行沟通和交流的有效方式和方法、形成科学的具有指导意义的理论体系。

② 自身研究。从管理信息系统处理对象和处理方法的角度，研究管理信息系统的概念框架、功能及信息处理方法和技术。

③ MIS方法研究。从管理信息系统研制和开发的角度研究认识客观事物和管理信息系统开发的规律，研究系统分析和设计的理论、方法及开发工具等。

④ 管理信息系统应用研究。从应用的角度进行细分，分为：业务流程重组（Business Process Reengineering，BPR）、电子商务（Electronic Commerce，EC）、供应链管理和物流、跨组织信息系统（Inter-organizational Information Systems，IOIS）、企业资源规划（Enterprise Resource Planning，ERP）和客户关系管理（CRM）、知识管理、其他应用等。

（2）基于经济学或管理学的管理信息系统（Economic IS）研究主要是使用数学模型和经济学方法研究管理信息系统对企业、人群和宏观经济的影响。包括信息系统战略规划、信息系统战略匹配和对组织的影响、IS人力资源管理和IT组织、IS评价、利用IS提高竞争优势/战略IS、IS外包、IS安全问题、其他等。

（3）基于行为的管理信息系统（Behavioral IS）研究主要是基于基于心理学、社会学、人类学等社会科学理论研究IS对个人、团队、组织和社会的影响。这个领域的研究比较偏宏观，和通常人们认识的IS不完全相同。但越来越多的IS研究开始转向Economic和Technical方向。未来的IS领域很可能形成三足鼎立的局面。

本书主要是从基于工程技术角度并结合基于经济、管理来探讨管理信息系统的规划、开发和运行维护。

1.3 管理信息系统发展规律

1. 诺兰模型

美国管理信息系统专家诺兰（Richard. L. Nolan）通过对 200 多个公司、部门发展信息系统的实践和经验进行总结，提出了著名的信息系统进化的阶段模型，即诺兰模型。

诺兰认为，任何组织由手工信息系统向以计算机为基础的信息系统发展时，都存在着一条客观的发展道路和规律。数据处理的发展涉及技术的进步、应用的拓展、计划和控制策略的变化以及用户的状况 4 个方面。1979 年，诺兰将计算机信息系统的发展道路划分为 6 个阶段。诺兰强调，任何组织在实现以计算机为基础的信息系统时，都必须从一个阶段发展到下一个阶段，不能实现跳跃式发展。

如图 1-1 所示，诺兰模型的 6 个阶段分别是：初始阶段、传播阶段、控制阶段、集成阶段、数据管理阶段和成熟阶段。

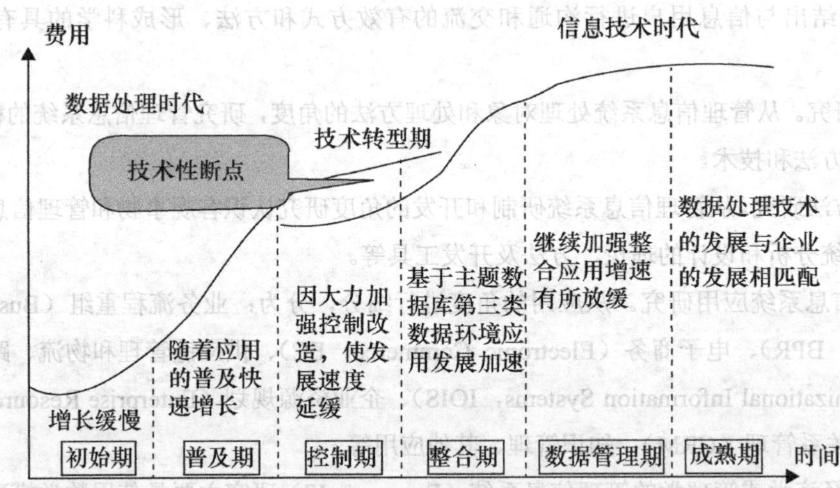

图 1-1　诺兰的 6 阶段论模型

第一阶段是初始阶段。组织引入了像管理应收账款和工资这样的数据处理系统，各个职能部门（如财务）的专家致力于发展他们自己的系统。人们对数据处理费用缺乏控制，信息系统的建立往往不讲究经济效益。用户对信息系统也是抱着敬而远之的态度。

第二阶段是传播阶段。信息技术应用开始扩散，数据处理专家开始在组织内部鼓吹自动化的作用。这时，组织管理者开始关注信息系统方面投资的经济效益，但是实质的控制还不存在。

第三阶段是控制阶段。出于控制数据处理费用的需要，管理者开始召集来自不同部门的用户组成委员会，以共同规划信息系统的发展。管理信息系统成为一个正式部门，以控制其内部活动，启动了项目管理计划和系统发展方法。目前的应用开始走向正规，并为将来的信息系统发展打下基础。

第四阶段是集成阶段。这时，组织从管理计算机转向管理信息资源，这是一个质的飞跃。从第一阶段到第三阶段，通常产生了很多独立的实体。在第四阶段，组织开始使用数据库和远程通信技术，努力整合现有的信息系统。

第五阶段是数据管理阶段。信息系统开始从支持单项应用发展到在逻辑数据库支持下的综合应用。组织开始全面考察和评估信息系统建设的各种成本和效益，全面分析和解决信息系统投资中各个领域的平衡与协调问题。

第六阶段是成熟阶段。中上层和高层管理者开始认识到，管理信息系统是组织不可缺少的基础，正式的信息资源计划和控制系统投入使用，以确保管理信息系统支持业务计划。信息资源管理的效用充分体现出来。

六阶段模型反映了企业计算机应用发展的规律性，前 3 个阶段具有计算机时代的特征，后 3 个阶段具有信息时代的特征，前后之间的"转折区间"是在整合期中，由于办公自动化机器的普及、终端用户计算环境的进展而导致了发展的非连续性，这种非连续性又称为"技术性断点"。诺兰模型的预见性被其后国际上许多企业的计算机应用发展情况所证实。因此，无论在确定开发管理信息系统的策略，或者在制定管理信息系统规划的时候，都应首先明确本单位当前处于哪一生长阶段，进而根据该阶段特征来指导 MIS 建设。

2. 西诺特模型

1988 年，西诺特（W. R. Synnott）参照"诺兰模型"提出了一个新的模型，这是一个过渡性的理论，主要考虑到了信息随时代变迁的变量。他用 4 个阶段的推移来描述计算机所处理的信息。从计算机处理原始数据的"数据"阶段开始，逐步过渡到用计算机加工数据并将它们存储到数据库的"信息"阶段；接着，经过诺兰所说的"技术性断点"，到达把信息当作经营资源的"信息资源"阶段；最后达到将信息作为带来组织竞争优势的武器，即"信息武器"阶段。

西诺特还提倡，随着计算机处理的信息机器作用的变化，作为信息资源管理者的高级信息主管或称为首席信息官（Chief Information Officer，CIO）的重要性应当受到重视。当前，发达国家都接受了西诺特对诺兰模型的改善，将信息资源管理作为企业的头等大事来抓。综观国内企业，已有海尔、春兰、长虹、TCL 等先进企业引入 CIO 机制的典型案例。

3. 米切模型

"诺兰模型"和"西诺特模型"均把系统整合（集成）和数据管理分割为前后两个阶段，似乎可以先实现信息系统的整合后再搞数据管理，但后来的大量实践表明这是行不通的。美国的信息化专家米切（Mische）于 20 世纪 90 年代初对此作了进一步修正：揭示了信息系统整合与数据管理密不可分，系统整合期的重要特征就是搞好数据组织，或者说信息系统整合的实质就是数据整合或集成。此前的研究仅仅集中于数据处理组织机构的管理和行为的侧面，而没有更多地研究各种信息技术的整合集成，忽视了将信息技术作为企业的发展要素而与经营管理相融合的策略。米切的信息系统发展阶段论研究成果可以概括为：具有"四阶段、五特征"的企业综合信息技术应用连续发展的"米切模型"（见图 1-2）。

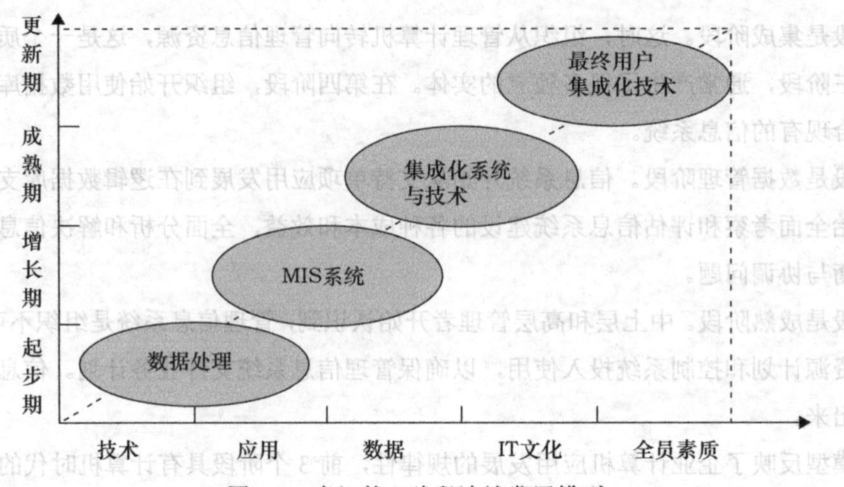

图 1-2 米切的 4 阶段连续发展模型

米切将综合信息技术应用的连续发展划分为 4 个阶段，即：起步阶段（20 世纪 60 年代～70 年代）、增长阶段（20 世纪 80 年代）、成熟阶段（20 世纪 80 年代～90 年代）和更新阶段（20 世纪 90 年代中期～21 世纪初期）。其特征不只在数据处理工作的增长和管理标准化建设方面，而是涉及知识、理念、信息技术的综合水平及其在企业的经营管理中的作用及地位，以及信息技术服务机构提供成本效益和及时性都令人满意的解决方案的能力。

决定这些阶段的特征有 5 个方面，包括：技术状况；代表性应用和集成程度；数据库和存取能力；信息技术融入企业文化；全员素质、态度和信息技术视野。其实，每个阶段的具体属性还很多，总括起来有 100 多个不同属性。这些特征和属性可用来帮助一个企业来确定自己在综合信息技术应用的连续发展中所处的位置。

另外，米切模型还对每个阶段的关键性任务进行了以下的描述：① 起步阶段，信息系统主要是利用信息技术实现一些局部的、有代表性的应用，信息系统主要完成数据处理功能，系统集成程度低；② 增长阶段，主要实现应用系统和数据管理的初步整合集成，形成管理信息系统并能提供简单的决策；③ 成熟阶段，组织的信息系统不但应该从信息技术、信息资源、纵向管理和组织内横向资源管理方面实现数据的集中和应用系统的整合，还应该在集成过程中融入先进的组织文化并在信息系统中体现组织文化；④ 更新阶段，信息系统不但能实现整个组织供应链的管理，为组织提供整体决策，还能提高并体现组织内全员文化及素质，也能影响组织内外所有的最终用户，增强组织的灵敏度和适应度，从而提高组织的核心竞争力。

米切模型能够帮助企业了解自身信息化发展水平及阶段，确定阶段性目标，并制定相应的改革发展政策。比如在起步阶段，企业需要处理的关键问题是数据处理；而在增长期，比较关键的问题集中在 MIS 系统上。在这一点上，米切模型要优于诺兰模型和西诺特模型。但是，米切模型同样存在着一定的局限性：由于目前还没有企业能够达到第四阶段——更新阶段，所以米切对于此阶段的描述相对模糊，这样容易影响企业对于这一阶段目标的确立。从以上对 3 个企业信息发展阶段模型的介绍和分析来看，米切模型是在总结诺兰模型和西诺特模型的基础上发展出来的，克服了前两个模型割裂发展阶段的不足，所以更适合为信息化的阶段确立提供借鉴。

1.4 现代企业管理者应具备的素质

由前所述，现代企业管理者应该是具备技术和业务过程两方面的知识，具有多功能的观念的融通型创新人才（见图 1-3），这种人才可分为战略层和战术层，即 CIO（首席信息主管）和业务分析师。

图 1-3　融通型人才示意图

1.4.1　首席信息主管

由西诺特模型可知：随着信息技术的发展，CIO 在企业管理中所起作用日显重要，地位也不断提高，而 CIO 应具备的素质就是现代企业管理者应具备的素质。

CIO 概念起源于美国等信息技术发达国家，按照 CIO 杂志的定义，CIO 是负责对企业内部信息系统和信息资源规划和整合的高级行政管理人员。他们通过指导信息技术的利用来支持公司的目标。他们具备技术和业务过程两方面的知识，具有多功能的观念，常常是将组织的技术调配战略与业务战略紧密结合在一起的最佳人选。

CIO 通常归公司执行主管（CEO）、运作主管（COO）或财务主管（CFO）领导。CIO 是一个比较新的职位，随着商业领域多极化的竞争与发展，越来越多的企业开始将创新这一概念作为企业的持续发展的动力和竞争优势，CIO 将成为未来企业最为重要的职位领导人之一。

1. CIO 的职责定位

CIO 一方面是企业高层管理决策者与信息部门的联系人，他负责把行政管理的策略、意图和实施方案等传递给信息部门，同时又把信息部门的成果、生产能力和发展方向报告给行政管理班子；另一方面，CIO 还要承担整个企业各部门、各环节之间以及内外环境的信息沟通与协调工作，实现企业的协同作业和信息资源共享。可以从 4 个层面来分析 CIO 的职责：战略层面、管理层面、执行层面、沟通层面。

（1）战略层面。

CIO 的职责是挖掘企业的信息资源，制定企业信息化战略，为企业信息化合理布局，评估信息化对企业的价值等。信息资源规划是 CIO 的首要职责，信息化的第一步应该是信息资源规划而不是产品选型。

① 参与高层管理决策。CIO 参与高层决策具有自身的特点，要运用自己掌握的信息资源帮助最

高决策者制订企业发展的战略规划，通过充分有效地开发利用企业内外信息资源，寻求企业的竞争优势，或强化企业的竞争实力。CIO 不只是负责信息资源管理范围内的决策活动，而且必须参与讨论企业发展的全局问题。为此，要求 CIO 必须对影响整个企业生存与发展的各方面问题都有相当全面和清楚的了解。

② 制订企业的信息政策与信息活动规划。CIO 应该根据企业发展战略的需要，及时制定或修订企业的信息政策和信息活动规划，以实现行政管理的战略意图。当企业管理策略发生变化时，CIO 要及时投入信息技术力量和必要的资源条件来响应这种变化，使企业的信息资源开发利用策略与管理策略更加协调一致。

（2）管理层面。

① 管理企业的信息流程，规范企业信息管理的基础标准。作为信息管理专家，CIO 要主持拟定企业信息流程的大框架，建立信息管理的基础标准，如数据元素标准、信息分类代码标准、用户视图标准、概念数据库标准和逻辑数据库标准等，抓好数据重组工作，改造杂乱无序的数据环境。企业信息化的实践证明，只有以数据集成为基础，以总体数据规划为中心，面向信息流程进行应用系统开发，才能取得企业信息化建设的主动权。

② 负责企业的信息系统建设规划与宏观管理。作为企业信息系统建设的直接领导者，CIO 对信息系统的开发计划、运行管理、安全管理、人员配备、经费预算等要进行宏观控制和协调，统筹考虑系统建设的硬件、软件和应用问题。同时，代表本单位与信息系统开发者、技术设备供应商打交道，建立与信息技术服务商的“战略协作伙伴关系”，并根据企业的业务和管理需要，对他们提出的信息技术“全套解决方案”进行审议，行使否决权。

（3）执行层面。

① 负责信息流、物流、资金流的整合，完成信息系统的选型实施，收集研究企业内外部的信息为决策提供依据。更为重要的是，要担当起电子商务管理，以及信息工程的监理工作。在当今时代，管理问题相对而言是比较稳定的，技术热点则变化得非常快。作为信息技术专家，CIO 必须密切注意信息技术的发展变化，分析新技术对经营管理与竞争战略的影响，以便及时做出快速反应。

② 评估信息技术的投资回报问题。面对眼花缭乱的信息技术，CIO 必须注意研究信息技术的投资回报问题，在信息技术投入和企业管理效益之间寻求某种平衡。这是一个 CIO 能够在现代企业日趋激烈的技术竞争中立于不败之地的重要条件。信息技术的先进性和可用性都是毋庸置疑的，但是，如果脱离本单位的实际情况，盲目地、片面地、甚至是赶时髦地去引进和实施这些新技术，而不考虑其投资回收期和成本/效益关系，就会把自己置于被动境地，丧失在高层管理决策中的地位。

（4）沟通协调层面。

CIO 作为一个跨技术、跨部门的高层决策者，应充分利用企业内外可加控制的信息资源来不断完善企业的信息基础结构，并注意协调好企业管理与信息技术的关系。在传统的管理体制下，管理与技术是相对封闭的，管理者大都不知道信息技术究竟能够为管理决策做些什么，而信息技术人员只是从技术标准和设备性能来考虑问题，不大清楚企业的目标，也不能有效地支持决策。CIO 则是从企业管理的角度有意识地选择和运用信息技术，通过对信息资源的充分发掘和有效利用来促进管理机制的变革和业务结构的调整甚至重组，从而提高企业的管理决策水平，增强企业在日趋激烈的竞争环境中的快速反应能力。

2. CIO 的素质要求

一个合格的 CIO 必须是管理与技术两方面的全能型人才。CIO 的工作重点在于通过充分开发和有效利用企业内外的信息资源来强化企业的竞争优势，改进高层管理的战略决策活动。因此，经营管理与决策能力对于 CIO 来说显得更为重要一些。理想的 CIO 应是兼具经营管理与信息技术两种能力的复合型人才。而“计算机专业出身且通晓经营者”比重升高及“已是企业高层管理者”比重居高不下说明经营管理能力对于 CIO 来说尤为重要。综上所述，CIO 应具备的基本素质要求如下。

（1）管理经验。

作为一个高层管理者，CIO 必须对本行业的发展背景有全面的了解，对企业管理的目标有明确的认识，对经营决策和竞争环境的基本情况有充分的掌握，并且有丰富的管理实践经验。实践证明，一个成功的 CIO，至少需要 5～8 年的管理经验积累。

（2）技术才能。

通晓信息技术是 CIO 安身立命的根本，CIO 应具备为企业经营管理与竞争战略发展的需要推荐与开发新技术的能力，对信息技术的发展动向及其对企业的影响有敏锐的洞察力，富有远见和技术创新精神。

（3）经营头脑。

CIO 的工作必须以提高企业的效益和竞争力为目标。因此，CIO 要有精明的商业经营头脑，应了解信息技术何时何地何种情况下在哪些方面能为达成这一目标起到关键作用。能够把信息技术投资及时转变成对企业的回报，方可为自己在企业中树立起公认的有重大贡献的角色形象。

（4）信息素养。

CIO 应具有强烈的信息意识和较高的信息分析能力，能够为企业高层的战略决策发挥信息支持作用。特别是对来自外界环境的大量模糊、零碎而杂乱的信息，应有高度的判别能力和挖掘信息价值的艺术，才能使自己的决策能力达到战略决策的水平。

（5）应变能力。

面对日新月异的信息技术和急剧变化的竞争环境，CIO 要有较强的应变能力，能够抓住一瞬即逝的机遇，对各种变化做出迅捷及时的反应。CIO 还应有良好的心理素质，能承担起来自技术和环境变化的压力，具有敢于迎接各种困难和挑战的勇气。

（6）表达能力。

CIO 必须具备良好的口头和文字表达能力，能够把看起来高深莫测的信息技术向高层管理决策者和基层业务人员都解释清楚，消除企业中的“高技术恐惧症”。特别是对于非技术型用户，要尽量避免采用技术性术语。

（7）协调能力。

作为企业信息流的规划者，CIO 要善于协调企业内部各层次、各部门、各环节的关系以及企业与其协作伙伴的关系。要有良好的人际关系和广泛的亲和能力，善于对话和沟通，能够适应企业的文化和传统，使信息技术与管理体制相得益彰。

（8）领导能力。

CIO 要有领导威信和支配企业信息资源的权力，能建立一个有效的信息资源管理班子，既能指挥信息部门的工作，也能对企业的信息政策和策略起领导作用。总之，CIO 应该是一个兼具技术能力和管理能力的复合型人才，是一个高瞻远瞩、极具洞察力，同时又脚踏实地、从实际出发的领导者。

1.4.2 业务分析师

来自 Standish Group 的研究报告显示，只有近 32%的 IT 项目能够按时、按预算、按质量成功交付，换句话说，也就是近 70%的 IT 项目无法成功地完成预定的项目目标。而来自 Meta Group 的研究显示，有 60%～80%的项目失败与较差的需求获取、分析和管理直接相关。面对目前严峻的问题，越来越多的企业意识到企业需要“业务需求分析”专家，这些专家一方面要能和企业的业务部门有效沟通，获取和分析业务的需求，同时，提供设计人员能够理解的需求说明，并将业务的要求转换成 IT 或相应的解决方案。这些专业人士我们称之为业务分析师（Business Analyst，BA）。与传统的信息系统分析不同，业务需求分析更关注企业的价值，因此业务分析师必须将技术、分析、业务和领导技能完美结合，才能真正“给力”。

业务分析师的四大关键知识技能要求如图 1-4 所示。

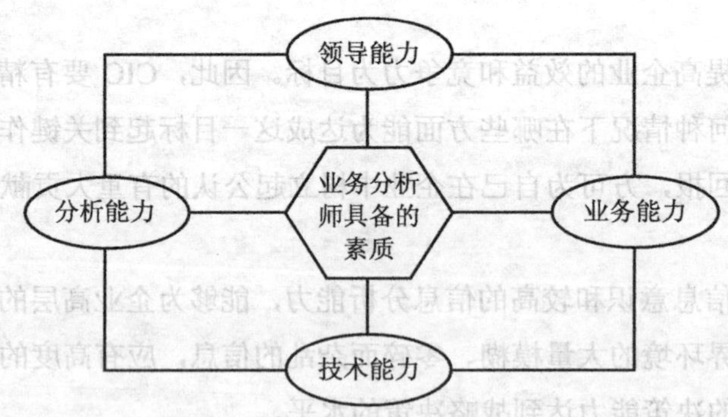

图 1-4　业务分析师素质关系图

1. 分析能力

业务分析师的主要职责之一就是要针对业务提出的问题，将来自于各个方面的模糊的、不确定的需求，通过层层深入的分析，最终清晰、明确地表达出来。业务分析师应该学习业务需求分析的最佳实践，定义和执行业务分析的关键活动，掌握收集、分析、记录和跟踪管理需求的技能，掌握成本/收益分析的方法，以确保业务需求分析的质量；同时，业务分析师还应具有系统性思考和创新思维的能力，在业务分析过程中能够发现局部的需求变化对整体业务分析结果的影响；善于提出或引导他人提出创新想法，这对于找到创新的解决方案，有效解决业务问题必不可少。国际业务分析协会（IIBA）的《业务分析知识体系》中给出了业务分析的关键活动及在此过程中用到的主要方法和工具。

2. 领导能力

企业中的业务分析师通常不是职能管理者，但他需要与来自业务、技术及合作各方的各种利益相关者合作，需要识别发现来自不同人的需求，而从不同角度、不同出发点汇聚来的大量需求中，不可避免地会存在矛盾的地方，需要对各种冲突的需求进行分析、协商，需要在业务分析过程中给予他人指导和帮助，需要公正、正直地以企业的业务价值为根本出发点，找到最优的解决方案，需要说服团队中不同意见的人员，同时还要有效管理客户及各类人员的期望值。因此业务分析师应具有卓越的领导能力，需要具备充分的自信、影响力，公正、客观的品质，需要良好的协商及问题解决与决策能力，同时还要有有效管理客户及团队的能力。业务分析师优秀的领导力是成功的业务需求分析的关键。

3. 业务能力

业务分析师是要针对面临的业务问题，找到解决方案。业务分析师需要和业务部门的人员协同工作，需要了解企业的战略与业务规划，需要站在业务的角度，以业务的语言对需求进行收集、分析，以确保解决方案的实施为企业带来业务的收益。这就需要业务分析师要具有对企业的业务环境、业务运营流程、所在行业的发展趋势等方面的知识，同时具有开发业务案例的能力。

4. 技术能力

一般而言，拥有技术领域的专业知识是担任业务分析师职位的必要条件，业务分析师应了解 IT 技术或系统如何有效地帮助解决业务问题，这也是目前国内绝大部分企业的共识。因此业务分析师应该了解 IT 系统设计的相关知识与原则，了解常用的建模技术，了解企业进行软件开发管理的方法，只有这样才能从企业的真实需求出发将 IT 技术与企业的实际业务需求有效结合；同时业务分析师应该具有良好的技术写作能力，作为业务与 IT 之间桥梁作用的业务分析师，需要提交高质量的需求文档给技术人员进行系统设计，这是确保交付的 IT 系统确实满足业务需求的基础和保障。

业务分析师 4 个方面的能力是确保业务需求分析质量的基础，而企业中的业务分析师或来自 IT 部门的技术岗位，或来自业务部门，或多或少存在某一方面能力的缺失，特别是分析能力与领导能力方面相对较弱，业务分析师就需要通过一定的培训及在实践工作中的学习来不断提升自己这些薄弱方面的能力，以达到一名优秀业务分析师的必备条件。

习题

1．名词解释

（1）管理信息系统

（2）诺兰模型

（3）西诺特模型

（4）米切模型

（5）CIO

（6）业务分析员

2．思考题

（1）在社会经济的重大变革过程中，信息系统关系有哪些作用？

（2）简述信息系统的发展趋势。

（3）简述管理信息系统的概念和演化。

（4）管理信息系统的特点有哪些？

（5）管理信息系统的发展典型模型有哪些，各表述了什么规律？

（6）CIO 的职责有哪些？

（7）业务分析员应具备哪些素质？

管理信息系统建设途径

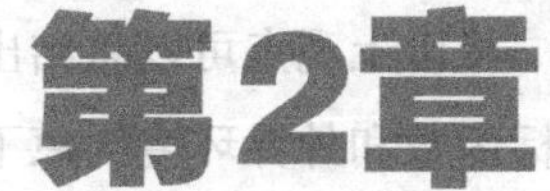

［学习目的］通过本章的学习，读者可以掌握管理信息系统建设途径，即商务途径和技术方案，并了解各种建设的商务途径的特征；也可以掌握管理信息系统建设时各种经典开发方法的概念以及特征，并了解开发方法的发展。

［本章要点］

- 系统工程基本概念；
- 信息系统建设的商务途径以及其各自特点；
- 管理信息系统开发方法：信息系统的生命周期、原型法和面向对象方法及其比较。

信息系统建设是管理信息系统研究的主要内容。信息系统建设涉及的面广，不仅有技术的支撑，而且要有管理的方法，可以说是一个复杂的系统工程。

2.1 管理信息系统建设概述

管理信息系统建设涉及现代科学技术、人与社会多方面的复杂因素，信息系统建设是一个复杂的系统工程。信息系统建设途径是从信息系统建设特点出发，以系统工程的原理和方法为主线，以管理科学理论和方法为规范，以信息技术为手段，对由人、计算机及其他外围设备等组成的能进行信息的收集、传递、存储、加工、维护和使用的系统进行科学有序的建设，即介绍管理信息系统建设的商务途径和技术方案。

2.1.1 系统工程概述

1. 系统工程的定义

下面给出几个有关系统工程的定义供读者参考。

（1）美国防务系统的定义：系统工程是为了达到所有系统要素的优化平衡，控制整个系统研制工作的管理功能，把目标需求转变为一组系统参数的描述，并综合这些参数以优化整个系统效能的过程。

（2）1975 年美国科学技术辞典注释：系统工程是研究许多密切联系的元素所组成的复杂系统设计的科学。在设计时，应有明确的预定功能和目标，并使得各个组成元素之间以及各元素与系统整体之间有机联系，配合协调，从而使系统整体能够达到最佳的目标。同时，还要考虑到参与系统中人的因素和作用。

（3）中国科学家钱学森定义：系统工程是组织管理系统的规划、研究、设计、制造、试验和使用的科学方法，是一种对所有的系统都具有普遍意义的方法。系统工程也是一门组织管理的技术。

从以上观点可以总结出，系统工程一般是针对大型复杂的人工系统和复合系统，考察在一定的目标函数和外界环境约束下，组织协调好系统内各要素的活动，使各要素为实现系统整体目标发挥适当的作用，采用定性和定量相结合的方法，运用现代技术，如计算机及其多种系统软件和应用软件，最终使系统整体目标达到最优的技术和管理相结合的过程。

2. 系统工程的特点

由系统工程定义，可知系统工程应该具有以下特点。

（1）整体性（系统性）。

整体性是系统工程最基本的特点。系统工程把研究对象作为一个由若干部分有机结合成的整体系统，研究从整体与部分之间相互作用和依赖关系去揭示系统特征和规律，从整体最优化去实现各部分的有效运转。

（2）关联性（协调性）。

用系统工程方法去分析和处理问题时，不仅要考虑系统的各个部分之间、各部分与整体之间的相互关系和作用，还要注意协调它们之间的关系。

（3）综合性（交叉性）。

系统工程以大型复杂的人工系统和复合系统为研究对象，这些系统涉及的因素很多，学科领域广泛。如“神五计划”，就是综合运用各学科、各领域成就的产物。

（4）满意性（最优化）。

系统工程是实现系统整体最优的组织管理技术。因此，系统整体性能的最优化是系统工程所追求并要达到的目的。由于整体性是系统工程最基本的特点，所以系统工程追求的是系统整体性能的满意解，而不是其中各自部分的最优。

2.1.2 系统工程方法论

1. 系统工程方法论的发展

20 世纪 60 年代以来，许多学者对系统工程解决问题、处理问题的方法进行了大量研究，虽然目前还找不到能处理所有问题的标准方法，但是，霍耳在 1969 年提出的系统工程的三维结构是影响较大而且比较完善的方法。

从 20 世纪 70 年代中期开始，切克兰德（Chekland）经过大量系统实践，提出了软系统方法。切克兰德方法的核心不是最优化而是比较或者是学习，即是从模型和现状的比较中来学习改善现状的途径。比较意味着组织讨论、达到共识，这就能更好地反映人的因素和社会经济系统的特点，从而不拘泥于要进行定量分析的要求。因此，切克兰德方法论是霍耳方法论的扩展。

1972 年，霍尔（Hall）和沃尔福德（Warfleid）在霍尔的三维结构的基础上，提出了统一规划法，其实质是对霍尔活动矩阵中规划阶段的具体展开，利用统一规划法可以比较好地实现对大型复杂系统的全面规划和总体安排。

20 世纪 80 年代末以来，钱学森等学者从各种系统中分离出一种系统，即开放复杂巨系统，并研究其方法论。

1987年，钱学森提出了定性和定量相结合的系统研究方法，之后提出综合集成的概念，并把处理复杂巨系统的方法命名为定性定量相结合的综合集成方法，又把它表述为从定性到定量的综合集成技术。1992年，又提出从定性到定量的综合集成研讨体系，进而把处理开放复杂巨系统的方法与使用这种方法的组织形式有机结合起来。

对于难度自增值系统，王浣尘提出了“旋进原则”，即不断地跟踪系统的变化，选用多种方法，采用循环交替结合的方式，逐步推进问题的深度和广度。

2. 思想方法

系统工程用到很多的思想方法，通常有数学描述方法、逻辑推理方法、工程技术的规范和社会科学艺术等。

在用系统工程的方法对实际系统分析时，需要数学方面的知识，特别是线形代数、概率统计及模糊理论方面的知识。同时，还要求注意培养把握全局、处理实际系统对象的能力。

随着实际系统的规模越来越大，同时越来越复杂，以及系统中融入了人与社会的相互关联，如果用系统工程解决此类问题，还需要给予社会科学及人文科学，特别是经济学和心理学以适当的关注。

美国系统工程专家霍尔（A.D.Hall）于1969年提出一种系统工程方法论。它的出现，为解决大型复杂系统的规划、组织、管理问题提供了一种统一的思想方法——霍尔方法论。表2-1给出了霍尔方法论上的三维内容。

表2-1　　霍尔方法论上的三维内容

时间维	逻辑维（表示在每一阶段工作中应遵循的逻辑顺序）	知识维（完成工作的理论基础）
规划阶段	明确问题	基本技能
分析阶段	选择目标	专业知识
设计阶段	系统综合	工程技术
实施阶段	系统分析	自然科学
运行阶段	优化评价	经济、管理
更新阶段	系统决策	法律
	系统实施	艺术
		哲学

在开展系统工程活动时，由于不同阶段和不同步骤具有不同的工作内容，需要应用与涉及各种学科内容和专业知识，包括实验、计算机能力、文字表达能力、语言沟通能力、专业理论基础、各个领域的专业知识、数学、自然科学、环境学、社会学、经济与管理、人文、法律、艺术等。图2-1给出了霍尔方法的三维结构。

从霍尔方法论的三维结构中，可以得出该方法具有如下特点。

- 综合性：任何具体的系统工程活动同时结合时间阶段、逻辑步骤和相应的专业知识。
- 联系性：各项活动并不是孤立的，它们之间互相影响、紧密相关，重视的是整体能够达到最优效果，而不是部分达到最优。
- 反复性：整个方法的分析过程又是重复的。但是这并不是传统意义上的简单重复，而是螺旋式上升、波浪式前进的过程，也就是哲学上所说的否定之否定过程。这个过程首先具有迭代性。

- 功能性：方法论的每一步都具有相应的职能。具体包括计划、组织、控制、调节、决策。

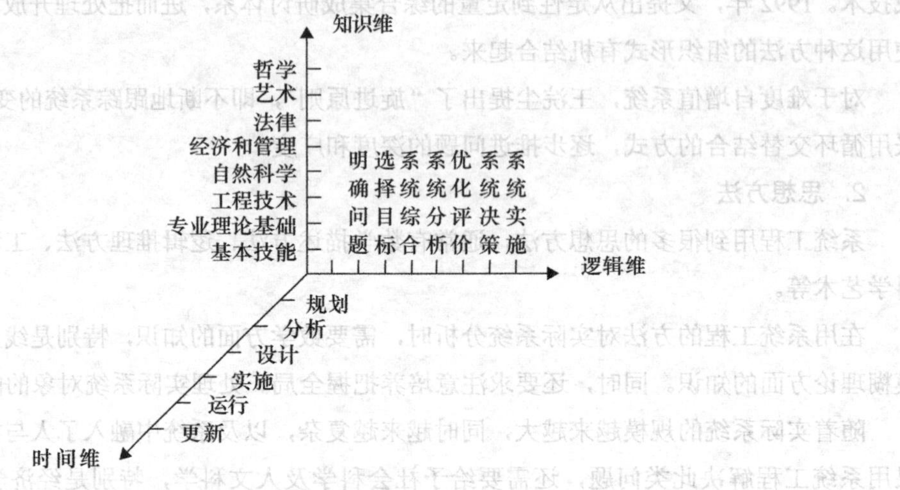

图 2-1　霍尔方法的三维结构

2.2 管理信息系统建设商务途径

按照系统工程思想结合管理科学理论，可以将管理信息系统建设分为两个环节：商务途径和技术方案。

从商务角度，获得管理信息系统的途径主要有用户自主开发方式、委托开发方式、合作开发方式、购买现成软件等方式。实际上，在签订合同的时候，就必须确立开发方式。因为不同的开发方式对合同的细则，如知识产权、开发费用、系统维护等有直接的影响。上述 4 种开发方式各有优点和不足，需要根据企业的技术力量、资金情况、外部环境等因素进行综合考虑和选择。但是，不论哪一种开发方式，都需要企业的领导和业务人员参加，并在信息系统的整个开发过程中培养和锻炼企业的信息技术队伍。

2.2.1　自主开发

用户自主开发方式又称最终用户开发，适合于有较强的信息技术队伍的企业。自行开发的优点是开发费用少，开发的系统能够适应本单位的需求且满意度较高，便于维护；缺点是由于不是专业开发，容易受业务工作的限制，系统优化不够，开发水平较低，且由于开发人员是从所属各单位抽调出来，临时组建进行信息系统的开发工作，这些人员在其原部门还有其他工作，所以，精力有限，容易造成系统开发时间长，系统整体优化较弱，开发人员调动后，系统维护工作没有保证的情况。因此，一方面需要大力加强领导，实行“一把手”原则；另一方面可向专业开发人士或公司进行咨询，或聘请他们为开发顾问。

随着第四代语言及软件工具和信息系统生成器的发展，越来越多的企业进行自行开发是有可能的。虽然这些工具与常规的编程语言相比运行速度较慢，但由于目前硬件成本越来越低，完全可以弥补软件运行速度的不足，使该方式在技术和经济上可行。另外，该方式开发的系统整体性与质量较难保证，易用现代信息技术加固传统的管理方法，不利于推动组织变革，在当今企业面临重组与经济全球化的挑战下，该方式本身也面临挑战。

通过自行开发可以得到适合本单位需要的、满意的系统，在系统开发过程中还可以培养自己的技术力量。缺点是开发周期往往较长。自行开发需要强有力的领导，有足够的技术力量，需进行一定的调研和咨询。

自主开发适合于有较强的管理信息系统分析与设计队伍和程序设计人员、系统维护使用队伍的组织和单位，如高等院校、研究所、计算机公司等单位。自主开发的优点是开发费用少，实现开发后的系统能够适应本单位的需求且满意度较高，系统维护方便。缺点是由于不是专业开发队伍，容易受计算机业务工作的限制，系统优化不够，开发水平较低。

2.2.2 委托开发

委托开发方式适合于企业信息系统的开发力量较弱，但资金较为充足的单位。委托开发方式的优点是省时、省事，开发的系统技术水平较高。缺点是费用高、系统维护需要开发单位的长期支持。此种开发方式需要企业的业务骨干参与系统的论证工作，开发过程中需要开发单位和企业双方及时沟通，进行协调和调查。委托开发再往前走一步，就是系统外包。所谓系统外包，是指企业不依靠其内部资源建立信息系统，而是聘请专门从事开发服务的外部组织进行开发，由外部开发商来负责信息系统的建设甚至是日常管理。

显然，委托开发多是就一次性项目来签订委托合同，而系统外包则有可能是签订一个长期的服务合同，对企业有关信息技术的业务进行日常支持。这其中委托单位的选择至关重要。系统外包之所以流行开来，是因为有些企业发现用系统外包方式建立信息系统比企业维持内部计算机中心和信息系统工作人员更能控制成本，负责系统开发服务的外部开发商能从规模经济中（相同的知识、技能和能力由许多不同的用户共享）降低成本，从而获得收益，并能以富有竞争力的能力支付价格。由于一些企业内部的信息系统人员对知识的掌握无法与技术变化同步，所以企业可以借助系统外包进行开发。该方式能较好地推动企业的重组与变革，在我国现阶段与将来是主流的开发方式之一。当然，也不是所有企业都能从系统外包中获得好处，一旦不能对系统很好地理解和管理，那么系统外包的缺点也可能给组织带来严重的问题，例如失控、战略信息易损、对外部服务商产生依赖性、不利于培养企业自身的技术力量等。

委托开发从用户角度最省事，但必须配备精通业务的管理人员参加，经常检查和督促。这种开发方式一般费用较高，系统维护比较困难。

委托开发方式适合于使用单位无管理信息系统分析、设计及软件开发人员或开发队伍力量较弱、但资金较为充足的组织和单位。

委托开发方式的优点是省时、省事，系统的技术水平较高。缺点是费用高、系统维护需要开发单位的长期支持。此种方式需要使用单位的业务骨干参与系统的论证工作，开发过程中，需要开发单位和使用单位双方及时沟通，进行协调和检查。

2.2.3 合作开发

合作开发方式又称联合开发，它是自行开发方式与委托开发方式的结合，适合于企业有一定的信息技术人员，但可能对信息系统开发规律不太了解，或者是整体优化能力较弱，希望通过信息系统的开发完善和培养自己的技术队伍，便于后期的系统维护工作。

合作开发方式需要成立一个临时的项目开发小组，由企业业务骨干（甲方人员）与开发人员（乙方人员）共同组成，项目负责人可由甲方担任或由乙方担任，或者双方各出一位负责人，项目负责人直接对企业的“一把手”负责，紧紧围绕项目开发这一任务开展工作。该项目组是一个结构松散的组织，其人员与运作方式随着项目开发阶段的不同，可根据需要随时增减人员与调整工作方式。项目组应严格挑选与控制人员，经验告诉我们，在信息系统开发这种特殊的项目中随意增加人员并不能加快系统开发的进程。该方式强调在开发过程中通过共同工作，逐步培养企业自身的人才，项目开发任务完成后，项目组一般会自行解散，后期的系统维护工作将主要由企业自身的人员承担。另外，该方式还强调合作双方的关系的重要性，建立一种诚信的、友好的合作关系对完成项目是至关重要的。

由于合作开发方式具有很强的针对性与灵活性，在我国被广泛采用，曾经是我国管理信息系统项目开发中的主流开发方式。它的优点是相对于委托开发方式比较节约资金，可以培养、增强企业的技术力量，便于系统维护工作。缺点是双方在合作中易出现扯皮现象，需要双方及时达成共识，进行协调和检查。

合作开发对于培养自己的技术力量最有利，系统维护也比较方便。条件是企业组织有一定的系统分析和设计力量，合作双方要精密协作和配合。

合作开发方式适合于使用单位有一定的管理信息系统分析、设计及软件开发人员，但开发队伍力量较弱，希望通过管理信息系统的开发建立完善和提高自己的技术队伍，便于系统维护工作的单位。双方共同开发成果，实际上是一种半委托性质的开发工作。优点是相对于委托开发方式比较节约资金，可以培养、增强使用单位的技术力量，便于系统维护工作，系统的技术水平较高。缺点是双方在合作中沟通易出现问题，需要双方及时达成共识，进行协调和检查。

2.2.4 购买和租用软件包

目前，软件的开发正在向专业化方向发展。一批专门从事信息系统开发的公司已经开发出一批使用方便、功能强大的专项业务信息系统软件。为了避免重复劳动，提高系统开发的经济效益，企业可以购买信息系统的成套软件或开发平台，如财务管理系统、小型企业信息系统、进销存信息系统等。此方式的优点是节省时间和费用、技术水平较高；缺点是通用软件的专用性较差，根据用户的要求需要有一定的技术力量做软件改善和接口工作等二次开发工作。购置现成的商品软件，买来后经修改（二次开发）、安装、初始化即可投入使用。该方式中软件品种与软件供应商的选择是需要花时间进行比较与选择的，价格因素也是不容忽视的，目前商品化应用软件（应用软件包）品种很多，从单一功能的小软件到覆盖大部分企业业务的大系统，价格也从几万元到几百万元不等。

购置现成的商品软件容易使企业管理模式向商品软件的模式靠拢，变动的成分较大，有利于进行企业业务流程重组，但同时也有风险。

总之，不同的开发方式各有不同的长处和短处，需要根据企业的实际情况进行选择，也可综合使用各种开发方式。表 2-2 对上述四种开发方式进行了简单的比较。

表 2-2　　信息系统开发方式比较

系统开发方式	对本企业开发能力的要求	系统维护的难易	用于企业内部的费用	用于企业外部的费用
自行开发	非常需要	容易	大	小
委托开发	不太需要	相当困难	小	大
合作开发	需要	比较容易	中等	中等
购（租）用软件包	不太需要	困难	小	小

根据前面几种开发方法的特点、软件的发展情况，对规模较小、商业逻辑较简单的企业，可以选择通用软件；在选择供应商时一定要仔细比较，以便与自己的经营模式吻合；企业要知道自己需要什么。对规模较大，经营模式较复杂的企业，优先选择通用软件，可以为企业节省时间，降低风险；如果找不到合适的通用软件，可以根据自己开发能力采用委托或联合开发方式。在选择之前，需要建立规划机构进行规划和可行性研究。

2.3 管理信息系统建设技术方案

管理信息系统建设技术方案随着信息技术的发展而发展，一般可分为经典的和现代的技术方案，其中经典的技术方案有生命周期法、原型法、面向对象的开发方法和计算机辅助软件工程开发方法。本教材着重介绍经典的技术方案。

2.3.1 生命周期法

生命周期法（Life Cycle Method）也称为“结构法”“瀑布法”。1976 年由 Boehm 提出来，在 20 世纪 90 年代以前，系统开发主要是使用生命周期法。生命周期法是自顶向下结构化方法、工程化的系统开发方法和生命周期的结合，概括来说就是自顶向下、逐步求精、分阶段实现的软件开发方法，是一种先整体后局部的信息系统开发方法。其主要思想是将一个庞大的复杂系统按照时间顺序和所采用的工程方法分解成若干个容易实现的阶段和任务，按阶段或任务的顺序一个一个地去实现（见图 2-2）。通常，前一个阶段是后一个阶段的基础，后一个阶段只有在前一个阶段圆满完成后才能正式开始。图 2-2 给出了生命周期法各个阶段关系图。

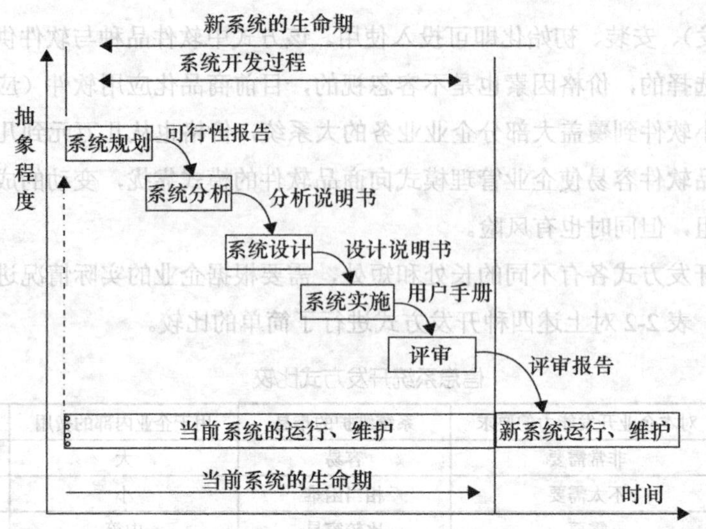

图 2-2　生命周期法各个阶段关系图

生命周期法可分为 5 个阶段：系统规划、系统分析、系统设计、系统实现、系统维护。生命周期法的基础是结构化的程序设计，是一种面向过程的程序设计方法。其中后 4 个阶段是重点。

1. 系统分析阶段

这个阶段的任务有系统调查、可行性研究和系统需求分析。系统调查是根据用户提出的任务和要求，进行初步调查研究，调查内容包括：系统概貌、开发工作计划、开发所需资源及成本、预期效益及方案预算等。然后在此基础上进行可行性分析，内容包括：技术可行性、经济可行性和操作可行性分析，即分析是否具备适当的设备、人员和技术力量，是否能够承担系统开发成本开销，是否有足够的经济效益以及是否在系统建立后能立即投入使用等，并写出可行性报告。在可行性报告通过后，进行系统分析，内容包括：分析系统的数据流程和数据结构，建立系统详细的逻辑模型，描述系统需要处理的各项文件和数据信息以及系统中各项处理的大致过程，写出系统分析报告。

2. 系统设计阶段

系统设计阶段的任务有概要设计和详细设计。首先在系统分析的基础上进行概要设计，建立系统的物理模型，内容包括：系统结构设计、处理流程图设计和物理配置设计。然后在此基础上进行程序设计，内容包括：代码设计、数据库设计、输入与输出设计，以及正确性、可靠性设计等，确定所需编制的程序及其功能，编制程序流程图。

3. 系统实现阶段

系统实现阶段的任务有：系统硬件的购置、安装和调试，程序的编制和调试，系统测试，系统切换等。

4. 系统维护阶段

系统维护阶段的任务有：系统软件维护，数据维护、设备维护等。

生命周期法的主要优点是：整个开发过程阶段和步骤清楚，每一阶段和步骤均有明确的成果，这些成果以可行性分析报告、系统分析说明书、系统设计说明书等形式表现出来，并作为下一阶段工作的依据。整个项目按阶段和步骤可以划分为许多组成部分，各部分可各自独立地开展工作，这有利于整个项目的管理与控制。

在实践过程中，生命周期法也存在一些缺陷。

（1）难以准确定义用户需求。系统的开发过程是一个线性发展的“瀑布模型”，各阶段须严格按顺序进行，并以各阶段提供的文档的正确性和完整性来保证最终软件产品的质量，而这在许多情况下是难以做到的。用户在初始阶段提出的要求往往既不全面也不明确，而在设计过程中，用户有可能需要修改原来的要求，这给开发工作带来较大的难度。

（2）开发周期较长，难以适应环境的变化。对于一个比较大的系统，开发工作可能需要 1 年甚至更长时间，在此期间不仅用户的要求会越来越高，环境的变化也可能使原设计难以适应。

（3）系统开发成本高，效率低。系统开发的各个阶段的工作从系统分析、系统设计到系统实施，绝大部分工作靠人工完成，因此整个系统的开发成本较高，效率也较低。

2.3.2 原型法

原型法（Prototyping Method）是 20 世纪 80 年代发展起来的，旨在改变生命周期法的缺点的一种系统开发方法。该法的开发思路是首先根据用户的要求，由用户和开发者共同确定系统的基本要求和主要功能，利用系统快速生成工具，建立一个系统模型，再在此基础上与用户交流，将模型不断补充、修改、完善，如此反复，最终直至用户和开发者都比较满意为止，从而形成一个相对稳定、较为理想的管理信息系统。

生命周期法是基于两个基本的假定：一是系统目标反映了用户的要求，二是系统开发的环境，包括系统内部的关系都不发生变化，适于生命周期法开发的系统是一个固定模式系统，它与用户多变的需求及环境的不确定性产生了矛盾。原型法也称为“决速原型法”或“螺旋法”。它的基本原理是，系统开发者在初步了解用户需求的基础上，投入少量人力和物力，尽快构造、设计和开发一个系统原始模型，该模型就称为原型。这个原型是一个可以实现的系统应用模型，而不是设想的模型，使用户可以及时运行和看到模型的概貌和使用效果，并提出改进意见，开发人员进一步修改完善，如此迭代循环，直到得到一个用户满意的模型为止。

从原型法的基本思想中可以看到，用户能及早看到系统模型，在循环修改和完善过程中，使用户的需求日益明确，从而消除了用户需求的不确定性，同时从原型到模型的生成，周期短、见效快，对环境变化的适应能力较强。

图 2-3 给出了原型法的开发过程。

原型法的开发过程可分为 4 个阶段。

1. 确定初步需求阶段

用户提出基本的要求和应用范围，这些要求是概略的、不完全的，但是最基本的，易于描述和定义。根据用户基本需求，对系统给出初步定义。

2. 开发初始原型阶段

根据用户基本需求，开发出一个可以应用的系统。

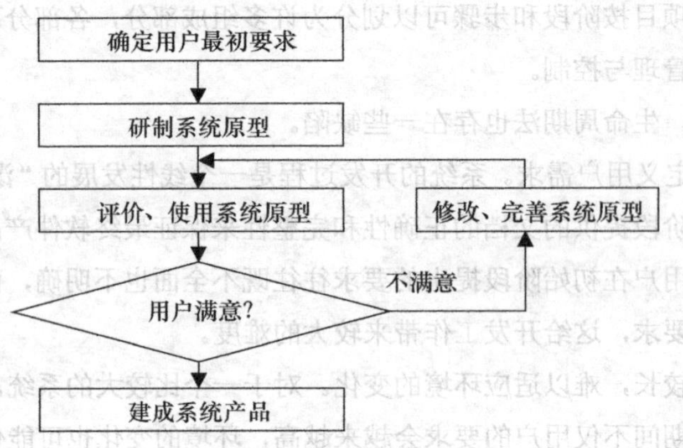

图 2-3 原型法示意图

3. 原型试用评价阶段

让用户试用模型，根据实际运行情况，明确原型存在的问题，进一步提出需求和修改意见。

4. 原型修改提高阶段

根据用户提出的问题和修改意见，与用户共同研究确定修改原型的方案，经过修改和提高后得到新的模型。这样经过有限次的循环反复，逐步提高和完善，直到得到一个用户满意的系统模型为止。

原型法主要是理论性的阐述，缺少有关系统筹划、实施和运作等方面的具体指导，因此，在实际中不像生命周期法那样有着各种各样广泛的支持。该方法的优点是侧重于不断完善需求和估算需要，具有较好的用户交互参与机制，在进行快速的小系统开发时比较有效。但是，由于缺少有关具体的指导，因此很难明确确定系统实施阶段的起始；极有可能在缺少充分的需求分析的情况下，直接进入编码阶段。同时对于规模较大的系统，不断变化的用户需求会引起无限期的循环，最终导致系统失控。所以这种方法需要有非常得力的系统管理员，让他来决定系统各阶段的起止。

2.3.3 面向对象方法

面向对象（Object-Oriented，OO）的方法是从 20 世纪 80 年代各种面向对象的程序设计语言（如 Smalltalk、C++等）逐步发展而来的。采用面向对象方法的目的是为了提高软件系统的可重用性、可扩充性和可维护性，使软件系统向通用性方向发展。该方法将在下一章重点介绍，在此仅介绍其中基本概念。

（1）客观世界中的任何事物都是对象。对象是数据与操作的封装通信单位，它具有静态特征和动态特征。静态特征即可以用某种数据来描述的特征，动态特征即对象所表现的行为或对象所具有的功能。对象作为一个整体，对外不公开这些属性与操作，这就是对象的封装性（Encapsulation）。

（2）对象之间有抽象与具体、一般与特殊、整体与部分等几种关系，这些关系构成对象的结构（Structure）。

（3）把一组具有相同结构、操作和约束条件的对象称为“类”（Class）。对象由类说明和类实现两部分组成。类说明统一描述对象类的结构、应遵守的约束规则以及可执行的操作，以便用户了解对象类的具体作用与功能；类实现则由开发人员掌握，用户不必了解。一个类的上层可以有超类，下层可以有子类，一个类可以有多个超类，也可以有多个子类；超类是下层子类的概括，子类可以继承超类的属性、操作和约束规则，这就是类的继承性（Inheritance）。

（4）对象之间可以互送消息。消息就是向对象发出的服务请求，它含有提供服务的对象标识、服务标识、输入信息和回答信息。消息的接收者是提供服务的对象，通过消息进行对象之间的通信。

2.3.4 几种经典信息系统建设技术方案比较

上述典型的系统建设技术方案既相互联系又有区别，每种方案各有不同的长处和短处，需要根据企业的实际情况进行选择，也可综合使用各种开发方法。

1. 各种经典技术方案之间的联系

（1）有共同的目的和出发点。

管理信息系统是一种人—机系统，其中软件系统作为该系统的重要元素，是最复杂、最具智慧型的人类产品。它是一种逻辑产品，开发人员通常难以用认识实体世界的方式去认识、精确估计它的特性。除了非常小的软件系统之外，软件开发是需要一组人员共同努力才能完成的，而人的因素又会进一步使问题复杂化。虽然软件开发的工具越来越先进，人们的经验也越来越丰富，但是需要解决的问题却越来越复杂。人们发现开发出的软件系统常常出现开发周期长，费用超过预算，最终产品又不能满足用户需求，系统的可维护性差，产生软件危机。

上述典型的技术方案就是基于软件危机的问题提出来的，都能在一定的程度上解决软件研制过程中产生的问题。

（2）按照认识论规律的信息系统建设的方法论。

辩证唯物主义认识论指出，人们在实践基础上所得到的关于外部世界的初级认识是感性认识，它包括感觉、知觉、表象等形式。感性认识是对外部世界的直接反映，是人们获得知识的第一步，属于认识的初级阶段。辩证唯物主义认识论强调认识主体在获得感性认识的基础上，必须用理性思维对感性材料进行逻辑加工，即遵循从感性具体到抽象，又从抽象上升到思维具体的方法以及逻辑的东西与历史的东西统一的原则，通过归纳和演绎、分析和综合，以概念（范畴）、判断、推理的形式，形成理论知识的体系，把客体作为许多规定的综合，也即多样性的统一的整体在思维中观念地再现出来，这就是理性认识。理性认识是对事物的抽象、概括的反映，也是对事物的本质、全面的反映，是认识的高级阶段。

从认识论的角度，无论是生命周期法还是面向对象方法，都是严格遵从人们认识事物的过程，分别从时间过程和空间领域的角度去认识和描述问题对象。由初期的广泛的需求调查完成了认识的初级阶段——感性认识；再将得到的需求材料进行逻辑加工，即遵循从感性具体到抽象，又从抽象上升到思维原则，通过归纳和演绎、分析和综合，以概念（范畴）、判断、推理的形式形成模型，从而完成感性认识；这也是一个对问题的理解逐步深入螺旋形上升的过程，符合人们认识事物的规律，是方法论。

（3）基本策略相同。

管理信息系统开发策略主要有“自上而下”的规划策略和“自下而上”的开发策略。其中，“自上而下”策略符合系统观点，全面考虑问题，能很好地协调组织内部的各种关系，需要较长的时间周期、更充足的资金与设备、素质更高的人才，适用于大型管理信息系统的研制。“自下而上”策略的优点是可以循序渐进，避免研制大系统可能导致的配合不协调。缺点是没有从整体和长远的观点考虑问题，系统开发只是简单地重复了原有系统的功能，仅提高了某些部门的工作效率，而没有考虑重构企业和组织体系和工作流程，对各子系统之间的接口和相互联系也可能考虑不周。主要适宜于小型信息系统的开发与研制。

合理的策略是：对于大型的信息系统，应首先自上而下地进行项目的整体规划，再自下而上地逐步实现各子系统的应用开发。

（4）按照系统的生命周期的时间轴而展开。

系统的生命周期是指人工系统所经历的由发生、发展到消亡的过程。无论是结构化方法、原型法，还是面向对象法，都是按照系统的生命周期的时间轴而展开的，都经历了系统分析、系统设计和系统实施（实现）3 个阶段。在这 3 个阶段中，其基本内容、过程基本相似。

2. 各种经典技术方案之间的区别

结构化系统开发方法是一种经典的、应用最广泛的系统开发方法，它将系统开发严格地分为几个不同的阶段（过程）：系统分析、系统设计、系统实施（实现）等。它的目的是模仿实体工程中的一些方法，将软件开发规范化，每阶段（过程）形成标准格式的文档，下一阶段以上一阶段的文档为原料。这种方法可以控制软件开发的进度，合理分配人力和资金，以及最重要的因素——实现软件的可靠性及可维护性。

原型法强调用户参与原则。其实质还是按照系统的生命周期的时间轴而展开，只不过每一阶段的要求是以用户的认识为目标。它的基本思想是，系统开发人员首先对用户提出的问题进行理解、研究、总结，快速建立原型系统并运行。在运行过程中，不断发现新情况、新问题，反复修改，增加新功能，直到用户满意为止。

面向对象方法以类、继承等概念描述客观事物及其联系，采用封装、继承等原则，该方法采用“喷泉”软件生命周期，将软件开发工程划分为概念模型分析、系统设计、对象实现和系统组装等 5 个阶段，允许自底向上的从已定义的基本对象类出发，逐步构造新的对象类，因此具有良好的应变能力。“喷泉”模型（见图 2-4）使得生命周期内各阶段过渡比较平滑，而且相互间能实现可逆互操作。由于对象的独立封装，模块的可构造性、可扩充性、可重用性也大大加强。

3. 各种方案的比较

（1）结构化系统开发方法。

① 优点：

- 从系统整体出发，强调在整体优化的条件下“自上而下”地分析和设计，保证了系统的整体性和目标的一致性；

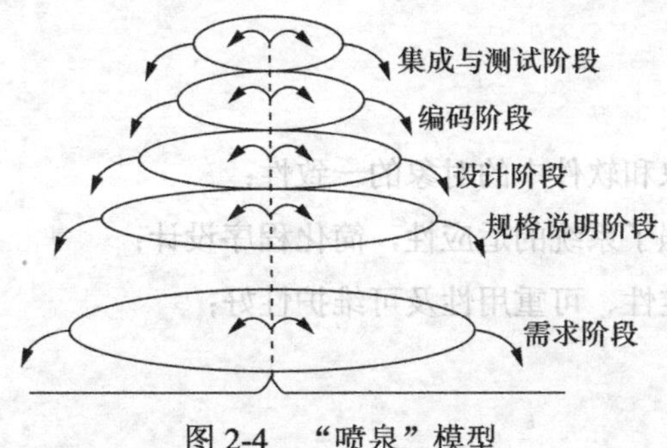

图 2-4 “喷泉”模型

- 面向用户，遵循用户至上的原则；
- 严格区分系统开发的阶段性；每一阶段的工作成果是下一阶段的依据，便于系统开发的管理和控制；
- 文档规范化，按工程标准建立标准化的文档资料。

② 缺点：

- 用户素质或系统分析员和管理者之间的沟通问题；
- 开发周期长，文档过多，难以适应环境变化；
- 结构化程度较低的系统，在开发初期难以锁定功能要求；
- 各阶段的审批工作困难；所使用的工具落后。

适用范围：适用于大型系统（规模较大，结构化程度较高）的开发。

（2）原型法。

① 优点：

- 能充分利用最新软件工具，使系统开发周期短，费用相对少；
- 用户参与开发过程，有利于开发人员与用户的交流、沟通，系统更加贴近实际，易学易用，减少用户的培训时间；
- 原型法开发系统的过程循序渐进，符合人们认识事物的规律，信息反馈及时性强，确保了较好的用户满意度；
- 原型法构造出用户“看得见，摸得着”的系统原型，缩小了理解和认识上存在的差距。

② 缺点：

- 不适合大规模系统的开发；
- 开发过程管理要求高，整个开发过程要经过“修改—评价—再修改”的多次反复；
- 用户过早看到系统原型，误认为系统就是这个模样，易使用户失去信心；
- 开发人员易将原型取代系统分析；缺乏规范化的文档资料；
- 原型法需要较高的系统开发环境支持，如系统开发工具、软硬件、开发环境、开发人员及用户素质等。

适用范围：处理过程明确、简单，涉及面窄的小型系统。

不适合于：大型、复杂、难以模拟的系统；存在大量运算、逻辑性强的处理系统；管理基础工作不完善、处理过程不规范的系统；大量批处理系统。

（3）面向对象法。

① 优点：

- 分析、设计中的对象和软件中的对象的一致性；
- 实现软件复用，增强了系统的适应性，简化程序设计；
- 系统易于维护，稳定性、可重用性及可维护性好；
- 缩短开发周期。

② 缺点：

- 系统在分析阶段对对象的抽象困难；
- 需要一定的软件基础支持才能应用；
- 面向对象的开发方法与结构化系统开发方法在系统开发中相互依存、不可替代。

适用范围：不宜于大系统的开发。

2.3.5 面向对象信息系统开发方法的优势

结构化分析与设计方法是应用相当广泛而又成熟的软件工程设计和分析方法。它是在结构化程序设计的基础上提出来的。结构化分析以数据流图为工具，实现对问题空间即需求的描述。它主要以数据流、数据变换为考虑对象，从这个角度来描述整个系统的状况。结构化设计以数据流图为蓝本，提出其数据变换部分，加以功能分解，一直到最小的功能元素单位。然后开发人员据此进行程序设计。

1. 传统的结构化生命周期模型存在着许多难以克服的问题

（1）这种方法扭曲人们对客观世界的认识，它将现实世界的空间场景扭转成时间场景，将空间对象转变成时间上的流动碎片，要求分析人员在现实世界中跟踪数据的流动，但许多系统不以数据流为主干，在这种情况下数据流图（DFD）就不是十分有效。

（2）用户需求很难全部满足。结构化方法的本质是功能分解，从代表目标系统整体功能的单个处理着手，自顶向下不断把复杂的处理分解为子处理，这样一层一层地分解下去，直到仅剩下若干个容易实现的子处理功能为止，然后用相应的工具来描述各个最低层的处理。因此，结构化方法是围绕实现处理功能的“过程”来构造系统的。然而，用户需求的变化大部分是针对功能的，因此，这种变化对于基于过程的设计来说是灾难性的。用这种方法设计出来的系统结构常常是不稳定的，用户需求的变化往往造成系统结构的较大变化，从而需要花费很大代价才能实现这种变化。

（3）划分加工十分困难，数据字典的规模非常大，这使得需求分析中的交流问题变得非常困难。

（4）结构化分析与结构化设计之间的过渡非常困难。这一方面来自构造方法的转换，另一方面来自添加实施细节。这种转化很容易产生开发过程的前后不一致或脱节，导致开发的产品出错或可维护性差。

（5）生命周期模型必须在分析阶段结束后才能进入设计阶段，设计阶段完成后才能进入实现阶段，这样的话，上一阶段的错误或不完整性就会带到下一阶段。

（6）软件重用性差。重用性是指同一事物不经修改或稍加修改就可多次重复使用的性质。软件重用性是软件工程追求的目标之一。

2. 面向对象的方法为软件开发带来了许多的益处

（1）面向对象的方法更接近于人类的自然思维。人类在认识和理解现实世界中普遍运用的3个构造法则是区分对象及其属性，区分整体对象及其组成部分，区分及形成不同对象类。而面向对象正是基于对象及属性、类属及成员、整体及其部分这些概念基础之上的。因而它必然更容易被理解和运用。

（2）改善了需求的获取。人与人之间的交流是分析工作面临的一个重要问题。如果一种分析方法产生的文档使分析员以外的其他人员很难读懂，就不利于交流。对此，面向对象分析运用了人类日常生活中采用的思维方法和构造策略来认识和描述问题域，构造系统模型及详细说明，并采用了直接来自问题域的术语及概念，使各类人员之间交流的最基本条件得到了改进。

（3）系统分析、系统设计及实现之间采用同样的角度看待问题甚至同样的表示方法来描述问题，它们之间的连接是自然的无缝连接。同时该方法将对象的属性及服务视为一个整体。这更符合客观世界的规律，从而使其理解与实现起来更加容易，进一步减少维护的费用。

（4）软件复用已从20世纪80年代中期主要着眼于程序的复用发展到注重分析结果和设计结果的复用，这样产生的效果更加显著。面向对象分析中，类由于其完整性和独立性很适合于作为可复用构件。当分析员完成一个系统的面向对象分析工作后，其面向对象分析结果较容易通过复用而扩展为一个系统族。因此能很好地支持软件分析复用。继承的方法一方面符合客观世界的规律，一方面加强代码重用的可能性，以便提高软件的开发效率。

（5）能更好地适应需求的不断变化。在软件开发过程中，需求的不断变化是分析人员棘手的问题，而面向对象分析则由于封装对象原则使系统在变化的环境中有良好的适应性。因此从整体上看，面向对象分析以对象作为系统的基本构成单位，对象的稳定性和相对独立性使系统具有一种宏观的稳定效果。从而使整个系统更加稳定和易于维护。同时也提高了系统的可靠性。

总之，面向对象的方法一方面更易于人们理解并映射现实世界，另一方面可以提高软件的开发效率、可靠性及可维护性。

习题

1. 信息系统建设途径的依据是什么，有哪些途径？

2. 系统工程基本定义和特点是什么？

3. 简述系统工程方法论。

4. 信息系统建设的商务途径有哪些，各自具有什么特点？

5. 某企业信息系统开发力量较弱，但资金较为充足，该企业要进行信息系统开发，选择什么开发方式比较好？这种开发方式的优缺点有哪些？

6. 信息系统开发通常有哪些方法？

7. 简述生命周期法各个阶段的主要任务，并说明其优缺点。

8. 简述原型法的开发过程，并说明其主要优点及局限性。

9. 叙述面向对象方法的基本思想及开发过程。

10. 面向对象信息系统开发方法的优势有哪些？

面向对象方法与统一建模语言简介

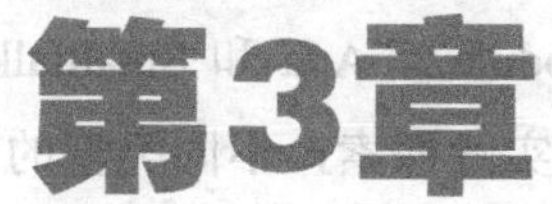

［学习目的］掌握面向对象方法的基本思想，认识面向对象系统开发的过程、模型与技术；其次，了解统一建模语言基础知识。

［本章要点］

- 面向对象方法基本概念；
- 面向对象方法论；
- 统一建模语言UML概念；
- 统一建模语言UML中的视图；
- 统一建模语言组成。

在上一章中，读者初步了解了面向对象方法的优势。那么什么是面向对象方法，该方法建模的工具又是什么，这些将在本章中介绍。

3.1 面向对象开发方法简介

面向对象方法（Object-Oriented Method，OOM）是一种把面向对象的思想应用于管理信息系统建设过程中，指导系统建设活动的系统方法，简称 OO（Object-Oriented）方法，是建立在“对象”概念基础上的方法学。对象是由数据和容许的操作组成的封装体，与客观实体有直接对应关系，一个对象类定义了具有相似性质的一组对象。而继承性是对具有层次关系的类的属性和操作进行共享的一种方式。所谓面向对象，就是基于对象概念，以对象为中心，以类和继承为构造机制，来认识、理解、刻画客观世界和设计，构建相应的软件系统。

3.1.1 面向对象方法的由来与发展

OO 方法起源于面向对象的编程语言（简称为 OOPL）。20 世纪 50 年代后期，ALGOL 语言的设计者在 ALGOL 60 中采用了以“Begin…End”为标识的程序块，这是编程语言中首次提供封装（保护）的尝试。20 世纪 60 年代中后期，Simula 语言在 ALGOL 基础上研制开发，它将 ALGOL 的块结构概念向前发展一步，提出了对象的概念，并使用了类，也支持类继承。20 世纪 70 年代，Smalltalk 语言诞生，它取 Simula 的类为核心概念。由 Xerox 公司经过对 Smautalk 72、76 持续不断的研究和改进之后，于 1980 年使其商品化，它在系统设计中强调对象概念的统一，引入对象、对象类、方法、实例等概念和术语，采用动态联编和单继承机制。

从 20 世纪 80 年代起，人们基于以往已提出的有关信息隐蔽和抽象数据类型等概念，以及由

modula2、Ada 和 Smalltalk 等语言所奠定的基础，再加上客观需求的推动，进行了大量的理论研究和实践探索，不同类型的面向对象语言（如 Object-C、Eiffel、C++、Java、Object-Pascal 等）如雨后春笋般研制开发出来，逐步地发展和建立起较完整的 OO 方法的概念理论体系和实用的软件系统。

面向对象源出于 Simula，真正的 OOP 由 Smalltalk 奠基。Smalltalk 现在被认为是最纯的 OOPL。

正是通过 Smalltalk 80 的研制与推广应用，使人们注意到 OO 方法所具有的模块化、信息封装与隐蔽、抽象性、继承性、多样性等独特之处，这些优异特性为研制大型软件，提高软件可靠性、可重用性、可扩充性和可维护性提供了有效的手段和途径。

3.1.2 面向对象的基本概念

什么是面向对象？Coad 和 Yourdon 给出的定义是：

面向对象（Object Oriented）=对象（Objects）+分类（Classification）+继承（Inheritance）+通信（Communication）

面向对象中使用了对象、类、消息、封装、继承和多态等基本概念。

1. 面向对象的基本要素

（1）对象。

对象（Object）是系统中用来描述客观事物的一个实体，它是构成系统的一个基本单位。对象可以用来描述要研究的任何事物。从一本书到一家图书馆，单的整数到整数列庞大的数据库、极其复杂的自动化工厂、航天飞机等都可看作对象，它不仅能表示有形的实体，也能表示无形的（抽象的）规则、计划或事件。对象由数据（描述事物的属性）和作用于数据的操作（体现事物的行为）构成一独立整体。从程序设计者来看，对象是一个程序模块，从用户来看，对象为他们提供所希望的行为。在对内的操作通常称为方法。

（2）类。

类（Class）是对象的模板。即类是对一组有相同数据和相同操作的对象的定义，一个类所包含的方法和数据描述一组对象的共同属性和行为。类是在对象之上的抽象，对象则是类的具体化，是类的实例。类可有其子类，也可有其他类，形成类层次结构，如图 3-1 所示。

如图 3-2 所示，类具有属性，它是对象的状态的抽象，用数据结构来描述类的属性。类具有操作，它是对象的行为的抽象，用操作名和实现该操作的方法来描述。

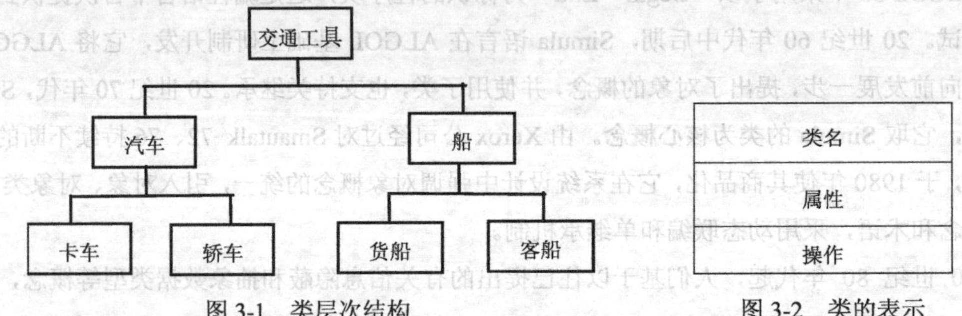

图 3-1 类层次结构　　　　图 3-2 类的表示

（3）消息。

对象之间进行通信的结构叫作消息（Message）。在对象的操作中，当一个消息发送给某个对象时，消息包含接收对象去执行某种操作的信息。发送一条消息至少要包括说明接受消息的对象名、发送给该对象的消息名。一般还要对参数加以说明，参数可以是认识该消息的对象所知道的变量名，或者是所有对象都知道的全局变量名。

类中操作的实现过程叫作方法，一个方法有方法名、参数和方法体。消息传递如图 3-3 所示，反映了对象、类和消息的关系。对象经过抽象成为一般性的类，而类经过实例化成为对象。

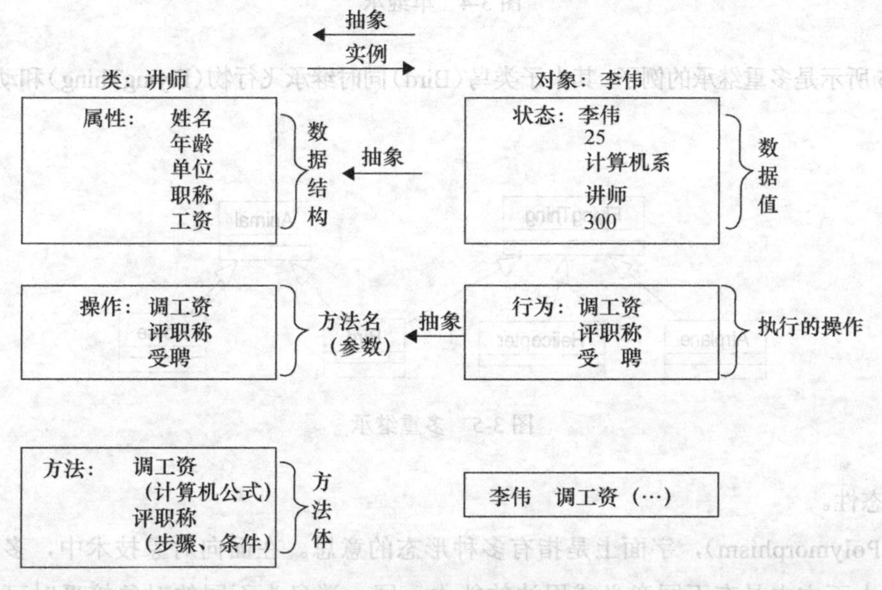

图 3-3 对象、类和消息

2. 面向对象基本特征

（1）封装性。

封装（Encapsulation）是一种信息隐蔽技术，是对象的重要特性。封装使数据和加工该数据的方法（函数）封装为一个整体，以实现独立性很强的模块，使得用户只能见到对象的外特性（对象能接收哪些消息，具有哪些处理能力），而对象的内特性（保存内部状态的私有数据和实现加工能力的算法）对用户是隐蔽的。封装的目的在于把对象的设计者和对象的使用者分开，使用者不必知晓行为实现的细节，只需用设计者提供的消息来访问该对象。

（2）继承性。

继承性（Inheritance）是子类自动共享父类之间数据和方法的机制。它由类的派生功能体现。一个类直接继承其他类的全部描述，同时可修改和扩充。

继承具有传递性。继承分为单继承（一个子类只有一父类）和多重继承（一个类有多个父类）。类的对象是各自封闭的，如果没继承性机制，则类对象中数据、方法就会出现大量重复。继承不仅支持系统的可重用性，而且还促进系统的可扩充性。

如图 3-4 所示是单继承的例子。其中，交通工具（Vehicle）是父类，地面交通工具（GroundVehicle）和空中交通工具（TransatmosphericVehicle）是子类。

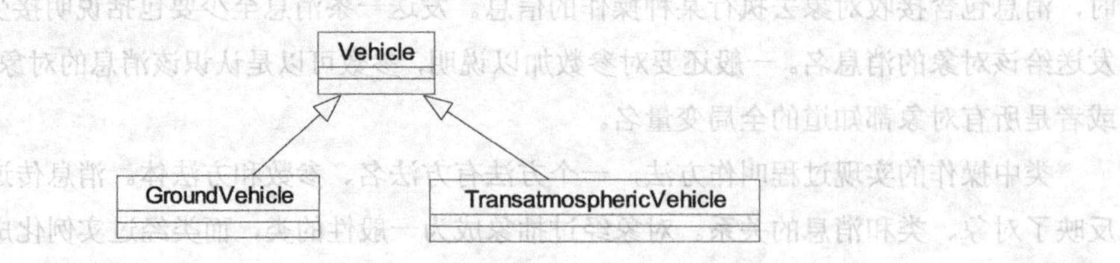

图 3-4　单继承

如图 3-5 所示是多重继承的例子。其中子类鸟（Bird）同时继承飞行物（FlyingThing）和动物（Animal）两个父类。

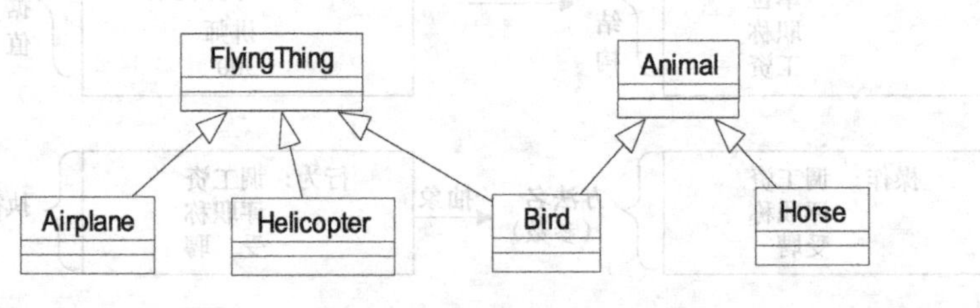

图 3-5　多重继承

（3）多态性。

多态（Polymorphism），字面上是指有多种形态的意思。在面向对象技术中，多态是指一个事物在不同上下文中具有不同意义或用法的能力。同一消息为不同的对象接受时可产生完全不同的行动，这种现象称为多态性。利用多态性用户可发送一个通用的信息，而将所有的实现细节都留给接受消息的对象自行决定，如是，同一消息即可调用不同的方法。例如：Print 消息被发送给一图或表时调用的打印方法与将同样的 Print 消息发送给一正文文件而调用的打印方法会完全不同。

多态性的实现受到继承性的支持，利用类继承的层次关系，把具有通用功能的协议存放在类层次中尽可能高的地方，而将实现这一功能的不同方法置于较低层次，这样，在这些低层次上生成的对象就能给通用消息以不同的响应。在 OOPL 中可通过在派生类中重定义基类函数（定义为重载函数或虚函数）来实现多态性。

综上可知，在 OO 方法中，对象和传递消息分别表现事物及事物间相互联系的概念。类和继承是适应人们一般思维方式的描述范式。方法是允许作用于该类对象上的各种操作。这种对象、类、消息和方法的程序设计范式的基本点在于对象的封装性和类的继承性。通过封装能将对象的定义和对象的实现分开，通过继承能体现类与类之间的关系，以及由此带来的动态联编和实体的多态性，从而构成了面向对象的基本特征（见图 3-6）。

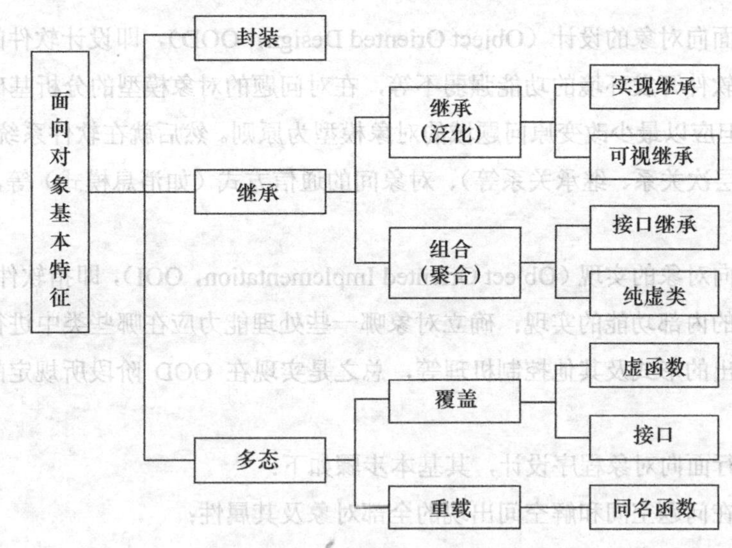

图 3-6 面向对象概念间的联系

3.1.3 面向对象方法论

面向对象方法学：OO 方法遵循一般的认知方法学的基本概念（即有关演绎—从一般到特殊和归纳—从特殊到一般的完整理论和方法体系）而建立面向对象方法等基础。

面向对象方法学要点之一：认为客观世界是由各种“对象”所组成的，任何事物都是对象，每一个对象都有自己的运动规律和内部状态，每一个对象都属于某个对象“类”，都是该对象类的一个元素。复杂的对象可以是由相对比较简单的各种对象以某种方式而构成的。不同对象的组合及相互作用就构成了我们要研究、分析和构造的客观系统。

面向对象方法学要点之二：通过类比，发现对象间的相似性，即对象间的共同属性，这就是构成对象类的依据。在“类”“父类”“子类”的概念构成对象类的层次关系时，若不加特殊说明，则处在下一层次上的对象可自然地继承位于上一层次上的对象的属性。

面向对象方法学要点之三：认为对已分成类的各个对象，可以通过定义一组“方法”来说明该对象的功能，即允许作用于该对象上的各种操作。对象间的相互联系是通过传递“消息”来完成的，消息就是通知对象去完成一个允许作用于该对象的操作，至于该对象将如何完成这个操作的细节，则是封装在相应的对象类的定义中的，细节对于外界是隐蔽的。

可见，OO 方法具有很强的类的概念，因此它就能很自然地直观地模拟人类认识客观世界的方式，即模拟人类在认知进程中的由一般到特殊的演绎功能或由特殊到一般的归纳功能，类的概念既反映出对象的本质属性，又提供了实现对象共享机制的理论根据。

当我们遵照面向对象方法学的思想进行软件系统开发时，首先要进行面向对象的分析（Object Oriented Analysis，OOA），其任务是了解问题域所涉及的对象、对象间的关系和作用（即操作），然后构造问题的对象模型，力争该模型能真实地反映出所要解决的“实质问题”。在这一过程中，抽象是最本质、最重要的方法。针对不同的问题性质选择不同的抽象层次，过简或过繁都会影响到对问题的本质属性的了解和解决。

其次就是进行面向对象的设计（Object Oriented Design，OOD），即设计软件的对象模型。根据所应用的面向对象软件开发环境的功能强弱不等，在对问题的对象模型的分析基础上，可能要对它进行一定的改造，但应以最少改变原问题域的对象模型为原则。然后就在软件系统内设计各个对象、对象间的关系（如层次关系、继承关系等）、对象间的通信方式（如消息模式）等，总之是设计各个对象应做些什么。

最后阶段是面向对象的实现（Object Oriented Implementation，OOI），即指软件功能的编码实现，它包括：每个对象的内部功能的实现；确立对象哪一些处理能力应在哪些类中进行描述；确定并实现系统的界面、输出的形式及其他控制机理等，总之是实现在 OOD 阶段所规定的各个对象所应完成的任务。

用 OO 方法进行面向对象程序设计，其基本步骤如下：

（1）分析确定在问题空间和解空间出现的全部对象及其属性；

（2）确定应施加于每个对象的操作，即对象固有的处理能力；

（3）分析对象间的联系，确定对象彼此间传递的消息；

（4）设计对象的消息模式，消息模式和处理能力共同构成对象的外部特性；

（5）分析各个对象的外部特性，将具有相同外部特性的对象归为一类，从而确定所需要的类；

（6）确定类间的继承关系，将各对象的公共性质放在较上层的类中描述，通过继承来共享对公共性质的描述；

（7）设计每个类关于对象外部特性的描述；

（8）设计每个类的内部实现（数据结构和方法）；

（9）创建所需的对象（类的实例），实现对象间应有的联系（发消息）。

3.2 统一建模语言UML概述

统一建模语言（Unified Modeling Language，UML）是一个通用的可视化建模语言，是用于对软件进行描述、可视化处理、构造和建立软件系统制品的文档。其中制品是指软件开发过程中产生的各种产物，例如模型、源代码、测试用例等。UML 适用于各种软件开发方法、软件生命周期的各个阶段、各种应用领域及各种开发工具。

3.2.1 UML的产生背景

早在 20 世纪 70 年代，就陆续出现了面向对象的建模方法，在 80 年代末到 90 年代中期，各种建模方法如雨后春笋般出现，从不到 10 种增加到 50 多种。但方法种类的膨胀，使用户很难根据自身应用的特点选择合适的建模方法，极大地妨碍了用户的使用和交流。在 UML 之前，已经有一些试图将各种方法中使用的概念进行统一的初期尝试。1994 年，在 Rational 软件公司的兰博（Rumbaugh）与布什

（Booch）合作，开始合并OMT和Booch方法中使用的概念，并于1995年提出了一个建议。随后雅各布森（Jacobson）也加入了Rational公司，开始与Rumbaugh和Booch一同工作，他们共同致力于设计统一建模语言。3位最优秀的面向对象方法学的创始人共同合作，吸取了其他面向对象方法的优点，为这项工作注入了强大的动力，打破了面向对象软件开发领域内原有的平衡。1996年，OMG（Object Management Group）发布了向外界征集关于面向对象建模标准方法的消息。UML的三位创始人与来自其他公司的软件工程方法专家和开发人员一道制定出使OMG感兴趣的方法，并设计出一种能被软件开发工具提供者、软件开发方法学家和开发人员这些最终用户所接受的建模语言。1997年9月，他们向OMG提交了UML方法。1997年11月，UML被OMG全体成员一致通过，并被采纳为标准。随后OMG承担了进一步完善UML标准的工作。2000年推出了UML 1.4版本，2003年推出了UML 1.5版本。

自2005年7月OMG发布UML 2.0以来，UML版本变更的步子迈得并不大，上一个版本是2011年8月发布的UML 2.4.1。UML 2.4的主要注意力放在如何使UML规约更加严密上。UML 2.4规约本身就是一个用UML 2.4描述、并序列化为XML 2.4文件的模型，可以导入各种兼容UML 2.4的工具中。与此同时，UML 2.5的制定工作也已经开始。UML 2.5的主要任务是从使用者和工具厂商的视角进一步改善。

UML的诞生对信息系统建设的影响是巨大的。翻开近十年出版的软件开发书籍，其中要是提到建模，使用的表示法大都是UML。建模工具的数量和种类出现了爆炸性的增长，形成了一个产业。UML也被ISO吸纳为标准：ISO/IEC 19501和ISO/IEC 19505。

3.2.2 什么是UML

UML是一个通用的可视化建模语言，用于对软件进行描述、可视化处理、构造和建立软件系统制品的文档。它记录了对必须构造的系统的决定和理解，可用于对系统的理解、设计、浏览、配置、维护和信息控制。UML适用于各种软件开发方法、软件生命周期的各个阶段、各种应用领域以及各种开发工具，UML是一种总结了以往建模技术的经验并吸收当今优秀成果的标准建模方法。UML包括概念的语义、表示法和说明，提供了静态、动态、系统环境及组织结构的模型。它可被交互的可视化建模工具所支持，这些工具提供了代码生成器和报表生成器。UML标准并没有定义一种标准的开发过程，但它适用于迭代式的开发过程。它是为支持大部分现存的面向对象开发过程而设计的。

UML描述了一个系统的静态结构和动态行为。UML将系统描述为一些离散的相互作用的对象并最终为外部用户提供一定的功能的模型结构。静态结构定义了系统中的重要对象的属性和操作以及这些对象之间的相互关系。动态行为定义了对象的时间特性和对象为完成目标而相互进行通信的机制。从不同但相互联系的角度对系统建立的模型可用于不同的目的。

UML还包括可将模型分解成包的结构组件，以便于软件小组将大的系统分解成易于处理的块结构，并理解和控制各个包之间的依赖关系，在复杂的开发环境中管理模型单元。它还包括用于显示系统实现和组织运行的组件。

UML不是一门程序设计语言。但可以使用代码生成器工具将UML模型转换为多种程序设计语言代码，或使用反向生成器工具将程序源代码转换为UML。UML不是一种可用于定理证明的高度形式化的语言，这样的语言有很多种，但它们通用性较差，不易理解和使用。UML是一种通用建模语言。对于一些专门领域，例如用户图形界面（GUI）设计、超大规模集成电路（VLSI）设计、基于规则的人工智能领域，使用专门的语言和工具可能会更适合些。UML 是一种离散的建模语言，不适合对诸如工程和物理学领域中的连续系统建模。它是一个综合的通用建模语言，适合对诸如由计算机软件、固件或数字逻辑构成的离散系统建模。

UML 的主要特点可以归纳为以下几点。

（1）统一的标准。UML 是被 OMG 接受为标准的建模语言，越来越多的开发人员使用 UML 进行软件开发，越来越多的厂商支持 UML。

（2）面向对象。UML 是支持面向对象软件开发的建模语言。

（3）概念明确，建模表示法简洁，图形结构清晰，可视化、表示能力强大，容易掌握和使用。

（4）独立于过程。UML 不依赖于特定的软件开发过程。

3.3 UML的构成

UML 是一种定义良好、易于表达、功能强大且普遍适用的建模语言。它融入了软件工程领域的新思想、新方法和新技术。它的作用域不限于支持面向对象的分析与设计，还支持从需求分析开始的软件开发的全过程。

3.3.1 UML的体系结构

UML 的体系结构如图 3-7 所示。UML 由三部分组成：基本构造块、规则和公用机制。

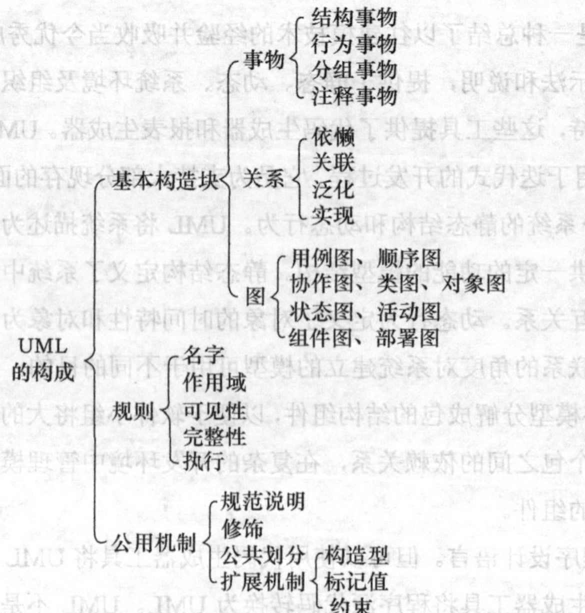

图 3-7　UML 的构成图

其中基本构造块又包括 3 种类型：事物、关系和图。事物划分为以下 4 种类型。

（1）结构事物。包括类、接口、协作、用例、主动类、组件和节点。

（2）行为事物。包括交互机和状态。

（3）分组事物。UML 中的分组事物是包。整个模型可以看成是一个根包，它间接包含了模型中的所有内容。子系统是另一种特殊的包。

（4）注释事物。注释给建模者提供信息，它提供了关于任意信息的文本说明，但是没有语义作用。

3.3.2　UML的模型元素

UML 把可以在图中使用的概念统称为模型元素。UML 用丰富的图形符号隐含表示了模型元素的语法，而用这些图形符号组成元模型表达语义，组成模型描述系统结构（或称为静态特征）以及行为（或称为动态特征）。

UML 定义了两类模型元素的图形表示：一类模型元素用于表示模型中的某个概念，如图 3-8 所示，给出了类、对象、状态、节点、包和组件等模型元素的符号图例；另一类模型元素用于表示模型元素之间相互连接的关系。常见的关系有关联、继承、依赖和实现。这些关系的图形符号如图 3-9 所示。

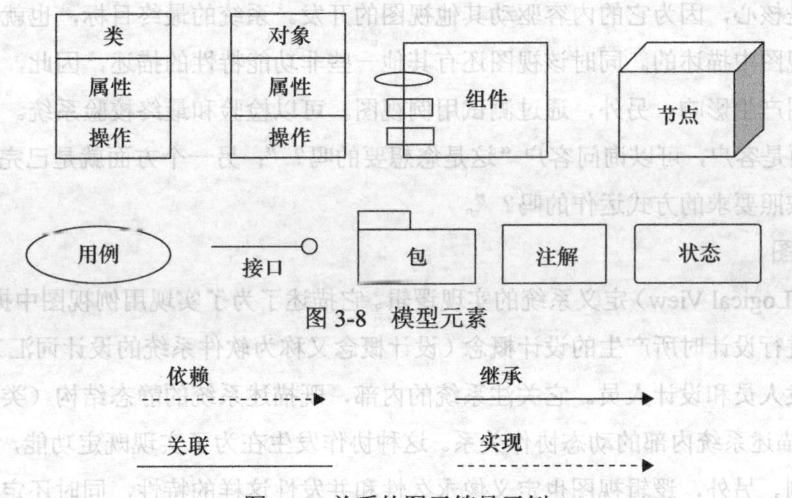

图 3-8　模型元素

图 3-9　关系的图示符号示例

3.3.3　UML的模型图

对于复杂系统建模，需要从多个不同的方面来描述。UML 用视图来表示被建模系统的各个方面，它是在某一个抽象层次上对系统的抽象表示。UML 把软件模型划分为 5 个视图，每一个视图代表完整系统描述的投影，显示系统的一个特定方面。每一个视图又由一种或多种模型图构成。模型图描述了构成相应视图的基本模型元素及它们之间的相互关系。一个特定视图中的图应该足够简单，便于交流，而且一定要与其他图和视图连贯一致，因而所有视图结合在一起（通过它们各自的图）就描述了系统的完整画面。图 3-10 显示了 UML 的视图。另外，通过视图可以把建模语言和系统开发时选择的方法或过程连接起来。

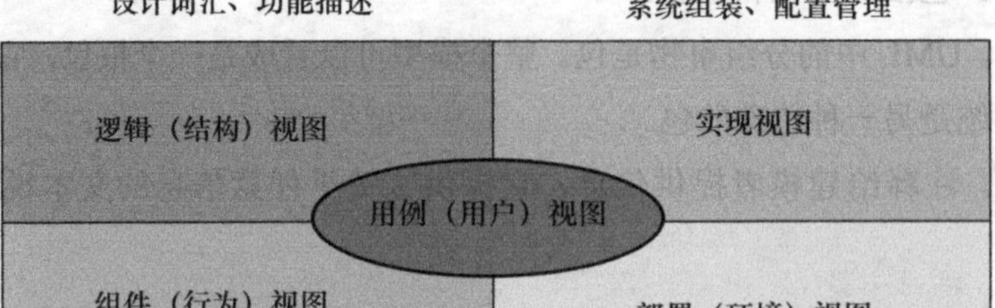

图 3-10　UML 的视图

1. 用例视图

用例视图（Use Case View）用来支持软件系统的需求分析，它定义系统的边界，关注的是系统应该交付的功能，也就是外部参与者所看到的功能。它从系统参与者的角度描述系统的外部行为和静态的功能组合。用例视图的使用者是客户、开发人员及测试人员。客户对系统的期望用法（也就是要求的功能）被当作多个用例在用例视图中进行描述，一个用例就是对系统的一个用法的通用描述。

用例视图是核心，因为它的内容驱动其他视图的开发。系统的最终目标，也就是系统将提供的功能是在用例视图中描述的。同时该视图还有其他一些非功能特性的描述，因此，用例视图将会对所有其他的视图产生影响。另外，通过测试用例视图，可以检验和最终校验系统。这种测试来自两个方面：一方面是客户，可以询问客户“这是您想要的吗？”；另一个方面就是已完成的系统，可以询问“系统是按照要求的方式运作的吗？”。

2. 逻辑视图

逻辑视图（Logical View）定义系统的实现逻辑。它描述了为了实现用例视图中提出的系统功能，在对软件系统进行设计时所产生的设计概念（设计概念又称为软件系统的设计词汇）。逻辑视图的使用者主要是开发人员和设计人员。它关注系统的内部，既描述系统的静态结构（类、对象及它们之间的关系），也描述系统内部的动态协作关系。这种协作发生在为了实现既定功能，各对象之间进行消息传递的时刻。另外，逻辑视图也定义像永久性和并发性这样的特性，同时还定义类的接口和内部结构。对逻辑视图的描述在原则上与软件系统的实现平台无关。它的图形模型包括类图、对象图、状态图、顺序图、协作图及活动图等。

3. 组件视图

组件视图（Component View）描述系统的实现模块及它们之间的依赖关系。它的使用者主要是开发人员。组件是不同类型的代码模块，通过代码模块的结构和依赖关系来表示。组件视图中也可以添加组件的其他附加的信息，例如资源分配（为组件服务）或者其他管理信息（如开发工作的进度报告）等。

4. 实现视图

实现视图（Implementation View）描述的是组成一个软件系统的各个物理部件，这些部件以各种方式（例如，不同的源代码经过编译，构成一个可执行系统；或者不同的软件组件配置成为一个可执行的系统；以及不同的网页文件以特定的目录结构组成一个网站等）组合起来，构成一个可实际运行的系统。实现视图的使用者是开发人员和系统集成人员。该视图由动态图（状态图、协作图，以及活动图）和实现图（组件图和部署图）组成。

5. 部署视图

部署视图（Deployment View）描述软件系统在计算机硬件系统和网络上的安装、分发和分布情况。例如，计算机和设备（节点），以及它们之间是如何连接的。部署视图的使用者是开发人员、系统集成人员和测试人员，并且该视图由部署图表示。部署视图也包括一个显示组件如何在物理结构中部署的映射，例如一个程序或对象在哪台计算机上执行。

模型通常作为一组图呈现出来，常用的 UML 模型图有 9 种，它们是类图、对象图、用例图、顺序图、协作图、状态图、活动图、组件图和部署图。在这 9 种图中，类图包含类、接口、协同及其关系，它用来描述逻辑视图的静态属性；对象图包含对象及其关系，它用来表示某一类图的一组类的对象在系统运行过程中某一时刻的状态，对象图也是软件系统的逻辑视图的一个组成部分；组件图用来描述系统的物理实现，包括构成软件系统的各部件的组织和关系，类图里的类在实现时，最终会映射到组件图的某个组件，一个组件可以实现多个类，组件图是软件系统实现视图的组成部分；部署图用来描述系统的组件在运行时在运行节点上的分布情况，一个节点可包含一个或多个组件，部署图是软件系统部署视图的组成部分。上述四种模型图主要用来描述软件系统的静态结构。

用例图、顺序图、协作图、状态图和活动图是用来描述软件系统的动态特性。用例图用来描述系统的边界及其系统功能，它由用例和系统外部参与者及其之间的关联关系组成，用例图是用例视图的重要组成部分和内部的动态特性。顺序图和协作图中包含对象和消息，它们是用例视图和逻辑视图的重要组成部分。状态图和活动图主要用于描述对象的动态特性。状态图强调对象对外部事件的响应及相应的状态变迁。活动图描述对象之间控制流的转换和同步机制。表 3-1 列出了 UML 的视图和视图所包括的图及与每种图有关的主要概念。

表 3–1 UML 视图和图

主要的域	视图	图	主要概念
结构	静态视图	类图	类、关联、泛化、依赖关系、实现、接口
	用例视图	用例图	用例、参与者、关联、扩展、包括、用例泛化
	实现视图	构件图	构件、接口、依赖关系、实现
	部署视图	部署图	节点、构件、依赖关系、位置
动态	状态机视图	状态机图	状态、事件、转换、动作、
	活动视图	活动图	状态、活动、完成转换、分叉、结合
	交互视图	顺序图	交互、对象、消息、激活
		协作图	协作、交互、协作角色、消息
模型管理	模型管理视图	类图	包、子系统、模型
可扩展性	所有	所有	约束、构造型、标记值

UML 五类图之间存在着或直接或间接的关系（见图 3-11），这体现了 UML 中的辩证法。用例图主要用来描述系统的外部行为；类图和对象图用来定义类和对象以及它们的属性和操作；状态图描述类的对象所有可能的状态以及事件发生时状态的转移条件；顺序图显示对象之间的动态合作关系，它强调对象之间消息发送的顺序，同时显示对象之间的交互；协作图强调对象间的动态协作关系；活动图描述满足用例要求所要进行的活动以及活动间的约束关系，有利于识别并行活动。除此之外，图 3-11 中未显示的包图用于描述系统的分层结构，构件图描述代码部件的物理结构及各部件之间的依赖关系，配置图定义系统中软硬件的物理体系结构。

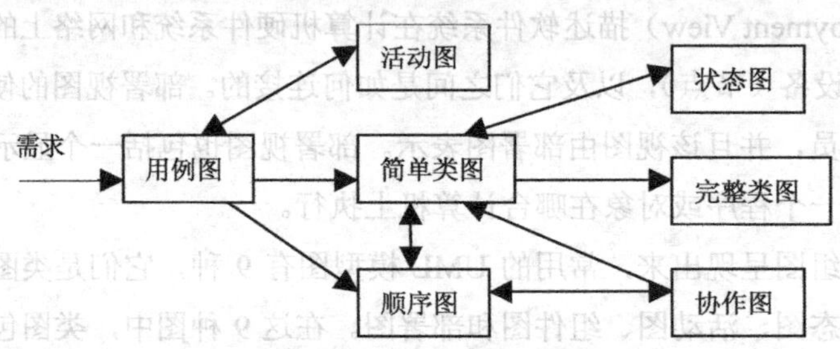

图 3-11　UML 图之间的关系

从应用的角度看，当采用面向对象技术设计系统时，首先是描述需求；其次根据需求建立系统的静态模型，以构造系统的结构；第三步是描述系统的行为。其中在第一步与第二步中所建立的模型都是静态的，包括用例图、类图（包含包）、对象图、组件图和配置图 5 个图形，是标准建模语言 UML 的静态建模机制。其中第三步中所建立的模型或者可以执行，或者表示执行时的时序状态或交互关系，它包括状态图、活动图、顺序图和协作图 4 个图形，是标准建模语言 UML 的动态建模机制。因此，标准建模语言 UML 的主要内容也可以归纳为静态建模机制和动态建模机制两大类。

3.3.4　UML建模规则

UML 的模型图不是由 UML 语言成分简单地堆砌而成的，它必须按特定的规则有机地组成合法的 UML 图。一个完备的 UML 模型图必须在语义上是一致的，并且和一切与它相关的模型和谐地组合在一起。UML 建模规则包括了对以下内容的描述。

（1）名字：任何一个 UML 成员都必须包含一个名字。

（2）作用域：UML 成员所定义的内容起作用的上下文环境。某个成员在每个实例中是代表一个值，还是代表这个类元的所有实例的一个共享值，由上下文决定。

（3）可见性：UML 成员能被其他成员引用的方式。

（4）完整性：UML 成员之间互相连接的合法性和一致性。

（5）运行属性：UML 成员在运行时的特性。

一个完备的 UML 模型必须对以上内容给出完整的解释。完备的 UML 模型是建造系统所必需的，但是当它在不同的视图中出现时，出于不同的交流侧重点，其表达可以是不完备的。在系统的开发过程中，模型可以：

（1）被省略，即模型本身是完备的，但在图上某些属性被隐藏起来，以简化表达；

（2）不完全，即在设计过程中某些元素可以暂时不存在；

（3）不一致，即在设计过程中暂时不保证设计的完整性。

提出上述 3 条建模原则的目的是为使开发人员在设计模型时把注意力集中在某一特定时期内对分析设计活动最重要的问题上，而暂时不迷恋于细节的完美，使模型逐步趋向完备。

3.3.5 UML的公用机制

以图的方式建立模型是不够的，对于各种图中的建模元素，还要按一定的要求进行详细的说明和解释，即用图加上说明规范的方式构成完整的模型。

在 UML 模型图上使用 UML 成员进行建模时，需要对 UML 成员进行描绘。UML 使用公用机制为图附加一些信息，这些信息通常无法用基本的模型元素表示。UML 对不同的 UML 成员使用共同的描绘方式，这些方式称为 UML 共用机制。使用这些共用机制，使得建模的过程更适于掌握，模型更容易被理解。共用机制可被分解为以下 4 个方面。

（1）规范说明。

UML 的图形符号是简洁、形象、直观的，而一个有效的软件模型必须提供足够的详细信息以供建造之用，这些构成一个完备模型的详细信息就是模型的规范说明。在模型图上被省略的内容并不代表它不存在于模型之中，模型的完整的或完备的信息是被保存在模型的规范说明中的。

（2）修饰。

在图的模型元素上添加修饰，可为模型元素附加一定的语义。例如，类的属性的可见性就是可以有选择性地被显示出来。

（3）公共划分。

在面向对象的设计中，有许多事物可以划分为抽象的描绘和具体的实例这两种存在形式。

UML 提供了事物的这两种两分法表达，被称为公共划分。例如，对象和类使用同样的图形符号。类用长方形表示，并用名字加以标识，当类的名字带有下画线时，则它代表该类的一个对象。另外，还有一种两分法是接口和实现的两分划分。接口定义了一种协议，实现是此协议的实施。UML 里这样的接口与实现的两分划分包括接口/类或组件、用例和协同，以及操作和方法。

（4）扩展机制。

如同人类的语言需要不断地扩充词汇，以描述各种新出现的事物一样，UML 也提供了扩展机制。扩展机制为 UML 提供了扩充其表达内容范围的能力。UML 的扩展机制包括构造型（版型）、标记值及约束。构造型是对类的进一步的分类。标记值用来扩充 UML 成员的规范说明。虽然在 UML 中已经预定义了许多特性，但是用户也可以定义自己的特性，以维护元素的附加信息。任何一种信息都可以附属到某个元素，包括：特定方法的信息、关于建模过程的管理信息、其他工具使用的信息（如代码生成工具）或者是用户希望将其连接到元素的其他类型的信息。约束用来扩充 UML 成员的语义。

习题

1. 名词解释

（1）对象、类、消息、封装、继承和多态

（2）实体类、边界类和控制类

（3）UML

2. 简答题

（1）面向对象方法学要点有哪些？

（2）用 OO 方法进行面向对象程序设计，其基本步骤有哪些？

（3）面向对象分析的关键步骤有哪些？应建立哪几个模型？

（4）UML 中有哪几类个视图，它们的作用分别是什么？

（5）简述 UML 中视图间的相互关系。

（6）简述 UML 的体系结构。

（7）UML 的模型元素有哪些？

（8）UML 的建模规则是什么？

（9）举例说明类和对象的关系。

第二部分 管理信息系统建设

第4章 管理信息系统规划

[学习目的] 了解管理信息系统规划的重要性。介绍规划相关概念（规划和企业构架），掌握信息系统规划的一般过程（三阶段模型）和方法（经典和现代）。

[本章要点]

- 管理信息系统规划以及相关概念；
- 管理信息系统规划内容；
- 管理信息系统规划方法。

系统生命周期是信息系统建设的主线，系统生命周期的第一个阶段是系统规划。管理信息系统建设就是以系统规划作为新系统建设的起点，为后续的系统分析、设计和实施打下坚实的基础。

4.1 管理信息系统规划的重要性

由第 2 章生命周期法可知：信息系统建设的第一个阶段是信息系统规划（Information System Planning，ISP）。信息系统规划是一个组织的战略规划的重要组成部分，是关于 MIS 长远发展的规划。这一阶段的主要目的是明确系统整个生命周期内的发展方向、系统规模和开发方式。可见，做好系统规划具有极其重要的现实意义。

4.1.1 系统规划的不可替代性

近年来，经济全球化和全球信息化形势突飞猛进，信息技术及其应用已经渗透到经济和社会的各个领域，成为提升产业结构和素质、提高劳动生产率、推进经济增长、增强国家综合实力的最先进的生产力。国内几乎所有企业在企业信息化建设方面都逐步加大了 IT 项目资金和人员的投入，各类与企业业务相关的应用系统建设纷纷启动。

一些企业经过几轮信息化建设的实施，已经逐步建成了覆盖整个企业的管理信息系统（MIS 系统），对于提高综合服务水平发挥了重要的作用。一些通过运用企业资源计划管理系统（ERP）等现代化管理手段，使其在管理创新的过程中发挥应有的作用，推动管理水平的不断提升。

在部分企业中，主要职能管理部门结合自身的管理工作特点，开发引进了财务、人事、资产管理、OA 以及其他应用系统等，对于提高综合管理能力，发挥了一定的作用。

许多企业在信息化建设进程中虽然取得了较为丰硕的成果，但随着我国目前加快了信息化建设的进程，在建设过程中也存在着某些问题，突出表现在以下方面。

1. 信息化建设缺乏统一规划管理

目前信息化系统建设存在各部门、二级公司根据自身工作需要，独自建设，自己管理的问题。这种小而全的做法，由于缺乏公司统一的规划管理，使得系统重复建设、数据共事性较差、系统集成整合困难，建设带有一定盲目性等。

已建成的系统没能充分做到数据的共享，由于缺乏对于现有信息化系统信息（数据）的共享整合，导致信息（数据）不能充分利用，信息不畅，形成“孤岛”现象。

根据慧聪网调查显示，有51%的中小企业在信息化时，无具体预算安排，在产品采购决策中，有63%是由企业老板直接决定。尽管大型企业在信息化建设过程要相对严格一些，但是仍然可以看到，很多企业的信息化建设以及规划并不仅仅是从企业需求出发，更多有地方政府的影子，即企业被信息化。或者说是地方政府的强势信息化规划的现象，信息化建设已经成为地方政府形象工程，当然盲目建设必然带来严重后果。比如许多企业发现自己的信息化投资并没有获得预期的收益，个别企业的信息化改造不仅没能理顺业务关系、提高效率，反而还带来了管理上的混乱。

2. 信息化建设标准化工作没能跟进

标准化工作是信息化建设大厦的地基，信息化建设大厦盖得越高，即企业管理现代化水平越高，标准化的广度和深度即地基也势必打得更深更坚固。现代企业的生产是建立在先进技术、严密分工和广泛协作基础上的，其中任何一个环节都离不开标准化。没有标准化，就没有专业化，就没有高质量、高速度。标准化是保证行业良性发展的基础。

标准化是企业决策层的科学决策、指导协调企业管理的重要手段。在石油企业信息化建设中，从上层到基层，从管理到技术，无不渗透着标准化的影子，标准化在其中起着举足轻重的作用，为决策者制定制度，明确发展方向，提供了科学的决策依据和重要手段。标准化使信息化建设者在生产活动中有章可循。大到油水井的投产，小到每一个数据的小数据点，都有相应的标准来衔接、约束。由此可见，标准化为信息化建设者提供了有力的保障。

由于没能建立健全信息化建设的指标体系、指标代码、报表制度，以及设备规范体系等标准化体系，信息化系统建设水平不高，系统整合困难，存在项目投资浪费的风险。

3. 信息安全体系未能建立起来

由于缺乏统一的规划管理工作，导致信息安全体系未能建立起来，防黑客、防病毒任务艰巨，存在巨大的信息安全隐患。

4.1.2 系统规划成功案例

沃尔玛理念：信息技术始于战略，而不是系统。1991年，沃尔玛年销售额突破400亿美元，成为全球大型零售企业之一。据1994年5月美国《财富》杂志公布的全美服务行业分类排行榜，沃尔玛1993年销售额高达673.4亿美元，比上一年增长118亿多，超过了1992年排名第一位的西尔斯（Sears），雄居全美零售业榜首。1995年沃尔玛销售额持续增长，并创造了零售业的一项世界纪录，实现年销售额936亿美元，在《财富》杂志1995年美国最大企业排行榜上名列第四。此后一路高歌猛进，分别在2006、2007、2008、2010、2011、2014年六度跃居世界500强榜首，2013年第二、

2012 年第三。近 10 年稳居前三。该公司的成功在于沃尔玛的信息化理念和战略。

沃尔玛创始人山姆·沃尔顿早年服役于美国陆军情报部队，所以他特别重视信息的沟通和信息系统的建设。在公司开始进入规模化市场扩张及发展阶段后，沃尔玛公司率先在行业内使用各种先进技术的电子商务信息系统化管理模式。沃尔玛的信息化管理贯穿于整个价值链，以先进的信息化技术为手段，以信息流为中心，带动物流和资金流的运动，通过整合全球供应链资源和全球用户资源，实现零库存、零营运资本与用户的零距离的目标。信息化管理不应仅是一个系统，而应被提高到战略的高度，不是将其投入大量低价值的维护与运作事宜中。正如沃尔顿所坚持的："信息技术始于战略，而不是系统。"

将信息化提到战略高度正是沃尔玛迈向成功的重要原因之一。一方面，沃尔玛通过供应链信息化系统实现了全球统一采购及供货商自己管理上架商品，使得产品进价比竞争对手降低 10%之多；另一方面，沃尔玛还通过卫星监控全国各地的销售网络，对商品进行及时的进货管理和库存分配。这些庞大的系统得以顺利实现，得益于沃尔玛公司非常重视信息化的规划。

综上所述，由于建设 MIS 是一项耗资大、历时长、技术复杂且涉及面广的系统工程，在着手开发之前，必须站在整个组织的战略高度，对组织的信息系统总体目标、战略、信息资源和系统开发工作进行综合性的规划。科学的规划可以减少盲目性，节约开发成本，提高系统的适应性，缩短系统开发周期。因此，认真制定能够支持组织战略发展的信息系统规划是现代管理信息系统成功开发的保障。

4.2 管理信息系统规划的相关概念

了解系统规划的重要性之后，接下来的任务就是认识系统规划定义和内容。

4.2.1 管理信息系统规划的定义

管理信息系统规划的定义涉及以下的词汇定义：规划、战略、战略规划等。

1. 规划

规划（Planning），意思就是个人或组织制定的比较全面长远的发展计划，是对未来整体性、长期性、基本性问题的思考和考量，设计未来整套行动的方案。

规划与计划基本相似，不同之处在于：规划具有长远性、全局性、战略性、方向性、概括性和鼓动性。规划从时间尺度来说侧重于长远，从内容角度来说侧重战略层面，重指导性或原则性；计划从时间尺度来说侧重于短期，从内容角度来说侧重战术层面，重执行性和操作性。计划是规划的延伸与展开，规划与计划是一个子集的关系，即"规划"里面包含着若干个"计划"，它们的关系既不是交集的关系，也不是并集的关系，更不是补集的关系。

规划活动的类别。

（1）战略性规划（5年以上）。对于企业而言，包括：公司经营什么？如何筹集资金？如何分配资源？

（2）策略性规划（1～5 年）。对于企业而言，包括：如何配置资源以获取最大利润？如何安排产品？如何作投资计划？

（3）作业性计划（1～12个月）。对于企业而言，包括：原料获取、产品来源、库存量、分销系统。

（4）当时的安排。

2. 战略以及战略规划含义

战略（Strategy）一词最早是军事方面的概念。指作战的谋略或指导战争全局的计划和策略。当该词用在经济领域中，就是设计用来开发核心竞争力、获取竞争优势的一系列综合的、协调的约定和行动。如果选择了一种战略，公司即在不同的竞争方式中做出了选择。从这个意义上来说，战略选择表明了这家公司打算做什么，以及不做什么。

战略规划（Strategic Planning）是组织领导者关于组织以下问题的概念的集合，其中包括：组织的使命和长期目标、组织的环境约束及政策、组织当前的计划和计划指标的集合。

战略规划有效性包括两个方面：一方面是战略正确与否，正确的战略应当做到组织资源和环境的良好匹配；另一方面是战略是否适合于该组织的管理过程，也就是和组织活动匹配与否，一个有效的战略一般有以下特点。

（1）目标明确。战略规划的目标应当是明确的，不应是二义的。其内容应当使人得到振奋和鼓舞。目标要先进，但经过努力可以达到，其描述的语言应当是坚定和简练的。

（2）可执行性良好。好的战略的说明应当是通俗的、明确的和可执行的，它应当是各级领导的向导，使各级领导能确切地了解它，执行它，并使自己的战略和它保持一致。

（3）组织人事落实。制订战略的人往往也是执行战略的人，一个好的战略计划只有有了好的人员执行，它才能实现。因而，战略计划要求一级级落实，直到个人。高层领导制定的战略一般应以方向和约束的形式告诉下级，下级接受任务，并以同样的方式告诉再下级，这样一级级地细化，做到深入人心，人人皆知，战略计划也就个人化了。

个人化的战略计划明确了每一个人的责任，可以充分调动每一个人的积极性。这样一方面激励了大家动脑筋想办法，另一方面增加了组织的生命力和创造性。在一个复杂的组织中，只靠高层领导一个人是难以识别所有机会的。

（4）灵活性好。一个组织的目标可能不随时间而变，但它的活动范围和组织计划的形式无时无刻不在改变。战略计划只是一个暂时的文件，应当进行周期性的校核和评审，灵活性强使之容易适应变革的需要。

3. 管理信息系统规划含义

管理信息系统规划（简称系统规划）通常又称管理信息系统的战略计划或IT规划，是对组织总的信息系统目标、战略、信息系统资源和开发工作的一种综合性计划，属于组织对管理信息系统最高层次管理的范畴。因此，系统规划是一个组织的战略规划的重要组成部分，是关于管理信息系统长远发展的规划。

系统规划，从表面意思上看，是侧重于信息化的规划。虽然定义很简单，但在具体的规划项目中还是要分清，什么样的企业用哪个层次的规划。

如图 4-1 所示，从广义上讲，系统规划包含 3 个层面：IT 战略规划、IT 应用构架规划和 IT 技术构架。从内容上来说，IT 战略规划是对 IT 手段和企业战略进行匹配分析，在企业战略的指导下，明确 IT 的战略目标、方向和具体信息化建设方向；IT 应用构架规划是根据 IT 战略，具体确定运营层面的 IT 架构；IT 技术构架指明信息化建设所采用的具体技术手段和必要的技术保障；IT 技术构架是建立在 IT 管理组织、制度、流程以及人员基础上。

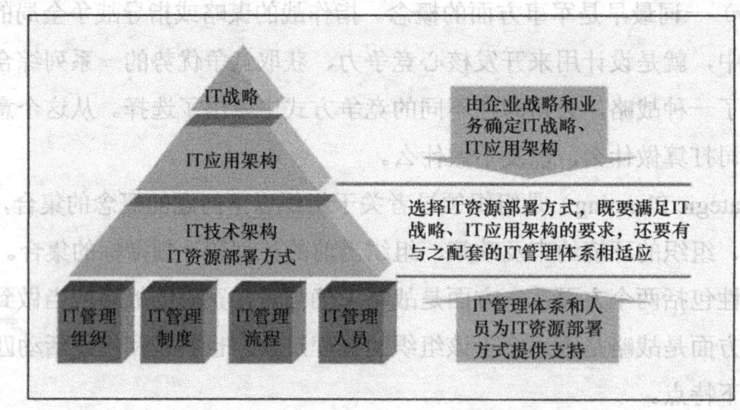

图 4-1　管理信息系统规划层次图

对 IT 规划而言，要想成功实施规划项目，企业必须具有两个条件，一是组织架构确定，二是管理模式/流程清晰。对于 IT 战略规划项目，对企业的管理模式/流程可以不作太多的关注，只要能够明确企业的战略方向和整个行业的发展趋势，基本上就能够确定企业的 IT 战略；对于 IT 架构项目，首先要保证企业有独立的信息部门，可能信息部门在企业内部的地位不高，但企业内部的管理模式和流程必须要相对清晰。之所以要具备这样的条件，是因为 IT 手段的引入是对管理模式/流程的支撑，如果管理模式不清晰，所进行的 IT 架构规划也很难落到实处，规划成果很难为客户带来价值；对于 IT 治理项目，企业内部不但要存在独立的信息部门，而且，作为一个独立的职能部门，其在企业内部的作用不亚于主要业务部门，只有具有了这两个条件，IT 治理项目才能顺利地开展，并且规划的内容更能够为客户带来价值。

4.2.2　管理信息系统规划内容

管理信息系统总体规划的复杂性依据组织的规模和复杂程度而有所差别。规划的时间尺度一般为五年以上并且至少有前两年的详细计划。总体规划的内容应包括以下几个方面。

1. 对组织的战略计划和有关营运计划的概述

- 环境的评述：预测和预测过程中的假设，可能的危机和机会。
- 对组织的评价：组织的优势与不足。
- 组织的目标与战略。

- 组织的未来和设想。

2. 管理信息系统计划概述

- 管理信息系统环境的情况：对未来技术和用户环境的预测，预测的前提假设，信息系统的危机分析与机会。
- 信息系统的评价：优势与不足、原因分析。
- 管理信息系统目标。
- 数据处理组织结构的设计。

3. 目前的能力

- 已有的设备、通用性软件、应用系统、人员和技术储备、费用分析和设备利用情况。
- 正在进行的项目情况。

4. 可行性分析

- 项目及其优先级。
- 获取主要硬件、软件和人员的成本/效益分析。

5. 具体规划（至少有前两年的详细计划）

- 通用应用软件的购置计划。
- 应用系统的开发计划。
- 软件维护和更新安排。
- 人力资源的开发计划，包括培训计划。
- 资金需求计划。
- 管理信息系统评价方法的叙述。

6. 为了使总体规划有效实施所必需的行动计划

以上所列的是一个全面的管理信息系统总体规划，它的前提是组织已经建立了比较成熟的战略计划过程。在这样的组织中，管理信息系统的计划就容易实现。如果组织本身还没有一个成熟的计划，管理信息系统的规划制订相应地做起来就比较困难。在这种情况下，规划的内容也就需要相应的调整和简化，实施的控制也会受到影响。

4.3 管理信息系统规划的模型及步骤

在了解管理信息系统规划的相关概念后，如何进行管理信息系统规划的问题就呈现出来，依据什么理论或模型进行规划？规划的步骤有哪些？规划方法有哪些？

4.3.1 管理信息系统规划的模型

1. 战略一致性模型

随着企业信息化的逐步推进，IT 已经成为企业整合内外资源，获取竞争优势的有力武器。更多的企业认识到信息化规划决定着企业IT战略投资的有效性，并极大地影响着企业战略目标的实现。因此，企业信息化战略与自身发展战略的一致性匹配成为企业信息化规划的根本要求，两者之间相互影响、相互支持，两者的一致性也直接影响着企业信息化的成效。战略一致性模型（Strategy Alignment Model，SAM）正是基于对企业信息化战略规划和企业战略规划的一致性匹配展开研究与实践的。John Handerson于1994年在哈佛商学院提出了SAM模型，其主要目的正是在于帮助企业检查经营战略与信息架构之间的一致性。

如图4-2所示，SAM模型把企业战略规划（BSP）和信息化战略规划（ISP）的关系划分为内、外两大部分。其中，外部区域是指企业所面临的外部竞争环境，如产品或IT市场等；内部区域包括企业组织结构、整体信息构架和业务流程等。模型由企业经营战略、组织和业务流程、信息技术战略、信息架构和流程四大领域构成。

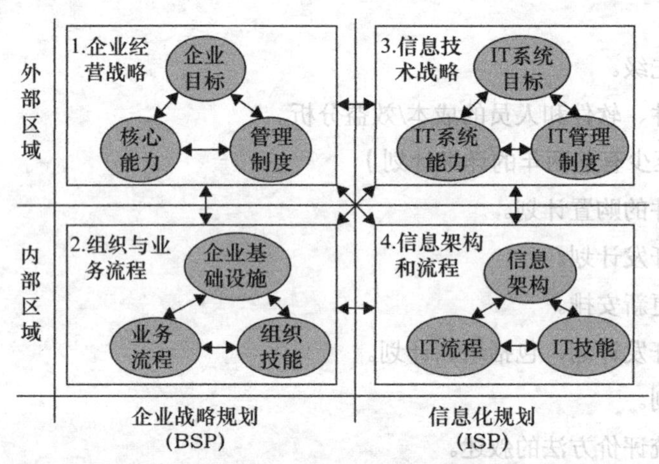

图4-2 战略一致性模型示意图

在SAM模型中，通过“战略适配”可以实现BSP-ISP内、外部环境的协调，通过“战略集成”可以完成BSP、ISP在战略和业务层面的一体化，最终实现企业经营战略与组织、业务流程的匹配，企业信息技术战略与信息架构和流程的匹配，以及横向间企业经营战略与信息技术战略、组织与业务流程和信息架构及流程间的一致性匹配。SAM模型中把企业信息技术战略从传统的企业内部区域的定位提升到获取竞争优势的使能器地位，即提升到外部战略区域；同时，内部区域中的组织构架、业务流程与信息构架的结合又制约着企业战略和信息技术战略的形成，这也进一步体现了企业战略规划和信息化规划之间的相互作用、相互促进的关系，是企业战略目标实现的关键。

经营战略是企业根据外部环境和自身的竞争能力所作的关于发展的目标和规划，信息技术战略则是企业信息化建设的目标、远景、指南和计划的总称，而信息技术的应用需要企业内部信息有一个总体的、一致的结构作为支撑，即信息架构。参照上述模型，企业在进行信息化建设时，会采取以下3种不同的路线。

路线1：业务部门根据现有的业务流程和组织直接提出信息化需求，信息技术部门按照各自独立的需求分别实施，如财务部门提出财务电算化的需求，运作部门提出库存管理的需求，信息技术部门会分别独立实施。这是信息化管理初级阶段的企业的典型做法，即组织与业务流程→信息架构。

路线2：企业制定整体的经营战略，业务部门根据公司经营战略和目标的指导，对现有的业务流程和组织进行变革（业务流程再造与组织重构），然后由不同的业务部门分别提出信息化需求，分别独立地与信息技术部门协作实施，即经营战略→组织与业务流程→信息架构。

路线3：企业根据整体的经营战略，通盘考虑组织和业务流程，确定各业务部门的信息化需求，制定全局的信息技术战略，统一规划，分步实施，即经营战略→信息技术战略→信息架构。

这3条路线的比较见表4-1，不难看出，只有路线3是整体考虑了信息技术应用过程中的3个重要影响因素：经营战略、业务流程与组织、信息架构，而信息技术战略是连接这3个因素的重要工具和方法，信息技术战略如同桥梁，使企业信息化建设、信息架构与企业经营战略保持一致。

表4-1　几种路线的比较

	路线1	路线2	路线3
IT投资与战略的一致	未考虑	有所考虑	考虑
业务流程和组织优化	未考虑	考虑	考虑
信息架构的集成	未考虑	未考虑	考虑
信息架构的应变能力	未考虑	未考虑	考虑

因此，企业应根据自己的组织战略，站在企业级的高度，认真审视信息与信息技术的作用，思考自身发展的规划，同时结合当前信息技术手段的支持能力，科学地规划信息技术的应用，保持信息化建设战略与组织发展战略一致，建立和完善企业信息架构，并合理地规划组织变革、系统实施等，才能规避信息化建设的各种风险，从而充分发挥信息技术的价值。

2. 三阶段模型

战略一致性模型（Strategy Alignment Model）是由哈佛商学院约翰·亨德森（John Henderson）提出的一套进行信息技术战略规划的思考架构，帮助企业检查企业经营战略与信息技术战略之间的一致性。B. J. Bowman等人通过对信息系统计划实践的观察、对文献的研究和对用于计划过程方法论的分析，提出了一个基本的、一般性的管理信息系统规划模型。在这一模型中，信息系统的总体规划由以下3个阶段组成。

（1）战略性的管理信息系统计划：在总的组织计划与管理信息系统计划之间建立关系。

（2）组织的信息需求分析：识别出组织的广泛的信息需求，建立战略性的信息系统的总体结构，指导具体的应用系统开发规划。

（3）资源分配：对MIS的应用系统开发资源进行管理。

三阶段模型如图4-3所示。

依照这一模型，鲍曼（Bowman）等概括性地总结了国际上比较常用的10种规划和设计方法论，并将它们分别与3个阶段建立了对应关系，如图4-4所示。尽管三阶段模型对于管理信息系统总体规划只是做了简单的概括，但它们对于明确总体规划不同阶段的内涵及针对不同阶段对方法论的选择起着非常重要的指导作用。

从方法论研究的角度，比较重要的是对组织信息需求分析阶段所使用的方法，即如何去识别和定义正确、完善的信息需求，确定一个组织的信息系统总体结构，并识别出应用系统和它们的优先次序。在后面我们将介绍企业计划法和关键成功因素法，这是两个用得非常广泛的总体规划方法。

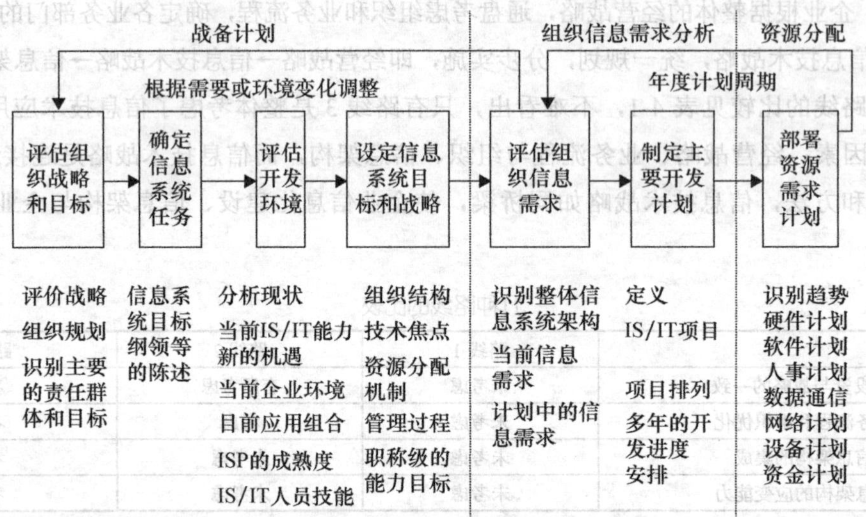

图 4-3　三阶段模型示意图

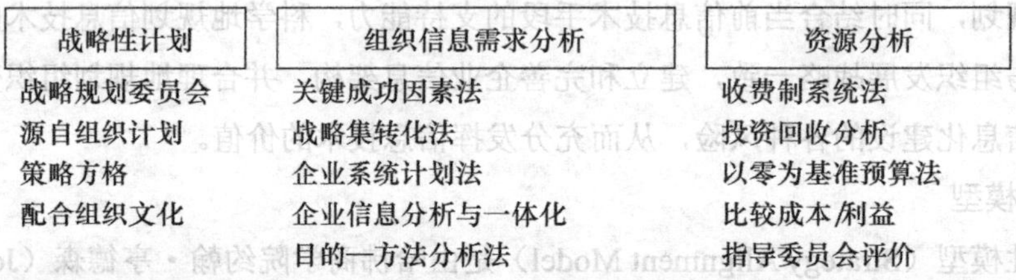

战略性计划	组织信息需求分析	资源分析
战略规划委员会	关键成功因素法	收费制系统法
源自组织计划	战略集转化法	投资回收分析
策略方格	企业系统计划法	以零为基准预算法
配合组织文化	企业信息分析与一体化	比较成本/利益
	目的—方法分析法	指导委员会评价

图 4-4　总体规划方法论按阶段模型的分类

由于信息系统目标和战略的获得是来自组织战略的某种映射，而这种映射过程是比较复杂的，难以按照一种结构化的方法来完成。它更强烈地依赖于分析人员的洞察力。因此，在这一阶段正式的规范化方法很少。事实上，目前所知的与战略性计划阶段相关联的也只有战略集转化的方法。不过这一方法还不够结构化，还带有人的主观性，在使用中需要有更多的管理者的参与和评价。

在资源分配阶段的一些方法，往往来自于更一般的计划方法。因为这一阶段所涉及的主要问题是从整个组织的角度分配信息系统的开发和运行资源，定出分配的计划，因而带有一般资源分配问题的共性。

4.3.2　管理信息系统规划的步骤

根据战略一致性模型和三阶段模型，管理信息系统的战略规划一般应包括以下一些步骤，即 3 个阶段 9 个过程。

第一阶段企业战略规划包括：环境分析、企业战略分析、分析与评估企业现状和业务流程分析与优化等过程。

（1）环境分析。

对企业所处的环境进行分析是信息化规划必不可少的工作，它是规划的依据。在这部分工作中，需要深入分析企业所处的国内外宏观环境、行业环境、企业具有的优势与劣势、面临的发展机遇与威胁等。其中三点尤为重要：第一，要分析行业的发展现状、发展特点、发展动力、发展方向，以及信息技术在行业发展中起的作用；第二，要分析并掌握信息技术本身的发展现状、发展特点和发展方向；第三，要了解竞争对手对信息技术的应用情况，包括具体技术、实现功能、应用范围、实施手段，以及成果和教训等。

（2）企业战略分析。

企业信息化是为企业战略目标实现服务的。为了进行企业信息化规划，在这部分，要明确企业的发展目标、发展战略和发展需求。明确为了实现企业级的总目标，企业各个关键部门要做的各种工作。同时还要理解企业发展战略在产业结构、核心竞争力、产品结构、组织结构、市场、企业文化等方面的定位。在此基础上，通过分析，明确上述各个要素与信息技术特点之间的潜在关系，从而确定信息技术应用的驱动因素，使信息化与企业战略实现融合。

（3）分析与评估企业现状。

对企业的现状分析与评估应该从两个方面着手：企业的业务能力现状和企业的IT能力及现状。企业的业务能力分析是对企业业务与管理活动的特征、企业各项业务活动的运作模式、业务活动对企业战略目标实现的作用进行分析，揭示现状与企业远景之间的差距，确定关键问题，探讨改进方法。信息化现状分析是诊断企业信息化的当前状况，包括基础网络、数据库、应用系统状况，分析信息系统对企业未来发展的适应能力，给出信息化能力评估。

（4）业务流程分析与优化。

在前三步的基础上，分析并确定那些流程中不合理、效率低、与企业战略目标不符的流程及环节，发现能够在现有环境中实现企业战略目标，并使企业获得竞争力的关键业务驱动力以及关键流程，从而根据企业战略目标和外部环境，进一步优化流程。

信息系统的特点如果能够和这些直接创造价值的关键业务流程融合，对信息技术投资回报的贡献是非常巨大的，也是信息化建设的成败的一个衡量指标，在这一步中，实现信息化与企业业务上的融合。

第二阶段信息化分析包括：信息化需求分析、信息化战略的制定等过程。

（5）信息化需求分析。

需求分析是在企业战略分析和现状评估的基础上，按照优化流程的业务运作模式，制定企业适应未来发展的信息化战略，指出信息化的需求。需求分析包括系统基础网络平台、应用系统、信息安全、数据库等需求。

（6）信息化战略的制定。

根据前面五步分析的结果，制定和调整企业信息化的指导纲领，争取企业以最适合的规模和最适合的成本，去做最适合的信息化工作。这里包括3个方面的工作：

首先是根据本企业的战略需求，明确企业信息化的远景和使命，定义企业信息化的发展方向和企业信息化在实现企业战略过程中应起的作用。

其次是起草企业信息化基本原则。它是指为加强信息化能力而提出的基本的准则和指导性的方针。信息化基本原则犹如国家宪法，它代表着信息技术部门在管理和实施工作中要遵循的企业条例。是有效完成信息化使命的保证。

然后是制订信息化目标。它是企业在未来几年为了实现远景和使命而要完成的各项任务。对于所形成的每一个业务构想，明确IT对其支持的理想状态，即IT战略目标。

第三阶段信息化实施包括：总体构架和标准、信息化项目分解和信息化保障分析等过程。

（7）总体构架和标准。

在企业发展战略目标的指导下，基于业务发展需求和对信息化的需求，首先，从系统功能、信息架构和系统体系三方面对信息系统应用进行规划，确定信息化体系结构的总体架构。同时，还需要拟定信息技术标准。这一部分涉及对具体技术产品、技术方法和技术流程的采用。它是对信息化总体架构的技术支持。通过选择具有工业标准、应用最为广泛、发展最有前景的信息技术为标准，可以使企业信息化具有良好的可靠性、兼容性、扩展性、灵活性、协调性和一致性。从而提供安全、先进、有竞争力的服务，并且降低开发成本和时间。

（8）信息化项目分解。

分析整个信息化过程中的资源投入和工作重点中存在的问题，确定弥补差距所需要的行动，将整个信息化过程分解成为相互关联、互相支撑的若干子项目，定义每一个项目的范围、业务前提、收益、优先次序，以及预计的时间、成本和资源；并对项目进行分派和管理，选择每一项目的实施部门或小组，确定对每一项目进行监控与管理的原则、过程和手段。

（9）信息化保障分析。

针对每个项目，进行保障性分析，即按重要性排列优先顺序，进行准备度评分，并根据结果做出初步取舍，形成路标规划。然后对项目进行财务分析，根据公司财力，决定取舍。

4.4 管理信息系统规划经典方法

用于管理信息系统规划的方法很多，主要是关键成功因素法（Critical Success Factors，CSF）、战略目标集转化法（Strategy Set Transformation，SST）和企业系统规划法（Business System Planning，BSP）。其他还有企业信息分析与集成技术（BIAIT）、产出/方法分析（E/MA）、投资回收法（ROI）、征费法（Chargout）、零线预算法、阶石法等。以下将重点介绍三种国际上常用的总体规划方法，它们是Rockart的关键成功因素法（Critical Success Factor，CSF）、King的战略集转化法（Strategy Set Transformation，SST）和IBM公司的企业系统规划法（Business System Planning，BSP）。这些方法中的一些重要概念对我国管理信息系统界也有广泛的影响，特别是BSP方法，对国内的许多大型管理信息系统总体规划的制订起到了重要的作用。

4.4.1 关键成功因素法

1970年，哈佛大学教授威廉·萨尼（William Zani）在MIS模型中用了关键成功变量，这些变量是确定MIS成败的因素。过了10年，麻省理工学院教授约恩·瑞卡尔特教授（Jone Rockart）将CSF提高成为MIS的战略。作为一个例子，有人把这种方法用于数据库的分析与建立，它包含以下几个步骤：

（1）了解企业目标；

（2）识别关键成功因素；

（3）识别性能的指标和标准；

（4）识别测量性能的数据。

这4个步骤可以用一个图表示，如图4-5所示。

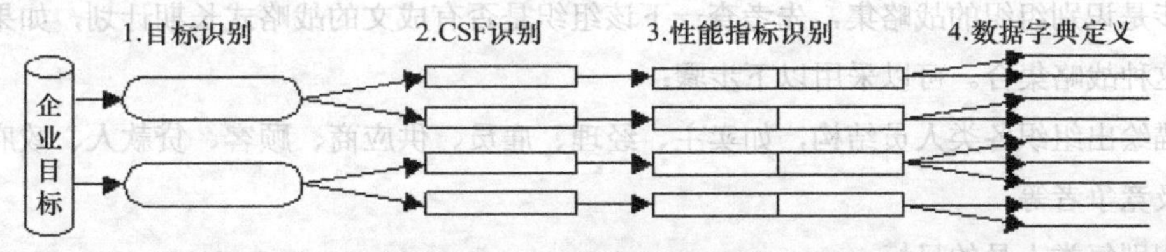

图4-5 关键成功因素法

关键成功因素法通过目标分解和识别、关键成功因素识别、性能指标识别，产生数据字典。关键成功因素就是要识别联系于系统目标的主要数据类及其关系，识别关键成功因素所用的工具是树枝因果图。其中关键成功因素的识别是一个很重要的环节，可以采用德尔斐法来确定关键成功因素。可以通过判别矩阵的方法定性识别行业关键成功因素。其具体操作过程是采取集中讨论的形式对矩阵中每一个因素打分，一般采用两两比较的方法，如果A因素比B因素重要，就打2分，同样重要就打1分，不重要就打0分。在对矩阵所有格子打分后，横向加总，依次进行科学的权重分配。一般权重最高的因素就成为行业关键成功因素。表4-2为运用判别矩阵方法设计的关键成功因素分析表。

表4-2 关键成功因素分析表

得分矩阵	权重
A因素得分矩阵 =（1，1，2，0）	权重 = 0.25
B因素得分矩阵 =（1，1，2，0）	权重 = 0.25
C因素得分矩阵 =（0，0，1，0）	权重 = 0.062 5
D因素得分矩阵 =（2，2，2，1）	权重 = 0.437 5（因素D为关键成功因素）

如图4-6所示，某企业有一个目标，是提高产品竞争力，可以用树枝图画出影响它的各种因素，以及影响这些因素的子因素。

关键成功因素法在战略高层应用，一般效果好。

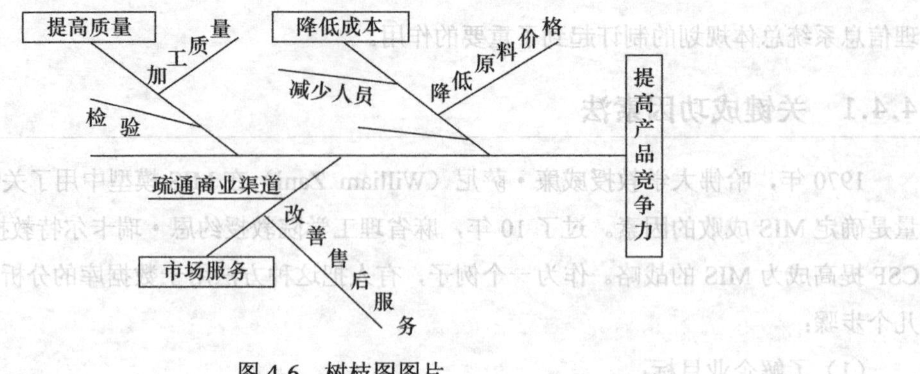

图 4-6　树枝图图片

4.4.2　战略目标集转化法

威廉·金（William King）于 1978 年提出，他把整个战略目标看成“信息集合”，由使命、目标、战略和其他战略变量组成，MIS 的战略规划过程是把组织的战略目标转变为 MIS 战略目标的过程。

第一步是识别组织的战略集，先考查一下该组织是否有成文的战略式长期计划，如果没有，就要去构造这种战略集合。可以采用以下步骤：

（1）描绘出组织各类人员结构，如卖主、经理、雇员、供应商、顾客、贷款人、政府代理人、地区社团及竞争者等；

（2）识别每类人员的目标；

（3）对于每类人员识别其使命及战略。

第二步是将组织战略集转化成 MIS 战略，MIS 战略应包括系统目标、约束以及设计原则等。这个转化的过程包括对应组织战略集的每个元素识别对应的MIS战略约束，然后提出整个MIS的结构。最后，选出一个方案报送总经理。具体流程如图 4-7 所示。

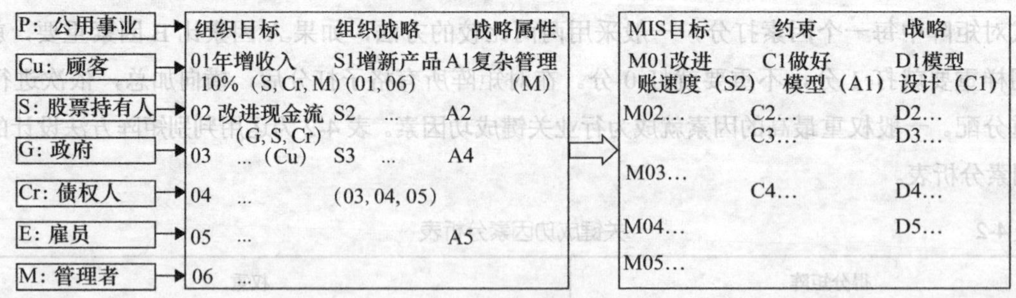

图 4-7　战略目标集转化法

由图 4-7 我们可以看出，这里目标是由不同群体引出的。例如，组织目标 O1 由股票持有者 S、债权人 Cr 以及管理者 M 引出；组织战略 S1 由目标 O1 和 O6 引出，依次类推。这样就可以列出 MIS 的目标、约束以及设计战略。

4.4.3　企业系统计划法

IBM 公司于 20 世纪 70 年代初将 BSP 作为用于内部系统开发的一种方法，它主要是基于用信息支持企业运行的思想。在总的思路上它和上述的方法有许多类似之处，它也是自上而下识别系统目标，识别企业过程、识别数据，然后再自下而上设计系统以支持目标，如图4-8所示。

BSP方法是把企业目标转化为信息系统（IS）战略的全过程。它支持的目标是企业各层次的目标。工作步骤如图4-9所示。

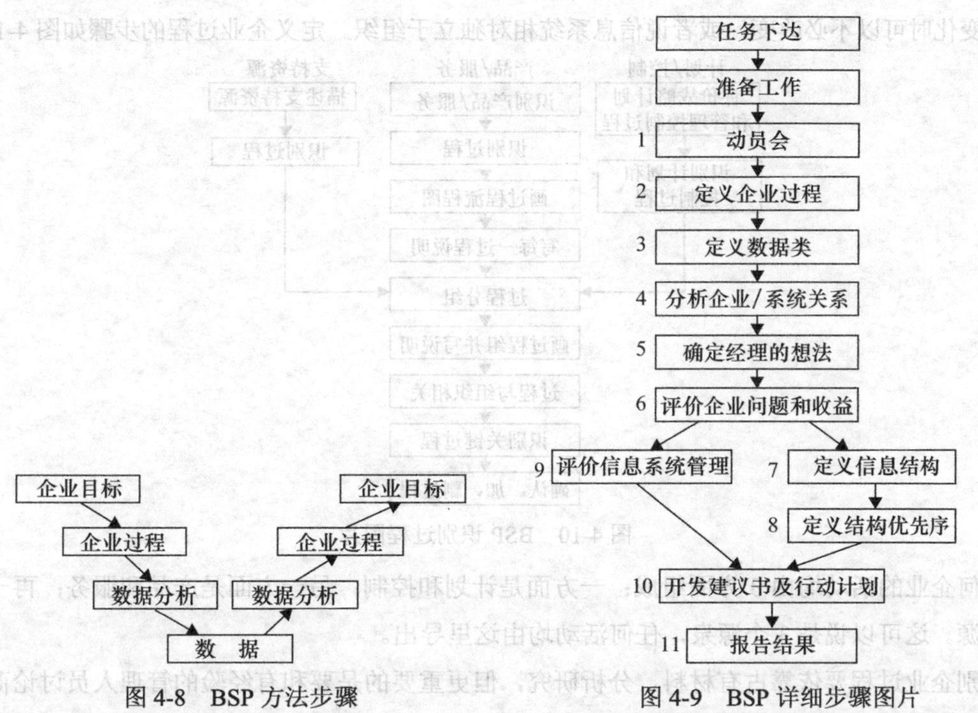

图4-8 BSP方法步骤　　图4-9 BSP详细步骤图片

进行BSP工作是一项系统工程性工作，要很好地准备。准备工作包括接受任务和组织队伍。一般接受任务是由一个委员会承担。这个委员会要明确规划的方向和范围，在委员会下应有一个系统规划组，其组长应全时工作，并具体参加规划活动。委员会委员和系统组成员思想上要明确“做什么”（What）、“为什么做”（Why）、“如何做”（How），以及“希望达到的目标”是什么。要准备必要的条件：一个工作控制室、一个工作计划、一个采访交谈计划、一个最终报告的提纲，还有一些必要的经费。所有这些均落实后，还要得到委员会主任认可。在这里我们要再强调一下准备工作，如果准备工作没做好，不要仓促上阵。我国许多企业现在仍存在未认真做准备工作而就上马管理信息系统的情况，结果是欲速则不达，危害整个工程。

下面我们对BSP的主要活动进行一些介绍。

1. 开始的动员会

动员会要说清工作的期望和期望输出。系统组要简介企业的现状，包括政治上、经济上、管理上敏感的问题，还应介绍企业的决策过程、组织功能、关键人物、用户的期望、用户对现有信息系统的看法等。由信息系统负责人介绍信息人员对于企业的看法，同时应介绍现有项目状况历史状况以及信息系统的问题。通过介绍让大家对企业和对信息支持的要求有个全面的了解。

2. 定义企业过程

定义企业过程是BSP方法的核心。系统组每个成员均应全力以赴识别它们，描述它们，对它们要有透彻的了解，只有这样 BSP 才能成功。企业过程定义为逻辑上相关的一组决策和活动的集合，这些决策和活动是管理企业资源所需要的。

整个企业的管理活动由许多企业过程组成。识别企业过程可对企业如何完成其目标有个深刻的了解，识别企业过程可以作为信息识别构成信息系统的基础，按照企业过程所建造的信息系统，在企业组织变化时可以不必改变，或者说信息系统相对独立于组织。定义企业过程的步骤如图 4-10 所示。

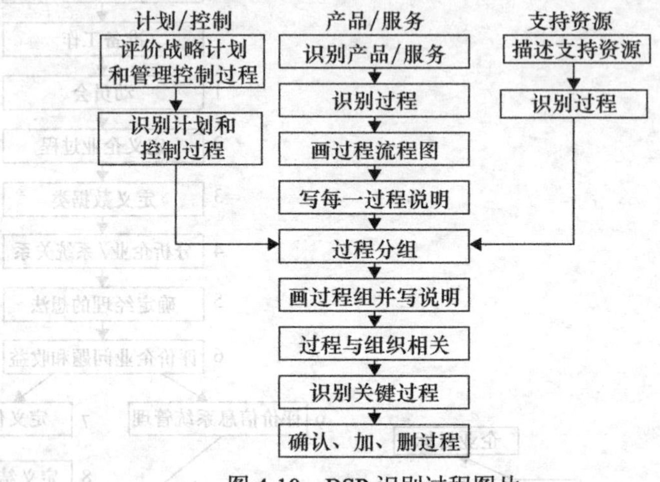

图 4-10　BSP 识别过程图片

任何企业的活动均由 3 方面组成：一方面是计划和控制；另一方面是产品和服务；再一方面是支持资源。这可以说是 3 个源泉，任何活动均由这里导出。

识别企业过程要依靠占有材料，分析研究，但更重要的是要和有经验的管理人员讨论商议。我们先从第一个源计划与控制出发，经过分析、讨论、研究、切磋，可以把企业战略规划和管理控制方面的过程列于表 4-3。

表 4-3　企业战略规划和管理控制过程

战略规划	管理控制	战略规划	管理控制
经济预测	市场/产品预测	预测管理	预测
组织计划	工作资金计划	目标开发	测量与评价
政策开发	雇员水平计划	产品线模型	
放弃/追求分析	运营计划		

识别产品与服务过程与此稍有不同，我们知道任何一种产品均有生老病死，或者说有要求、获得、服务、退出四阶段组成的生命周期，对于每一个阶段，就用一些过程对它进行管理。我们就可以沿着这条线去摸清这些过程。这些过程见表 4-4。

表 4-4　识别产品与服务过程

要求	获得	服务	退出
市场计划	工程设计开发		
市场研究	产品说明	库存控制	销售
预测	工程记录	接受	订货服务
定价	生产调度	质量控制	运输
材料需求	生产运行	包装储存	运输管理
能力计划	购买		

支持资源识别企业过程，其方法类似于产品和服务，我们由资源的生命周期出发列举企业过程。一般来说企业资源包括资金、人才、材料和设备等（见表4-5）。

表4-5　　支持资源识别企业过程

资源	生命周期			
	要求	获得	服务	退出
资金	财务计划 成本控制	资金获得 接收	公文管理 银行账 会计总账	会计支付
人事	人事计划 工资管理	招聘 转业	补充和收益 职业发展	终止合同 退休
材料	需求生产	采购 接收	库存控制	订货控制 运输
设备	主设备计划	设备购买 建设管理	机器维修 家具、附属物	设备报损

识别过程是BSP方法成功的关键，输出应有以下文件：

（1）一个过程组及过程表；

（2）每一过程的简单说明；

（3）一个关键过程的表，即识别满足目标的关键过程；

（4）产品/服务过程的流程图；

（5）系统组成员能很好地了解整个企业的运营是如何管理和控制的。

至此识别过程才能告一段落。

3. 定义数据类

识别企业数据的方法有两种，一种是企业实体法，实体有顾客、产品、材料以及人员等客观存在的东西。企业实体法的第一步是列出企业实体，一般来说要列出7～15个实体。再列出一个矩阵，实体列于水平方向，在垂直方向列出数据类，如表4-6所示。

表4-6　　数据/企业/实体矩阵

企业实体 数据类	产品	顾客	设备	材料	卖主	现金	人员
计划/模型	产品计划	销售领域 市场计划	能力计划 设备计划	材料需求 生产调度		预算	人员计划
统计/汇总	产品需求	销售历史	运行 设备利用	开列需求	卖主行为	财务统计	生产率 盈利历史
库存	产品 成本 零件	顾客	设备 机器负荷	原材料 成本 材料单	卖主	财务 会计总账	雇用工资 技术
业务	订货	运输		采购 订货	材料 接收	接收 支付	

4. 分析企业和系统的关系主要用几个矩阵来表示

其一是组织/过程矩阵，它在水平方向列出各种过程，垂直方向列出各种组织，如果该组织是该过程的主要负责者或决策者，则在对应的矩阵元中画*，若为主要参加者就画 x，若为部分参加者就画/，这样就一目了然。如果企业已有现行系统，我们可以画出组织和系统矩阵。在矩阵元中填 C，表示该组织用该系统，如果该组织以后想用某系统，可以在矩阵元中填入 P，表示该组织计划用该系统。同理可以画出系统过程矩阵，用以表示某系统支持某过程。同样可以用 C 和 P 表示现行和计划。用同样方法还可以画出系统和数据类的关系。

5. 确定经理的想法就是确定企业领导对企业前景的看法

作为系统组的成员，就应当很好地准备采访提纲，很好地采访以及很好地分析总结等，采访的主要问题参考（见表 4-7）如下。

表 4-7　主要问题参考表

你的责任领域是什么？	这些改善的价值是什么？
基本目标是什么？	什么是你最有用的信息？
你去年达到目标所遇到的 3 个最主要的问题是什么？	你如何测量？
什么东西妨碍你解决它们？	你如何衡量你的下级？
为什么需要解决它们？	你希望做什么样的决策？
较好的信息在这些领域的价值是什么？	你的领域明年和 3 年内主要变化是什么？
如果有更好的信息支持，你在什么领域还能得到最大的改善？	你希望本次规划研究达到什么结果？
	规划对你和企业将起什么作用？

以上问题供参考，均应根据具体情况增删，一般来说，所提问题应是 Open up 型，即打开话匣子型，而不应当是 Close down 型，即只要求回答是否式的问题。

6. 评价企业问题

在 BSP 采访以后，应当根据这些资料来评价企业的问题，评价过程的流程图如图 4-11 所示。

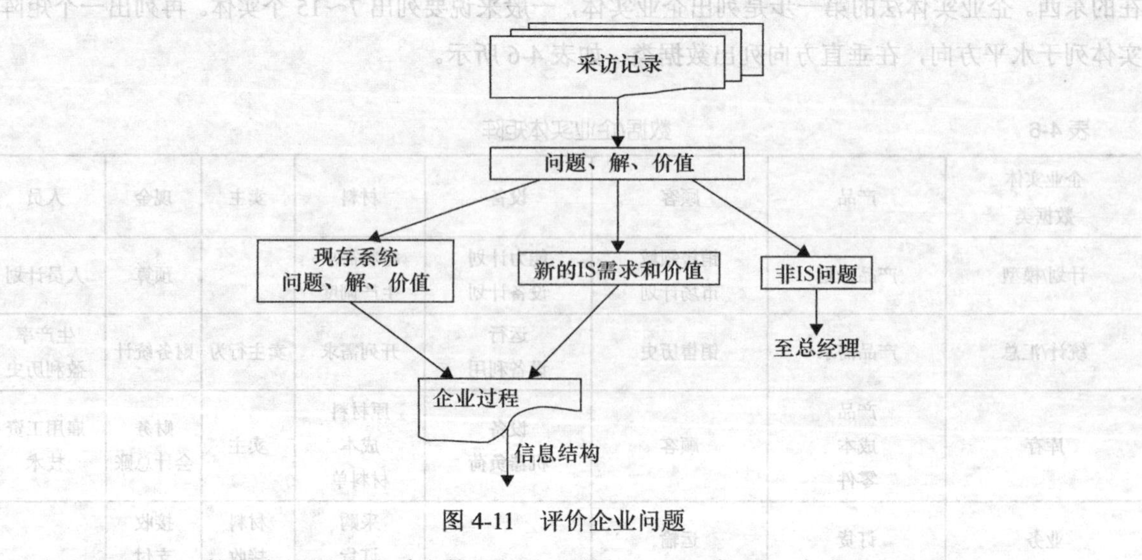

图 4-11　评价企业问题

根据图 4-11，第一步就要总结采访数据，这些数据可以汇集到一个表上，见表 4-8。

表 4-8　　采访数据汇总

主要问题	问题解	价值说明	信息系统要求	过程/组影响	过程/组起因
由于生产计划影响利润	计划机械化	改善利润 改善顾客关系 改善服务和供应	生产计划	生产	生产

第二步是分类采访数据，任何采访的数据均要分三类，即现存系统的问题和解、新系统需求和解，以及非 IS 问题。第三类问题虽不是信息系统所能解决的，但也应充分重视，并整理递交总经理。

第三步是把数据和过程关联起来，可以用问题/过程阵表示，表中的数字表示这种问题出现的次数，如表 4-9 所示。

表 4-9　　问题/过程阵表

问题\过程组	市场	销售	工程	生产	材料	财务	人事	经营
市场/顾客选择	2	2						2
预测质量	3							4
产品开发			4			1		1

7. 定义信息结构

实际上是划分子系统，BSP 方法是根据信息的产生和使用来划分子系统的，它尽量把信息产生的企业过程和使用的企业过程划分在一个子系统中，从而减少了子系统之间的信息交换。具体的作法是用 U/C 图，U 表示使用（Use），C 表示产生（(Create)，如图 4-12 所示。

功能 \ 数据类	客户	订货	产品	工艺流程	材料表	成本	零件规格	材料库存	成本库存	职工	销售区域	财务计划	计划	设备负荷	物资供应	任务单	列号Y
经营计划		U				U						U	C				1
财务规划						U				U		C	C				2
资产规模												U					3
产品预测	C		U								U						4
产品设计开发	U		C	U	C		C						U				5
产品工艺			U		C		C	U									6
库存控制							C	C							U	U	7
调　　度			U	U				U						U		C	8
生产能力计划				U										C	U		9
材料需求			U		U			U								C	10
操作顺序				C										U	U	U	11
销售管理	C	U	U						U		U						12
市场分析	U	U	U								C						13
订货服务	U	C	U						U		U						14
发　　运		U	U						U		U						15
财务会计	U	U	U						U	U		U					16
成本会计		U	U			U						U					17
用人计划										C							18
业绩考评										U							19
行　号X	1	2	3	4	5	6	7	8	9	10	11	12	13	14	15	16	

图 4-12　U/C 图

这个图的左列是企业过程，最上一行列出数据类，如果某过程产生某数据，就在某行某列矩阵元中写 C；如果某过程使用某数据，则在其对应元中写 U。开始时数据类和过程是随机排列的，U、

C 在矩阵中排列也是分散的。我们以调换过程和数据类的顺序的方法尽量使 UC 集中到对角线上排列，然后把 UC 比较集中的区域用粗线条框起来，这样形成的框就是一个个子系统，如图 4-13 所示。在粗框外的 U 表示一个系统用另一个子系统的数据，图中用带箭头的线表示。这样就完成了子系统划分，即确定了信息结构的主流。

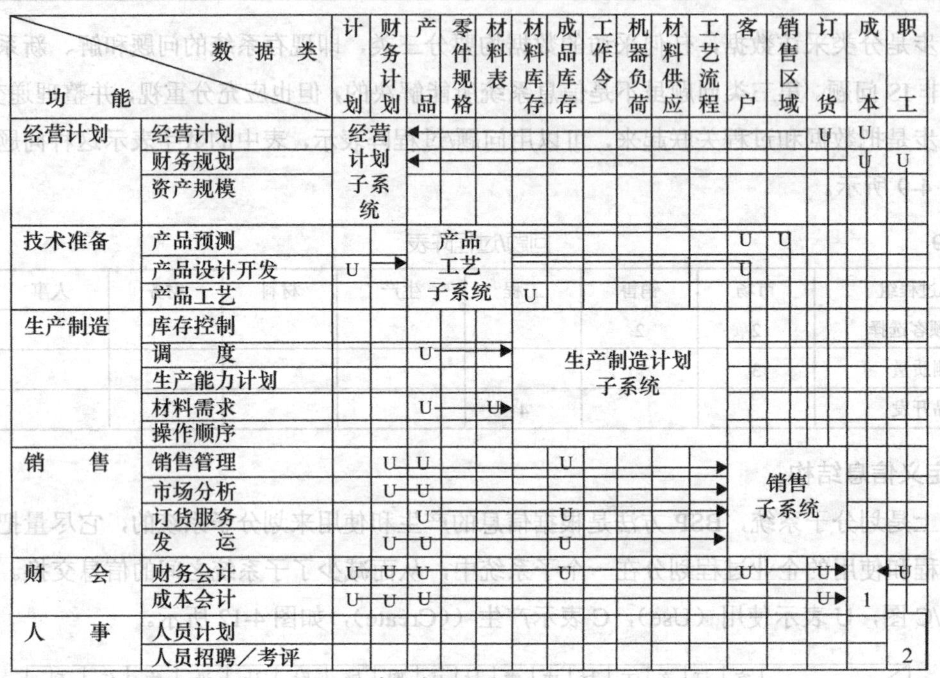

注：1——财会子系统　2——人事档案子系统

图 4-13　整理后的 U/C 图

最好要进行数据正确性的分析，这里要用到的就是数据守恒原则，具体内容如下。

（1）原则上每一列只能有一个 C。如果没有 C，则可能是数据收集时有错；如果有多个 C，则有两种可能：其一是数据汇总有错，误将其他几处引用数据的地方认为是数据源；其二数据栏是一大类数据的总称，应将其细划。

（2）每一列至少有一个 U，如果没有 U，则一定是调查数据或建立 U/C 阵时有误。

（3）不能出现空行或者空列。如果出现空行或空列，则可能是下列两种情况：其一，数据项或业务过程的划分是多余的；其二，在调查或建立 U/C 阵过程中可能漏掉了它们之间的数据联系。

4.4.4　CSB方法

CSF 方法能抓住主要矛盾，使目标的识别突出重点。用这种方法所确定的目标和传统的方法衔接得比较好，但是一般最有利的只是在确定管理目标上。

SST 方法从另一个角度识别管理目标，它反映了各种人的要求，而且给出了按这种要求的分层，然后转化为信息系统目标的结构化方法。它能保证目标比较全面，疏漏较少，但它在突出重点方面不如前者。

BSP方法虽然也首先强调目标，但它没有明显的目标引出过程。它通过管理人员酝酿“过程”引出了系统目标，企业目标到系统目标的转换是通过组织/系统、组织/过程以及系统/过程矩阵的分析得到的。这样可以定义出新的系统以支持企业过程，也就把企业的目标转化为系统的目标，所以我们说识别企业过程是BSP战略规划的中心，绝不能把BSP方法的中心内容当成U/C矩阵。

我们把这3种方法结合起来使用，把它叫CSB方法，即CSF、SST和BSP的结合。这种方法先用CSF方法确定企业目标，然后用SST方法补充完善企业目标，并将这些目标转化为信息系统目标，用BSP方法校核两个目标，并确定信息系统结构，这样就补充了单个方法的不足。当然这也使得整个方法过于复杂，而削弱了单个方法的灵活性。可以说迄今为止信息系统战略规划没有一种十全十美的方法。由于战略规划本身的非结构性，可能永远也找不到一个唯一解。进行任何一个企业的规划均不应照搬以上方法，而应当具体情况具体分析，选择以上方法的可取的思想，灵活运用。

4.4.5 常用传统IT规划方法比较

自20世纪70年代以来，随着信息技术发展，许多专家和学者对IT战略规划方法进行了探索和研究，并且形成了多种IT战略规划的方法，其主要的比较见表4-10。这些方法的共同点均是采用自顶向下的规划步骤，其不同点是在规划周期、需求来源、关注点和主要目标上。这些方法可以从某个侧面捕捉企业的信息化需求，但没有从整体上考虑企业的信息化需求。

表4-10　IT战略规划方法比较

方法	规划周期	需求来源	关注点	主要目标
企业系统规划法（BSP）	长周期	内部需求	技术	创建一致的信息系统框架
战略集合转移法（SST）	长周期	内部需求	管理	保证信息系统与战略一致
关键成功因素法（CSF）	持续性	外部需求	管理	明确信息需求、支持需求变化
应用系统组合法（APA）	中长期	外部发展	管理	从战略出发进行信息系统优先级划分
价值链分析法（VCA）	中短期	外部需求	市场	标识关键增值环节
战略系统规划法（SSP）	持续性	外部需求	组织	创建竞争优势

4.5 企业架构驱动的规划方法

上节介绍的方法将关注点放在了IT战略与IT执行计划两个层面，如关键成功因素法（CSF）和战略集合转移法（SST）重心在战略层上，而企业系统规划法（BSP）的重点在技术执行层面上。前面介绍的方法对IT架构层重视不够，由战略一致性模型（SAM）可知，一个完善的IT规划至少应该遵循两个原则：一是IT战略与业务战略相匹配；二是保证每一个IT项目（或信息系统）真正与战略相关联。从图4-1可知，IT规划应包括3个层面：IT战略规划层、IT架构规划层与IT支撑执行层规划。这3个层面：战略、架构与支撑是相互依托、相互促进的，其中架构是核心。与业务战略相匹配的IT战略明确信息化的远景目标，与业务战略以及业务流程与组织架构相匹配的IT架构是承接业务战略、IT战略与IT支撑的桥梁，IT支撑是每一个具体IT系统建设的目标范围、方案、实施计划与投资。本节介绍企业架构驱动的规划方法。

4.5.1 企业架构的基本概念

1. 架构（Architecture）

在韦伯词典中，“架构”的定义是“作为一种意识过程结果的形态或框架；一种统一或有条理的形式或结构；建筑的艺术或科学”。这个定义的关键部分是，具有特定结构的体现某种美感的事物以及针对该事物的有意识的、有条理的方法。

架构的建立通常会建立一个共有的远景，并考虑外部的约束、客户的需求、内部约束、技术约束等，通过有条理的逻辑推理来最终实现该结构。架构包含了在架构构建过程中连接概念到实施的工具、流程、文档、计划和蓝图的集合。IT 行业普遍采用“架构”的历史并不是很长，但在使用方法上则遵循了相同的规则。

2. 企业架构（Enterprise Architecture，EA）

对 EA 的定义有很多流派，主要有以下几个。

Zachman 的定义：EA 是构成组织的所有关键元素和关系的综合描述。企业架构框架（EAF）是一个描述 EA 方法的蓝图。

1996 年 Clinger-Cohen 法案的定义：E A 是一个集成的框架，用于演进或维护存在的信息技术和引入新的信息技术来实现组织的战略目标和信息资源管理目标。

OPEN GROUP 的定义：EA 是关于理解所有构成企业的不同企业元素，以及这些元素怎样相互关联。

MetaGroup 的定义：EA 是一个系统过程，它表达了企业的关键业务、信息、应用和技术战略以及它们对业务功能和流程的影响。关于信息技术怎样以及应该如何在企业内实施，EA 提供一个一致、整体的视角，以使它与业务和市场战略一致。

总之，研究如何将业务功能与需求映射到 IT 系统，并为选择、设计、开发和部署企业所有的 IT 系统提供一种符合企业战略和业务功能需求的平衡方法。

在企业架构的定义下，衍生出一些概念，作为企业架构概念的组成部分，包括业务体系机构、信息架构、技术架构、软件架构等。

3. 企业业务架构（Enterprise Business Architecture，EBA）

EBA 是企业关键业务战略以及它们对业务功能和流程的影响的表达。通常包含业务功能、流程和信息价值链的当前和将来的状态模型，通过信息架构、技术架构以及应用投资组合来进行实施，可定义为支撑竞争优势的业务设计。

4. 企业信息架构（Enterprise Information Architecture，EIA）

EIA 是一个由 EBA 驱动的模型集来描述企业信息价值链，主要包括建立关键信息流模型，描述业务事件的关键输出信息，扩展组织边界到外部信息来源和流向，使企业能快速进行业务决策和信息共享。

5. 企业技术架构（Enterprise Technology Architecture，ETA）

ETA 是一个逻辑一致的技术原理集合，指导组织信息系统和技术基础结构的工程化。EWTA 是对整个IT战略的表达。

6. 软件架构（Software Architecture，SA）

在IT行业，架构的一个更早更普遍的概念应用是“软件或应用程序的架构”。软件架构起源于软件工程，是关于软件系统的有机组织的决策集合、结构化元素的选择以及元素之间的接口，通过这些接口以及元素间的协作构成软件系统。

4.5.2 企业架构理论的发展

美国架构规划专家雷格曼（Zachman）在20世纪90年代初，就建立了企事业架构标准框架（Zachman Enterprise Architecture Framework），Zachman的架构规划框架模型是国际上最为权威的企事业IT架构规划模型，美国国防部、财政部等政府部门在20世纪90年代率先基于这个框架进行了IT架构的规划工作，并结合本部门的特点，制订指导本部门信息化建设的架构框架标准。美国联邦政府CIO委员会在1999年提出了“联邦政府组织架构框架（Federal Enterprise Architecture Framework，FEAF）”的研究报告，在此基础上，美国联邦政府预算管理办公室（OMB）于2002年提出了“Federal Enterprise Architecture,（FEA）”，并为此成立了“FEA项目管理办公室（FEAPMO）”，指导美国政府部门的信息化建设。随后，政府、企事业、咨询和研究机构、厂商广泛参与，企事业架构标准化的工作越来越重要，也产生了一些研究团体和标准框架，如TOGAF，即Open Group架构框架（The Open Group Architecture Framework）。

从图4-14可见，构架理论有3大学派。一派是Zachman；一派是美国国防部，从TAFIM到后来的DoDAF 1.0、1.5、2.0；还有一派是FEAF，从美国联邦CIO委员会发布了版本1.1的框架一直到后来不断地发展。

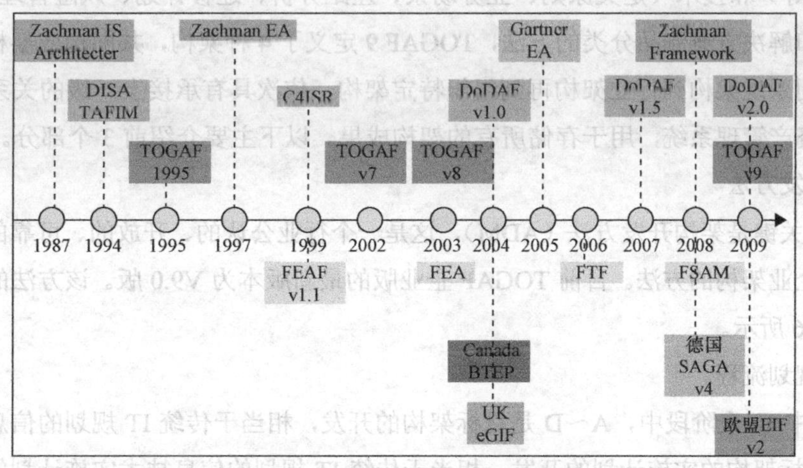

图4-14 企业架构理论的发展历程

4.5.3 TOGAF介绍

TOGAF不是单一的企业架构框架，而是发展企业架构的一套通用方法和模板。它在杰克·韦尔奇的“无边界”管理模式基础上，提出“无边界信息流”的愿景，即企业可以通过使用开放标准的构件，将多个信息源结合起来，以安全的方式，在合适的时间、地点，使用环境中向需要使用该类信息的人或系统提供信息。

TOGAF 作为一个开放框架，目前已发行至第 9 版。TOGAF 9 主要包括 6 个模块：架构开发方法（ADM）、架构内容框架、TOGAF 参考模型、ADM 指引和技术、企业连续系列与架构存储库和架构能力框架，如图 4-15 所示。

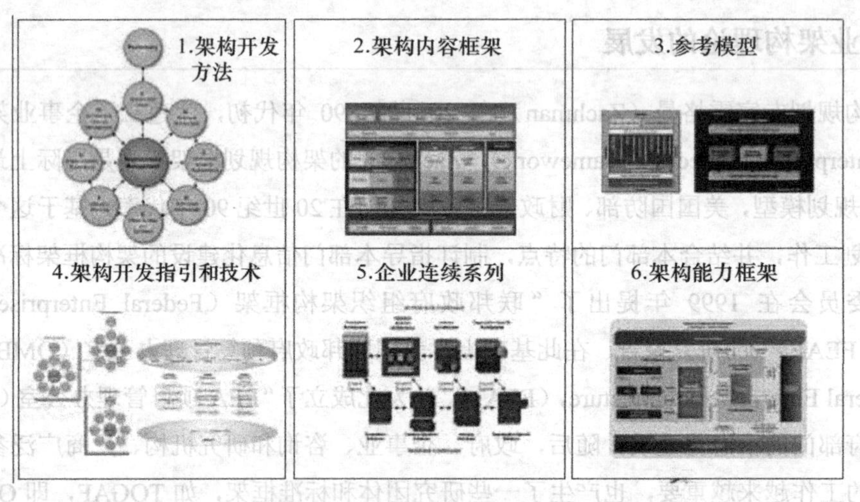

图 4-15　TOGAF 9 主要组成

其中，ADM 是开发和使用企业架构的迭代方法，贯穿应用 TOGAF 9 的始终。架构内容框架是最终形成企业架构成果的标准框架，以元模型为基础，提供全面、易整合的架构工作产品清单，具体成果包括交付物、交付物内的制品和构建块。ADM 指引和技术帮助用户更好地应用 ADM 的指导（如迭代、安全等）和技术（定义原则、业务场景、差距分析、迁移计划、风险管理等）。企业连续系列是对架构和解决方案制品分类的方法，TOGAF 9 定义了 4 种架构，共同构成架构连续系列，从基础架构到共同系统架构到行业架构再到组织特定架构，依次具有承接上一级的关系；架构存储库是企业的架构资产管理系统，用于存储所有的架构成果。以下主要介绍前 3 个部分。

1. 架构开发方法

TOGAF 的关键是架构开发方法（ADM），这是一个行业公认的、开放的、可靠的、用于开发满足业务需求的企业架构的方法。目前 TOGAF 企业版的最新版本为 V9.0 版。该方法的企业架构设计主流程如图 4-16 所示。

（1）架构规划流程。

在图 4-16 中 10 个阶段中，A～D 是目标架构的开发，相当于传统 IT 规划的信息技术战略的制定。D～F 是目标架构的实施计划的开发，相当于传统 IT 规划的信息技术实施计划的制定。以下是 10 个阶段具体内容。

① 准备阶段。准备阶段（Preliminary Phase）描述一些筹备工作和初始活动，满足新的企业架构的业务指导的需求，包括一个特定组织架构框架和组织原则的定义。主要完成定义架构的范围，架构的组成元素，如何将各子架构整合在一起，如何调整框架以适应企业的实际状况；定义重用原

则，重申业务原则、业务目标和战略业务驱动力；定义业务原则，包括使命、愿景、战略和目标。

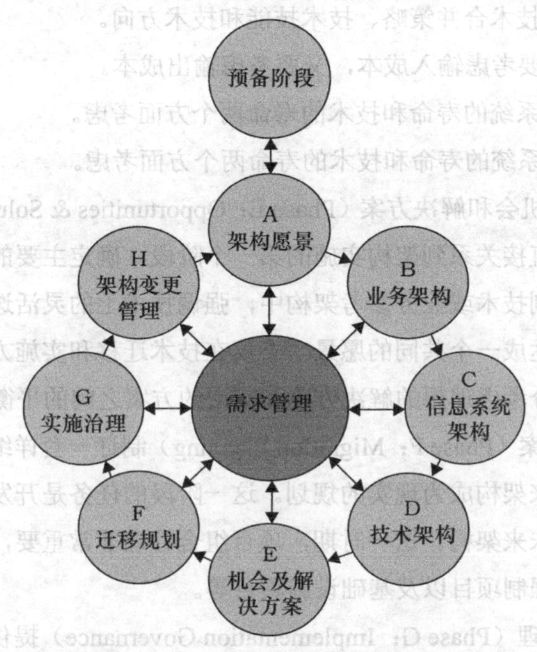

图 4-16　TOGAF 企业信息化架构规划流程

资料来源：The Open Group. TOGAF9.0versioneditor. http:\\www.opengroup.org.

② 架构愿景。架构愿景（Phase A：Architecture Vision）描述架构开发周期的初期阶段，包括范围的定义信息、利益相关者的确认、建立架构愿景以及获得企业各方面的支持和认可。明确企业想要解决什么问题而不是要建立什么系统；如果问题解决了，那么对企业意味着什么。

③ 业务架构。业务架构（Phase B：Business Architecture）描述业务架构的开发以支持企业架构愿景。目的是改善企业业务流程；考虑人和组织的变革，实现业务流程的改善；考虑企业各种相关的环境因素，定义当前业务架构和目标业务架构，分析二者之间的差距；选择相关架构视角，论证企业利益相关者所关注的问题如何处理。

④ 信息系统架构。信息系统架构（Phase C：Information Systems Architectures）描述信息系统架构的开发，包括数据架构和应用架构。数据架构用来确认支持业务流程的数据，尤其是核心流程数据，同时要清楚数据的所有者，做好数据质量的管理。数据架构包括概念数据模型、逻辑数据模型和物理数据模型。应用架构用于确定处理数据、支持业务处理的应用系统的种类，决定系统类型，确立系统如何对数据进行管理以及如何与用户进行交互，确定独立于具体技术的系统应用功能，使应用可以在任何时候、任何地点以正确的形式为用户提供正确的数据。

⑤ 技术架构。技术架构（Phase D：Technology Architecture）描述技术架构的开发过程，是一项平衡考虑可用性、必要性、标准、战术和战略的活动。在技术架构的开发过程中，需要考虑以下因素。

a．架构因素：从业务架构的角度，既要考虑服务水平协议、安全性和隐私性，还要考虑访问控制权和信息的正确性及准确位置；在数据架构方面，要考虑数据元素、需求和速度、空间等；而在应用架构方面，则需考虑信息的正确格式。

b．企业因素：要考虑技术合并策略、技术技能和技术方向。

c．总体拥有成本：既要考虑输入成本，又要考虑输出成本。

d．预期寿命：从应用系统的寿命和技术的寿命两个方面考虑。

e．预期寿命：从应用系统的寿命和技术的寿命两个方面考虑。

⑥ 机会和解决方案。机会和解决方案（Phase E：Opportunities & Solutions）组织架构实施规划，确认架构实现途径。这是直接关系到架构实施的第一个阶段，确定主要的工作任务和项目，考虑企业提出的活动并将其映射到技术或业务参考架构中，强调技术上的灵活选择、战术和战略的业务需求。企业领导和架构师要达成一个共同的愿景，不仅在技术迁移和实施方面，同时也要考虑变革为企业带来的风险；还要充分考虑理想的解决方案和实用的方案之间的平衡和选择。

⑦ 迁移方案。迁移方案（Phase F：Migration Planning）制订一套详细的架构迁移规划支持架构的实施，也就是如何使未来架构成为现实的规划。这一阶段的任务是开发一个项目列表和规定项目优先序列，帮助企业实现未来架构。这一时期，项目组合管理非常重要，要考虑企业当前的投资，要考虑新项目组合、外部强制项目以及基础设施项目等。

⑧ 实施治理。实施治理（Phase G：Implementation Governance）提供架构实施的监管，保证通过变化管理实现未来架构。监管的层次结构有公司治理、技术治理、信息技术治理以及架构治理，包括实施治理和架构合同等。

⑨ 架构变化管理。架构变化管理（Phase H：Architecture Change Management）设计管理架构变化的程序。因为企业的未来架构是一个动态的架构，因而也就必须随着技术的变化以及企业业务环境的变化而变化。

⑩ 需求管理。需求管理（Requirements Management）通过 ADM 方法检查管理架构需求的流程，包括架构需求、业务需求、系统需求、组织变革需求、实施需求和利用需求等。

（2）ADM 迭代过程。

ADM 是一种迭代的方法，在开发企业架构时，每当一个新的决定产生，就会出现一次迭代，它可能是一次具有完整的企业架构开发生命周期的迭代，也可能嵌套在另一个迭代过程中。在 ADM 中，一般包含 4 种重要迭代方法，即架构背景迭代、架构定义迭代、过渡计划迭代和架构管控迭代，如图 4-17 所示。下面依托这 4 种迭代对 ADM 包含的几个阶段进行介绍。

架构背景迭代包括预备阶段和架构愿景阶段。预备阶段的目标是使企业为建立成功的企业架构做好准备，如建立组织环境、识别利益相关者及定义架构原则等，它向需求管理流程提供输入，并启动架构愿景阶段。架构愿景阶段的目标是充分考虑利益相关者的视点，勾勒出企业架构愿景，并正式启动一个 ADM 的迭代周期。

架构定义迭代包含 3 个具体领域，分别是业务架构、信息系统架构和技术架构阶段，统称为 BCD 阶段。其中，业务架构描述关于业务领域的架构工作，架构愿景阶段中对于业务现状与愿景在这里被详细说明，给出差距分析，并根据差距得出具体的路线图。信息系统架构阶段说明了 IT 系统如何满足企业的业务目标，具体又分为应用架构与数据架构两个子领域。实际上，由于 ADM 是一种迭代方法，两者并没有先后顺序。同业务架构一样，在信息系统架构阶段也要定义出基线架构和业务架构，找出差距分析，并得出具体的路线图。技术架构阶段是利用硬件、软件和网络等技术，定义架构的物理实现方式。

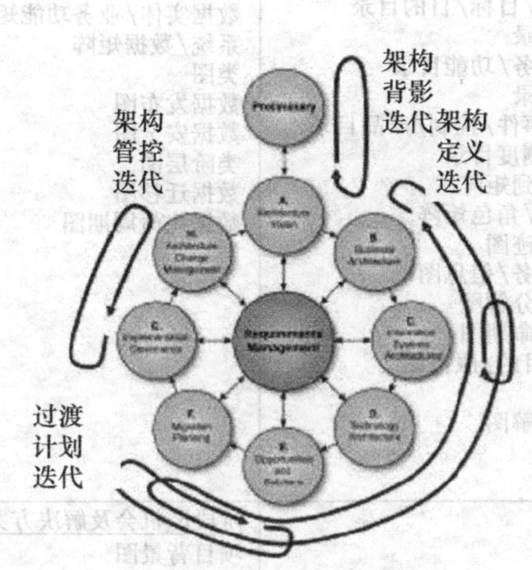

图 4-17　ADM 迭代过程

过渡计划迭代包括机会及解决方案阶段和迁移规划阶段。前者的目标是汇总从 BCD 阶段得到的差距，评审目标业务的目标及能力，形成解决方案构建块来满足这些能力。后者的目标是进行成本和业务效益的分析，对所有工作包、项目和构建块划分优先顺序，与利益相关者确认一个过渡架构，创建、推进和监控具体的实施与迁移计划。

架构管控迭代包括实施治理阶段和架构变更管理阶段。前者的目标是制订每个项目实施的建议，确保所部属的解决方案与目标架构一致。这一阶段最终输出符合架构的解决方案。后者提供持续的监测和变更管理流程，评估架构的性能并提出变更意见，通过架构和持续运营使业务价值最大化。

此外需要说明的是，以上每个阶段都需要交互需求管理，它定义了一个管理需求流程，解决处于各阶段的需求识别、保管和交付，是 ADM 流程的中心。

TOGAF 的 ADM 是一种通用的架构开发方法，它不是一成不变的，可以满足绝大多数系统和组织的需求，但是经常需要采取必要的方式来修改这种方法，以适应企业的特定需求。企业在应用 ADM 方法前，要从应用性的角度综合衡量架构组件，然后适当修改以适应企业特定的环境，从而形成基于"特定企业"的 ADM 方法。TOGAF 的最大优点是给出了企业架构解决方案，提出了各种模型和模型的建立方法，但是在规划方法、治理框架以及信息架构方面阐述较少，缺少针对性。

（3）流程各阶段主要技术和交付物。

明确了开发迭代方式和各个步骤后，就需要确定一下每个阶段具体有哪些工作和交付物了，图 4-18 为各阶段的主要任务和交付物。

2. TOGAF 架构内容框架

图 4-19 所示是从现实世界的企业出发，映射到信息世界中对应的元模型、积木、图表和利益相

关者间的关系。

<table>
<tr><td>预备阶段
原则目录</td><td rowspan="2">阶段B.业务架构
组织/施动者目录
驱动力/目标/目的目录
角色目录
业务服务/功能目录
位置目录
流程/事件/控制/产品目录
契约/测度目录
业务互到矩阵
施动者/角色矩阵
业务轨迹图
业务服务/信息图
功能的分解图
产品生命期图
目标/目的/服务图
用例图
组织分解图
流程图
事件图</td><td rowspan="2">阶段C.数据架构
数据实体/数据构件目录
数据实体/业务功能矩阵
系统/数据矩阵
类图
数据发布图
数据安全图
类阶层图
数据迁移图
数据生命周期图</td><td rowspan="2">阶段C.应用架构
应用组合目录
接口目录
系统/组织矩阵
角色/系统矩阵
系统/功能矩阵
应用互动矩阵
应用通信图
应用和用户位置图
系统用例图
企业可管理性图
流程/系统实现图
软件工程图
应用迁移图
软件分布图</td></tr>
<tr><td>阶段A.架构愿影
利益关系者映射矩阵
价值链图
解决方案概念图</td></tr>
<tr><td colspan="2">阶段D.技术架构
技术标准目录
技术组合目录
系统/技术矩阵
环境和位置图
平台分解图
处理图
网络计算/硬件图
通信工程图</td><td>阶段E.机会及解决方案
项目背景图
效益图</td><td>需求管理
需求目录</td></tr>
</table>

图 4-18　主要技术和交付物

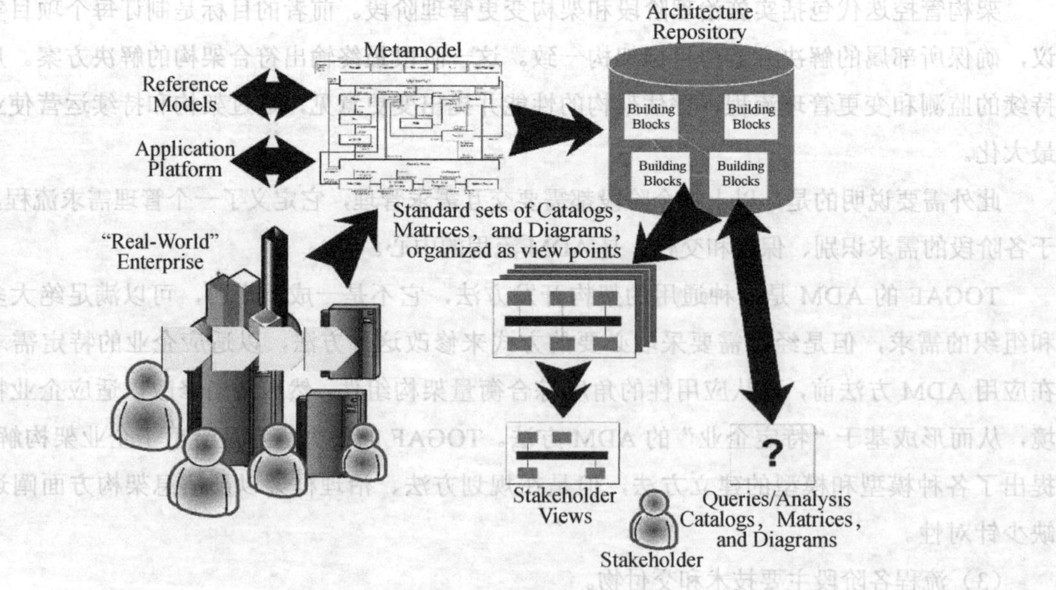

图 4-19　TOGAF 元模型、积木、图表和利益相关者之间的相互关系

TOGAF 架构内容框架：提供了一个详细的架构工件模型，包括交付物、交付物的工件和架构构建块。如图 4-20 所示，TOGAF 通常要处理 4 个架构：业务架构、数据架构、应用架构和技术架构。在开发这些架构的过程中，架构开发方法 ADM 是最关键的，这是一个经过检验的、可靠的、行之

有效的方法，包括建立一个企业架构框架、开发架构内容、架构迁移和架构实施过程的治理及监控。所有这些活动都是在一个连续的架构定义和架构实现的循环往复过程中进行的，以一种可控的方法去转变企业，从而现业务目标，寻找业务机会。

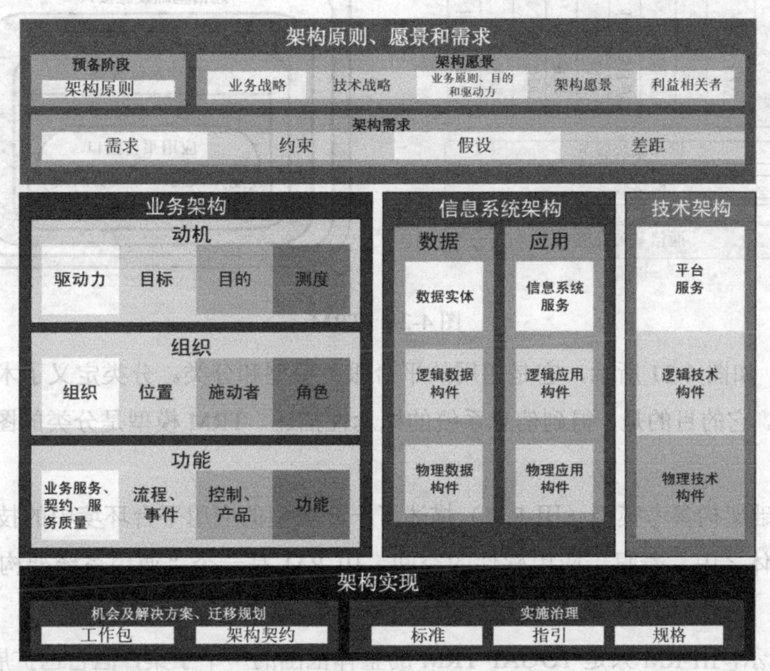

图 4-20　TOGAF 架构内容框架

其中：

- 架构原则、愿景和需求组件的目的是获取正式的架构模型的周边环境，包括总体架构原则，战略背景下形成的输入架构建模，并从结构中产生需求。该组件通常处在收集环境信息的预备和架构愿景阶段；
- 业务架构组件是为了获取业务运作模型，特别是关注那些促使企业变化因素，从组织上看企业是如何组成的，或者企业有什么功能与能力；
- 信息系统构架组件是为了获得IT系统架构模型，特别关注在TOGAF ADM方法中的应用和数据；
- 技术架构组件是为了引导获得用来执行和实现信息系统解决方案的技术资产；
- 构架实现组件跟踪变化路线图，该图显示架构的状态和用于引导和控制架构的实现绑定声明之间的转变。

3. 参考模型

参考模型的作用是促进组织间的沟通，是促使系统分析前后保持一致。TOGAF 9 本身提供了两个参考模型，即技术参考模型（Technology Reference Model，TRM）和集成信息基础架构参考模型（III-RM）。

TRM 提供一个通用平台服务的模型和分类法，主要模型如图 4-21 所示。

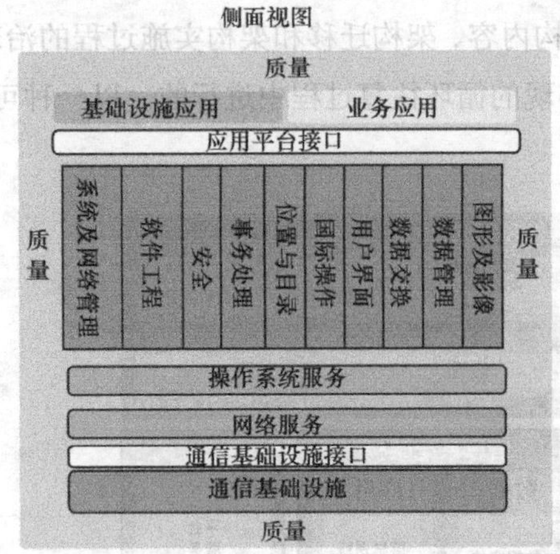

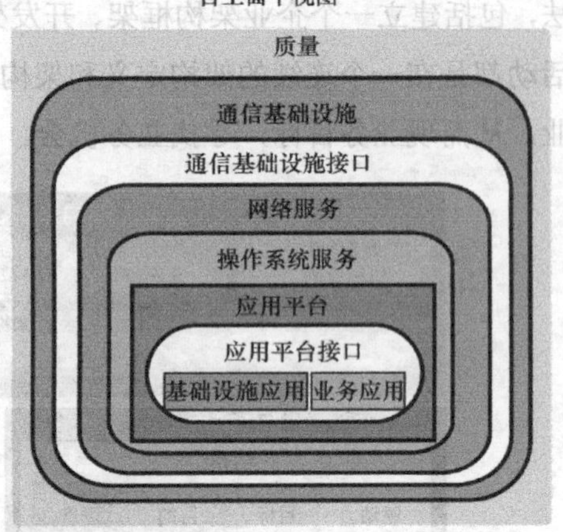

图 4-21 TRM

在 TRM 中，如图 4-21 所示，它是通用的平台服务模型和分类。分类定义了术语，并提供了其组件的相关描述。它的目的是，得到信息系统的概念性描述。TRM 模型是分类的图形表示，用于帮助理解。

集成信息基础架构参考模型（III-RM）描述了一个典型的应用平台环境中的技术模型，该模型包括在企业连续体之中，着眼于应用软件的空间。III-RM 是一个“通用系统架构”的企业连续体术语。

如图 4-22 所示，III-RM 只是 TOGAF TRM 的整体范围的一个子集，但它也扩展了 TRM 的某些部分，特别是在商业应用和基础设施应用的部件。III-RM 提供了帮助解决当今企业架构师面临的关键挑战，就是需要设计一个综合信息基础设施来实现无边界信息流。

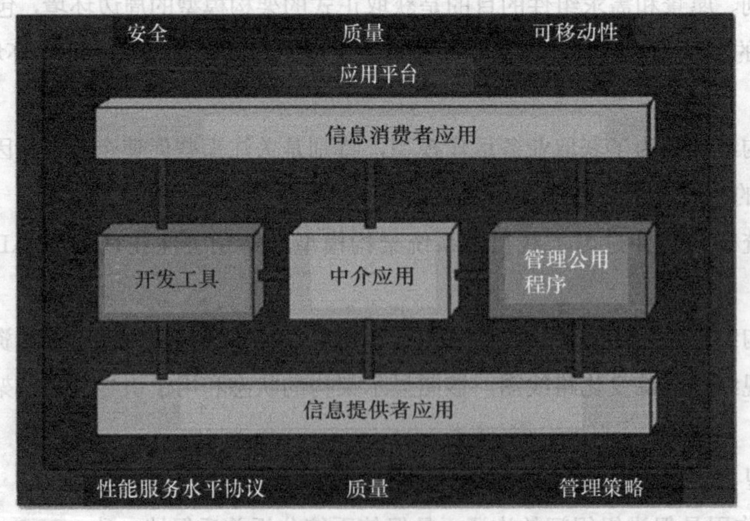

图 4-22 集成信息基础架构参考模型（III-RM）

TOGAF 9 鼓励企业在开发特定架构时参考自身所处行业的标准模型。架构能力框架是帮助企业架构成果最终落地的一整套资源，包括架构委员会、架构合规、架构合约、架构治理、架构成熟度模型和架构技能框架。

4.6 案例分析

××木业有限公司于2000年成立，现有固定资产11.9亿元，职工1500人，年生产人造板能力为50万立方米，是国家高新技术企业、国家农业产业化重点龙头企业。企业实行三级管理，如图4-23所示。企业实施信息化已有多年，每年在信息化建设方面投入了大量的人力和财力，公司已建立了OA办公自动化、财务系统、人力资源系统等，并已搭建了公司广域网、局域网。在木材行业里有这样一个共识，信息化的管理手段是木材业生存和发展的命脉。没有信息化就没有木材业的未来。对于木材商来说，一个公式亘古不变：利润＝销售额–成本。提升利润有两种方法，一种是实现规模效益，降低总的营运成本，走集约化经营的路子，这是一个趋势。没有信息化，要做到这一点几乎是不可能的。第二种方法是直接提升利润，为顾客提供个性化的服务。两种方法都必须以信息化作为支撑。公司下属单位情况复杂，既有全资木材厂，也有控股农场；经营规模差异大，新厂老厂并存；区域跨度大，只有以整个业务协同的信息系统为载体，充分发挥信息系统规范、高效的特质，才能在公司整体范围打破管理边界，起到集团化管控、降低运营成本的作用。

但公司目前的信息系统都是以职能部门为单位建立的，过分关注于职能部门业务功能的实现，缺乏与公司战略层面的融合匹配，因此各信息系统各自为政，业务之间没有联系，缺少协同，既造成信息化重复建设、资源冗余，又产生了横向的信息“孤岛”和纵向的信息“烟囱”。此外，公司主要依赖信息系统、信息技术的功能处理基层业务，对信息化建设的战略地位认识存在差距，对信息系统推动管理模式和业务战略的作用认识不足，对信息系统规划对企业发展和竞争战略成败具有的关键作用认识不够深刻。因此，需要进行系统的思考，重新确立公司信息系统规划的战略地位，建立与公司战略匹配的信息系统模型。

公司请来信息化专家成立了规划课题组，其目标是在分析公司产品线建设、运营模式对信息化需求的基础上，结合信息化的具体现状，对信息化建设进行了总体规划。图4-24是公司信息化规划路线图。

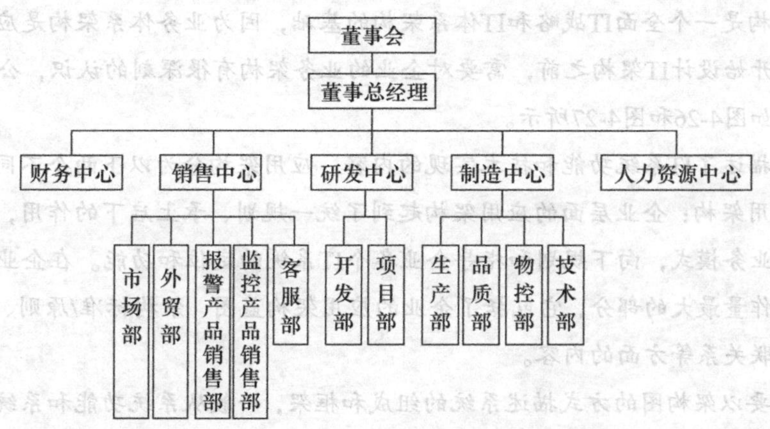

图4-23　××木业有限公司组织架构参考模型

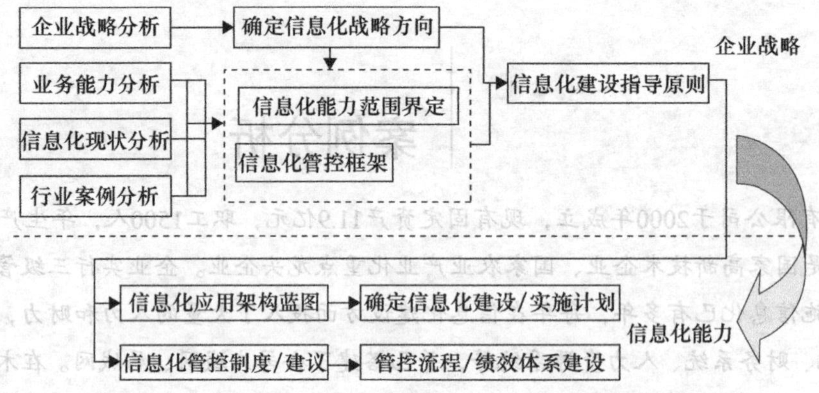

图 4-24　××木业有限公司组信息化建设总体规划路线图

首先规划课题组分析公司的业务发展战略，梳理业务主要流程，找到主要成功因素（如图4-25所示是该公司主要成功因素鱼刺图），提炼业务组件，建立企业业务架构模型。各大业务从功能上可划分成若干个相对独立的基本业务单元（即业务组件），这些基本业务组件对组织结构的变化具有相对的独立性。

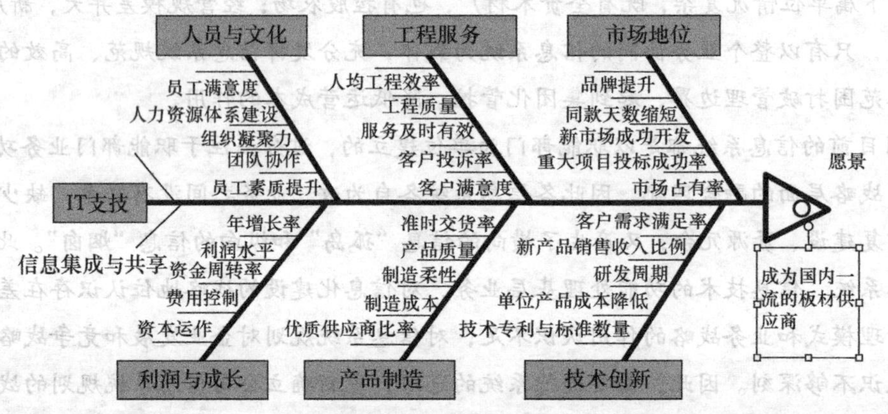

图 4-25　鱼骨图示例

业务架构将高层次的业务目标转换成可操作的业务模型，描述业务应该以何种方式运作才能满足成功必需的能力和灵活性。定义企业内部实体（业务实体之间）和外部实体之间的交互（企业与客户、内部和外部的协作与合作伙伴、利益相关者等）。

业务体系架构是一个全面IT战略和IT体系架构的基础，因为业务体系架构是应用、数据/信息、技术的驱动。在开始设计IT架构之前，需要对企业的业务架构有很深刻的认识，公司业务架构及其与其他架构关系如图4-26和图4-27所示。

应用架构是描述了IT系统功能和技术实现的内容。应用架构分为以下两个不同的层次。

企业级的应用架构：企业层面的应用架构起到了统一规划、承上启下的作用，向上承接了企业战略发展方向和业务模式，向下规划和指导企业各个IT系统的定位和功能。在企业架构中，应用架构是最重要和工作量最大的部分，它包括了企业的应用架构蓝图、架构标准/原则、系统的边界和定义、系统间的关联关系等方面的内容。

应用架构主要以架构图的方式描述系统的组成和框架，一般从系统功能和系统技术层次两个架构视角进行设计：

	产品管理	营销/渠道	风险管理	承保	客户/伙伴	保单服务	理赔	财务管理	企业职能
战略规划	产品组合管理 产品计划和分析 品牌管理 市场调查和分析	渠道关系管理策略 渠道细分战略和规划 营销活动规则	风险、合规、法律战略 再保战略 巨灾风险应对规划	承保策略 承保规划	客户关系管理战略 客户细分战略和规划	保单管理战略和规划	理赔战略	财务规定 投资策略 财务计划和预算	业务战略 业务规划和预算 业务规定和程序
管理控制	产品需求管理 产品经济学和收益（包括精算定价）	渠道管理（计划和考核） 营销活动管理 协商费率	精算控制 风险和暴漏管理 再保管理	核保管理	客户满意度管理 客户利润分析 客户接触管理（沟通管理） 服务效能管理	保单服务管理 保单服务水平管理 增值服务管理	潜在/实际损失准备金管理 理赔管理 诉讼管理	资金准备金管理 现金管理 资产组合/投资管理 资本管理	采购/厂商管理 流程管理 审计管理/法律合规 监管合规 公共关系 安全管理
操作执行	产品设计（条款、费率） 审/报批管理 产品实施	渠道支持 渠道信息 营销活动执行 销售推动 代理佣金 渠道培训	风险评级 风险防控/服务 合约和临分再保	承保业务支持 新单处理(NB) 核保决定 文档、打印、影像	客户/伙伴信息操作 客户接触点服务（柜台、电话、fax、web） 邮件管理（纸质、电子等）	保单服务操作 增值服务提供 内容管理	接报案 查勘定损 赔案后台处理 残值和求偿 欺诈调查	财务报告和指标 账单处理 收款 付款 投资交易	财务（应收/应付/总帐/税务） 固定资产管理 应用系统开发和维护 IT设施维护和运行 人力资源 培训和知识管理

图 4-26　公司的业务架构图

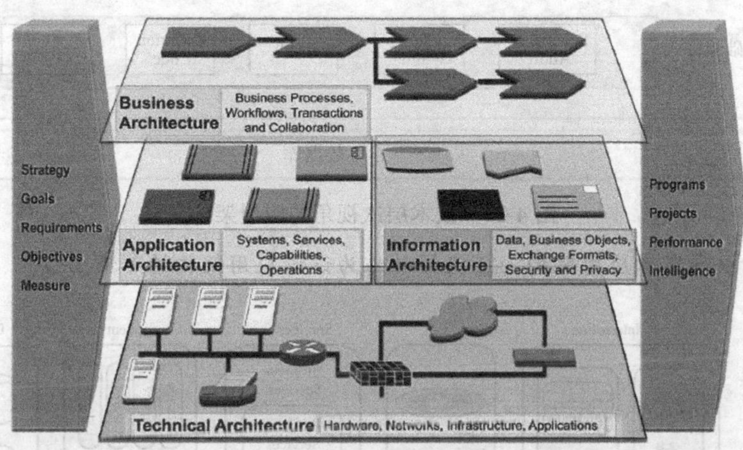

图 4-27　公司的业务构架与其他架构关系图

（1）系统功能视角的应用架构图（见图4-28）

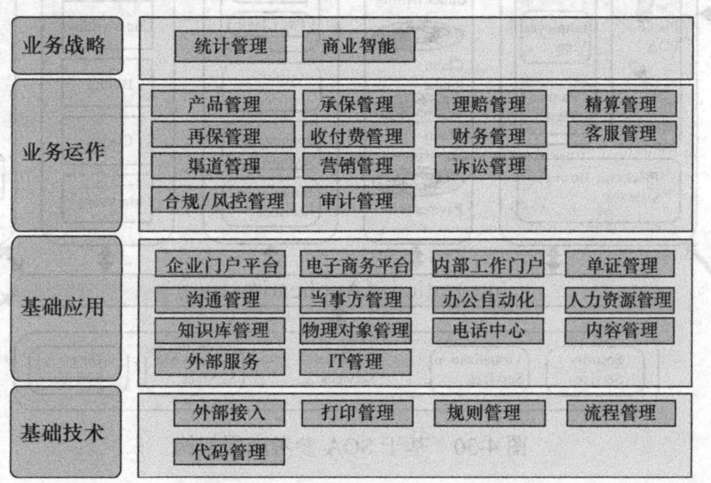

图 4-28　功能视角的应用架构

（2）系统技术层次视角的应用架构图（见图4-29）

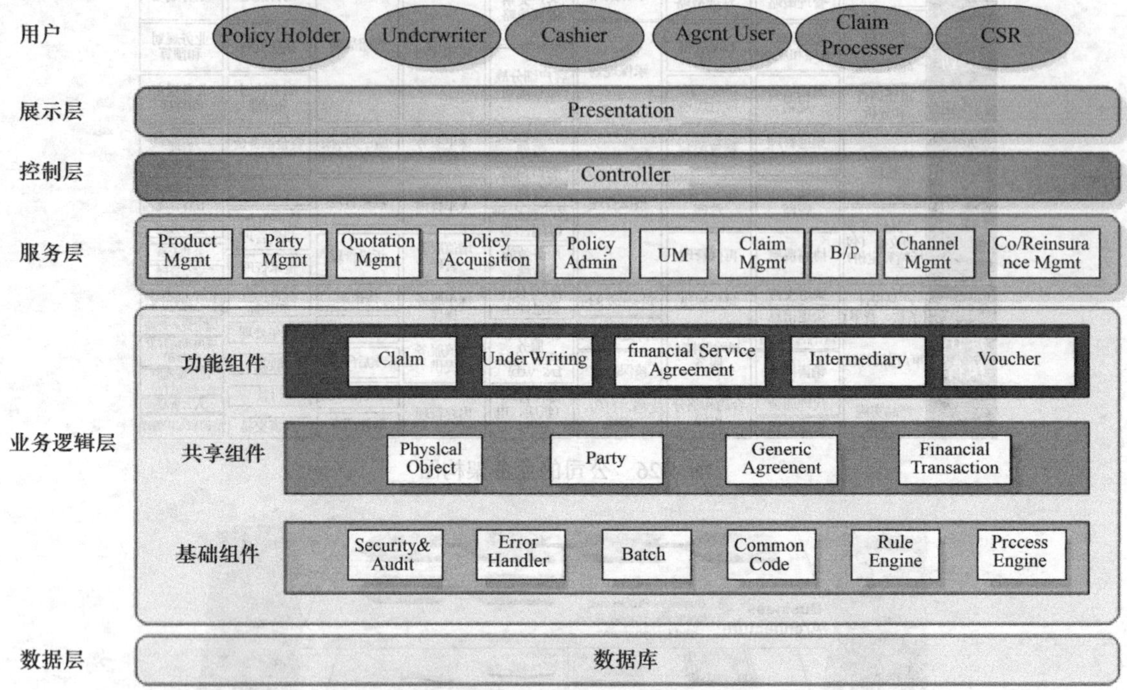

图 4-29　技术层次视角的应用架构

图4-30是基于SOA参考应用架构，可以帮助作为设计应用架构的参考。

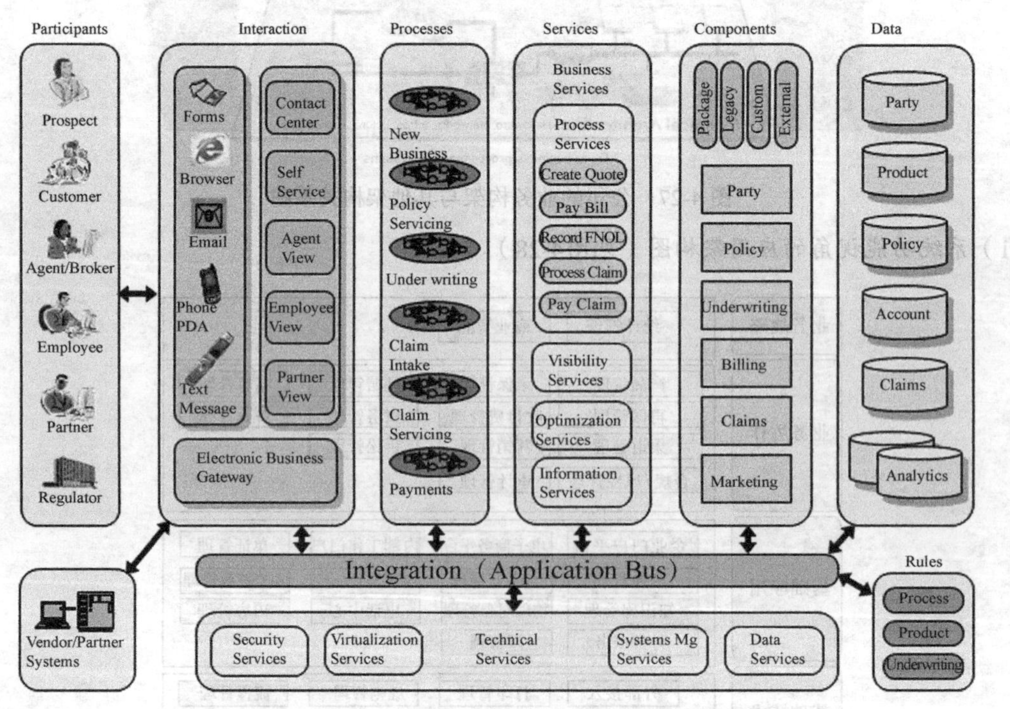

图 4-30　基于 SOA 参考应用架构

企业级的数据中心部署架构如图4-31所示。

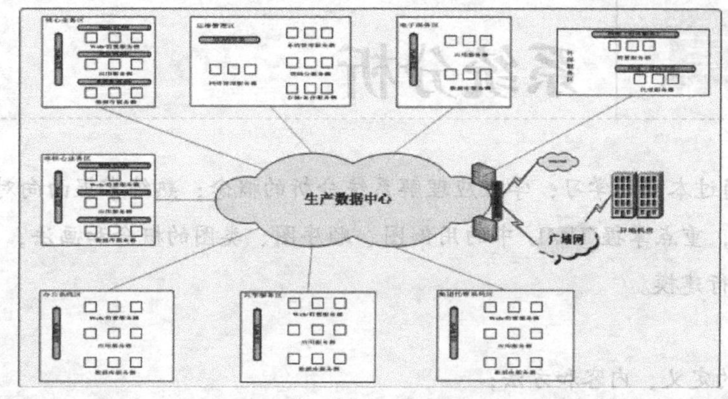

图 4-31　数据中心部署架构

通过图4-28至图4-31对××木业公司功能层、技术层和数据层进行了架构，给出了该公司实现信息化的蓝图，为下一步的具体建设打下了坚实基础。

习题

1. 管理信息系统规划与企业计算机应用计划有什么区别？
2. 为什么要进行管理信息系统的总体规划？
3. 解释管理信息系统规划的相关概念：规划、战略、战略规划、企业战略规划。
4. 管理信息系统规划的主要内容是什么？
5. 解释战略一致性模型和三阶段模型的含义和内容。
6. 管理信息系统规划的步骤有哪些？
7. 简述关键成功因素法（CSF）。
8. 简述战略集转化法（SST）。
9. 简述企业系统规划法（BSP）。
10. 比较企业系统规划法、关键成功因素法和战略集转化法的作用有什么不同？
11. 如何用 CSF 来确认信息系统的机会？
12. 简述 BSP 识别过程。
13. 简述 BSP 定义信息结构的工具 U/C 矩阵的过程。
14. 解释企业架构的定义。
15. 在企业架构的定义下，衍生出的一些概念有哪些？
16. 简述企业架构理论的发展。
17. 解释 TOGAF 的定义。
18. TOGAF 9 主要包括几个模块？
19. 简述架构开发方法（ADM）。
20. 简述 TOGAF 架构内容框架。

第5章 系统分析

[学习目的] 通过本章的学习，学生应理解系统分析的概念；熟练掌握面向对象分析设计方法，建立系统分析模型，重点掌握 UML 中的用例图、顺序图、类图的概念和画法，了解状态图、活动图、包图，并能进行建模。

[本章要点]

- 系统分析的定义、内容和方法；
- 面向对象需求分析方法——用例模型；
- 面向对象需求分析方法——辅助模型；
- 面向对象需求分析方法——基本模型类图。

系统生命周期的第二个阶段是系统分析，它是根据系统规划的蓝图要求对管理信息系统进一步深入调研，为下一步系统设计打下坚实的基础。

5.1 系统分析概述

分析（Analysis）通常是指对现有系统的内、外情况进行调查、研究、分解、剖析，以明确问题或机会所在，认识解决这些问题或把握这些机会的必要性，为确定有关活动的目标和可能的方案提供科学依据。

系统分析（System Analysis）一词最早是在 20 世纪 30 年代提出的，当时是以管理问题为主要应用对象，是管理信息系统的一个主要和关键阶段，负责这个阶段的关键人物是系统分析员或业务分析员，完成这个阶段任务的关键问题是开发人员与用户之间的沟通。到了 20 世纪 40 年代，由于它的应用获得成功，得到了进一步的发展。以后的几十年，无论是研究大系统的问题，还是建立复杂的系统，都广泛应用了系统分析的方法。

5.1.1 系统分析定义

广义的解释——系统分析作为系统工程的同义语，认为系统分析就是系统工程。

狭义的解释——系统分析作为系统工程的一个逻辑步骤，系统工程在处理大型复杂系统的规划、研制和运用问题时，必须经过这个逻辑步骤。所谓系统分析，就是为了发挥系统的功能及达到系统的目标，利用科学的分析方法和工具，对系统的目的、功能、结构、环境、费用与效益等问题进行周详的分析、比较、考察和试验，而制订一套经济有效的处理步骤或程序，或提出对原有系统改进方案的过程。它是一个有目的、有步骤的探索和分析过程，为决策提供所需要的科学依据和信息。

具体地说，明确主要问题，确定系统目标；选择开发可行方案，建立系统模型，进行定性与定量相结合的分析，全面评价和优化可行方案，从而为领导者选择最优方案或满意方案提供可靠的依据。

本节所讨论的系统分析是指在管理信息系统建议的生命周期中系统分析阶段的各项活动和方法。系统分析也指应用系统思想和系统科学的原理进行分析工作的方法与技术。

5.1.2 系统分析的目标和任务

系统分析阶段的目标，就是按系统规则所定的某个开发项目范围内明确系统开发的目标和用户的信息需求，提出系统的逻辑方案。软件开发的第一步是系统分析，系统分析要回答新系统“做什么”这个关键性的问题。只有明确了问题，才有可能解决问题。把要解决哪些问题，满足用户哪些具体的信息需求调研分析清楚，从逻辑上，或者说从信息处理的功能需求上提出系统的方案，即逻辑模型，为下一阶段进行物理方案（即计算机和通信系统方案）设计，解决“怎么做”提供依据。

系统分析的任务：在系统规划的指导下，运用系统的观点和方法，对系统进行深入详细的调查研究，通过问题识别、可行性分析、详细调研、系统化分析等工作来确定新系统的逻辑模型。具体就是系统分析员要在总体规划的基础上，与用户密切配合，用系统的思想和方法，对企业的业务活动进行全面的调研分析，详细了解有关的工作流程，收集票据、账单、报表等资料，分析现行系统的局限性和不足之处，找出制约现行系统的“瓶颈”，确定新系统的逻辑功能，根据企业的条件找出几种可行的解决方案，分析比较这些方案的投资和可能的收益。

5.1.3 系统分析工作的特点

系统分析工作具有以下特点。

（1）工作内容涉及面广，不确定性大。

（2）系统分析工作主要面向组织管理问题，工作方式主要是和人打交道。用户是需求调研的对象，是系统需求的直接来源，用户的参与态度和提供的信息直接影响系统需求信息的真实和完整。同时，开发人员所做的需求定义必须得到用户的理解和认可，否则，需求分析毫无意义可言。

（3）系统分析工作追求的是有限目标。需求分析工作是从表入里、不断深入、不断补充、不断完善的反复过程，不能指望一劳永逸。要在分析阶段中尽量通过反复地调研、分析、建模、修改过程逐步确定系统的需求定义，并在随后的工作中进行完善。

（4）系统分析的主要成果是文件。

5.1.4 系统分析的基本步骤

系统分析的工作分两个阶段来完成。第一阶段的工作是进行系统初步调研和可行性研究，第二阶段的工作是在完成可行性报告并通过审定后对系统进行详细调研和逻辑设计工作。第二阶段工作的内容主要包括：现行系统的详细调研，建立新系统的逻辑模型，提交系统分析报告。

总之，系统分析阶段的主要活动有：系统初步调研、可行性分析、系统详细调研、新系统逻辑方案的提出。

以下通过具体案例介绍系统分析基本步骤。

[案例]

××木业集团公司的领导对该公司的信息化规划（图4-28至图4-31对××木业公司功能层、技术层和数据层进行了架构，给出了该公司实现信息化的蓝图）非常满意，决心加大信息系统建设的投资。

集团王总指派CIO张翔组织协调这项工作的开展。张翔接手这项任务后第一项工作就是组建公司信息化工作小组，该小组直接对集团王总负责。小组成员有懂技术且原则性很强、能全身心投入的马副主任，熟悉计算机硬件及系统软件的小范及其同事们，共10人左右。

第二项工作，找到了在该领域内有丰富经验的李教授，通过与李教授咨询，决定：为了使企业中上层领导对企业管理自动化有一个知识性的了解并配合企业管理信息系统的开发工作，张翔请示王总经理后，邀请李教授及其他的团队在集团内举办了针对处级以上领导的企业管理及其信息化的培训班。

之后他们进行了以下工作。

步骤一：系统初步调研

1. 系统调研知识准备

（1）系统调研准备过程知识。

① 编制调研计划。调研过程是系统分析的一个阶段，调研计划是调研的第一步。在调研范围、调研团队确定后，调研负责人预估工作量，编制调研计划。通常来说，调研过程是非标准化的过程，在调研的过程中围绕主题进行发散性的探讨，编制调研计划，任务的粒度一般只需到业务块，由调研人员把握具体进度，调研人员可以视调研过程的实际情况在“大”计划指导下灵活调整细节计划。

② 编制调研活动使用的文档模板。调研活动的主要成果是记载需求的一系列文档，为便于文档的理解和后期整理、使用，软件需求应使用统一的模板，并按照一致的规范编写，调研过程使用的文档模板主要包括调研记录模板、用户需求说明书模板、软件需求说明书模板等。编写规范和模板确定后，在调研组内进行推广、培训。

③ 准备调研过程使用的工具，并分发给参与调研人员，如Word、Excel、Visio等。

④ 制作调研提纲。为确保调研质量，在调研活动实施前，调研人员应根据调研范围编制调研提纲。调研提纲至少应包括如下几个方面：调研对象的基本情况、调研对象的预期目标、调研业务的功能需求、调研业务的非功能需求。调研提纲是贯穿于整个调研活动，在调研实施过程中，调研人员可以根据调研提纲引导用户提出需求，检查用户提出需求是否完整；调研结束前，调研提纲是判断调研是否完成的一个重要依据，调研提纲所有内容都已经收集到相关用户需求，调研活动可以宣告完成。

⑤ 调研背景培训。向调研人员介绍本项目的主要目标、项目范围和重点工作，避免在需求调研过程中业务人员所提需求超出范围，抓不住重点；介绍调研对象基本情况，包括调研对象目前总体状况、主要业务、组织机构和关键人物等；培训调研对象的行业知识，学习调研对象使用的术语、

标准，以便能够准确地理解用户的需求，提高调研人员的行业知识面。

（2）调研实施过程知识。

① 倾听、记录需求。以用户为主，面对面地进行沟通和交流，完全倾听用户的心声，调研时随时记录用户所说的一切有用信息，并使用调研记录模板格式记录下自己的认识和问题。用户完成某一主题的表述后，调研人员复述自己记录的需求内容，在复述的同时，可以结合自己的认识和记录的问题发表建议，使得记录的需求条理化、合理化。调研内容应至少包括以下内容：

- 用户和本行业业务现状及存在问题；
- 调研对象涵盖业务的组织机构及对应职责和权限；
- 调研对象主要业务及业务的大概流程，每个业务的流程流经哪些部门，业务如何在部门之间流转；
- 调研对象解决问题、改变现状的需求内容；
- 调研业务未来发展趋势是怎样的？
- 非功能方面的需求。

调研记录是调研人员在调研过程中记录下调研对象的意思表述，是需求最为原始的记录，是进行需求分析、总结的唯一依据。

② 引导需求。由于用户语言表达、个人能力、所处环境等原因，有时不能很好表达内心想法，这样的情况下调研实施人员的业务背景和经验往往对需求收集有效性有很大的影响。需求调研过程不是简单的听用户讲，而是需要我们去引导用户讲出他们真正面临的问题和解决问题的想法，通过我们积极的沟通，让用户把他们真实的想法真正地表达出来。引导用户的需求应做到除描述用户的常规需求外，能够发掘用户的潜在需求，争取能够提出用户的兴奋需求，挖掘用户的隐性需求，这样做出的软件才有生命力，才能真正体现出软件的价值。

③ 评估需求。不是所有需求都是受欢迎的，也不意味着用户提出的所有需求都是正确的。在调研过程中，往往存在着如下情况：

- 由于用户所处环境（如工作内容的差异）的不同，不同岗位、层次的用户的需求层次不同，彼此间对类似业务提出的需求存在着差异；
- 由于用户个人能力的原因，对类似业务提出的需求不一致，相互矛盾；
- 由于用户对计算机知识了解不多，提出的需求无法利用信息化手段实现，或花费很高的成本实现并不重要的需求。

这就需要调研人员在充分理解需求的基础上，对需求的合理性、可实现性进行评估，并将评估结果反馈给需求提出人，与需求提出人达成一致意见，尽可能早地发现不合理需求，减少后期需求分析复杂度和工作量。

④ 需求确认。需求调研是一个漫长的过程，在这个过程中，调研的用户在不同时间对同一业务的表述可能是不一样的，如何避免由于用户想法的改变而导致的双方对需求认知的不一致，是我们在需求调研过程中必须解决好的一个问题。能够正确理解用户的需求，并且将用户的各种需求完整地体现在需求规格说明书中，将更是一个复杂而艰辛的过程，因此在每一次的会谈之后，必须将当

天的会谈记录形成文档，在下一次的调研开始前，由用户对上次的调研记录进行确认，减少需求在传递过程中的损耗。

（3）系统调研方法知识。

① 重点询问的方式。重点提问调研是采用 CSF（关键成功因素）方法，列举若干可能的问题，自顶向下尽可能全面地对用户进行提问，然后分门别类对询问的结果进行归纳，找出其中真正关系到此项工作成败的关键成功因素。

② 全面业务需求分析的问卷调查法。全面业务需求分析的问卷调研法指采用 BSP（企业系统规划）方法中给出的调研表，对现行系统的各级管理人员进行全面的需求分析调研（填表），然后分析整理这些因素，以了解、确定管理业务的处理过程。

③ 深入实际的调研方式。深入实际的调研方式是应用最广泛的调研方式。该方式要求用户一方的主管领导先作广泛动员，强调详细调研的意义，并组织用户讨论由系统分析员设计的调研提纲。然后，系统分析员在计算机信息管理部门的有关人员的配合和支持下，深入各管理职能部门，与各级管理人员面对面交谈，了解情况，通过不断地反复，最后双方确认各项调研的内容，并由系统分析员向用户提交供评审的系统分析的成果。

④ 查阅资料法。收集调研对象在调研范围内相关的规章制度、规范指南、工作过程产出等书面资料，并对收集到的资料进行整理和分析，获取需求的方式。对于需求调研来说，访问调研宜采用直接面谈，并且使用非标准化的方式，这样便于发挥和沟通，通过调研过程的互动，可以激发调研对象积极性，收获调研实施前遗露的需求；问卷调研法是标准化调研，可作为一种辅助手段，对于较为复杂的信息系统调研，不建议问卷调研作为唯一调研方法；而实地观察法和查阅资料法作为由调研人员主动实施的调研方法，依赖于调研人员的主观判断，有一定局限性，可作为一种辅助手段对收集需求进行判断。

表 5-1 对几种常用调研方法进行了比较，每种方法各有其使用场所，在调查时可根据实际情况做具体选择。

表 5-1　　几种常用调研方法比较

调研方法	调研周期	调研成本	人员要求	调研效果
实地观察法	长	次高	次高	中
面谈法	次长	高	低	优
问卷调查法	中	中	中	良
查阅资料法	短	低	高	差

2. 系统初步调研的目的和内容

系统初步调研是系统分析的基础和必要条件。

（1）系统初步调研的目的。

系统初步调研的对象是现行系统（包括手工系统和已采用计算机的管理信息系统），目的在于完整掌握企业的战略以及目标、现行系统的现状，发现问题和薄弱环节，收集资料，为下一步的可行性认证做好准备。

（2）调研的范围与内容。

调研的范围应该是围绕组织内部信息流所涉及领域的各个方面。但应该注意的是，信息流是通过物流而产生的，物流和信息流又都是在组织中流动的。故我们所调研的范围就不能仅仅局限于信息和信息流。应该包括企业的生产、经营、管理等各个方面。

调研的具体内容包括：

- 组织机构和功能业务；
- 组织目标和发展战略；
- 工艺流程和产品构成；
- 业务流程与工作形式；
- 管理方式和具体业务的管理方法；
- 决策方式和决策过程；
- 可用资源和限制条件；
- 现存问题和改进意见。

以上只是一种大致的划分，实际工作时应视具体情况而定。

步骤二：可行性分析

在信息系统的目标需求确定后，系统分析人员就可以开始对项目的可行性进行研究。事实上，可行性研究是任何一项大型工程正式投入力量之前必须进行的一项工作。这对于保证资源的合理使用、避免浪费是十分必要的，也是项目一旦开始以后能顺利进行的必要保证。可行性是指在当前情况下，企业研制这个信息系统是否有必要，是否具备必要的条件。可行性的含义不仅包括可能性，还包括必要性、合理性。

1. 信息系统的可行性分析3个方面

（1）技术可行性。

技术可行性是指：根据现有的技术条件，能否达到所提出的要求；所需要的物理资源是否具备。技术条件包括以下几个方面：

① 硬件。如计算机的存储量、运算速度，外部设备的功能、效率、可靠性，通信设备的能力、质量是否满足要求等。

② 系统软件。如操作系统提供的平台是否符合需要，数据库管理系统、程序设计语言、网络软件的功能和性能是否满足需要等。

③ 应用软件。如是否已有专用的软件。

④ 技术人员。各类技术人员的数量、水平、来源。

（2）经济可行性。

经济可行性分析要估计项目的成本和效益，分析项目经济上是否合理。如果不能提供研制系统所需要的经费，或者不能提高企业的利润，或一定时期内不能回收它的投资，就不应该开发该项目。即是说，经济可行性要解决两个问题：资金可行性和经济合理性。

① 资金可行性。先要估计成本，计算项目投资总额。成本包括初始成本与日常维护费用。系统

的初始成本包括：各种软、硬件及辅助设备的购置、运输、安装、调试费用；机房及附属设施（电源、通信、地板等）的建设费用；其他（差旅、办公、不可预见）费用。日常维护费用包括系统维护（软件、硬件、通信）、人员薪资、易耗品（表格、磁带、磁盘）、内务开销（公用设施、建筑物、远程通信、动力）等。应注意防止成本估计过低的倾向（经验表明，该费用往往低估 2～4 倍），如只计算开发费用而不计算维护费用；只考虑硬件而忽视软件等。

② 经济合理性。要说明经济合理性，需计算信息系统带来的效益。效益可分为直接经济效益和间接经济效益。直接经济效益是系统投入运行后，对利润的直接影响，如节省多少人员，压缩多少库存，增加多少产量及减少多少废品等。这些效益可直接折合成货币形式。信息系统的效益大部分是难以用货币形式表现出来的社会效益。如系统运行后可以更及时地得到更准确的信息，对管理者的决策提供有力的支持；改善企业形象，增加竞争力等。

（3）社会可行性。

社会可行性是指所建立的信息系统能否在该企业实现，在当前操作环境下能否很好地运行，即组织内外是否具备接受和使用新系统的条件。从组织内部来讲，管理信息系统的建立，可能导致某些制度，甚至管理体制的变动。从组织外部来讲，管理信息系统运行后，报表、票证格式的改变，是否为有关部门认可和接收，将直接影响企业的营业额。对于涉及社会经济现象的系统，还应考虑原始数据的来源有无保证。

在可行性研究结束之后，应该将分析结果用可行性报告的形式编写出来，形成正式的工作文件。这个报告是非常必要的，因为我们把项目的目标用专门的语言表达出来，并按照我们的理解把它明确化、定量化，列出优选顺序，并进行权衡考虑，这些是否符合使用者的原意，有没有偏离使用者的目标，都还没有得到验证。虽然我们是尽力去体会使用者的意图，但由于工作背景和职业的差别，仍难免发生一些误解与疏漏。因此，与使用者交流，请他们审核可行性分析报告是十分必要的。对可行性报告的讨论是研制过程中的关键步骤，必须在项目的目标和可行性问题上取得一致的认识，才能正式开始项目的详细调研研究。

2. 可行性报告内容

可行性报告包括总体方案和可行性论证两个方面。

（1）引言。说明系统的名称、项目的由来等。

（2）系统建设的背景、必要性和意义。

（3）组织系统概况。包括：组织的战略目标、业务现状、存在的问题、拟建系统目标和功能。

（4）拟建系统的候选方案。这部分要提出系统的逻辑配置方案，可以提出一个主要方案及几个辅助方案。

（5）可行性论证。从技术、经济、社会 3 个方面对规划进行论证。报告要用较大的篇幅说明总体规划调研、汇总的全过程，使人信服调研是真实的，汇总是有根据的，规划是可信的。

（6）几个方案的比较。若结论认为是可行的，则给出系统开发的计划，包括各阶段人力、资金、设备的需求和开发进度。

3. 可行性分析报告参考样本

一、引言

（一）编写目的

本报告是对木材加工业管理信息系统（Wood processing industry Management Information System，WMIS）研究的综合报告。

（二）背景

二、现行组织系统概况

（一）组织目标和战略

（二）业务概况

（三）存在的主要问题

（以上4.5案例）

三、拟建立的信息系统

（一）简要说明

针对上述问题，该公司对信息化现状进行了全面的调研和分析，挖掘造成问题的深层次原因，并以行业内的最佳实践标杆为依据，对拟建立的信息系统提出了系统的要求：

（1）要收集到足够的数据，当顾客在购买任何产品时，产品的数量、规格、消费总额等数据必须记录并保存在公司的信息分析系统中。这些数据成为管理层决策的重要依据。如某种商品在商店里一共有多少？上周的销售量？昨天的呢？去年的呢？订购了多少商品？什么时候可以到达？在管理信息系统应用之前，这样的工作必须通过大量的人工计算与处理才能得到。因此实时控制处于任何地点的商店的想法只是一个梦想而已。要在现有的基础上扩大经营规模，只有密切追踪信息处理技术的进步。

（2）数据分析，的确，这已不是"拍脑袋"就决策的时代了。对于一个供应商来说，没有数据是可怕的，而有了数据却不知如何分析、决策，支持业务发展。就像一个疲惫不堪的猎人迷失在野兽丛生的大森林，其可怕程度可想而知。管理人员必须能够随时随地获得他所需要的数据，进行多层次数据汇总，并对收集到的数据整合起来进行分析，以确定经营的市场政策和营销组合。

（3）看重长远利益，公司对信息化方面的投入并不硬性要求立刻有"回报"，因为信息化带来的回报是隐性的，也是不容易用数据来统计的。在最新的电子商务网站建设上，公司领导暂时并没有提出任何具体的赢利预期，唯一的要求就是让网站为用户更好地服务，在服务层次上给出新的答案。

（二）初步建设计划

项目计划于20××年6月开工建设。开发期6个月，试运行期3个月，系统计划于20××年5月1日正式投入运行。

（三）对组织的意义和影响

本系统的开发能够提高工作效率，扩大服务范围，增加公司收入，及时获取信息，减少决策失误，减少库存积压，提高资金周转。

四、经济可行性分析

（一）支出

表 5-2　　WMIS 信息系统费用支出表

<table>
<tr><td rowspan="17">1. 系统开发总费用：96.945 万元</td><td rowspan="2">① 人员费用
（每人/年按 8 万元人民币计算，每年有效工作周按 30 周计算：开发期需要开发需 89 周，折合 3 人/年）
人员费用约为 24 万元人民币</td><td>开发期的有效工作周 15 个周</td><td>5 人</td><td>15×5=75 周</td></tr>
<tr><td>试运行期的 7 个周。</td><td>2 人</td><td>7×2=14 周</td></tr>
<tr><td rowspan="7">② 硬件设备费
费用为 51.5 万元人民币</td><td>服务器</td><td>5 台</td><td>16 万元</td></tr>
<tr><td>微机</td><td>40 台</td><td>28 万元</td></tr>
<tr><td>打印机</td><td>8 台</td><td>1.2 元</td></tr>
<tr><td>条形码扫描仪</td><td>10 台</td><td>1.8 万元</td></tr>
<tr><td>网络设备和布线</td><td></td><td>4 万元</td></tr>
<tr><td>不间断电源</td><td>5 台</td><td>1.5 元</td></tr>
<tr><td>工作台</td><td>40 台</td><td>0.8 万元</td></tr>
<tr><td rowspan="4">③ 软件费：系统所需购买软件费用为 5.8 万元</td><td>Windows Server 2003</td><td>一套</td><td>2 万元</td></tr>
<tr><td>SQL Server</td><td>一套</td><td>2.4 万元</td></tr>
<tr><td>Java 环境</td><td>一套</td><td>5000 元</td></tr>
<tr><td>rose 建模工具</td><td>一套</td><td>5000 元</td></tr>
<tr><td>④耗材费：0.8 万元</td><td></td><td></td><td></td></tr>
<tr><td>⑤咨询和评审费：1.2 万元</td><td></td><td></td><td></td></tr>
<tr><td>⑥调研和差旅费：1.0 万元</td><td></td><td></td><td></td></tr>
<tr><td>⑦不可预见费：按开发总费用的 15%计算</td><td></td><td></td><td></td></tr>
<tr><td rowspan="3">2. 系统运行费用：67.26 万元</td><td>①系统维护费</td><td>一年需要 0.5 人/年，维护费为 0.5×8=4.0 万元</td><td>运行期为 10 年</td><td>4×10=40 万元</td></tr>
<tr><td>②设备维护费
（设备的运行更新期 5 年，设备更新费为 13.26 万元。设备日常故障维护费每年 0.6 万元）</td><td>则平均每年设备维护费为：13.26/10+0.6=1.926 万元</td><td>同上</td><td>1.926×10=19.26 万元</td></tr>
<tr><td>③消耗材料费</td><td>每年消耗材料费按 0.8 万元</td><td>同上</td><td>0.8×10=8 万元</td></tr>
</table>

系统总支出：系统开发和运行总费用为164.2万元，折合16.42万元/年。

（二）收益

1. 经济效益

（1）提高工作效率，减少人员费用

本系统累计可以综合提高工作效率达30%。可以减少现有15%的工作人员，公司现有管理人员按300人计算，可减少45人。每人月平均工资按1500元计算，节约人员工资0.15×12×45=81万元/年。

（2）扩大服务范围，增加收入

假定在原有基础上可以增加10%的销售量。公司每年的总利润按1000万元计算，可以增加收入100万元。

（3）及时获取信息，减少决策失误，为领导决策提供了有力支持

本系统的建设可以及时获取运输市场信息，提高调度的合理性和准确率。估计每年可以增加

收入在24万元以上。

（4）改进服务，增强了顾客信任，增强企业的竞争地位，提高资金周转

通过仓库的计算机管理，可以及时获取库存信息，争取最优库存，提高资金的周转率。每年可以因此减少库存积压浪费18万元以上。

通过以上计算，本系统每年可以获得经济效益81+100+24+18=223万元/年。累计10年获经济效益2230万元。

2. 社会效益

① 提高工作效率，减少用户办事时间；

② 改善工作条件，提高工作效率，减轻工作人员的劳动；

③ 提高工作质量，促进体制改革，增加用户对公司管理的信任感和亲善感，改善公司形象。

④ 提高管理水平。系统能够及时提供运输市场各种信息，提高决策正确率。

（三）支出/收益分析

在10年期内，系统总投入：164.2万元，系统总收入：2230万元，1年可以收回开发投资。从经济上考虑，本系统完全有必要开发。

五、技术可行性分析

（1）信息系统开发方法：在开发小组中，有熟练掌握面向对象方法开发软件系统的资深的系统分析员和程序员。在信息系统开发方法上不存在任何问题。

（2）网络和通信技术：本开发小组有专门的网络技术人员，有5年的大型网组网经验。

（3）C/S结构规划和设计技术：开发小组有丰富的C/S开发经验。

（4）数据库技术：开发小组有丰富的应用数据库开发经验。

（5）Java开发技术：开发小组能够熟练使用Java编程。

综上，本系统开发技术是完全可行的。

六、社会可行性分析

目前已有很多成功开发公司信息系统的先例，社会需要公司管理的现代化和信息化。公司信息系统开发和运行与国家的政策法规不存在任何冲突和抵触之处。另外，公司信息系统所采用的操作和工作方式符合工作人员和用户的日常习惯，而且操作方便灵活，便于学习。具有可行性。

七、可行性研究结论

通过经济、技术和社会等方面的可行性分析，可以确定本系统的开发完全必要，而且是可行的，可以立项开发。

步骤三：详细调研

1. 详细调研的目的和原则

详细调研的对象是现行系统（包括手工系统和已采用计算机的管理信息系统），目的在于完整掌握现行系统的详细状况，在初步调研的基础上，进一步收集组织内各个部分（环节）的资料，为下一步的系统化分析和提出新系统的逻辑设计做好准备。

详细调研应遵循用户参与的原则，即由使用部门的业务人员、主管人员和设计部门的系统分析

人员、系统设计人员共同进行。设计人员虽然掌握IT技术，但对使用部门的业务不够清楚，管理人员则熟悉本身业务而不一定了解IT技术，两者结合就能互补不足，更深入地发现对象系统存在的问题，共同研讨解决的方案。

2. 详细调研的范围

在项目调研过程中，所需要了解的内容是多方面的，通常可以分成机构的组织模式、日常操作、数据、专业人员、软件和硬件这6大类。每类问题又可以分成现有状况和期望状况两种。表5-3列出了各类常用问题供读者使用。

表5-3　各类常用问题

类别	状态	问题
机构组织	现在	① 现行机构的组织结构、有关的部门有哪些？ ② 各组织的职责及执行的任务是什么？ ③ 是否有什么不足或缺陷？ ④ 短期内有什么变动？ ⑤ 现行机构的书面材料
	将来	① 是否有改变缺陷的计划？ ② 新的软件系统实施以后有什么机构变更？ ③ 是否有书面计划？ ④ 资金状况如何？
日常操作	现在	① 各部门的日常工作职责是什么？ ② 各日常工作的流程？每天、每月、每年的工作是什么？ ③ 各项工作的优先次序 ④ 目前的问题及需解决的优先次序 ⑤ 有关的书面资料
	将来	① 理想的工作流程是怎样的？ ② 是否有新的职责加入？若有，优先权如何？ ③ 是否有书面资料？ ④ 长短期的变化又怎样？
数据	现在	① 目前使用的各种数据的种类、内容及表达方式 ② 问题是什么？ ③ 数据样本 ④ 各种数据使用的频率、更新和维护的方式 ⑤ 数据与各常规任务的关系 ⑥ 数据在机构间的流通程序 ⑦ 各类数据重要性程度如何？ ⑧ 共享性如何？ ⑨ 各类数据清单
	将来	① 数据的内容、种类和表达方式需要有哪些变化？ ② 是否有新的数据，若有，与各常规工作的关系怎样？ ③ 是否有书面的材料或样本？ ④ 各类数据清单
专业人员	现在	① 日常的各种任务是由哪个部门的哪些人来完成的？ ② 人员的专业知识水平和对软件的理解 ③ 人员设置的缺陷 ④ 各类人员的联络方式 ⑤ 技术人员共享性如何？

续表

类别	状态	问题
专业人员	将来	① 是否会有人员的变动？ ② 是否专业水平能够有提高的潜力，对新技术的态度如何？ ③ 专业人员对其日常工作的理想情况如何？
系统软件	现在	① 现在各种在用的软件有哪些？分属哪些部门？ ② 目前设置的缺陷 ③ 网络功能如何？ ④ 共享性如何？ ⑤ 软件清单及目前放置一览表
	将来	① 需要增减的软件可能是哪些？何时会发生？ ② 是否有资金来增减设施？ ③ 对软件的倾向性怎样？ ④ 理想软件清单 ⑤ 软件的优先次序 ⑥ 软件设置一览表（理想状况）
系统硬件	现在	① 现在各种在用的硬件有哪些？分属哪些部门？ ② 目前设置的缺陷如何？ ③ 网络功能如何？ ④ 共享性如何？ ⑤ 硬件清单和连接总图
	将来	① 需要增减的硬件可能是哪些？何时会发生？ ② 是否有资金来实施增补？ ③ 对硬件的倾向性怎样？ ④ 硬件设置一览图

步骤四：构建新系统逻辑模型并完成分析报告

1. 新系统逻辑模型构建工具

在调研过程以及在系统分析报告中，应尽量使用各种形象、直观的图表工具。通常逻辑模型构建工具有：组织结构图、组织/业务表、业务功能结构图、业务活动图以及 UML 中的各种视图。业务活动图以及 UML 中的各种视图将在后面的章节中介绍，在本节只介绍前面 3 个工具。

（1）组织的结构。

组织结构图是一张反映组织内部之间隶属关系的树状结构图，图 4-23 反映了在 WMIS 中集团有限公司主要设有销售中心、研发中心、财务中心、人力资源中心和制造中心等职能管理部门，销售中心管理市场部、外贸部、A 产品销售部和 B 产品销售部等。可见，组织结构图反映了组织内部上下级关系。

（2）组织/业务表。

但是对于组织内部各部分之间的联系程度，各部分的主要业务职能和它们在业务过程中所承担的工作等却不能反映出来，这将会给后续的业务、数据流程分析和过程数据分析等带来困难。为了弥补这方面的不足，通常增设组织/业务关系图来反映组织各部分在承担业务时的关系，如表 5-4 所示。组织/业务关系图中的横向表示各组织名称，纵向表示业务过程名，中间栏是组织在执行业务过程中的作用。图中：“*”表示该项业务是对应组织的主要业务（即主持工作的单位）；“×”表示该单位是参加协调该项业务的辅助单位；“√” 表示该单位是该项业务的相关单位（或称有关单位）；“空格”表示该单位与对应业务无关。

表 5-4　　　　　　　　　　　组织/业务表

功能	序号	联系的程度（组织/业务）	市场部	运输部	财务中心	客户服务部	研发中心	人力资源部	生产中心	企业管理部	…
功能与业务	1	基础数据管理	√	√	√	√	*	√		×	
	2	车辆调度	√	*			√				
	3	物流管理	√							×	
	4	人事			√	√		*			
	5	财务管理	√	×	*	×	√	×	√	√	
	6	设备更新				*	√	√	*	×	
	7	…									

（3）业务功能图。

组织结构图的各部分不能完整地反映该部分所包含的所有业务，随着生产的发展。生产规模的扩大和管理水平的提高，组织的某些部分业务范围越来越大，功能也越来越细，由原来单一的业务派生出许多业务。这些业务在同一组织中由不同的业务人员分管，其工作性质已经逐步有了变化。终究这些变化将引起组织本身的变化，裂变出一个新的、专业化的组织，由它来完成某一类特定的业务功能。

如图 5-1 所示，以功能为准绳分析和设计，系统将会对组织结构的变化有一定的独立性。

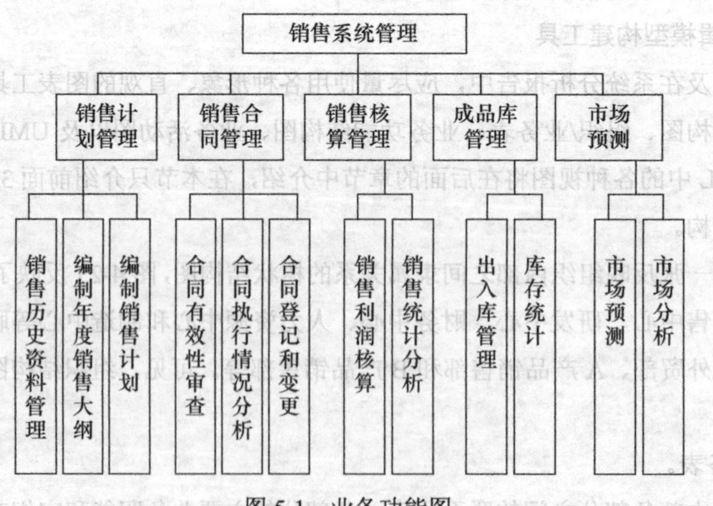

图 5-1　业务功能图

（4）UML 视图。

组织的结构、组织/业务表和业务功能图等工具从静态角度描述了调研对象的结构和功能，调研对象的业务过程、业务场景等可以用 UML 描述，详细内容见 5.2 节。

2. 完成系统分析报告（需求规格说明说书）

系统分析报告（需求规格说明说书）应该不但能够充分描述调研的结果，而且还能反映系统分析的结果和新系统的逻辑方案。系统分析报告的主要内容包括如下所示。

1. 引言

主要是对分析对象的基本情况作概括性的描述，它包括组织的结构和目标；组织的工作过程和性质、业务功能、对外联系（组织与外部实体间有哪些物质以及信息的交换关系）、研制系统工作的背景以及文本所用的专门术语等。

2. 项目概述

项目概述部分包括：

（1）项目的主要工作内容。简要说明本项目在系统分析阶段所进行的各项工作的主要内容。这些是建立新系统逻辑模型的必要条件，而逻辑模型是书写系统说明书的基础。

（2）现行系统的调研情况。新系统是在现行系统基础上建立起来的。设计新系统之前，必须掌握现行系统的真实情况，了解用户的要求和问题所在。列出现行系统的目标、主要功能、组织结构、用户要求等，并简要指出主要问题所在。以数据流程图为主要工具，说明现行信息系统的概况。数据字典、判定表、流程分析图等一般篇幅较大，可作为附件，但是由它们得到的主要结论，如主要的业务量、总的数据存储量等，应列在正文中。

（3）新系统的逻辑模型。通过对现行系统的分析，找出主要问题所在，进行必要的改动，即得到新系统的逻辑模型。新系统的逻辑模型也通过相应的数据流程图加以说明。数据字典等若有变动，要给出相应说明。

3. 实施计划

（1）工作任务的分解。指对开发中应完成的各项工作，按子系统（或系统功能）划分，指定专人分工负责。

（2）进度。指给出各项工作的预定开始日期和结束日期，规定任务完成的先后顺序及完成的界面。

（3）预算。指逐项列出本项目所需要的劳务以及经费的预算，包括各项工作所需人力及办公费、差旅费、资料费等。

5.2 面向对象需求分析方法

上一节介绍了如何进行系统的初步调查，在初步调查的基础上会得到大量的调查文档和报告，一般来说这都是使用自然语言进行描述，但我们知道人对于图像的接受能力比文字更强。另外，如果我们试图用纯文字的方式描述一个复杂的事物，即使具备非常强的文字功底也是很难办到的。例如，大家尝试用文字描述“台式电脑的构成”，可能会得到这样一段话“这台台式电脑是由 22 寸显示器、主机箱和键盘鼠标、音箱组成。”对于电脑有一定认识的人或许能够理解这台电脑的外观和组成，但是对于完全没接触过电脑的人来说，这段话完全无法展现这些组件的样貌与组件之间的衔接关系。当然如果我们使用大量的形容词、状语不辞劳苦地补充说明，还是能够完善描述。但相较而言，更省力的方法是使用一幅图片来轻松地说明台式机的构成和各组件之间的位置衔接关系。

同样，在进行需求说明时，使用图形说明能够帮助企业需求方和分析人员进行沟通，能够更好地表达需求。因此，面向对象的需求分析方法首先采用“可视化”即图形化的 UML 方法来对初步调查中出现的大量的文档、报告进行模型描述。同时，在 UML 中所使用的一些“图形元素”可以表示不同的对象以及对象之间的联系，体现了面向对象的思想。

那么在进行初步调查之后，企业的需求方和信息系统的开发者首先希望获取哪些方面的信息呢？也就是说我们初步建模时，关心的、尝试描述的是什么内容呢？我们知道信息系统建设的初衷是为了方便企业需求方利用 MIS 完成对信息的采集、处理、加工和利用。因此信息系统体现了系统使用者利用系统功能对信息的传递、处理、加工的过程。对于需求分析的第一步来说，需要明确的是：

① 到底有哪些系统使用者？

② 这些系统使用者期望得到系统什么样的帮助（系统的功能）？

本节将使用 UML 中的用例图来帮助企业需求方及信息系统分析员来描述以上两个问题。在 UML 用例图中，参与者 Actor 描述了系统角色即系统的使用者，而用例则描述了系统角色所需使用的系统功能。

从这个意义上来说，用例图主要用于为系统的功能需求建模，它主要描述系统功能，也就是从外部用户的角度观察，系统应该完成哪些功能，使用用例图有利于企业需求方和开发人员以一种可视化的方式理解系统的功能需求。可以说用例图是对系统功能的一个宏观描述，画好用例图是由软件需求到最终实现的第一步，也是最重要的一步。

本节接下来的内容将介绍如何使用 UML 中的用例模型来进行可视化的需求分析。

图 5-2 就是一幅描述“学生选课系统”的用例图。其中小人形状的图标就是 Actor 参与者，如图所示该系统有两个参与者，分别是管理员和学生，同时这两个参与者与“人”这个参与者存在泛化关系，使用“◁——”表示。图中椭圆形图标就是用例，描述系统的功能。此图描述了学生选课系统中管理员使用系统能获取“管理课程”的服务，而学生可以获得“选课”服务，两个参与者具有一些共性，这些共性表现为“人”参与者的特性。

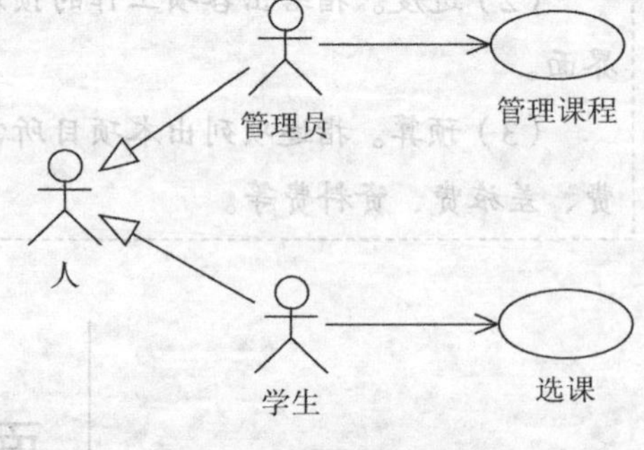

图 5-2 学生选课系统

5.2.1 确定系统边界

所谓系统边界，是指系统与系统之间的界限。通常所说的系统可以认为是由一系列的相互作用的元素形成的具有特定功能的有机整体。系统同时又是相对的，一个系统本身可以是另一个更大系统的组成部分，因此系统与系统之间需要使用系统边界进行区分，把系统边界以外的同系统相关联的其他部分称为系统环境。

在项目开发过程中，边界是一个非常重要的概念。系统与环境之间存在着边界，子系统与其他子系统之间存在着边界，子系统与整体系统之间存在着边界。总之没有完整的边界就不会有完整的分类，更不会有完整的系统，边界的重要性一点也不亚于系统本身。

用例图中的系统边界用来表示正在建模系统的边界。边界内表示系统的组成部分，边界外表示系统外部。虽然有系统边界的存在，但是使用 Rational Rose 画图并不画出系统边界。如果采用 Visio 画图，系统边界在用例图中用方框来表示，同时附上系统的名称，参与者画在边界的外面，用例画在边界里面，如图 5-3 所示。

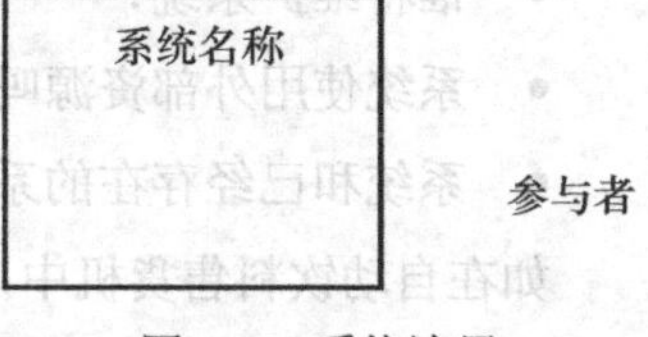

图 5-3　系统边界

系统边界决定了参与者，如果系统边界不一样，它的参与者就会发生很大变化，例如对于一个超市管理系统来说，如果仅考虑售货部分，它的参与者就是收银员，但是如果将边界扩大至整个超市的进货、库存系统，那么系统参与者还将包括库存系统管理员等。可见在系统开发过程中，系统边界占据了举足轻重的地位，只有搞清楚了系统边界，才能更好地确定系统的参与者和用例，也才能最终确定系统的责任，即系统到底向参与者提供怎样的服务。

5.2.2　确定系统参与者

1. 参与者

参与者（actor）是指系统以外的、需要使用系统或与系统交互的东西，包括人、设备、外部系统等。由于 UML 是最近几年才在国内流行起来的，所以很多译名并没有统一，如 actor 就有很多不同的译名，包括参与者、活动者、执行者、行动者等。在本书中，将采用参与者这个译名。

很多初学者都把参与者理解为人，这是错误的，参与者代表的是一个集合。通常一个参与者可以代表一个人、一个计算机子系统、硬件设备或者时间等。人是其中最常见也是最容易理解的参与者，对于上一节提到的教学管理系统的管理课程来说，它的参与者就是管理员。

一个参与者可以执行多个用例，一个用例也可以由多个参与者使用。但需要注意的是，参与者实际上并不是系统的一部分，尽管在模型中会使用参与者。

此外，参与者虽然可以代表人或事物，但参与者不是指人或事物本身，而是表示人或事物当时所扮演的角色，例如小李作为银行的前台的柜员，他使用银行管理系统为储户处理存钱、取钱等业务，这时他作为银行柜员这个角色参与管理。但是小李在自己工作的银行也开了户，因此也可以作为银行用户来取钱。因此小王在系统中扮演了两个角色，是两个不同的参与者，所以参与者不是具体到某一个人或某一个外部系统，而是这些外部人员或外部系统使用系统时所扮演的角色。例如当小李作为银行用户来取钱，小李作为参与者的名字是银行用户，而作为工作人员使用银行系统时参与者名字为柜员。

在 UML 对用例图的定义中，使用一个人形图标来表示参与者，参与者的名字写在人形图标下面，如图 5-4 所示。

2. 确定参与者

那么如何确定一个系统中的参与者呢？我们知道参与者是系统使用者，可以依据以下这些问题来确定系统的参与者：

- 谁对系统的某一需求感兴趣？
- 组织或企业中哪一部分（人员、机构）使用系统？
- 谁从系统的使用中受益？
- 谁向系统提供信息？
- 谁将维护系统？
- 系统使用外部资源吗？
- 系统和已经存在的系统交互吗？

如在自动饮料售货机中，除买饮料的顾客，通过以上问题，我们发现还有以下的活动者：

- 供应商，向自动饮料售货机添加饮料；
- 收银员，从自动饮料售货机收钱。

用例图如图 5-5 所示。

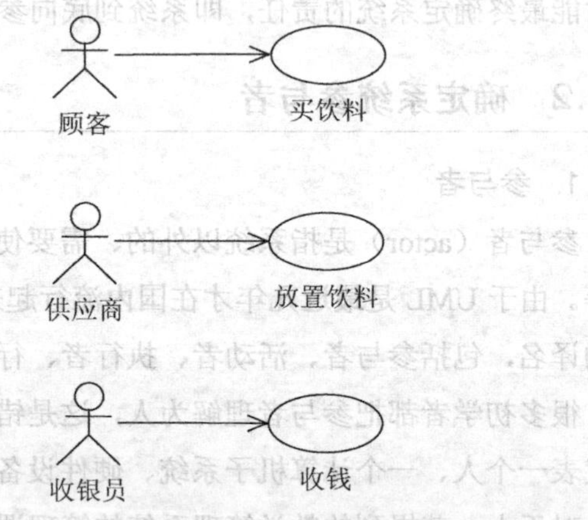

参与者名

图 5-4 参与者

图 5-5 自动饮料售货机用例图

3. 参与者之间的关系

由于参与者实质上也是类，所以它拥有与类相同的关系描述，即参与者与参与者之间主要是泛化关系（或称为“继承”关系）。泛化关系的含义是把某些参与者的共同行为提取出来表示成通用行为，并描述成超类。泛化关系表示的是参与者之间的一般/特殊关系，在 UML 图中，使用带空心三角箭头的实线表示泛化关系，如图 5-6 所示，箭头指向超类参与者。

在需求分析中，很容易碰到用户权限问题，对于一个系统来说，普通用户有权限进行一些常规操作，而管理员在常规操作之外还有权限进行一些用户管理（如删除添加用户等）。所以管理员是一种特殊的普通用户，他除具有普通用户的全部特性和权限外，还有一些特殊特性（如可以管理普通用户）。这里普通用户与管理员的关系就是一般/特殊关系，因此普通用户是超类，而管理员是特殊类。表示管理员继承了普通用户的所有特性和权限，并具有自己的额外特性，用例图如图 5-7 所示。

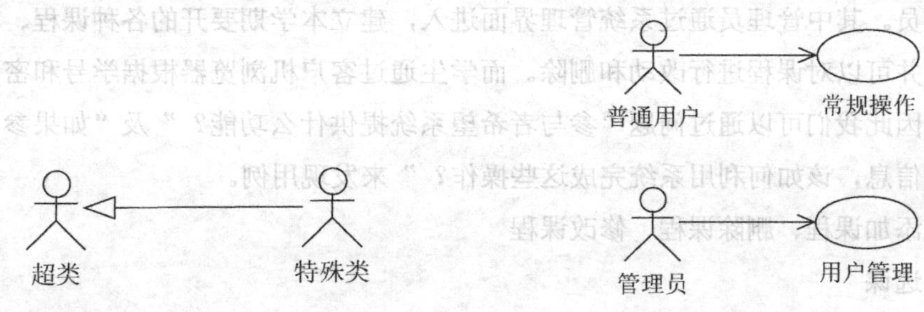

图 5-6　参与者的泛化关系　　图 5-7　参与者的泛化关系

在图 5-7 中，虽然管理员没有直接指向用例“常规操作”，但在其与普通用户的泛化关系中，隐含了管理员继承了普通用户的除私有特性以外的属性和操作。

5.2.3　确定用例

1. 用例

用例（use case）这个概念是 Ivar Jacobson 于 20 世纪 60～70 年代在爱立信公司开发 AKE 系列系统时发明的。一些国内出版的书籍也有把用例翻译为用况、用案等。

通俗来讲，用例是参与者（角色）可以感受到的系统服务或功能单元。它定义了系统是如何被参与者使用的，描述了参与者为了使用系统所提供的某一完整功能而与系统之间发生的一段对话。用例最大的优点就是站在用户的角度上（从系统的外部）来描述系统。

在 UML 中，用例用一个椭圆表示，用例名往往用动宾结构或主谓结构命名（如果用英文命名，则往往是动宾结构）。图 5-8 表示的就是用例的例子。

用例把系统当作一个黑箱子，并不关心系统内部是如何完成它所提供的功能，表达了整个系统对外部用户可见的行为。

2. 确定用例

用例和参与者之间的关系叫作“关联”关系，任何用例都不能在缺少参与者的情况下独立存在。同样，任何参与者也必须要有与之关联的用例，所以识别用例的最好方法就是从分析系统参与者开始，在这个过程中往往会发现新的参与者。当找到参与者之后，可以根据参与者来确定系统的用例，主要是看各参与者如何使用系统，需要系统提供什么样的服务。可以通过以下问题来寻找用例：

- 参与者希望系统提供什么功能？
- 如果参与者需要通过系统处理某种信息（如读取、创建、修改、删除、存储），参与者该如何利用系统完成这些操作？
- 参与者是否会将外部的某些事件通知给系统？
- 系统中发生的事件是否通知参与者？
- 是否存在影响系统的外部事件？

另外还可以根据和参与者无关的一些问题来发现用例，如：系统需要哪些功能，系统需要对信息作怎样的处理，系统的输入和输出是什么？

例如需要为某学校的网上选课系统进行用例分析，我们发现该系统的参与者主要有两个，即学生和系统管理员。其中管理员通过系统管理界面进入，建立本学期要开的各种课程、将课程信息保存在数据库中并可以对课程进行改动和删除。而学生通过客户机浏览器根据学号和密码进入选课界面进行选课。因此我们可以通过问题“参与者希望系统提供什么功能？”及“如果参与者需要通过系统处理某种信息，该如何利用系统完成这些操作？”来发现用例。

管理员：添加课程、删除课程、修改课程

学　生：选课

通过问题“系统中发生的事件是否通知参与者”，我们可以知道一旦课程被选中，系统应该通知学生，即“学生”作为参与者的用例：“查询已选课程”并且“付费”。

则网上选课系统用例图如图 5-9 所示。

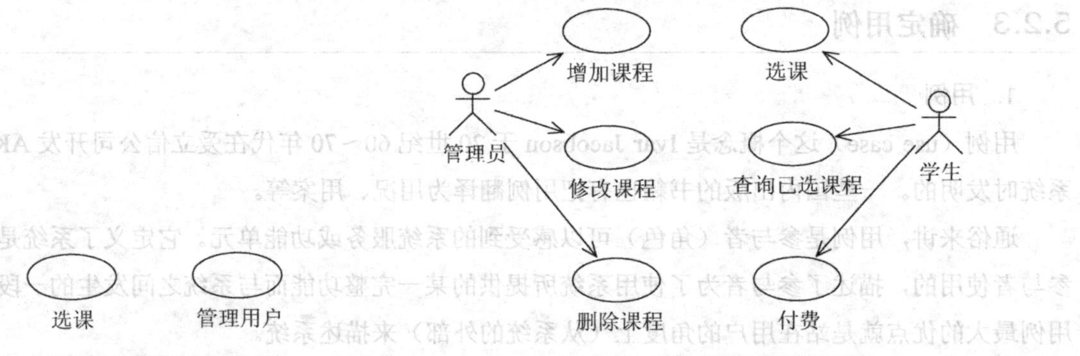

图 5-8　用例的例子　　　　图 5-9　学生选课系统用例图

根据上面的例子，可以发现采用用例进行需求分析时的一些特点。

（1）用例从使用系统的角度描述系统中的信息，即站在系统外部查看系统功能，而不考虑系统内部对该功能的具体实现方式。

（2）用例描述了用户提出的一些可见需求，对应一个具体的用户目标。使用用例可以促进与用户沟通，理解正确的需求，同时也可以用来划分系统与外部实体的界限，是 OO 系统设计的起点，是类、对象、操作的来源。

（3）用例是对系统行为的动态描述，属于 UML 的动态建模部分。UML 中的建模机制包括静态建模和动态建模两部分，其中静态建模机制包括类图、对象图、构件图和部署图；动态建模机制包括用例图、顺序图、协作图、状态图和活动图。

需要注意的是：不要试图把所有的需求都以用例的方式表示出来，这也是 UML 初学者易犯的一个错误。初学者对 UML 的一个普遍误解就是，认为用例可以表示所有的系统需求，因此千方百计地要用 UML 中的符号来表示那些事实上很难用用例表示的需求。需求有两种基本形式：功能性需求和非功能性需求。那些用 UML 难以表示的需求很多是非功能性的需求，例如，开发项目中所涉及的术语表就很难用 UML 表示。对于这些需求往往是采用附加补充文档的形式来描述。

本质上，用例分析是一种功能分解（functional decomposition）的技术，并未使用到面向对象思想。因而有人认为用例分析只是面向对象分析与设计（Object-Oriented Analysis/Object-Oriented

Design，OOA/ODD）的先导性工作，并非OOA/OOD过程的一部分，但也有人视其为OOA/OOD的一环。不管怎样，用例是UML的一部分，确定一个系统的用例是开发OO系统的第一步，用例分析这步做得好，接着的交互图分析、类图分析等才有可能做得好，整个系统的开发才能顺利进行。

3. 用例之间的关系

用例除了与参与者有关联（association）关系外，用例之间也存在着一定的关系（relationship），如泛化（generalization）关系、包含（include）关系、扩展（extend）关系等。

当然也可以利用UML的扩展机制自定义用例间的关系，如果要自定义用例间的关系，一般是利用UML中的版型这种扩展机制。

（1）泛化关系。

泛化（generalization）代表一般与特殊的关系。泛化这个术语是OOA/OOD中用得较多的术语，它的意思与面向对象中继承这个概念类似，但在分析和设计阶段，用泛化这个术语更多一些。

在泛化关系中，子用例继承了父用例的行为和含义，子用例也可以增加新的行为和含义或覆盖父用例中的行为和含义。UML中，用例的泛化关系通过一个从子用例指向父用例的一角箭头来表示，如图5-10所示。

在分析用例关系时，如果发现系统中有两个或者多个用例存在共性，可以使用泛化关系。这时通过增加一个新的（通常也是抽象的）用例来描述这些共性部分，这个新的用例就是泛化关系中的父用例。如图5-11所示为购物付费系统的用例图，付费有两种方式，一种是通过网上银行支付，另一种是通过第三方购物平台如“支付宝”付费。在这里，网上银行支付和“支付宝”付费都是付费的一种特殊方式，因此增加一个新的用例“付费”为父用例来描述共性的部分，具体的付费则交由网上银行支付和“支付宝”支付，网上银行支付和“支付宝”支付为子用例。

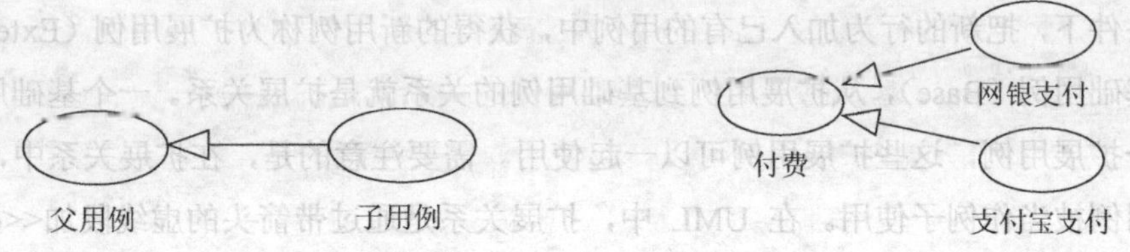

图5-10 用例间的泛化关系　　图5-11 “付费”用例间的泛化关系

（2）包含关系。

包含关系是指用例可以简单地包含其他用例具有的行为，并把它所包含的用例行为作为自身行为的一部分。在UML中，包含关系是通过带箭头的虚线段加<<include>>字样来表示的，箭头由基础用例（Base）指向被包含用例（lnclusion），如图5-12所示。

包含关系代表着基础用例会用到被包含用例，具体地讲，就是将被包含用例的事件流插入到基础用例的事件流中。

包含使一个用例的功能可以在另一个用例中使用。在两种情况下我们引入包含关系：①如果两个以上的用例有相同的功能，则可以将这个功能分解到另一个用例中；②一个用例的功能太多时，可以用包含关系建模两个小用例。例如，在选课管理系统中有两个参与者，管理者和学生，相关联的用例分别是“管理系统”和“选课”。我们发现无论是管理者进行“管理系统”还是学生进行“选课”都必须先登录，因此可以把这两个用例的共同部分提取出来形成一个新的用例“登录”。这样做的好处是，对于不必在两个用例“管理系统”和“选课”中重复实现“登录”，以后修改时也只需修改一次即可实现在两个用例中该部分的修改，如图 5-13 所示。

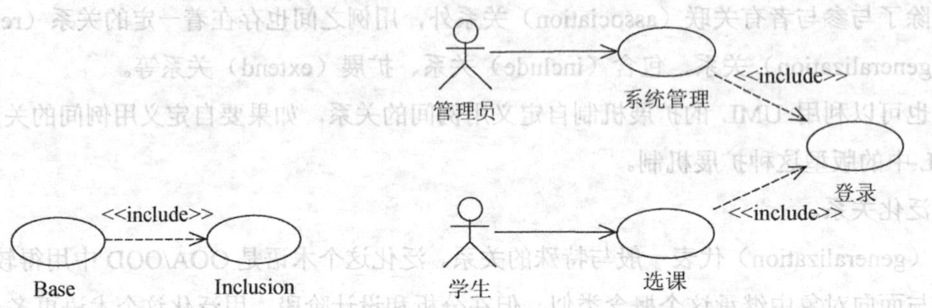

图 5-12　用例间的包含关系　　　　图 5-13　选课系统用例间的包含关系

从上述例子中可以看出，使用包含关系可以：

① 提高用例模型的可维护性，当需要对公共需求进行修改时，只需要修改一个用例而不必修改所有与其有关的用例；

② 不但可以避免在多个用例中重复描述同一段行为，还可以避免在多个用例中对同一段行为描述的不一致。

（3）扩展关系。

扩展（extend）关系的基本含义与泛化关系类似。但在扩展关系中，对于扩展用例（extension use case）有更多的规则限制，即基本用例必须声明若干“扩展点”（extension point），而扩展用例只能在这些扩展点上增加新的行为和含义。

在一定条件下，把新的行为加入已有的用例中，获得的新用例称为扩展用例（Extension），原有的用例称为基础用例（Base），从扩展用例到基础用例的关系就是扩展关系。一个基础用例可以拥有一个或者多个扩展用例，这些扩展用例可以一起使用。需要注意的是，在扩展关系中，是基础用例而不是扩展用例被当作例子使用。在 UML 中，扩展关系是通过带箭头的虚线段加<<extend>>字样来表示，箭头指向基础用例，如图 5-14 所示。

扩展关系和包含关系具有以下不同点：

① 在扩展关系中，基础用例提供了一个或者多个插入点，扩展用例为这些插入点提供了需要插入的行为。而在包含关系中插入点只能有一个；

② 基础用例的执行并不一定会涉及扩展用例，扩展用例只有在满足一定条件下才会被执行。而在包含关系中，当基础用例执行后，被包含用例是一定会被执行的；

③ 即使没有扩展用例，扩展关系中的基础用例本身也是完整的，而对于包含关系，基础用例在没有被包含用例的情况下就是不完整的存在。

下面看一个具体的例子，如图 5-15 所示为图书馆管理系统用例图的部分内容。在本用例中，基础用例是“还书”，扩展用例是“交罚金”。在一切顺利的情况下，只需要执行“还书”用例即可。

但是如果借书超期或者书有所破损，读者就要缴纳一定的罚金。这时就不能执行用例的常规动作，如果去修改"还书"用例，势必增加系统的复杂性。这时就可以在基础用例"还书"中增加插入点，这样在超期破损的情况下就执行扩展用例"交罚金"。

图 5-14 用例间的扩展关系　　图 5-15 图书馆管理系统用例间的扩展关系

扩展关系往往被用来处理异常或者构建灵活的系统框架。使用扩展关系可以降低系统的复杂度，有利于系统的扩展，提高系统的性能。扩展关系还可以用于处理基础用例中的那些不易描述的问题，使系统显得更加清晰、易于理解。

扩展关系与泛化关系的使用区别：

① 当处理正常行为的变型而且只是偶尔描述时，可以考虑只用泛化关系；

② 当描述正常行为的变型而且希望采用更多的控制方式时，可以在基本用例中设置扩展点，使用扩展关系。

扩展关系是 UML 中较难理解的一个概念，如果把扩展关系看作带有更多规则限制的泛化关系，则可以帮助理解。事实上，在 UML specification 1.1 版本以前，扩展关系就是用泛化关系的版型表示的，在 1.3 版本后，扩展关系改为用依赖关系的版型表示。

5.2.4 用例描述——用例模型规约

在用例图中，一个用例是用一个命名的椭圆表示的，但如果没有对这个用例的具体说明，那么还是不清楚该用例到底会完成什么功能。没有描述的用例就像是一本书的目录，我们只知道该目录标题，但并不知道该目录的具体内容是什么。对于 UML 初学者，一个很容易忽视的问题就是缺少用例的描述或用例的描述不完整，往往只是用一个椭圆表示用例。事实上，用例的描述才是用例的主要部分，是后续的交互图分析和类图分析必不可少的部分。

一般来说，用例采用自然语言描述参与者与系统进行交互时双方的行为，不追求形式化的语言表达。因为用例最终是给开发人员、用户、项目经理、测试人员等不同类型的人员看的，如果采用形式化的描述，对大部分人来说会很难理解。

用例的描述应该包含哪些内容，并没有一个统一的标准，不同的开发机构可能会有不同的要求，但一般应包括以下内容：

- 用例的目标；
- 用例是怎么启动的；
- 参与者和用例之间的消息是如何传送的；
- 用例中除了主路径外，其他路径是什么；
- 用例结束后的系统状态；
- 其他需要描述的内容。

总之，描述用例时的原则是尽可能写得“充分”，而不是追求写得形式化、完整或漂亮。作为OOA文档的一个组成部分，用例的描述应该有一定的规范格式，但目前并没有一个统一的标准。在统一的标准出现之前，人们可以采用适合于自己的用例描述格式，但不管怎样，在一个开发机构内部应该采用统一的格式。表5-5是参考了一些不同的开发机构和UML使用者的经验后总结的用例描述格式，可以供初学者参考。具体使用时，可用表格的形式表示，也可以不使用表格形式。

表5-5　用例描述

描述项	说明
用例名称	表明用户的意图或用例的用途
标识符［可选］	唯一标识符，便于引用该用例
用例描述	概述用例的几句话
参与者	与此用例相关的参与者
优先级	一个有序的排列，1代表优先级最高
状态［可选］	用例状态，可以是：进行中，等待审查，通过审查，未通过审查
前置条件	一个条件列表，这些条件必须在访问用例前得到满足
后置条件	一个条件列表，这些条件必须在用例完成之后得到满足
基本操作流程	描述用例中各项工作都顺利进行时用例的工作方式
可选操作流程	描述变异工作方式、出现异常或发生错误的情况下的路径
被泛化的用例	此用例所泛化的用例列表
被包含的用例	此用例所包含的用例列表
被扩展的用例	此用例所扩展的用例列表
修改历史记录［可选］	关于用例的修改时间、修改原因、修改人的详细信息
问题［可选］	与此用例开发有关的问题列表
决策［可选］	关键决策的列表，将这些决策信息记录下来以便维护时使用
频率［可选］	参与者访问此用例的频率，如：每日一次/每月一次等

表5-6是对用例“处理订单”的描述。与表5-5的模板相比，少了问题、决策、频率这3个描述项。

表5-6　“处理订单”用例描述

描述项	说明
用例名称	处理订单
标识符［可选］	UC1701
用例描述	当一个订单初始化或者被查询的时候是这个用例的开始。它处理有关订单的初始化定义和授权等问题，但订单业务员完成了同一个顾客的对话的时候，它就结束了
参与者	订单业务员
优先级	1
状态［可选］	通过审查
前置条件	订单业务员登录进入系统
后置条件	下订单；库存数目减少
基本操作流程	1.顾客来订购一个吉他，并且提供信用卡作为支付手段…… 2. ……
可选操作流程	（可能有4个可选操作流程） 顾客来订购一个吉他，并且使用汇票的方式…… 顾客来订购一个风琴，并且提供信用卡作为支付手段…… 顾客使用信用卡下订单，但那张信用卡是无效的…… 顾客来下订单，但他想要的商品没有存货……

续表

描述项	说明
被泛化的用例	无
被包含的用例	无
被扩展的用例	无
修改历史记录［可选］	张三，定义基本操作流程，2003 张三，定义可选操作流程，2003
问题［可选］	省
决策［可选］	省
频率［可选］	省

用例描述虽然看起来简单，但事实上它是捕获用户需求的关键一步。很多 UML 初学者虽然也能给出用例的描述，但描述中往往存在很多错误或不恰当的地方，在描述用例时易犯的错误包括：

- 只描述系统的行为，没有描述参与者的行为；
- 只描述参与者的行为，没有描述系统的行为；
- 在用例描述中就设定对用户界面设计的要求；
- 描述过于冗长。

例如 ATM 系统“取款”用例的两个错误描述：

只描述参与者行为	只描述系统行为
Use case：Withdraw cash	Use case：Withdraw cash
Actor：customer	Actor：customer
主事件流：	主事件流：
（1）储户插入 ATM 卡，并输入密码	• ATM 系统获得 ATM 卡和密码
（2）储户按“取款”按钮，并输入取款数目	• 设置交易类型为“取款”
（3）储户取走现金/ATM 卡/收据	• ATM 系统获得取款金额
（4）储户离开	• 输出现金、收据和 ATM 卡
	• 系统复位

对“取款”用例描述改进之后的描述：

既描述参与者行为，又描述系统行为
Use case：Withdraw cash Actor：customer 主事件流： • 储户通过读卡机插入 ATM 卡 • ATM 系统从卡上读取银行 ID、账号、加密密码，并通过主银行系统验证银行 ID 和账号 • 储户输入密码，ATM 系统根据加密密码对输入密码进行验证 • 储户按“取款”按钮，并输入取款数目，该数目应该为$5 的倍数 • ATM 系统通知主银行系统，传递账号和金额，并接收返回的确认信息和账户余额 • ATM 系统输出现金、ATM 卡和收据 • ATM 系统记录交易到日志文件

5.2.5 确定需求模型

在前几节中介绍了用例图的概念，分析了参与者、用例、用例与用例之间的关系，讲述怎么通过用例模型规约描述用例的执行流程。本小节我们将通过为湖北某木业管理有限公司建立管理信息系统的案例介绍如何确定需求模型。

为确定木业公司需求，首先应对该木业有限公司进行实地考察，通过考察了解该木业公司部门的组织架构，其主要由销售部、计划控制部、生产部、质检部、财务部、采购部、库管部组成，其组织架构如图 5-16 所示。

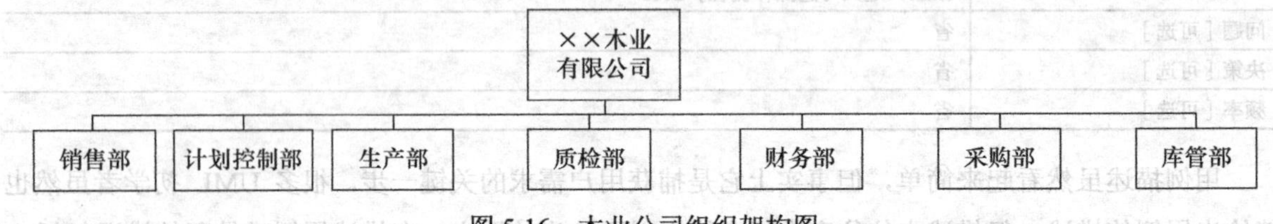

图 5-16　木业公司组织架构图

与木业公司的各部门主要负责人进一步约谈后，发现该企业的各个部门的主要职责见表 5-7。

表 5-7　木业公司各个部门的主要职责

部门	主要职责
销售部	销售管理（订单录入等）
库管部	库存管理（出库入库）
计划控制部	控制管理（生产计划的制定、修改、控制等）
财务部	财务管理（收入、支出等）
生产部门	生产管理
质检部	质检管理
采购部	采购管理

如表 5-7 所示该木业企业各部门有明确的部门职责，在系统分析与设计的初期可以将各部门作为系统的参与者来分析系统的功能需求。确定各参与者后，根据表所示的各部门的主要职责，可以确定系统的用例，即系统应该能够向系统参与者提供哪些功能，因此我们可以画出一幅大粒度的用例图，来直观地表达系统的功能需求，如图 5-17 所示。

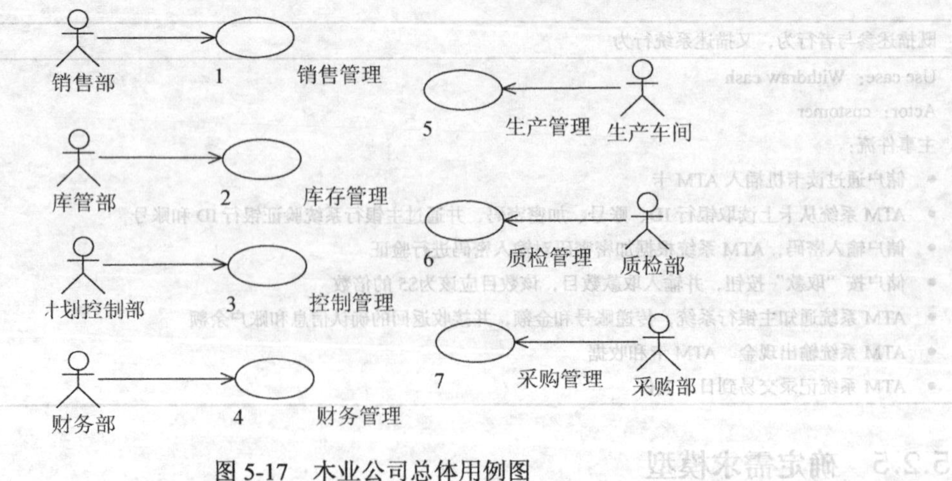

图 5-17　木业公司总体用例图

由图 5-17 所示，木业公司信息系统的参与者可以根据各部门划分为 7 个系统角色，即销售部、库管部、计划控制部、财务部、生产管理、质检管理、采购管理。这些参与者分别使用系统提供的销售管理、库存管理等 7 个用例来完成自己的职责。考虑到部门职责的划分和各部门数据的安全性和权限，各部门在使用系统提供的相关用例功能时，均需进行身份验证（登录），这就意味着图 5-17 所示的 7 个用例中都包含了身份验证（登录）这一事件流，因此根据 5.2.3 小节关于用例包含关系的定义，我们可以将 7 个用例中公有的事件流抽取出来形成一个包含用例“登录”，如图 5-18 所示。

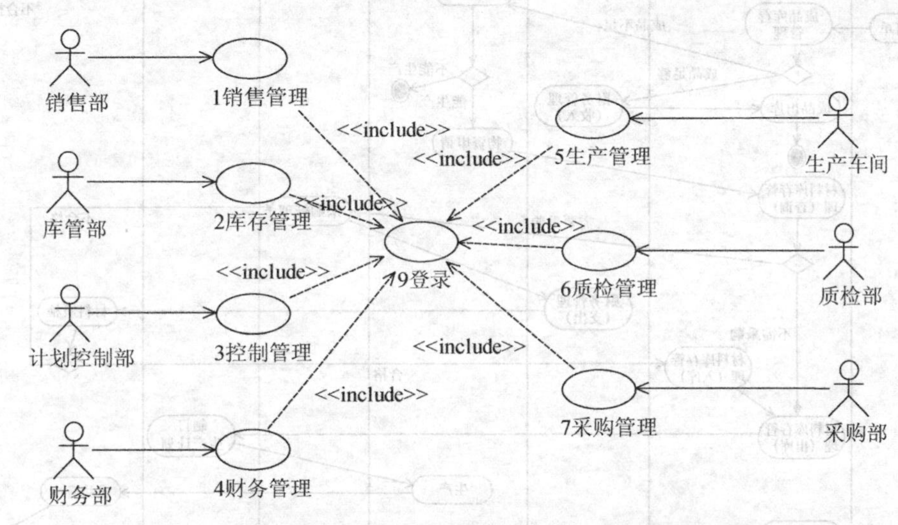

图 5-18　带包含用例的木业公司总体用例图

根据进一步的实地考察和调研，木业公司主要的工作流程如下所示。

步骤 1：销售部接受来自客户的订单，然后根据订单的产品数量查询库管部是否有充足库存。

步骤 2：如有成品库存充足，则等待用户付全款，当财务部通知货款到账后，由库管部成品库存出库，质检部对产品质检，合格产品将由物流送达客户。

步骤 3：如在步骤 1 中查询库管部成品库存不充足（或没有），库管部需将所需产品信息报给生产部门进行生产评估，进入步骤 4。

步骤 4：生产评估通过，则向库管部进行材料物资申请，如此时库管部的材料库存有充足物资，进入步骤 5。

步骤 5：即由计划控制部制定生产计划，生产部根据计划进行生产，生产结束后，产品通过质检部进行质检，质检合格方可存放在库管部成品库中，接下来进入步骤 2。

步骤 6：在步骤 3 后，生产评估通过但库管部没有充足物资，则需向采购部申请物资采购，并通知财务部支出物资材料购入费用。采购回的物资需经质检部质检后方可进入库管部材料库存，接下来进入步骤 5。

步骤 7：在步骤 3 后，假如生产评估不通过，则不接受该订单。

为了充分了解企业的主要工作流程，根据以上的文字，我们可以使用 UML 的活动图来描述企业的业务流程，如图 5-19 所示。

在图 5-19 中，7 个部门在一幅图中各被分配了一个长条区域，并在顶部标志出部门名称，这种区域叫作泳道。落在泳道中的类椭圆形图标叫作活动，表示这是该泳道所代表的部门负责的业务流程中的活动。这幅活动图在系统分析设计初期展现系统粗线条的业务流程，可以帮助分析员更清楚地表达系统的业务流程和目标，也方便分析员和用户进行沟通。之后进入到系统分析的其他阶段，可以继续对活动图进行细化，以表达更细致的系统流程。在5.3.2小节中将详细介绍活动图的使用。

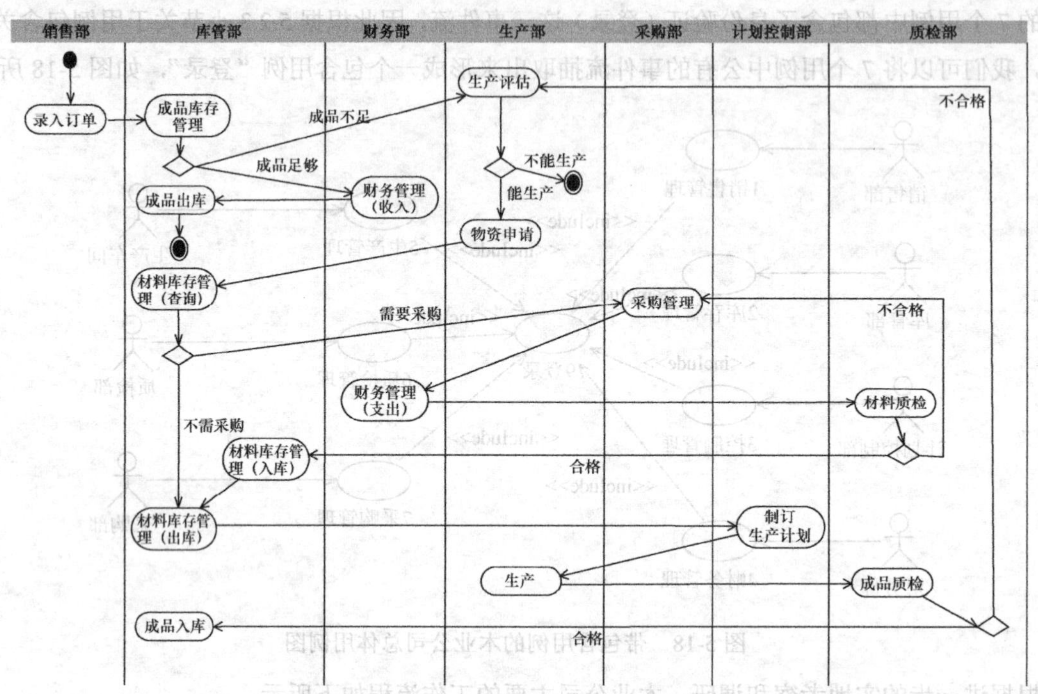

图5-19 木业公司业务流程活动图

在了解木业公司的主要业务流程的基础上，根据进一步的需求调查内容，分析员将各部门使用系统的主要角色及其职能绘制成表，如表5-8所示。

表5-8 木业公司系统主要角色及其职能

部门		主要职能
销售部	经理	负责将客户信息录入系统，对销售情况进行统计，客户返点计算等
	订单管理员	负责对订单状态进行修改，录入等；对订单操作管理
	退货管理员	负责退货流程、退货说明书、退货清单等填写
计划控制部	经理	对订单进行生产安排、调度、追踪等工作
	计划控制部员工	制定、调整、查看生产计划
生产部	车间负责人	审核物资申请单
	生产人员	制定物资申请
质检部	常规质检员	对日常订单成品，材料出入库进行质检，并生成质检报告
	退货质检员	对处理退货流程的货物进行质检
财务部	会计信息登记员	录入、查询、修改企业财务信息
	收款员	成品、材料货款收取
	付款员	材料付款，当成品货物遭退货时进行退款
采购部	员工	修改和完善采购单
	经理	审核采购单
库管部	登记员	将材料出入库信息，订单出入库信息登记到系统中
	库管员	负责对订单，出入库单审核

图5-18作为木业公司系统的顶层用例图只是较为抽象地表达了系统到底能够向参与者提供什么服务，而每个用例具体是什么样的功能并未进行非常直观的展现。根据表 5-8 所示的内容，我们可以考虑对木业公司系统的用例进一步细化，如我们可以将库管部这个参与者分解为系统的两个角色：登记员和库管员。其中登记员主要负责材料成品货物的出入库单、库存单据信息管理，而库管员则负责货物（生产的成品货物）出入库审核管理。因此我们可以为图 5-18 中的用例“2 库存管理”进一步细化分解为用例“2.1 单据管理”和“2.2 审核管理”。根据用例图的层次关系，画出顶层用例图之下的第二层用例图，如图 5-20 所示。

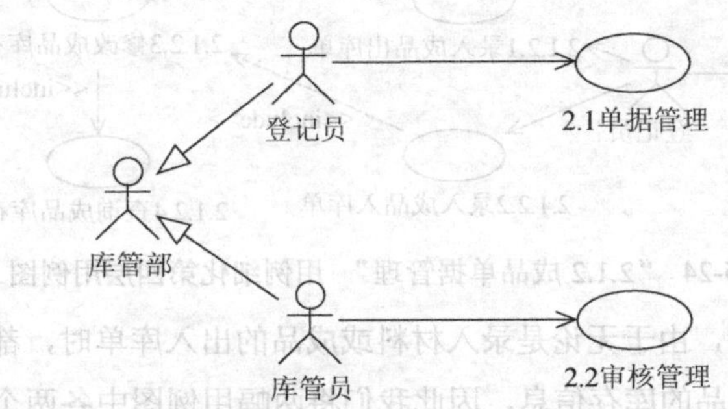

图 5-20 库管部第二层用例图

接下来的需求调查中发现，登记员进行“2.1 单据管理”时，分别对材料和成品进行管理，因此我们可以把 2.1 用例继续细化分解为“2.1.1 材料单据管理”和“2.1.2 成品单据管理”。而库管员进行审核管理时，出入库均需进行货物与货单核对、验收。对库管员来说，他负责的操作是出入库审核。当货物通过入库审核时，订单状态为“已生产订单”——>“已入库订单”；通过出库审核时订单状态为“已入库订单”——>“已出库订单”。这里我们可以把“2.2 审核管理”这个用例细化分解为“2.2.1 出库审核”与“2.2.2 入库审核”。因此分别产生了 2 幅第三层用例图，如图 5-21 和图 5-22 所示。

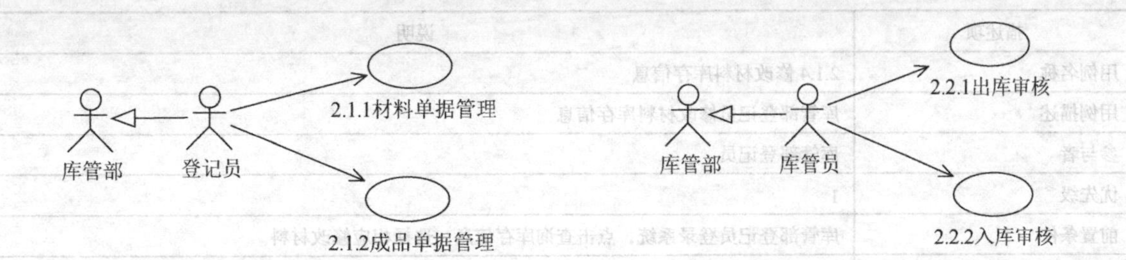

图 5-21 “2.1 单据管理”用例细化第三层用例图　　图 5-22 “2.2 审核管理”用例细化第三层用例图

根据调研发现，无论库管部登记员进行材料单据还是成品单据的管理，都是主要负责对材料或成品的出库单、入库单和库存信息的录入修改操作。因此我们可以把“2.1.1 材料单据管理”和“2.1.2 成品单据管理”继续细化形成第四层用例图。而库管员在第三层的用例“2.2.1 出库审核”与“2.2.2 入库审核”无需细化，仅以库管部为例的系统第四层用例图如图 5-23 和图 5-24 所示。

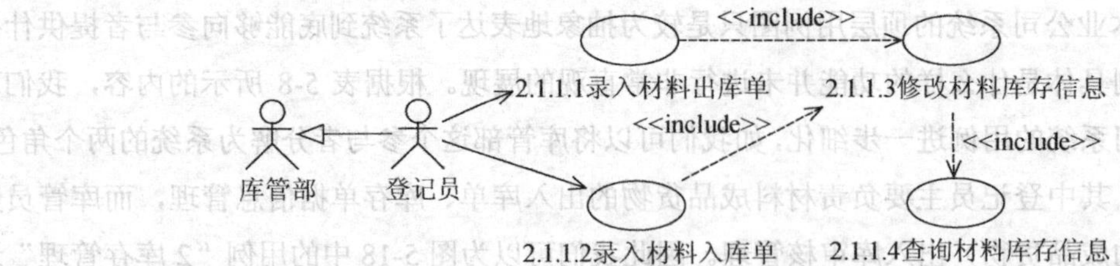

图 5-23 “2.1.1 材料单据管理”用例细化第四层用例图

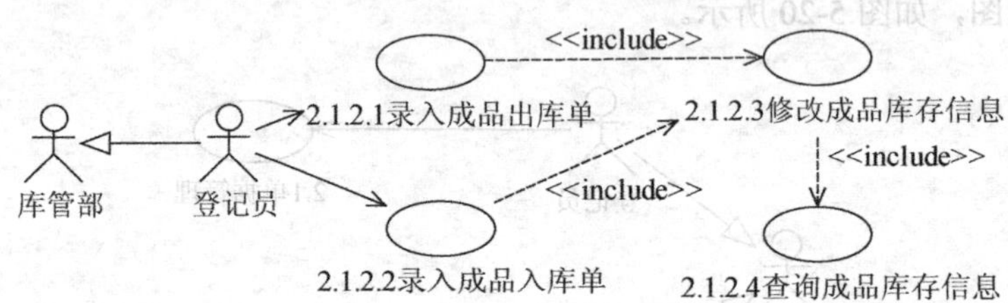

图 5-24 “2.1.2 成品单据管理” 用例细化第四层用例图

在图 5-23 和图 5-24 中，由于无论是录入材料或成品的出入库单时，都需要先查询对应的库存信息再修改已有的材料或成品的库存信息，因此我们将两幅用例图中各两个用例的共同事件流提取出来，形成了各两个包含用例（见图 5-23 的“修改材料库存信息”、“查询材料库存信息”和图 5-24 的“修改成品库存信息”、“查询成品库存信息”）。

并且只有出入库单审核通过，登记员才能实施材料出库和入库，修改系统库存和订单及出入库单的状态。

库管部的“2 库存管理”用例的细化工作进入第四层用例图就可以结束了。接下来我们需要为所有无需细化的用例进行用例描述。这里以“2.1.1.3 修改材料库存信息”和用例“2.1.1.4 查询材料库存信息”用例为例，演示用例描述文档的制作，见表 5-9 和表 5-10。

表 5-9　　“2.1.1.3 修改材料库存信息”用例描述

描述项	说明
用例名称	2.1.4 修改材料库存信息
用例描述	库管部登记员修改材料库存信息
参与者	库管部登记员
优先级	1
前置条件	库管部登记员登录系统，点击查询库存信息，选择相应修改材料
后置条件	系统将所有材料库存信息进行显示，显示修改后信息
基本操作流程	1. 库管部登记员登录系统，并选择查询待修改材料库存信息 2. 系统返回待修改材料库存信息，库管部登记员修改材料库存信息 3. 库管部登记员选择保存，系统显示修改后材料库存信息
可选操作流程	无
被泛化的用例	无
被包含的用例	2.1.1.4 查询材料库存信息、9 登录
被扩展的用例	无

表 5-10 "2.1.1.4 查询材料库存信息"用例描述

描述项	说明
用例名称	2.1.3 查询材料库存信息
用例描述	库管部登记员查询材料库存信息
参与者	库管部登记员
优先级	1
前置条件	库管部登记员登录系统
后置条件	系统将所有材料库存信息进行显示
基本操作流程	1. 库管部登记员登录系统，选择进入查询页面 2. 系统显示查询页面，库管部登记员选择查询材料库存信息，并输入查询条件（材料名称或材料代号） 3. 系统返回所查材料库存信息
可选操作流程	1. 系统未查询到材料信息，提示"您所选择的材料不存在"，并返回查询页面
被泛化的用例	无
被包含的用例	"9 登录"
被扩展的用例	无

由于"2.1.1.3 修改材料库存信息"用例包含"2.1.1.4 查询材料库存信息"用例，因此在对"2.1.1.3 修改材料库存信息"的用例描述时，简化了查询的操作流程。此外在两个用例的包含用例中都有"9 登录"，这是因为在顶层用例图 5-18 中所有顶层用例均包含了"9 登录"用例，因此，对"2 库存管理"细化后的所有用例也应包含"9 登录"用例。

在确定需求模型的过程中，针对顶层用例图的其他的 6 个用例也应按照"2 库存管理"用例细化的方式进一步分析，画出更深层次的用例图。请读者参照这一部分内容试着进行余下部分的需求模型确定。

5.3 分析类——辅助模型

5.3.1 辅助模型概述

早在 1990 年前后的各种面向对象的分析与设计方法中，就已经或多或少地采用了其他几种模型图作为对类图的补充。UML 1.x 收集 9 种图，并且对其中某些图的表达能力做了扩充。UML 2.0 又增加了几种新的模型图，使其数量达到 13 种，并且进一步加强了某些图的表达能力，同时也不可避免地增加了自己的复杂性。

不同的模型图分别解决不同开发阶段或者子阶段的问题。例如，尽管在面向对象的分析和设计中类图是最重要的模型图，但是它不能直接地描述需求。于是，在建立类图之前，通过用例图来建立需求模型的做法就被广泛采纳。此外，在从分析和设计阶段过渡到实现阶段之前，类图也没有解决如何组织构件和如何进行构件部署的问题，而构件图和部署图则弥补了这个空白。

以下对 UML 的这些模型图在本书的面向对象分析与设计方法中所起的作用做概括说明（以各

种图在本方法中的重要性为序）。

（1）类图：基本模型，是面向对象分析与设计所要得到的最重要的模型。对面向对象的分析和设计必不可少，本方法特别强调对类图的使用。在 5.4 节我们将对类图做详细的介绍。

（2）用例图：需求模型，是开展面向对象分析和设计的良好基础。提倡尽可能地使用。

（3）包图：辅助模型，可作为类图和其他几种模型图的组织机制，使之更便于阅读。当系统规模较大时使用。

（4）顺序图：辅助模型，可以清晰地表示一组对象之间的交互情况，对类图起到补充作用。当一组对象之间的交互比较复杂时使用。协作图在 Rational Rose 中可以实现与顺序图的互换，所以本质相同，因此在本书中将不会额外介绍协作图。

（5）活动图：辅助模型。可用来描述对象的操作流程，也可以描述一组对象之间的协作行为或用户的业务流程。但是对象操作的描述采用传统的流程图通常更为简洁有效。

（6）状态图：当对象的行为比较复杂时，可以用它作为辅助模型描述对象的状态及其转移，从而更准确地定义对象的操作。

（7）构件图：辅助模型，在转入实现阶段之前，可以用它表示如何组织构件。也可以不使用。

（8）部署图：辅助模型，在转入实现阶段之前，可以用它表示如何把构件部署在各个结点（计算机）上。也可以不使用。

（9）对象图、通信图：建议不使用。

5.3.2 活动图

活动图（Activity Diagram）是 UML 的 5 种动态建模机制之一，它阐明了业务用例实现的工作流程。活动图并不像其他建模机制一样直接来源于 UML 的三位发明人，而是源于 Jim Odell 的事件图、Petri 网和 SDL 状态建模技术等用于描述工作流和并行过程的建模技术。

活动图的作用是对系统的行为建模。无论是软件系统还是非软件系统的建模，总要描述系统中的各种行为。UML 把活动图、用例图、状态机图以及各种交互图都称为行为图。其中活动图是把系统的一项行为表示成一个可以由计算机、人或者其他执行者执行的活动，通过给出活动中的各个动作以及动作之间的转移关系来描述系统的行为。总的来说，活动图的作用主要体现在以下几点：

- 描述一个操作执行过程中所完成的工作，说明角色、工作流、组织和对象是如何工作的；
- 活动图对用例描述尤其有用，它可建模用例的工作流、显示用例内部和用例之间的路径。它可以说明用例的实例是如何执行动作以及如何改变对象状态的；
- 显示如何执行一组相关的动作，以及这些动作如何影响它们周围的对象；
- 活动图对理解业务处理过程十分有用。活动图可以画出工作流用以描述业务，有利于与领域专家进行交流。通过活动图可以明确业务处理操作是如何进行的，以及可能产生的变化；
- 描述复杂过程的算法，在这种情况下使用的活动图和传统的程序流程图的功能是相似的。

1. 活动图的组成要素

下面讨论活动图中的几个基本概念：起点和活动结束、活动、转移和对象流、判断与合并、分叉和汇合、泳道。

（1）起点和活动结束。

起点（initial node）表示由一个活动图所描述的整个活动的开始，其图形符号是一个实心的圆点；活动结束（activity final）表示活动图所描述的整个活动到此终结，其图形符号是一个用圆圈套起来的实心的圆点，如图5-25所示。

起点只有流出没有流入，而活动结束只有流入没有流出。

（2）活动。

活动（activity）表示的是某流程中的任务的执行，它可以表示某算法过程中语句的执行。

需要注意的是，需要区分动作状态（action state）和活动状态（activity state）。其中动作状态是构成活动的基本单位，它在活动图中被看成一种原子的构造成分，就是说，把动作看成一个不可分的行为单位。而活动状态是由一系列动作构成的，是对一项系统行为的描述。活动状态是一个整体概念，它对应着整个活动图，代表着一项完整的系统行为，表现了完成这项行为的执行过程。

动作状态没有内部转移，没有内部活动，动作状态工作时间可以忽略。动作状态的目的是执行进入动作（entry action），然后转入另一个状态。

活动状态是可分解的，不是原子的，其工作的完成需要一定的时间。可以把动作状态看作活动状态的特例。

活动状态和动作状态的表示图标相同，都是平滑的圆角矩形。两者的区别是活动状态可以在图标中给出入口动作和出口动作等信息，如图5-26所示。

图5-25　活动起点和活动结束　　图5-26　活动表示方法

在建立活动图时，可以在不同的抽象层次上定义其中的动作。如果开发者只是想简略地描述一个活动，则可以定义一些高度概括的动作。这样的一个动作实际上是由许多更细微的步骤构成的。例如一个“填写质量检验报告”动作实际上包括了填写货品的有关信息，如一种货物的名称、编号、单价、产品质量等内容。如果要比较详细地描述一个活动，就要更深入地分析其中某些动作的内部过程。当需要更详细地描述一个动作的内部细节时，就把它展开，通过一些比较具体的动作结点把它描绘得更详细些。

（3）转移和对象流。

在活动图中连接两个活动结点的有向边称为转移（transition），它表示从活动图的一个结点向另一个结点的转移（或者说转接、过渡）。典型地，它可以连接两个动作结点，表示前一个动作结束之后转到下一个动作。它也可以连接其他任何结点，而且源结点和目标结点可以属于不同种类，例如从动作可以连接到分支、合并、分岔、汇合等结点。UML1．x将活动图中的这种连接成分称为转移使之与状态图中采用的术语一致。UML 2.0 中，淡化了活动图与状态图的亲缘关系，使用的正式术语是活动边（activity edge）。

在活动边概念之下，UML 还定义了两个较为特殊的概念，即控制流（control flow）和对象流（object flow）。前者仅表示两个结点之间的转移，后者表示在转移中还伴随着对象或者数据的传输。控制流的表示法是一个实线开放箭头，连接源结点和目标结点，表示从前者转向后者。对象流的表示法是：从源结点用一个虚线箭头指向一个对象（矩形，中间填写对象名），再从对象用一个虚线箭头指向目标结点。这些表示法如图 5-27 所示。

在本节的讨论中，沿用 UML 1.x 的说法，把活动图中的这种成分统称为转移。对象流的表示法将在介绍泳道时在图 5-30 中进行表示。

（4）判断与合并。

判断（decision）是活动图中的一种控制结点，它表示：当活动执行到这一点时将判断是否满足某个（或者某些）条件，以决定从不同的分支选择下一步将要执行的动作。这种结点的图形符号是一个菱形（见图 5-28），通常带有 1 个从其他结点流入和 2 到多个向其他结点的流出。每个流出是一个分支，在它附近注明经由这条边所需满足的条件，写在一对中括号内。比较常见的情况是由一个判断条件产生两个分支，在其中一个分支上给出条件，另一个分支上可以写［else］，分别表示条件成立和不成立时的选择。当然也可以在一个判断上写出多个分支。在顺序行为的建模中可能遇到的各种复杂现象基本上都可以用它表示出来。

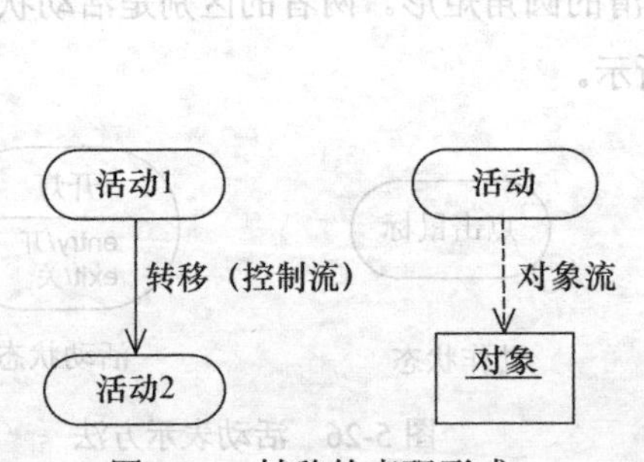

图 5-27　转移的表现形式

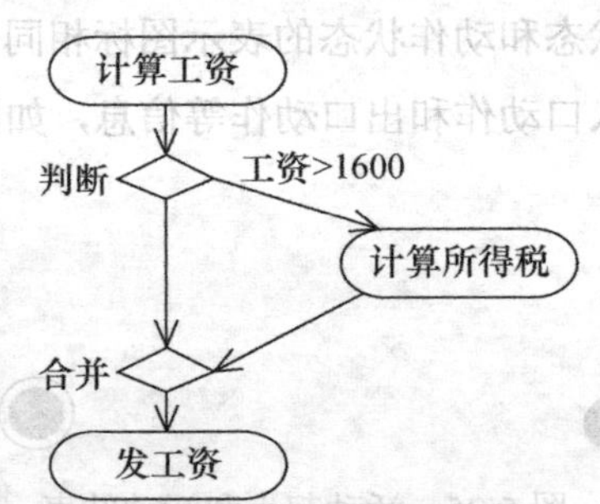

图 5-28　计算工资活动图

既然通过判断可以产生多个分支，也就会遇到要把多个分支合并到一起的情况。活动图中用合并（merge）结点表示这种情况。合并是一种与判断相对的控制结点，其图形符号也是一个菱形，只是它的流入边是 2 到多个，而流出边只有一个，如图 5-28 所示。这种结点的流入和流出都不带任何条件，因为下一步执行什么动作是确定的，不需要做判断。

在实际应用中可能遇到如下的情况：在一个合并结点之后，立刻要判断一些新的条件以转向不同的分支。在这种情况下可以把合并结点和紧随其后的判断结点结合在一起，通过一个结点来表示，如图 5-28 所示。这可以使活动图显得更为简洁。

图 5-28 为一个带有判断（decision）与合并（merge）的简单的活动图模型。

（5）分岔与汇合。

利用上述判断结点虽然能产生多个分支，但是却不能表示活动中的并发行为，因为在每次执行时经过判断之后只能选择其中一个分支继续执行。活动图中的并发行为是通过分岔（fork）来表示的。这也是一种控制结点，其图形表示符号是一条粗短的线，带有1个从其他结点流入和2到多个向其他结点的流出，如图5-29所示。它的含义是：当这个结点前面的动作结束之后，一旦流入这个结点，就意味着它的每个流出所指的动作都可以执行了。后面这些动作的执行不要求特定的次序，既可以同时开始，也可以按任意的次序逐个执行。因此，分岔表达了这样的模型信息：如果系统中有多个执行者（包括计算机中的多个进程或者线程，以及业务领域中参与活动的人员或者组织等），那么分岔之后的这些动作就可以设计成并发（或者并行）执行的。从这些动作开始，将形成多个控制流。

与分岔相对的概念是汇合（join）。在一定意义上，它是一种与分岔作用相反的控制结点。汇合的图形表示符号与分岔很相似，只是其流入至少有2个，而流出仅有1个，如图5-29所示。它的含义是：在汇合点之前有多个控制流在并发地执行，但是在汇合点上需要取得同步。这意味着，每个相关的控制流必须都到达这个汇合点时才能执行汇合点之后的动作。多个流入进入汇合点，然后仅有一个流出从它流出，这意味着汇合点之前的多个控制流在经过汇合点之后被收拢在一起而成为一个控制流。因此，有些文献把分岔和汇合看成是相互匹配和对应的。在最简单的情形下，当你有了一个分岔，就必须有一个汇合，后者把由该分岔开动的各个线程汇聚在一起。

如果仅仅这样理解分岔和汇合，它们的应用场合就太局限了。在许多实际的并发系统中，上述控制方式并不具有一般性。以下几种情况是经常会出现的。

① 在一个分岔点上产生多个控制流（例如进程或者线程），它们相互并发，分别执行。其中一部分控制流可能在完成自己的任务之后就自行消亡了，未必都需要执行到一个汇合点，也未必都需要与其他控制流的同步再与它们汇合。如果在一个分岔点上产生的*n*个控制流彼此之间都不需要同步，而其中有*n*-1个控制流提前消亡，那么就不需要有一个汇合点与当初的分岔点相匹配。

② 需要在一个汇合点上同步并且汇合在一起的多个控制流未必都直接来自一个分岔点，它们可能是在不同的分岔点上产生的，然后根据同步的需要而进入了同一个汇合点。

③ 需要同步的几个控制流未必都需要汇合成一个控制流。它们可能需要在一个点上取得同步，然后又各自继续执行。

④ 若干控制流在一个汇合点上取得同步之后，其中有一些可能因完成使命而消失，有一些可能继续保持着，还有一些可能进一步并发而产生新的控制流。

以上种种情况表明，如果把汇合与分岔理解为彼此匹配和对应的，则其应用范围将受到很大的限制。实际上它们不需要受这种限制，只是在表示法方面需要做一点改进。图5-29给出了一个简单的分岔（fork）与汇合（join）在活动图的应用。

（6）泳道。

在活动图绘制方面，UML创造了一种颇有新意的表现方式，即泳道（swim lane）。它不是活动图的一种基本构成元素，而是一种辅助性的机制，其作用是把活动图中的各个动作划分到与它们的执行者相关的若干区域中，从而清晰地表现出不同的执行者分别执行了哪些动作。

活动图的应用目标不像流程图那么简单，人们对它寄予更高的希望，包括用它描述有多种行为主体共同完成的活动。然而，活动图中的一个动作结点在一般情况下只能表示在这一点上要做一件什么事，而不能表示将由谁来做这件事。因为动作的基本语义并不包含这项内容。采用泳道的概念正是为了弥补这一不足。它的表示法是：把活动图所在的平面按垂直方向或者水平方向划分成一些长条形的区域，就好像把一个游泳池划成若干泳道一样，所以就形象地称之为泳道。游泳池中的一条泳道当然只能被一个运动员占用，在活动图中也一样，每个行为主体（包括系统中的对象，现实中的人、组织、设备以及任何需要在活动中执行某些动作的事物）各自使用一条泳道。在泳道的一端写着它们的名称，由它们所执行的动作结点都分别画在各自的泳道中。于是，整个活动图中的各个动作是由哪些执行者来执行就非常清晰了。这样做需要适当地调整活动图的各个结点的位置以及各个控制流（转移）的方向和长度，但是它们的拓扑结构是不变的。图 5-30 是一个排除故障用例的活动图。

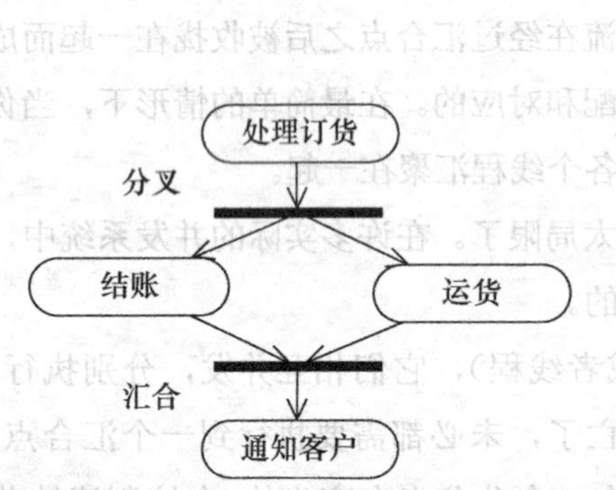

图 5-29　分岔与汇合在“处理订货”活动图中的应用

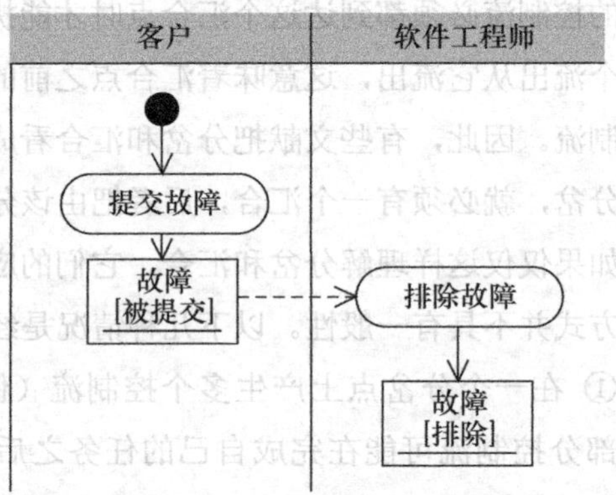

图 5-30　“排除故障”用例的活动图

图 5-30 中发生“提交故障”活动通过一个对象流指向“故障”对象后，该“故障”对象的状态为“已提交”，接下来发生“排除故障”活动，于是该活动后“故障”对象的状态转变为“排除”。

2. 系统实例的活动图

在 5.2.5 小节中我们分析了某木业公司的需求，为该公司建立了粗略的用例模型以顶层用例图描述，并对顶层图中库存部的“2 库存管理”进行了细化，这一节我们将对“采购部”的“7 采购管理”进一步分析，并使用活动图来加以辅助说明。

采购部参与者可以进一步细化为采购部员工参与者和采购部经理参与者。“7 采购管理”用例进一步细化可以产生“7.1 查询采购单”、“7.2 完善采购单”、“7.3 审核采购单”和“7.4 修改采购单”4 个基本用例，并且无需继续细化，如图 5-31 所示。

其中 7.2、7.4 用例由采购部员工完成，7.3 用例由采购部经理完成。7.2、7.3、7.4 用例执行时都需查询采购单，因此将这部分公共事件流提取出来形成“7.1 查询采购单”用例。

这 4 个用例的用例描述见表 5-11、表 5-12、表 5-13 和表 5-14。

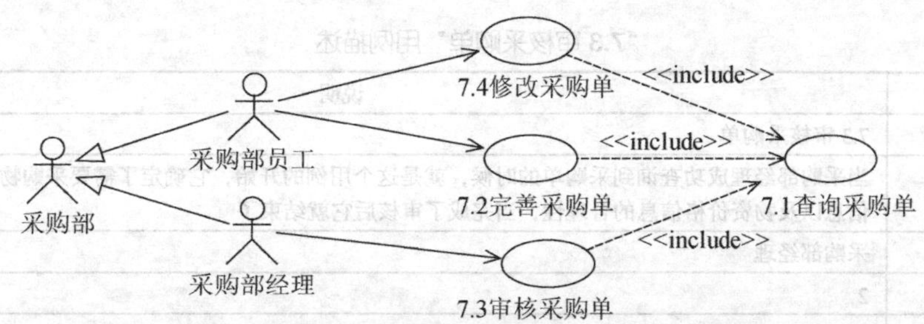

图 5-31 “采购管理化”细化后第二层用例图

表 5-11 “7.1 查询采购单”用例描述

描述项	说明
用例名称	7.1 查询采购单
用例描述	当采购部员工（经理）成功登录到系统的时候，就是这个用例的开始，它查询了相应的采购单，当显示查询到的采购单后它就结束了
参与者	采购部员工、采购部经理
优先级	1
前置条件	采购部员工\经理登录进入系统
后置条件	显示相应的采购单
基本操作流程	1. 采购部员工成功登录到系统，系统显示操作界面 2. 采购部员工输入查询条件（采购单号、日期或者操作员姓名等），系统根据输入查询采购单 3. 系统显示查询到的采购单
可选操作流程	1. 系统未查询到符合要求的采购单，显示提示信息“没有符合您要求的采购单” 2. 用户确定后，系统返回操作界面
被泛化的用例	无
被包含的用例	登录
被扩展的用例	无

表 5-12 “7.2 完善采购单”用例描述

描述项	说明
用例名称	7.2 完善采购单
用例描述	当采购部员工成功查询到采购单的时候，就是这个用例的开始，它确定了需要采购物资的供应商的相关信息以及物资价格信息，当完成了全部录入后它就结束了
参与者	采购部员工
优先级	2
前置条件	采购部员工登录进入系统并查询到相应采购单
后置条件	采购单状态发生改变，由“待采购单”变为“待审核采购单”
基本操作流程	1. 采购部员工成功登录到系统后，即可查询需要采购的采购单 2. 系统返回查询的采购单，采购部员工根据采购单上需要采购的物资信息联系供应商，与其洽谈，确定物资的基本信息 3. 采购部员工根据洽谈的结果填写供应商的相关信息以及物资价格信息 4. 提交
可选操作流程	无
被泛化的用例	无
被包含的用例	登录，查询采购单
被扩展的用例	无

表 5-13　　"7.3 审核采购单"用例描述

描述项	说明
用例名称	7.3 审核采购单
用例描述	当采购部经理成功查询到采购单的时候，就是这个用例的开始，它确定了需要采购物资的供应商的相关信息以及物资价格信息的合理性，当完成了审核后它就结束了
参与者	采购部经理
优先级	2
前置条件	采购部经理登录进入系统并查询到相应采购单
后置条件	1. 审核通过，采购单状态发生改变，由"待审核采购单"变为"待付款采购单" 2. 审核不通过，采购单状态发生改变，由"待审核采购单"变为"待采购单"
基本操作流程	1. 采购部经理成功登录到系统后，即可查询需要审核的采购单 2. 系统根据查询条件返回需要审核的采购单信息，采购部经理根据采购单上的供应商信息以及物资价格信息确定是否合理可行 3. 采购部经理确定审核通过
可选操作流程	审核不通过
被泛化的用例	无
被包含的用例	登录，查询采购单
被扩展的用例	无

表 5-14　　"7.4 修改采购单"用例描述

描述项	说明
用例名称	7.4 修改采购单
用例描述	当采购部员工成功查询到采购单的时候，就是这个用例的开始，他修改了供应商发货之后己方的错误，使填写的信息与实际要求相符，当完成了修改后它就结束了
参与者	采购部员工
优先级	2
前置条件	采购部员工登录进入系统并查询到相应采购单
后置条件	修改完成后，采购单状态发生改变，由"换货采购单"变为"已修改采购单"
基本操作流程	1. 采购部员工成功登录到系统后即可查询换货采购单 2. 采购部员工根据实际的信息对采购单进行修改 3. 采购部员工确认修改
可选操作流程	无
被泛化的用例	无
被包含的用例	登录，查询采购单
被扩展的用例	无

根据上述在需求分析阶段为 4 个用例进行的用例描述，我们可以了解 4 个用例的基本操作流程（可选流程），因此可以使用活动图对 4 个用例进行很直观的活动流程建模，进行辅助说明。其中用例"完善采购单""审核采购单""修改采购单"活动图如图 5-32、图 5-33 和图 5-34 所示。

完善采购单活动图：采购部员工首先进行登录，系统对员工输入的信息进行验证，如果不成功就退出；成功之后采购部员工可查询采购单，查询到了之后再进行完善。

审核采购单活动图：采购部经理首先进行登录，系统对经理输入的信息进行验证，如果不成功则退出；成功之后采购部经理可查询采购单，查询到了之后再进行审核。

修改采购单活动图：采购部员工首先进行登录，系统对员工输入的信息进行验证，如果不成功就退出；成功之后采购部员工可查询采购单，查询到了之后再进行修改。

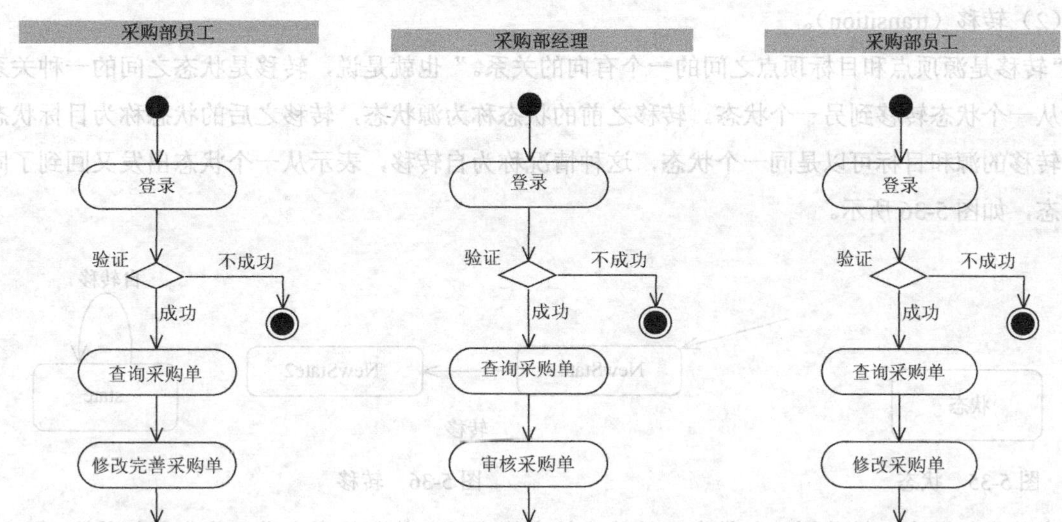

图 5-32　完善采购单活动图　　图 5-33　审核采购单活动图　　图 5-34　修改采购单活动图

这一节仅为采购部 3 个用例制作了活动图，请读者根据活动图的定义为“查询采购单”制作活动图。

5.3.3　状态图

状态图（state diagram）是 UML 的一种行为图，它是借鉴了以往若干个子状态建模的文献基础上形成的。这种模型图在以往的文献中曾有状态图（state chart），状态转移图（state transition diagram，STD）不同的名称，在 UML 1.x 中被称为状态图（state diagram），目前在 UML 2.0 改称为状态机图。

通俗地说，状态图描述了一个对象（或者其他实体）在其生命期内所经历的各种状态，状态之间的转移，发生转移的动因、条件以及转移中所执行的活动。

一般来说，状态模型作为面向对象建模中的一种辅助模型，只限于对那些状态和行为比较复杂的对象进行状态建模，主要目的是为了帮助分析和设计人员更有效地认识这些对象的行为，以便准确地定义它们的操作。对那些状态和行为并不复杂的对象，如果人们不借助状态模型也能看清它们的行为，则不需要对它们进行状态建模。

但是并不是所有复杂的对象都需要状态图，如某些操作的算法可能很复杂，但是它的状态可能很简单。这种复杂性主要体现于操作执行过程（或者说流程）。对这样的对象，应该用活动图作为辅助模型，而不是用状态图。

1. 状态图的组成要素

（1）状态（state）。

UML 2.0 的解释是：“状态是对一种状况的模型表示，在此期间保持某些（通常是固有的）条件。”

在状态图中，用一个圆角的矩形表示一个状态，其中填写状态的名称，如图 5-35 所示。

（2）转移（transition）。

“转移是源顶点和目标顶点之间的一个有向的关系。”也就是说，转移是状态之间的一种关系，表示从一个状态转移到另一个状态。转移之前的状态称为源状态，转移之后的状态称为目标状态。一个转移的源和目标可以是同一个状态，这种情况称为自转移，表示从一个状态出发又回到了同一个状态，如图 5-36 所示。

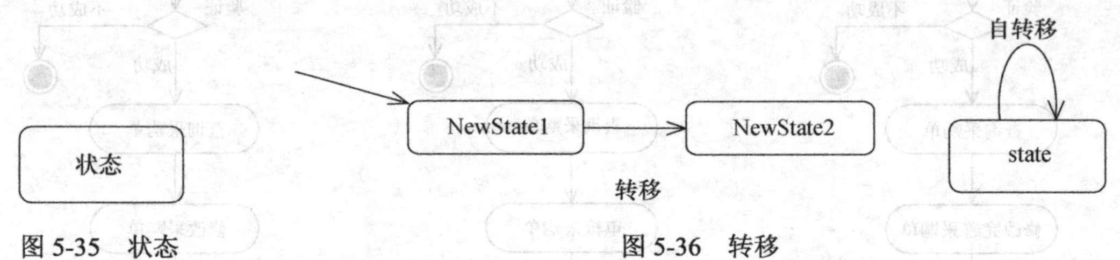

图 5-35　状态　　图 5-36　转移

在状态机图中，转移用一条带有开放箭头的实线表示，从源状态出发，指向目标状态。

（3）触发器、监护约束和活动。

在表示转移的线条旁边可以附加一些描述信息，其中：触发器（trigger）表示由什么引起转移。其表示法是给出触发器的名称，并且可以带有参数。监护约束（guard constraint）给出了一个约束条件，表示仅当这个条件成立时转移才会发生。其表示法是在一对中括号内写一个布尔表达式。监护约束是可以空缺的，如果一个转移不带任何监护约束，则表明转移是无条件的，只要被触发就会发生转移。活动（activity）表示在转移过程中需要做什么事。活动也是可空缺的，其表示法是在一个斜线符（/）后面给出活动的名称，也可以带参数。

UML 2.0 用巴克斯范式定义了转移的书写形式：

<transition>：：=<trigger>［‘，’<trigger>］*［‘［’<guard-constraint>‘］’］［‘/’<activity-expression>］

这个范式表明，一个转移的描述信息最多由三部分构成。首先是触发器，它至少有 1 个，也可以是多个；然后是 0～1 个监护约束；最后是 0～1 个写在斜线符后面的活动表达式。

（4）组合状态（composite state）。

和其他许多建模概念一样，状态也可以被组织在一起，形成嵌套的、有层次的概念。把若干状态组织在一起可以得到一个组合状态。相对而言，在一个组合状态内所包含的状态是这个组合状态的子状态（substate）。为了与组合状态区别，把那些内部不包含其他状态的状态称为简单状态（simple state）。组合状态和简单状态如图 5-37 所示。

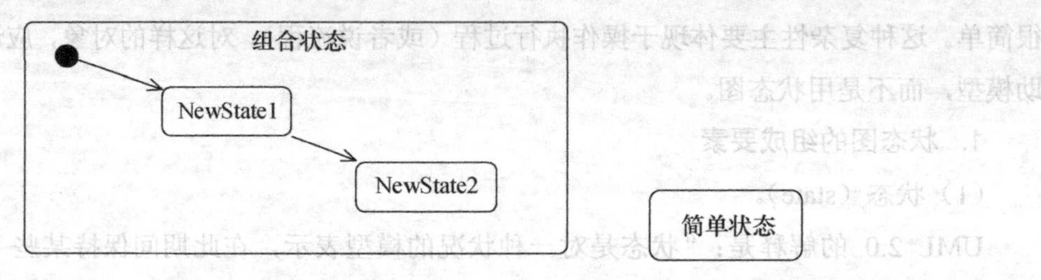

图 5-37　组合状态与简单状态

此外在状态图中还使用判断（decision）与合并（merge）、分岔（fork）与汇合（join），其定义及使用方法和活动图中完全一致，读者可以参看活动图中的相关部分。

（5）初始（initial）和终止（terminate）。

通常用一个实心的圆点表示状态机从这里开始，但是它实际上不是一个状态，真正的初始状态是从它出发的转移所指的那个状态。终止用一个原点外面套一个圆环◉来表示，其作用与初始恰好相反，向它转移的那个状态才是真正的终止状态。它们可以让人更容易地看清一个状态机的开始和结束，如图 5-38 所示。

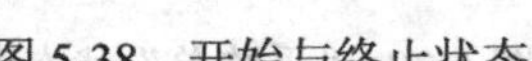

图 5-38 开始与终止状态

（6）其他。

事实上，在 UML 2.0 中对状态机可使用的元素还进行了大量的补充，例如，目前的 UML 还允许在状态机图中使用一些动作结点，包括用矩形表示的一般的动作，用凸五边形表示的发送信号动作（send signal action）和用凹五边形表示的接收信号动作（receive signal action）。此外，UML 2.0 又在状态机概念之下定义了一种协议状态机（protocol state machine），而把一般的状态机称为行为状态机（behavior state machine）。以及在组合状态中使用的区域概念和表达从中断后重新进入组合状态中的某种子状态——历史状态，这些内容在本书中不做更多详细的介绍，感兴趣的读者可以参看 UML 2.0 规范。

2. 绘制状态图

例如在采购单这一对象在木业公司的流转过程中，其状态的变化用文字可以描述如下。

步骤 1：当生产部门根据订单需要进行生产时，先从库管部门那里申请材料，如果材料不足，则根据需求向采购部门提交采购单，此时采购单状态为“待采购单”；

步骤 2：经采购部员工联系供应商后完善采购单，变成“待审核采购单”；

步骤 3：采购部经理审核通过后，采购单状态变成“待付款采购单”；

步骤 4：再由财务部进行付款，变成“已付费/待检采购单”；

步骤 5：根据采购单采购的物资运回公司后，由质检部门进行质检，质检合格之后货品入库，采购单状态变成“入库采购单”，该采购单可以视作在这里完成；假如质检不合格，该采购单状态设置为“不合格采购单”，并进入步骤 6；

步骤 6：对于质检不合格进行分析判断，如果是需要退货的就变成了“退货处理采购单”；假如需要进行换货处理，则进入步骤 8；

步骤 7：再由财务部进行收款，修改为“已收退款采购单”；

步骤 8：如果选择换货，则变成了“换货采购单”，接下来进入步骤 2。

根据以上步骤的分析，我们可以得到“采购单”这一对象在木业公司处理流程中的状态转换图，如图 5-39 所示。

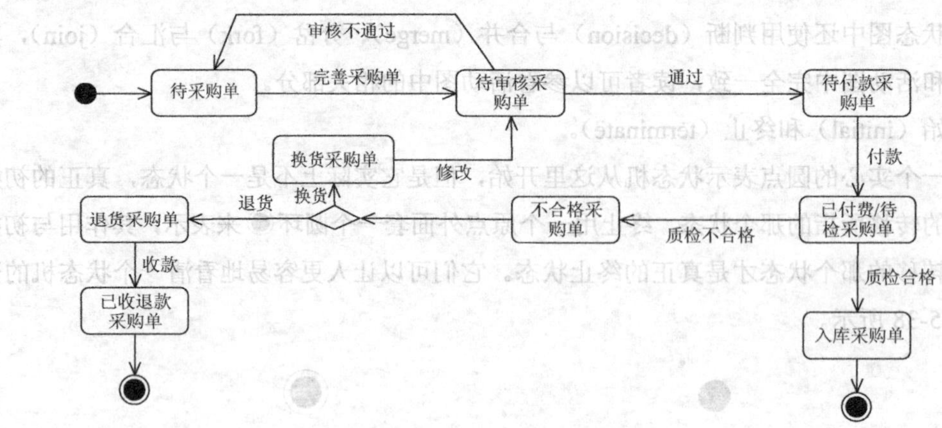

图 5-39 “采购单”状态图

同样，如果我们分析生产计划部制定的对象“生产计划”的状态转换关系，我们发现：在计划控制部员工制订生产计划后，生产计划是待审核状态。计划控制部经理对生产计划进行审核，如果审核没有通过，仍然是待审核生产计划，否则，是审核通过的生产计划。在当月的生产完成之后，生产计划变为历史生产计划，因此可以得到图 5-40。

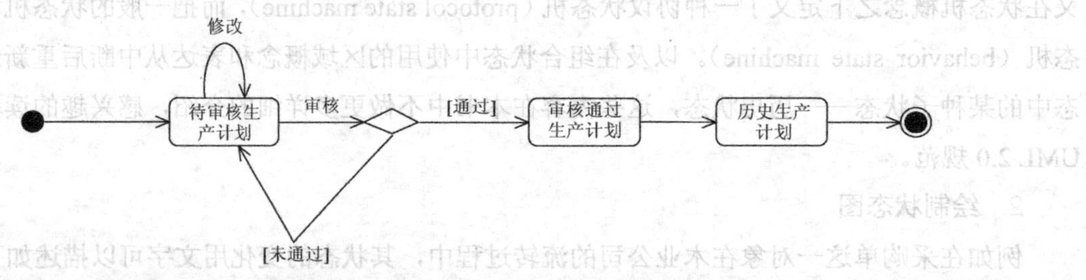

图 5-40 “生产计划”状态图

有时候特定对象在生命周期中的若干个状态可以用该对象的若干个属性的某种取值组合来标志，也可以使用该对象的某个特定属性的不同取值来标志。根据上述两幅状态图，我们可以分别为“采购单”和“生产计划”对象增设一个标志状态的属性即采购单状态和生产计划状态。其中通过状态转换图可以分析得出，采购单状态属性的取值来自于有限的状态取值集合{“待采购单”,“待审核采购单”,“待付款采购单”,“已付费/待检采购单”,“入库采购单”,“不合格采购单”,“退货处理采购单”,“已收退款采购单”,“换货采购单”}；而生产计划状态属性来自于状态取值集合{“待审核生产计划”,“审核通过的生产计划”,“历史生产计划”}。

因此分析一个对象的状态转换可以帮助系统分析设计人员、开发人员对象、类进行属性设计及数据库设计。这一节我们仅为“采购单”“生产计划”两个对象绘制了状态图，请读者分析系统中还有哪些重要的对象需要通过状态转换图来说明生命周期的对象在事件触发下的行为和状态。

5.3.4 顺序图

顺序图（sequence diagram）是一种详细地表示对象之间行为关系的图。一个顺序图通常只描绘一组相互协作的对象在完成一项功能时彼此之间的交互情况。它按时间顺序把各个对象所执行的操作以及它们之间所传送的消息展现出来，因此可以清晰而直观地表示对象之间的行为关系以及操作和消息的时序关系。除了表示系统内部一组对象之间的交互情况之外，在有些顺序图，也可以看出系统中的对象与系统边界以外的参与者之间的交互情况。

顺序图的最大特点是：它以二维的平面上的一维来表示时间进度，从而能够在逻辑上清晰地刻画在顺序图中描述的对象之间的这些操作和消息的时序关系乃至因果关系。

1. 顺序图的组成要素

顺序图（sequence Diagram）是由对象（Object）、生命线（Lifeline）、控制焦点（focus of control）和消息（Message）等构成的。序列图的目的就是按照交互发生的一系列顺序显示对象之间的交互。

（1）对象。

序列图中的对象（Object）和对象图中的对象的概念一样，都是类的实例。序列图中的对象可以是系统的参与者或者任何有效的系统对象。对象的表示形式也和对象图中的对象的表示方式一样，使用包围名称的矩形框来标记，所显示的对象及其类的名称带有下划线，二者用冒号隔开，即“对象名：类名”的形式。对象的下部有一条被称为“生命线”的垂直虚线，如图5-41所示。

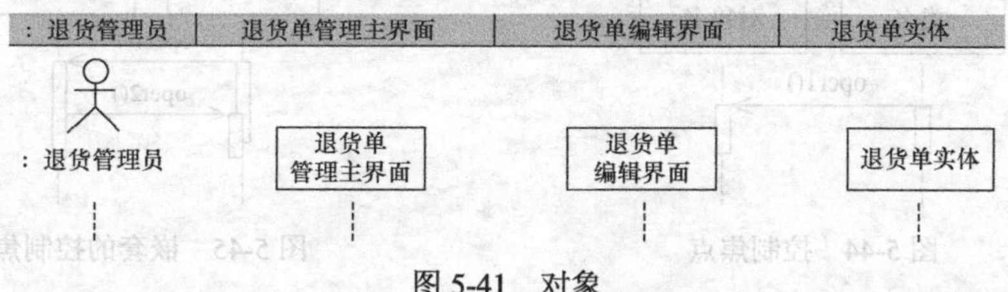

图5-41 对象

对象的命名方式有三种：第一种命名方式包括对象名和类名，如图5-41所示；第二种命名方式只显示类名不显示对象名，即表示这是一个匿名对象；第三种命名方式只显示对象名不显示类名，即不关心这个对象属于什么类。后两种方式如图5-42所示：

如果对象的开始位置置于序列图的顶部，那就意味着序列图在开始交互的时候该对象就已经存在了，如图5-42所示。如果对象的位置不在顶部，那么表明对象在交互的过程中将被创建，如图5-43所示。

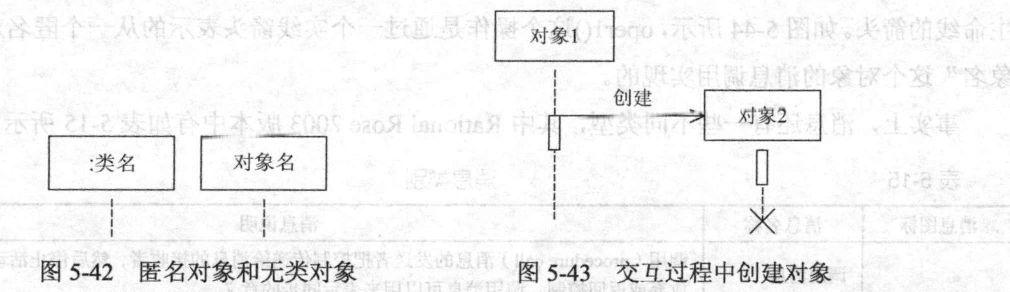

图5-42 匿名对象和无类对象　　图5-43 交互过程中创建对象

既然对象可以在交互中创建，因此也可以在交互中销毁。销毁对象指的是将对象销毁并回收其拥有的资源，它通常是一个明确的动作，也可以是其他动作、约束或垃圾回收机制的结果。销毁对象时，在对象的生命线对应的某一时刻使用“×”，表明该对象在这一刻被销毁，如图5-43所示。

但许多对象的生命线可能在某顺序图的交互终止后依旧延续，那么这种情况下对象不该使用销毁机制。

（2）生命线。

生命线（lifeline）是一条垂直的虚线，用来表示序列图中的对象在一段时间内的存在。每个对象的底部的中心位置都带有生命线。生命线是一个时间线，从序列图的顶部一直延伸到底部，所用时间取决于交互持续的时间，也就是说生命线表现了对象存在的时段。

对象与生命线结合在一起称为对象的生命线。对象的生命线包含矩形的对象图标以及图标下面的生命线，如图 5-41 所示。

（3）控制焦点。

控制焦点（focus of control）是顺序图中表示时间段的符号，在这个时间段内，对象将执行相应的操作，或者说表明在这段时间内执行的控制点位于这个对象。控制焦点表示为在生命线上的小矩形，如图 5-44 所示。

控制焦点可以嵌套，嵌套的控制焦点可以更精确地说明消息的开始和结束位置，如图 5-45 所示。

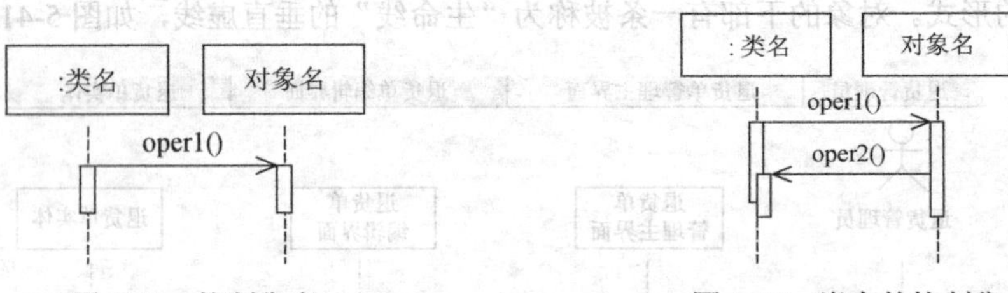

图 5-44　控制焦点　　　　图 5-45　嵌套的控制焦点

另外与控制焦点相关的概念是激活期（activation）。激活期表示对象执行一个动作的期间，即对象激活的时间段。根据定义可以知道，控制焦点和激活期事实上表示的是同一个意思。

（4）消息。

消息（Message）是从一个对象（发送者）向另一个或其他几个对象（接收者）发送信号，或由一个对象（发送者或调用者）调用另一个对象（接收者）的操作。它可以有不同的实现方式，如过程调用、活动线程间的内部通信、事件的发生等。

在顺序图中消息的基本表示形式为从一个对象（发送者）的生命线指向另一个对象（目标）的生命线的箭头。如图 5-44 所示，oper1()这个操作是通过一个实线箭头表示的从一个匿名对象指向“对象名”这个对象的消息调用实现的。

事实上，消息还有一些不同类型，其中 Rational Rose 2003 版本中有如表 5-15 所示的消息类型。

表 5-15　消息类别

消息图标	消息名称	消息说明
	调用消息	调用（procedure call）消息的发送者把控制传递给消息的接收者，然后停止活动，消息接收者放弃或返回控制。调用消息可以用来表示同步的意义
	自身消息	对象发给自己的消息
	返回消息	返回（return）消息表示从过程调用返回
	过程调用消息	特指为实现两个对象之间的过程调用传递的消息
	异步消息	异步（asynchronous）消息的发送者通过消息把信号传递给消息的接收者，然后继续自己的活动，不等待接收者返回消息或控制。异步消息的接收者和发送者是并发工作的

除此之外，还可以利用消息的规范设置消息的其他类型，如同步（Synchronous）消息、阻止（Balking）消息和超时（Timeout）消息等。同步消息表示发送者发出消息后等待接收者响应这个消息；阻止（Balking）消息表示发送者发出消息给接收者，如果接收者无法立即接收消息，则发送者放弃这个消息；超时（Timeout）消息表示发送者发出消息给接收者，如果接收者超过一定时间未响应，则发送者放弃这个消息。

（5）分支与从属流。

在 UML 中存在两种方式可以来修改序列图中消息的控制流，分别是分支和从属流。分支是指从同一点发出的多个消息并指向不同的对象，根据条件是否互斥，可以有条件和并行两种结构。从属流指的是从同一点发出多个消息指向同一个对象的不同生命线。

引起一个对象的消息产生分支可以有很多种情况，在复杂的业务处理过程中，要根据不同的条件进入不同的处理流程中，通常被称作条件分支，另外一种情况是当执行到某一点的时候需要向两个或两个以上的对象发送消息。消息是并行的，这时被称为并行分支。

由于顺序图只表示某一个活动按照时间顺序的经历过程，所以在 Rational Rose 中，对顺序图的画法没有明显的支持，虽然可以通过添加脚本的方式辅助实现。对于出现不同分支的情况，如果有必要，可以通过对每一个分支画出一个序列图的方式实现。一般来说，在序列图中只要画出主要分支的过程就足够了。

从属流是对象由于不同的条件而执行了不同的生命线分支，如用户在保存或删除一个文件时，向文件系统发送一条消息，文件系统会根据保存或删除消息条件的不同执行不同的生命线。从属流在 Rational Rose 中也不支持，因为添加从属流以后会明显增加顺序图的复杂度。

2. 绘制顺序图

一个顺序图被用来描述一个交互。随之而来的问题是：对一个由许多对象构成的系统，究竟要识别其中多少个交互并且建立相应的顺序图？如何把顺序图的数量控制到合理的范围内？如果不管粒度的大小，对上述任何一种情况都建立一个顺序图，就可能产生大量的组合，使图的数量急剧膨胀，并且可能有许多内容是重叠的。

对此，我们的建议是：基本上以每个用例为单位建立顺序图。针对每个用例，考察为完成它所描述的功能需要哪些对象的操作参加执行，并且进一步考察这些操作的执行需要通过消息而引起其他哪些对象操作的执行。把这些对象以及参加交互的参与者组织到一个顺序图中。在理论上，如果系统提供的每一项功能都通过一个用例来描述，那么在所有的用例所对应的顺序图都建立之后，它们就可以覆盖系统中任何一个对象的操作以及它们之间的消息。

当然针对每个用例建立一个顺序图的原则并不是绝对的。如果有些用例所涉及的对象之间的交互很简单（特别是当消息的时序关系并不复杂时），则可以不为这些用例建立顺序图。另一方面，如果在系统内部有一组紧密配合的对象完成一项时序关系比较复杂的内部功能（例如共享资源的管理、数据备份、事件队列管理等），即使这项功能并不是从系统可以观察的（因此可能没有用一个用例来描述，或者只对应一个用例的二小部分内容），为了详细地表示这些对象之间的交互，也可以建立一个顺序图。

通过以上所述，如果系统的一项功能在需求分析阶段是通过一个用例来定义的，那么，用顺序图作为 OOA 的辅助模型，有助于根据需求来发现对象，并且具体地定义对象的操作以及对象之间的消息，也有助于检查系统模型中是否遗漏了某些功能所需的对象及其操作。

建立顺序图时，可以根据以下步骤进行：

① 从用例中识别交互过程；

② 识别参与交互过程的对象；

③ 为每一个对象设置生命线，并确定对象的存在期限；

④ 从引发交互的初始消息开始，在对象生命线上依次画出交互的消息；

⑤ 如果需要，可以给消息增加时间约束，以及前置条件和后置条件。

其中在进行识别参与交互过程的对象时，常常根据系统的架构方法，如 MVC 模式对对象进行分类。

而常用的 MVC 模式中，软件系统分为模型、视图和控制器 3 个基本部分。这种模型—视图—控制器模式的目的是实现一种动态的程序设计，使后续对程序的修改和扩展简化，提高程序的复用性。其中模型就是数据模型，用于封装与应用程序的业务逻辑相关的数据以及对数据的处理方法。模型有对数据直接访问的权利，如对数据库的直接访问。如果说模型是应用对象，视图则是它在屏幕上的表示，控制器定义用户界面对用户输入的响应方式。一旦模型的数据发生变化，模型将通知有关的视图，每个视图相应地得到刷新自己的机会。视图必须保证能现实正确地反映模型的状态。控制器起到不同层面的组织作用，用于控制应用程序的流程，处理“事件”并做出响应。事件包括用户的行为和数据模型上的改变。

使用 MVC 模式的信息系统的对象可以分为：

① 实体对象。这些对象对应于模型，保存信息，最终能映射成数据库中的表和字段；

② 边界对象。这些对象对应于视图，处于系统与外部世界之间的边界上，如窗体或窗体与应用程序的接口或者界面；

③ 控制对象。对应于控制器，是可选的对象，控制用例的流程。本身没有任何业务功能，但可以协调其他对象和控制总体逻辑流程。控制对象不在事件流中出现，如果决定使用控制对象，则要将控制对象加进序列图或协作图。

当然系统的架构不仅 MVC 这一种模式，本书为了简化处理，都采用这种模式对对象进行分类。即对象被分为：用户与系统的操作界面——边界对象、属性信息需要数据持久化为数据库中的表或字段的实体对象、可选的控制协调其他对象的控制对象；其中控制对象不是必选项。

并且根据参与者与系统交互实现用例的功能的顺序，为用例画顺序图时通常从左至右分别排列出参与到该用例实现的参与者、边界对象、控制对象、实体对象。

在 5.2.5 小节中，我们分析了库管部的“2 库存管理”用例并进行了细化，产生了第四层用例图，这里我们针对“2.1.2 成品单据管理”细化出的“2.1.2.1 录入材料入库单”“2.1.2.2 录入材料出库单”“2.1.2.3 修改材料库存信息”“2.1.2.4 查询材料库存信息”这些无需继续细化的用例绘制顺序图，如图 5-46、图 5-47、图 5-48 和图 5-49 所示。

录入材料入库单的界面顺序图，从左至右依次排列参与者（库管部登记员）、边界对象（入库单管理总界面、录入入库单界面）、控制对象（入库单操作）、实体对象（材料入库单实体）。具体顺序流程为：打开入库单管理界面，单击“录入”按钮，进入录入入库单界面，填写需录入的信息，单击“确定”按钮。后台将信息插入材料入库单实体类中，相对应在数据库中插入一条记录。具体信息如图5-46所示。

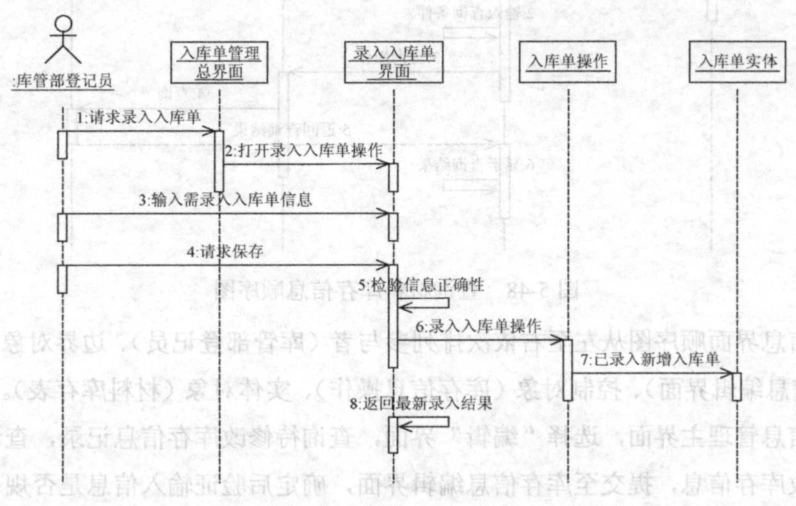

图5-46 录入材料入库单顺序图

录入材料出库单顺序图，从左至右依次排列参与者（库管部登记员）、边界对象（录入出库单总界面、新增出库单界面）、控制对象（出库单操作）、实体对象（材料出库单实体）。顺序图流程为：打开出库单管理界面，单击“录入”按钮，进入录入出库单界面，填写需录入的信息，单击“确定”按钮。后台将信息插入材料出库单实体类中，相对应在数据库中插入一条记录。具体信息如图5-47所示。

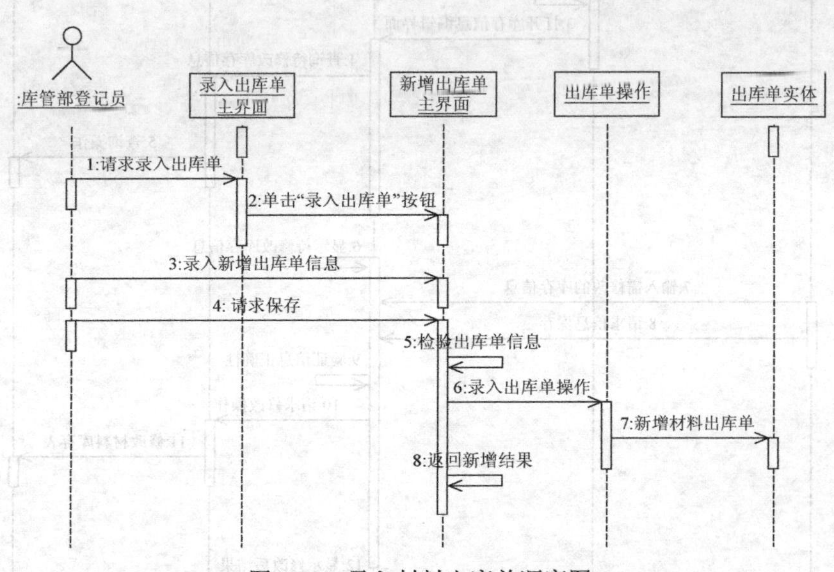

图5-47 录入材料出库单顺序图

查询库存信息顺序图，从左至右依次排列参与者（库管部登记员）、边界对象（库存信息管理总界面）、控制对象（查询库存信息操作）、实体对象（库存信息表）。顺序图流程为：库管部登记员进入库存信息管理主界面，输入查询条件，单击“查询”按钮，显示查询结果。具体信息如图 5-48 所示。

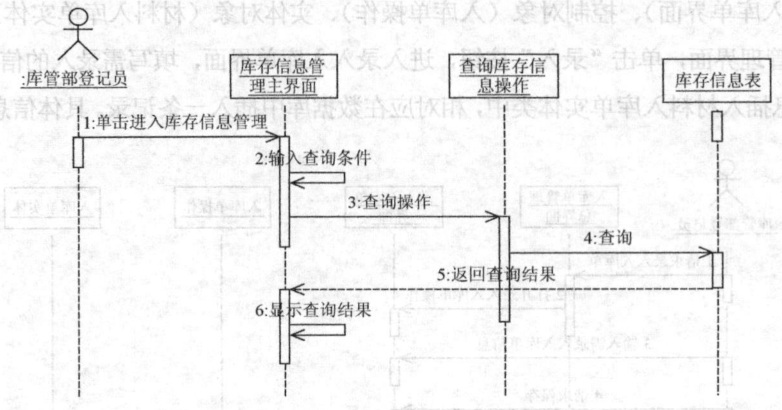

图 5-48　查询材料库存信息顺序图

修改库存信息界面顺序图从左至右依次排列参与者（库管部登记员）、边界对象（库存信息管理主界面、库存信息编辑界面）、控制对象（库存信息操作）、实体对象（材料库存表）。顺序图流程为：首先进入库存信息管理主界面，选择“编辑”界面，查询待修改库存信息记录，查询到需修改记录后，输入需修改库存信息，提交至库存信息编辑界面，确定后验证输入信息是否规范，通过检验后修改后台材料库存表。具体信息如图 5-49 所示。

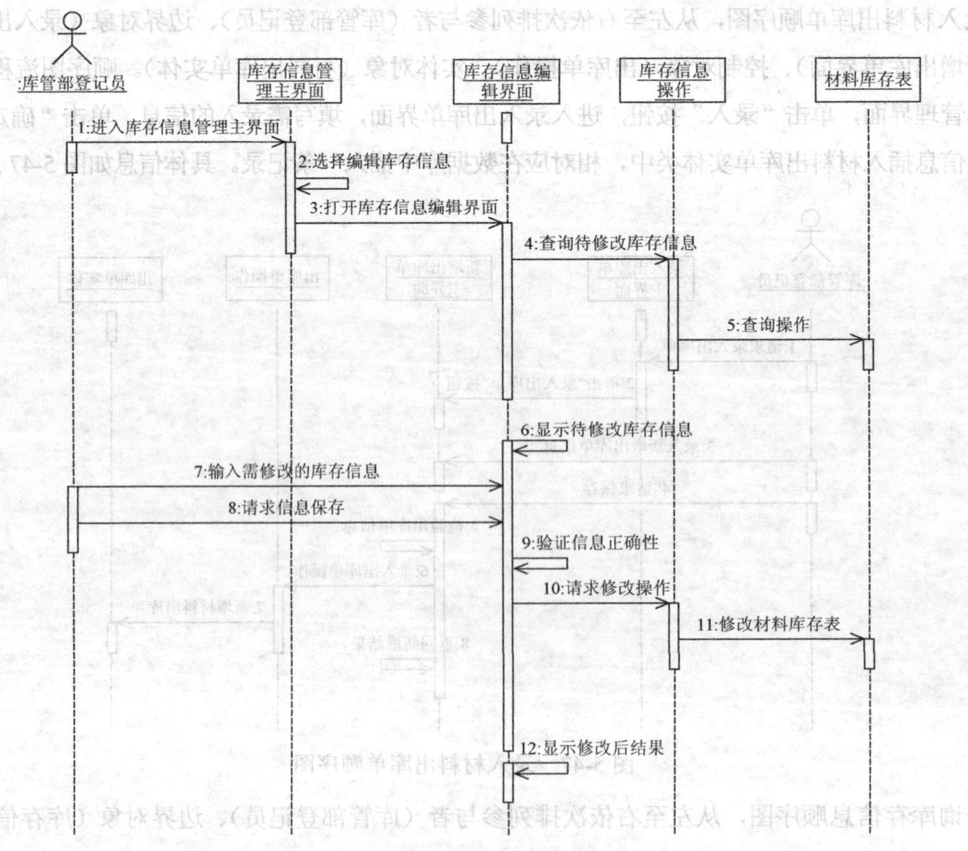

图 5-49　修改库存信息顺序图

这一节仅对库存管理的部分用例进行顺序图示例，希望读者可根据顺序图的定义和绘制方法为库存管理参照 5.2.5 小节用例图、用例说明绘制完整的顺序图。

需要说明的是，用例图的绘制从顶层到第一层、第二层，仿佛是从顶层用例细化生长出的一棵树，位于树根的是粒度粗的顶层用例，位于树枝上的叶子是粒度很小无需细化用例。我们绘制顺序图时，仅需对叶子节点进行分析，因为当绘制完来自顶层用例的所有叶子节点的顺序图，那么它们可以共同地描述顶层用例的行为。

5.3.5 包图

当一个系统模型中的构造成分很多时，对整个模型的阅读和理解就比较困难。以类图而论，在实际应用中如果一个系统有 30 个以下的类，那只能算是小型系统；有 50 个左右的类，算是中型系统；大型系统中的类则可达到 100 个以上甚至更多。面对这么多的类以及它们之间错综复杂的关系，阅读者会感到茫茫一片，不得要领。

因此人类在认识复杂事物时，学会了运用粒度控制的原则——当考虑系统全局时，重点着眼于系统中那些高层次、大粒度的概念，进行宏观的思考，暂时不细察其内部细节。在考虑各部分的细节时，则集中于一个局部，围绕一个主题进行微观的思考，暂时撇开当前考察范围以外的其余部分。为了控制系统的复杂性，建模方法应该能支持这种思考方式。其基础是引入一种对模型元素打包的机制，将一些在概念、结构或行为等方面关系比较密切的模型元素组织到一个包中，把一个大的、复杂的系统组织成从宏观到微观的多个层次。从较高的层次看是为数不多的几个大的包，在每个包中是若干具体的模型元素或者层次较低的包。运用这种机制，模型的使用者能够在不同的粒度层次上观察和理解系统——当需要了解系统的全局和概况时，可以着眼于其高层的各个包；当需要了解各部分的细节时，则深入各个包中阅读其内部成分。

事实上在 UML 中，可以在任何图中把任何模型元素组织到一些包中。

1. 包的概念和表示法

包（package）是一种将其他模型元素组织起来，形成较大粒度的系统单位的机制。

UML 对包的定义是：一种把元素组织到一起的通用机制。包可以嵌套于其他的包中。

理解包的概念，要注意以下几点：

包是一种把其他模型元素组织起来的机制，不是一种基本的模型元素。它可以用来把各种模型图中的元素打包，是一种通用的组织机制。

一个包内部的模型元素应该具有某种意义上的内在联系。例如，这组元素一起描述了系统中某个相对独立的组成部分（如一个子系统），描述系统中某一方面的事物（如人员或设备），或者解决系统的某一方面的问题（如输入/输出）等。所以，每个包的内部应该是高内聚的，各个包之间应该是低耦合的。

包的划分有一定的灵活性或随意性，强调的重点不同可以得到不同的包划分，每一种划分可能都是合理的。

包的表示法是一个较大的矩形，在它的左上角附带一个小矩形，如图 5-50 所示。其中图 5-50（a）

是压缩方式，它不展示包的内容，只是在大矩形中给出包的名称。图 5-50（b）是展开方式，在小矩形中填写包的名称，在大矩形中画出包的内容，即属于这个包的具体模型元素或者其下层的包。包的内容展示到何种程度可以由用户掌握。例如，可以只画出其中的每个类，也可以画出类之间的关系。压缩方式占用的空间少，便于在一幅图中画出数量较多的包，展开方式便于人们在看一个包的同时也能看到其中包含了哪些模型元素。图 5-50（c）是一个包的例子，它的名称是“教务管理”，其中有“教师”和“学生”两个类，还有一个在它内部嵌套的包“课程管理”。

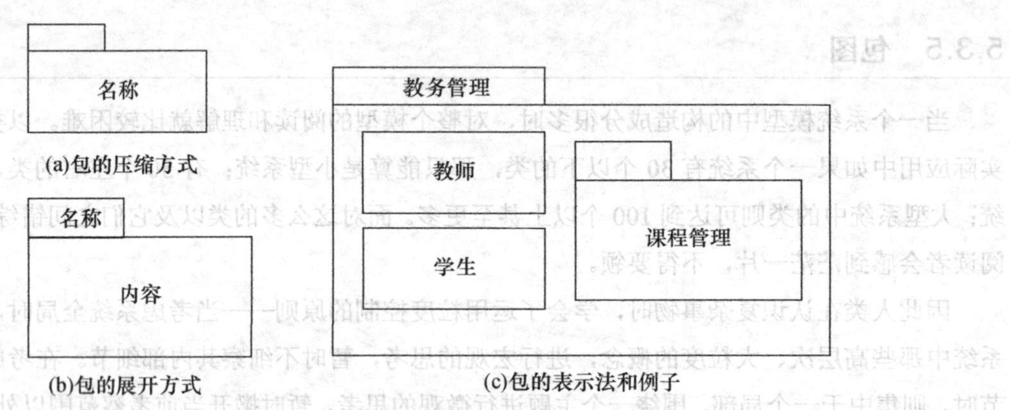

图 5-50　包的表示法和例子

包涉及的主要内容包括包的名称、包中拥有的元素、这些元素的可见性、包的构造型以及包与包之间的关系。

同其他模型元素的名称一样，每个包都必须有一个与其他包相区别的名称。包的名称是一个字符串，它有两种形式：简单名（Simple Name）和路径名（Path Name）。其中，简单名仅包含一个名称字符串，路径名是以包处于的外围包的名字作为前缀并加上名称字符串，但是在 Rational Rose 2003 中，使用简单名称后需要加上“（from 外围包）”的形式，图 5-51 表示 PackageA 包拥有 InPackageA 包。

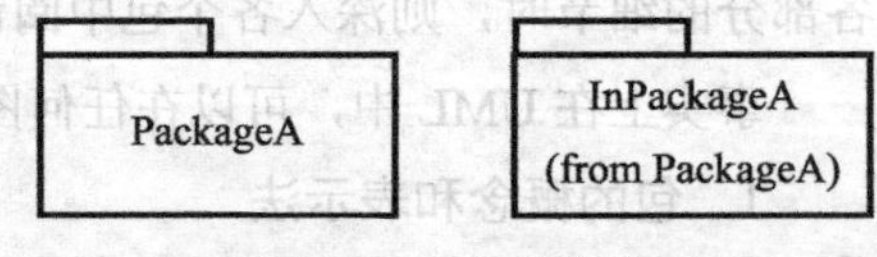

图 5-51　包的命名

在适当的建模工具支持下，可以把压缩方式的包层层展开，也可以把展开的包层层压缩，让用户能够随心自如地在不同层次上阅读系统模型。

2. 建立包图

对一组包以及它们之间的关系进行可视化表示的图就是包图（package diagram）。

在面向对象的建模中可以用两种方式来建立包图。

一种方式是自底向上的，即先建立类图，然后把类图中每一组联系较强的类组织为一个包。如果包的数量仍然太多，则进一步把联系较强的小包组织成一个大包，直到系统中最上层的包数量不超过 7 个左右。这种方式适应于小型系统或中型系统。

另一种方式是自顶向下的。在分析阶段先对系统做初步的分析，确定几个大的包，每个包相当于一个子系统。按这些子系统进行分工，各个分析小组对自己分工的子系统进行正规的面向对象分析，建立各个子系统（包）中的类图。设计阶段在沿用分析结果的同时，对系统的总体结构做宏观的规划，划分几个大包，然后针对每个包进行正规的面向对象设计。最后各个小组的分析或设计结果将合并为一个大的系统模型。这种方式适应于大型系统。

我们这里主要介绍按自底向上的开发方式介绍建立包图的策略。建立一个组织合理、概念清晰的包图，关键在于合理地决定包的划分，即决定把哪些模型元素组织在一个包中。

在进行模型元素的打包过程中，模型中的各种关系是决定如何把实体型的元素组织到各个包中的主要依据。通常来讲，划分包的基本原则就是把关系较为密切的模型元素组织到同一个包中，使每个包尽可能是高内聚的，不同的包之间尽可能是低耦合的。在数量上，每个包内的模型元素在 7±2 的范围内较为适当，但是允许有例外。

以下我们以大家熟悉的用例图来讨论对用例图中的模型元素打包的策略。通过这些策略所体现的原则也可以推广到其他需要对其元素打包的模型图。

在用例图中需要被打包的模型主要是用例，其次是参与者。对用例打包，考虑的首要因素是它们所描述的功能之间关系的紧密程度。在用例图中，用例之间的关系以及用例与参与者之间的关系也是重要的参考因素。

（1）功能类别。

如果一组用例所描述的功能属于同类业务，则可把它们组织到同一个包中。

例如，在前面提到的某木业管理公司中，由于各个部门的职能不同，在顶层用例图中我们就以各个部门作为参与者，因此可以将各个部门设置成包，每个部门的用例放置于各自的包中，这样划分的包能够自然地体现系统功能的划分。在 Rational Rose 2003 中，可以在画顶层用例图之前就为系统划分好包，如图 5-52 所示。同时在系统用例继续细化的过程中我们可以不断地根据用例是否属于同类业务把它们组织到下一层的包中，如图 5-53 所示。

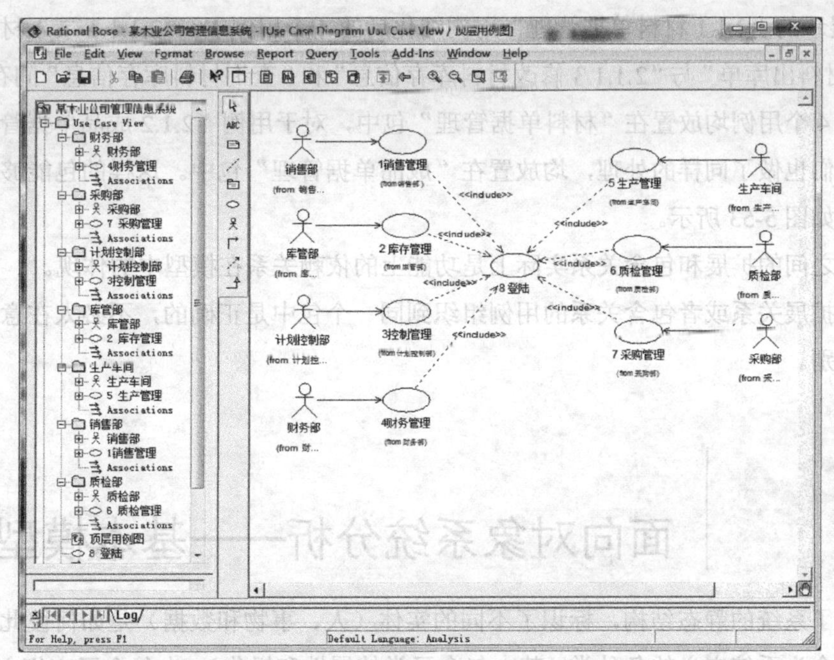

图 5-52　Rational Rose 2003 木业有限公司用例分包示意图

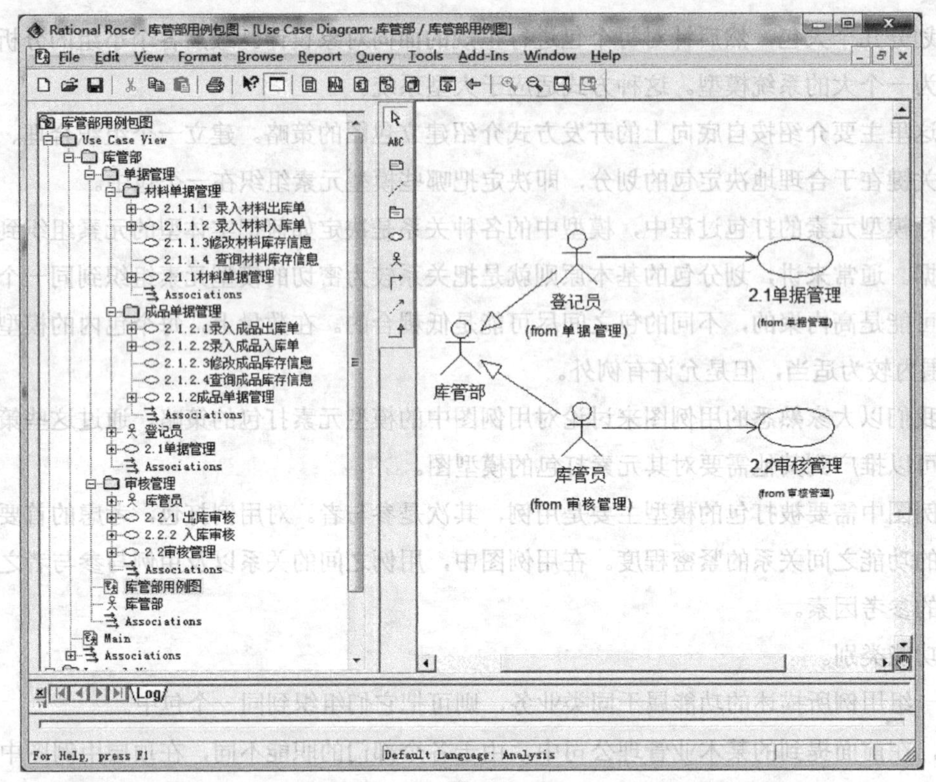

图 5-53 Rational Rose 2003 木业有限公司库管部用例分包示意图

（2）功能上的依赖。

如果一个（或一组）用例所描述的功能依赖另一个（或一组）用例所描述的功能，则可把它们组织到同一个包中。例如某木业管理公司中库管部（我们在 5.2.5 小节中已经进行了分析和细化）用例图 5-21 所展示的“2.1.1 材料单据管理”用例细化后的 4 个用例中，“2.1.1.1 录入材料入库单”和“2.1.1.2 录入材料出库单”与“2.1.1.3 修改材料库存信息”和“查询材料库存信息”间存在包含关系，因此我们将这 4 个用例均放置在“材料单据管理”包中，对于用例“2.1.2 成品单据管理”细化后的 4 个用例，我们也做了同样的处理，均放置在“成品单据管理”包中。这样的包能够体现系统功能的实现情况，如图 5-53 所示。

（3）用例之间的扩展和包含关系实际上是功能上的依赖关系在模型中的体现。

把存在着扩展关系或者包含关系的用例组织到同一个包中是正确的，不必太在意这两种关系的语义有什么差别。

5.4 面向对象系统分析——基本模型

类图显示了系统的静态结构，标识了不同的实体（人、事物和数据）是如何彼此相关联的。在类图中不仅包含为系统定义的各种类（其中包含了类的属性和操作），也包含了它们之间的关系，如关联、依赖和聚合等。由于类图表达的是系统的静态结构，使得这种描述在系统的整个生命周期中都是有效的。

为了能够使系统具有足够的灵活性和可变性，类的抽象程度以及好坏成为描述系统的关键。在类的抽象过程中，通常从系统的问题域出发，根据相关场景或用例得到不同的实体类。对象是类的实例化，因此对象图具有与类图相同的标识，当然对象图中也有一些不同的标识，如多对象等。由于事实上在面向对象分析设计中，对象最终要抽象成类，上节中我们也介绍了顺序图来体现对象之间的交互关系，因此对象图在利用 UML 进行分析设计过程中变得不那么重要。

本节将介绍类图的概念以及如何创建。希望读者能够通过本章的学习熟练分析和创建类图。

5.4.1 基本模型概述

类图是用于描述系统静态结构的重要手段。类图从抽象的角度描述系统的静态结构，特别是模型中存在的类、类的内部结构以及它们与其他类之间的相互关系，而对象是类的实例化表示，对象图是系统静态结构的一个快照。

1. 类的定义

在 UML 中，有两个图非常重要，一个是前面介绍的用例图，另一个就是本节将要介绍的类图。Rumbaugh 对类的定义是：类是具有相似结构、行为和关系的一组对象的描述符［RJB99］。

在 UML 中，类被表述成为具有相同结构、行为和关系的一组对象的描述符号。所用的属性与操作都被附在类中。类定义了一组具有状态和行为的对象，其中属性和关联用来描述状态。属性通常使用没有身份的数据值来表示，如数字和字符串。关联则使用有一身份的对象之间的关系表示。行为由操作来描述，方法是操作的具体实现。对象的生命周期则由附加给类的状态机来描述。

在 UML 中，类表示为划分成 3 个格子的长方形，一个 Teacher 类的 UML 模型元素如图 5-54 所示。

（1）类的名称。

在定义类的时候，类的命名应尽量用应用领域中的术语。应明确、无歧义，以利于开发人员与用户之间的相互理解和交流。一般而言，类的名字是名词。在 UML 中，类的命名分 simple name 和 path name 两种形式，其中 simple name 形式的类名就是简单的类的名字，而 path name 形式的类名还包括了包名。例如，下面是 path name 形式的类名：

Banking::CheckingAccount

其中 Banking 是包名，CheckingAccount 是包 Banking 中的一个类。

同时，类的名称应该是一个名词，并且不应该有前缀或后缀。按照 UML 的约定，类的名称的首字母应该大写，如果类的名称由两个单词组成，那么将这两个单词合并，第二个单词的首字母也大写。类的名称的书写字体也有规范，正体字说明类是可被实例化的，斜体字说明类为抽象类。图 5-55 代表的是一个名称为 Thought 的抽象类。

（2）类的属性。

属性是类的一个特性，也是类的一个组成部分，描述了在软件系统中所代表的对象具备的静态部分的公共特征抽象，这些特性是这些对象所共有的。当然有时候，也可以利用属性的值的变化来描述对象状态。一个类可以具有零个或多个属性。

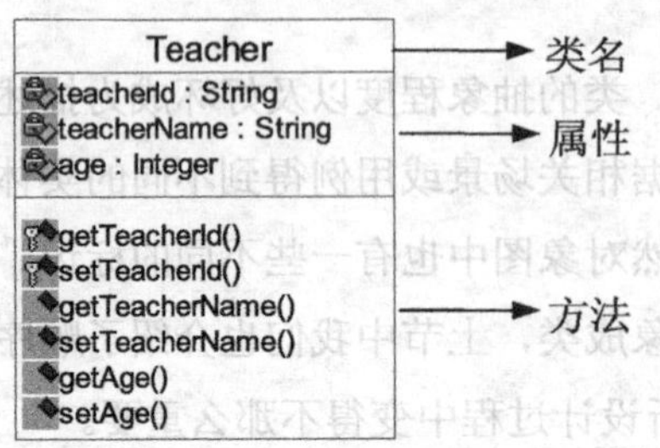

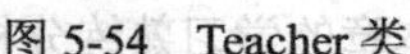
图 5-54 Teacher 类

图 5-55 Thought 的抽象类

在 UML 中，类的属性的表示语法如下（“[ ]”内的内容是可选的）：

[可见性] 属性名称 [:属性类型] [=初始值] [{属性字符串}]

例如，对于一个 Teacher 类的属性信息见表 5-16。

表 5-16 Teacher 类的属性

可见性	属性名称	属性类型	初始值
private	teacherName	String	
private	age	Integer	18

① 可见性。属性的可见性描述了该属性是否对于其他类能够可见，从而是否可以被其他类进行引用。类中属性的可见性包含 3 种，分别是公有类型（public）、受保护类型（protected）和私有类型（private）。在 Rational Rose 2003 中，类的属性设置还添加了 Implementation 选项，表 5-17 显示了 Rational Rose 2003 中类的属性的可见性能够设置的类型。

表 5-17 Rational Rose 2003 中类的属性的可见性

关键字	符号	Rational Rose 图标	含义
private	-		只有类本身才能访问，外部一概访问不到
protected	#		经常和泛化关系等一起使用，允许子类访问父类中受保护类型的属性
public	+		允许在类的外部使用或查看该属性
Implementation			该属性仅仅在被定义的包中才能够可见

在 Rational Rose 2003 中，类的属性可以选择上面 4 种类型的任意一种，默认的情况是选择私有类型。

② 属性的名称。属性是类的一部分。每个属性都必须有一个名字以区别于类中的其他属性。通常情况下，属性名由描述其所属类的特性的名词或名词短语构成。按照 UML 的约定，属性的名称的第一个字母小写，如果属性名包含了多个单词，这些单词要合并，并且除了第一个英文单词外，其余单词的首字母要大写。

③ 属性类型。属性也具有类型，用来指出该属性的数据类型。典型的属性的类型包括 Boolean、Integer、Byte、Date、String 和 Long 等，这些被称为简单类型。这些简单类型在不同的编程语言中

会有所区别，但是基本上都是支持的。在 UML 中，类的属性可以是任意的类型，包括系统中定义的其他类型都可以被使用。当一个类的属性被完整定义后，它的任何一个对象的状态都由这些属性的特定值所决定。

④ 初始值。在程序语言设计中，设定初始值通常有以下 2 个用处：

- 用来保护系统的完整性。在编程过程中，为了防止漏掉对类中某个属性的取值，或者类的属性在自动取值时会破坏系统的完整性，可以通过赋初始值的方法保护系统的完整性；
- 为用户提供易用性。设定一些初始值能够有效帮助用户进行输入，从而能够为用户提供很好的易用性。

⑤ 属性字符串。属性字符串是用来指定关于属性的一些附加信息，如某个属性应该在某个区域内是有限制的。任何希望添加在属性定义字符串中但又没有合适地方可以加入的规则都可以放在属性字符串中。

（3）类的操作。

操作（Operation）是指类所能执行的动作，也是类的一个重要组成部分，描述了在软件系统中所代表的对象具备的动态部分的公共特征抽象。类的操作可以根据不同的可见性由其他任何对象请求以影响其行为。属性是描述类的对象特性的值，而操作用于操纵属性的值进行改变或执行其他动作。操作有时被称为函数或方法，在类的图形表示中它们位于类的底部。一个类可以有零个或多个操作，并且每个操作只能应用于该类的对象。

操作由一个返回类型、一个名称以及参数表来描述，其中返回类型、名称和参数表一起被称为操作签名（Signature of the Operation）。操作签名描述了使用该操作所必需的信息。

在 UML 中类的操作的表示语法如下（“[ ]” 内的内容是可选的）：

[可见性] 操作名称 [(参数表)] [:返回类型] [{属性字符串}]

例如，在上面所列举的 Teacher 类的操作见表 5-18。

表 5-18　Teacher 类的操作

可见性	操作名称	参数表	返回类型
public	set	teacherName:String	Boolean

① 可见性。操作的可见性描述了该操作是否对于其他类能够可见，从而是否可以被其他类进行调用。类操作的可见性一般认为包含 3 种，分别是公有类型、受保护类型和私有类型。在 Rational Rose 2003 中，类的操作设置添加了 Implementation 选项。表 5-19 显示了 Rational Rose 2003 中类的属性的可见性能够设置的类型。

表 5-19　Rational Rose 2003 中类的操作的可见性

关键字	符号	Rational Rose 图标	含义
private	-		该操作只有类内部可以使用，类外部访问不到
protected	#		子类允许使用父类中受保护类型的操作
public	+		允许在类的外部使用或查看该操作
Implementation			该操作仅在被定义的包中才能够被调用

在 Rational Rose 2003 中，类的操作可以选择上面 4 种类型的任意一种，默认的情况是选择公有类型。

② 操作名称。操作作为类的一部分，每个操作都必须有一个名称以区别于类中的其他操作。通常情况下，操作名由描述所属类的行为的动词或动词短语构成。和属性的命名一样，操作的名称的第一个字母小写，如果操作的名称包含了多个单词，那么这些单词需要进行合并，并且除了第一个英文单词外，其余单词的首字母要大写。

③ 参数表。参数表就是由类型、标识符对组成的序列，实际上是操作或方法被调用时接收传递过来的参数值的变量。参数的定义方式采用“名称：类型”的形式，如果存在多个参数，则将各个参数用逗号隔开。如果方法没有参数，则参数表就是空的。参数可以具有默认值，即如果操作的调用者没有提供某个具有默认值的参数值，那么该参数将使用指定的默认值。

④ 返回类型。返回类型指定了由操作返回的数据类型。它可以是任意有效的数据类型，包括所创建的类的类型。绝大部分编程语言只支持一个返回值，即返回类型至多一个。如果操作没有返回值，在具体的编程语言中一般要加关键字 void 来表示，即其返回类型必须是 void。

⑤ 属性字符串。属性字符串用来附加一些关于操作的除了预定义元素之外的信息，从而方便对操作的一些内容进行说明。

（4）类的注释。

使用注释可以为类添加更多的描述信息，也是为类提供更多描述方式中的一种，如图 5-56 所示。

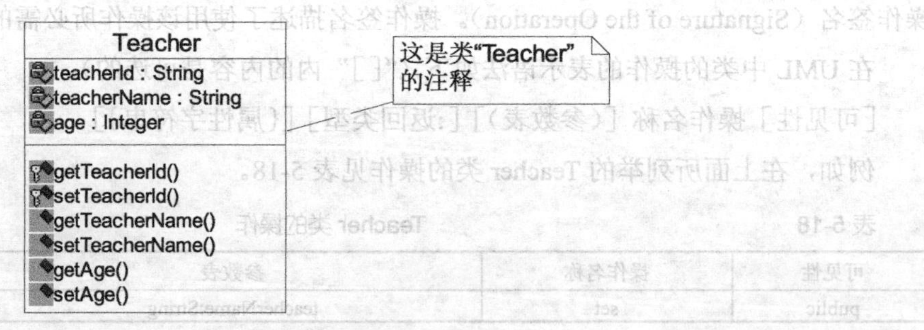

图 5-56　类的注释

（5）接口。

接口是在没有给出对象的实现和状态的情况下对对象行为的描述。通常在接口中包含一系列操作，但是不包含属性，并且它没有对外界可见的关联。可以通过一个或多个类（构件）实现一个接口，并且在每个类中都可以实现接口中的操作。

接口是一种特殊的类，所有接口都是有构造型<<interface>>的类。一个类可以通过实现接口支持接口所指定的行为。在程序运行的时候，其他对象可以只依赖于此接口，而不需要知道该类对接口实现的其他任何信息。一个拥有良好接口的类有清晰的边界，并成为系统中职责均衡分布的一部分。

在 UML 中，接口使用一个带有名称的小圆圈来进行表示，并且可以通过一条 Realize（实现关系）线与实现它的类相连接，如图 5-57 所示。

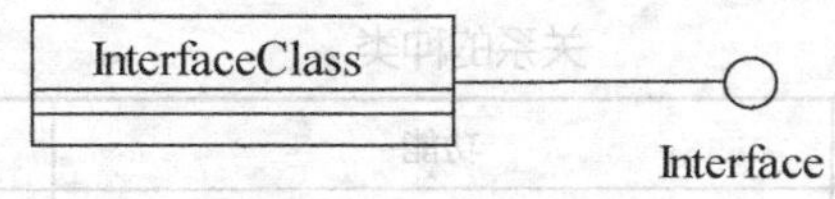

图 5-57 接口示例

当接口被其他类依赖的时候，即一个接口是在某个特定类中实现后，一个类通过一个依赖关系与该接口相连接。这时依赖类仅依赖于指定接口中的那些操作，而不依赖于接口实现类中的其他部分。在依赖类中可以通过一些方式调用接口中的操作，这种关系如图 5-58 所示。接口也可以同类那样进行一般化和特殊化处理。在类图中接口之间的泛化关系也是用类泛化关系所使用的符号表示，如图 5-59 所示。

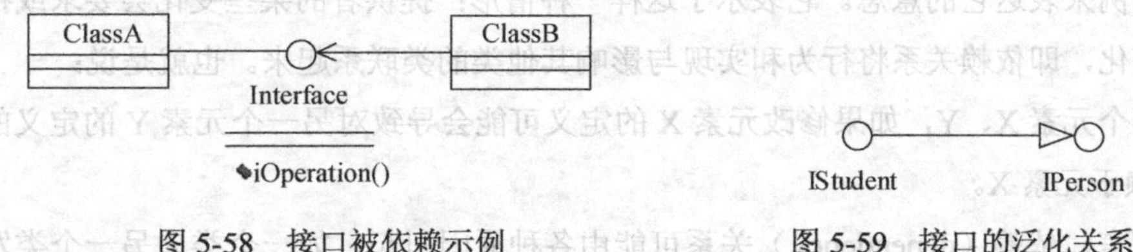

图 5-58 接口被依赖示例　　图 5-59 接口的泛化关系

（6）类的版型。

在 UML 中引入多种类版型帮助分析和设计人员确定系统中的类。UML 中 3 种主要的类版型是边界类（boundary class）、控制类（control class）和实体类（entity class）。

① 边界类。位于系统与外界的交界处，包括：用户界面类，如：窗口、对话框、报表类等；通讯协议类，如：TCP/IP 的类；直接与外部设备交互的类；直接与外部系统交互的类。例如库管部的管理界面抽象为类后就是界面类。如图 5-60 所示就是 Rational Rose 2003 中的边界类的版型。

② 实体类。实体类保存要放进持久存储体（数据库/文件等）的信息。实体类通过事件流和交互图发现，采用目标领域术语命名。通常实体类对应数据库中的表，其属性对应表的字段，但实体类与数据库中的表不一定是一一对应关系。在库存部员工进行材料单据管理时，材料单据的信息就需要进行数据存储或称之为数据持久化，因此材料单据是一种实体类。如图 5-61 所示就是 Rational Rose 2003 中的实体类的版型。

③ 控制类。控制类是负责管理或控制其他工作的类。每个用例通常有一个控制类，控制用例中的事件顺序，控制类也可以在多个用例间共用。控制类较少接收消息，发出较多消息。如图 5-62 所示就是 Rational Rose 2003 中的控制类的版型。

2. 类之间的关系

类与类之间的关系通常有 4 种，即依赖关系（Dependency）、泛化关系（Generalization）、关联关系（Association）和实现关系（Realization），如表 5-20 所示。

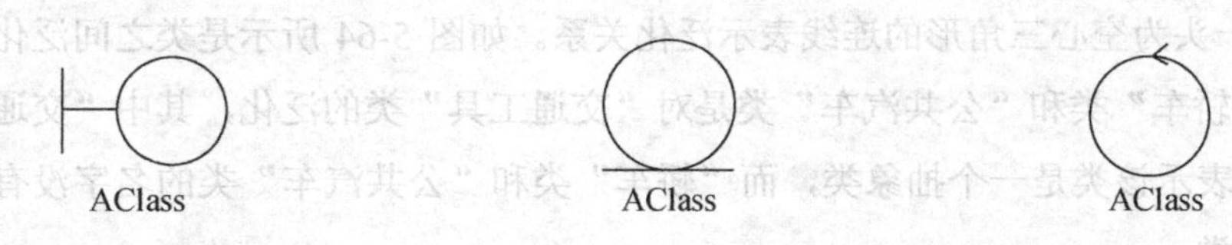

图 5-60 边界类　　图 5-61 实体类　　图 5-62 控制类

表 5-20　　　　关系的种类

关系	功能	表示图形
依赖关系	两个模型元素之间的依赖关系	- - - - - - - ->
泛化关系	描述类之间的关系	———▷
关联关系	类实例间连接的描述	———>
实现关系	说明和实现间的关系	- - - - - - -▷

（1）依赖关系。

依赖表示的是两个或多个模型元素之间语义上的连接关系。它只将模型元素本身连接起来而不需要用一组实例来表达它的意思。它表示了这样一种情形：提供者的某些变化会要求或指示依赖关系中客户的变化，即依赖关系将行为和实现与影响其他类的类联系起来。也就是说：

假设有两个元素 X、Y，如果修改元素 X 的定义可能会导致对另一个元素 Y 的定义的修改，则称元素 Y 依赖于元素 X。

对于类而言，依赖（dependency）关系可能由各种原因引起，如一个类向另一个类发送消息，或者一个类是另一个类的数据成员类型，或者一个类是另一个类的操作的参数类型等。如图 5-63 所示是类之间依赖关系的例子，其中 Schedule 类中的 add 操作和 remove 操作都有类型为 Course 的参数，因此 Schedule 类依赖于 Course 类。

有时依赖关系和关联关系比较难区分。事实上，如果类 A 和类 B 之间有关联关系，那么类 A 和类 B 之间也就有依赖关系了。但如果两个类之间有关联关系，那么一般只要表示出关联关系即可，不用再表示这两个类之间还有依赖关系。而且，如果在一个类图中有过多的依赖关系，反而会使类图难以理解。

与关联关系不一样的是，依赖关系本身不生成专门的实现代码。另外，与泛化关系类似，依赖关系也不仅仅只是限于类之间，其他建模元素，如用例与用例之间，包与包之间也可以有依赖关系。

（2）泛化关系。

泛化定义了一般元素和特殊元素之间的分类关系，如果从面向对象程序设计语言的角度来说，类与类之间的泛化关系就是平常所说的类与类之间的继承关系。

泛化关系也称为“a-kind-of”关系。在 UML 中，泛化关系不仅仅是类与类之间才有，像用例、参与者、关联、包、构件（component）、数据类型（data type）、接口（interface）、结点（node）、信号（signal）、子系统（subsystem）、状态（state）、事件（event）、协作（collaboration）等这些建模元素之间也可以有泛化关系。

UML 中用一头为空心三角形的连线表示泛化关系。如图 5-64 所示是类之间泛化关系的例子。在图 5-64 中，“轿车”类和“公共汽车”类是对“交通工具”类的泛化，其中“交通工具”类的名字用斜体表示，表示该类是一个抽象类，而“轿车”类和“公共汽车”类的名字没有用斜体，表示这两个类是具体类。

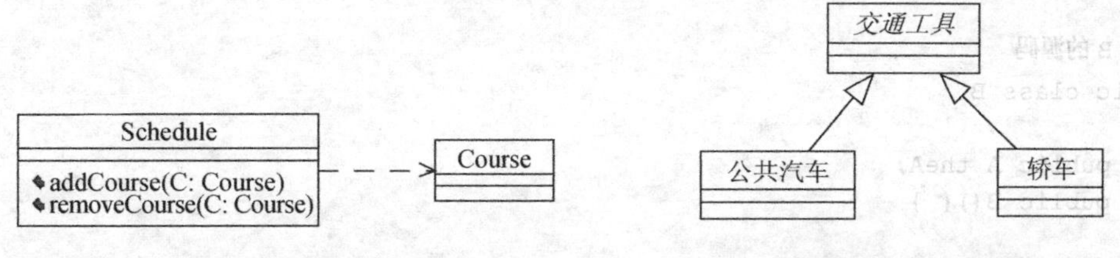

图 5-63　类的依赖　　　　图 5-64　泛化关系

（3）关联关系。

关联是模型元素间的一种语义联系，它是对具有共同的结构特性、行为特性、关系和语义的链（fink）的描述。

在上面的定义中，需要注意链这个概念，链是一个实例，就像对象是类的实例一样，链是关联的实例，关联表示的是类与类之间的关系，而链表示的是对象与对象之间的关系。在类图中，关联用一条把类连接在一起的实线表示，如图 5-65 所示。

一个关联可以有两个或多个关联端（association end），每个关联端连接到一个类。关联也可以有方向，可以是单向关联（uni-directional association）或双向关联（bi-directional association）。图 5-65 表示的是双向关联，图 5-66 表示的是从类 A 到类 B 的单向关联。

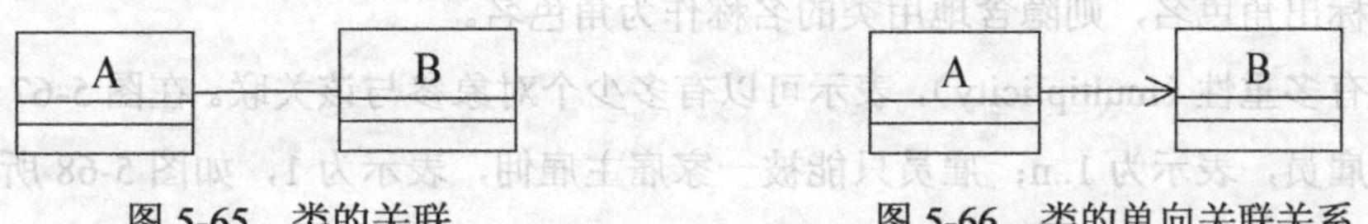

图 5-65　类的关联　　　　图 5-66　类的单向关联关系

关联是类图中非常重要的一种关系，这里以实现时相应的 Java 代码来帮助理解关联关系。可以在 Rose 中创建如图 5-66 所示的类图，并用 Rose 生成 Java 代码，代码如下所示。

```
// 类 A 的源码
public class A
{
   public B theB;
   public A(){ }
}
// 类 B 的源码
public class B
{
   public B(){ }
}
```

从上面的代码中可以看到，在类 A 中，有一个属性 theB，其类型为 B，而在类 B 中，没有相应的类型为 A 的属性。如果把这个单向关联改为双向关联，则生成的类 B 的代码中，会有相应的类型为 A 的属性。因此图 5-65 类的关联产生的 Java 代码则为：

```
// 类 A 的源码
public class A
{
    public B theB;
    public A(){ }
```

```
}
// 类 B 的源码
public class B
{
      public A theA;
      public B(){ }
}
```

① 关联名。可以给关联加上关联名，来描述关联的作用。如图 5-67 所示是使用关联名的一个例子，其中 Company 类和 Person 类之间的关联如果不使用关联名，则可以有多种解释，如 Person 类可以表示是公司的客户、雇员或所有者等。但如果在关联上加上 Employs 这个关联名，则表示 Company 类和 Person 类之间是雇佣（Employs）关系。显然这样语义上更加明确。一般说来，关联名通常是动词或动词短语。

当然，在一个类图中，并不需要给每个关联都加上关联名，给关联命名的原则应该是该命名有助于理解该模型。事实上，一个关联如果表示的意思已经很明确了，再给它加上关联名，反而会使类图变乱，只会起到画蛇添足的作用。

② 关联的角色。关联两端的类可以某种角色参与关联。例如在图 5-67 中，Company 类以 employer 的角色、Person 类以 employee 的角色参与关联，employer 和 employee 称为角色名。如果在关联上没有标出角色名，则隐含地用类的名称作为角色名。

角色还具有多重性（multiplicity），表示可以有多少个对象参与该关联。在图 5-67 中雇主（公司）可以雇佣多个雇员，表示为 1..n；雇员只能被一家雇主雇佣，表示为 1，如图 5-68 所示。

图 5-67　关联名　　　　图 5-68　角色与多重性

在 UML 中，多重性可以用下面的格式表示：

```
0..1
0..*  （也可以表示为 0..n）
1     （1..1 的简写）
1..*  （也可以表示为 1..n）
*     （即 0..n）
7
3，6，9
0     （0..0 的简写，表示没有实例参与关联，一般不用）
```

可以看到，多重性是用非负整数的一个子集来表示的。

③ 关联类。关联本身也可以有特性，通过关联类（association class）可以进一步描述关联的属性、操作以及其他信息。关联类通过一条虚线与关联连接。图 5-69 中的 Contract 类是一个关联类，Contract 类中有属性 salary，这个属性描述的是 Company 类和 Person 类之间关联的属性，而不是描述 Company 类或 Person 类的属性。

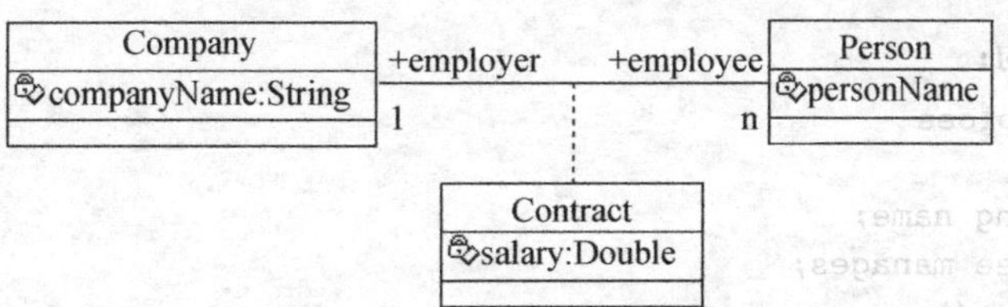

图 5-69 使用关联类的关联

为了有助于理解关联类，这里也用 Rose 生成相应的 Java 代码，共 3 个类，如下所示。

```
//Company.java
public class Company
{
   private String companyName;
   public Person employee[];
}
//Person.java
public class Person
{
   private int personName;
   public Company employer;
}
//Contract.java
public class Contract
{
   private Double salary;
}
```

由于指定了关联角色的名字，所以生成的代码中就直接用关联角色名作为所声明的变量的名字，如 employee、employer 等。另外，employer 的可见性是 protected，也在生成的代码中体现出来。因为指定关联的 employee 端的多重性为 n，所以在生成的代码中，employee 是类型为 Person 的数组。

④ 关联的约束。对于关联可以加上一些约束，以加强关联的含义。如图 5-70 所示是两个关联之间存在异或约束的例子，即 Account 类或者与 Person 类有关联，或者与 Corporation 类有关联。

⑤ 关联的种类。按照关联所连接的类的数量，类之间的关联可分为自返关联、二元关联和 N 元关联，共 3 种关联。自返关联（reflexive association）又称递归关联（recursive association），是一个类与自身的关联，即同一个类的两个对象间的关系。自返关联虽然只有一个被关联的类，但有两个关联端，每个关联端的角色不同。自返关联的例子如图 5-71 所示。

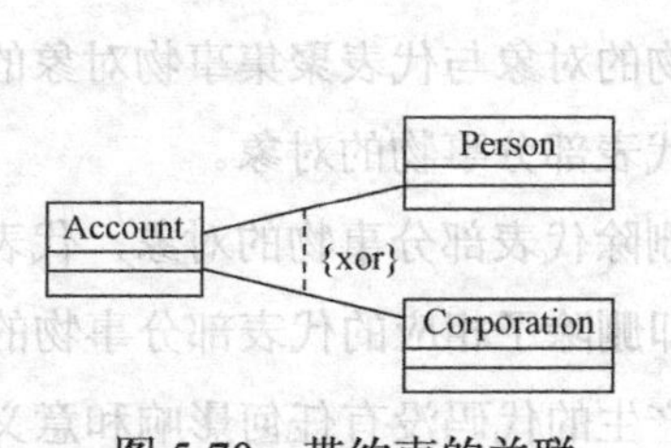

图 5-70 带约束的关联

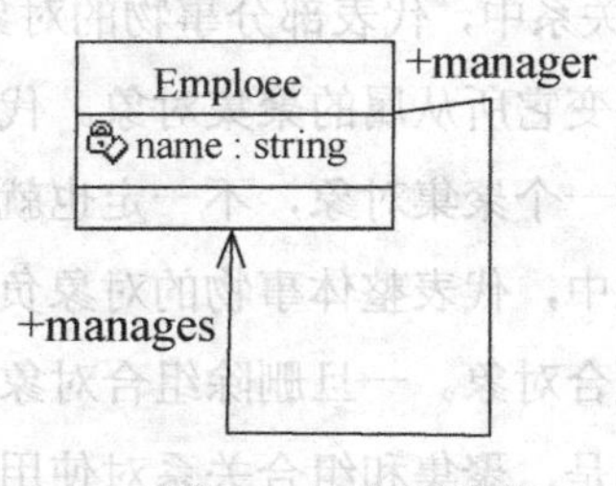

图 5-71 自返关联

自返关联的代码为：

```
public class Emploee
{
   private string name;
   public Emploee manages;
   public Emploee()
   {
   }
}
```

二元关联（binary association）是在两个类之间的关联，对于二元关联，前面已经举了很多例子，这里就不再举例说明了。

N 元关联（n-ary association）是在 3 个或 3 个以上类之间的关联。

如图 5-72 所示，球员、球队和年份这 3 个类之间存在三元关联，而记录类是关联类。

N 元关联中多重性的意义是：在其他 N-I 个实例值确定的情况下，关联实例元组的个数。

图 5-72 中多重性表示的意思是在某个具体年份和球队中，可以有多个球员；一个球员在某一个年份中，可以在多个球队服役；同一个球员在同一个球队中可以服役多年。

需要注意的是 N 元关联没有聚集、组合等概念，Rose 2003 不能直接画出 N 元关联。

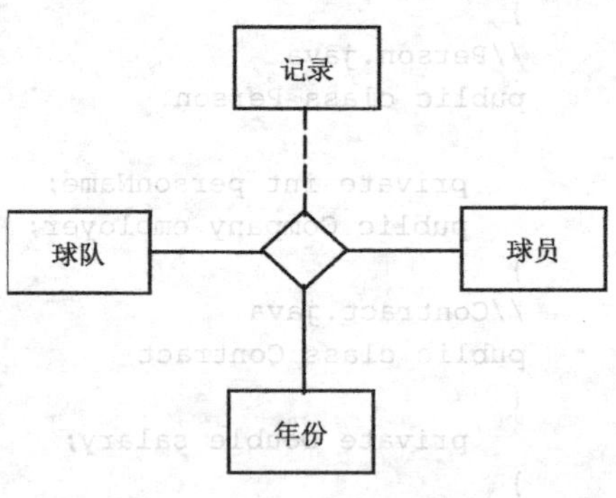

图 5-72 N 元关联

⑥ 聚集和组合。聚集（aggregation）是一种特殊形式的关联。聚集表示类之间整体与部分的关系。在对系统进行分析和设计时，需求描述中的“包含”“组成”“分为……部分”等词常常意味着存在聚集关系。

组合（composition）表示的也是类之间的整体与部分的关系，但组合关系中的整体与部分具有同样的生存期。也就是说，组合是一种特殊形式的聚集。

聚集和组合是比较容易混淆的概念，在实际运用时，往往很难确定是用聚集关系还是用组合关系。下面列出聚集和组合之间的一些区别：

- 聚集关系也称为“has-a”关系，组合关系也称为“contains-a”关系；
- 聚集关系表示事物的整体/部分关系的较弱的情况，组合关系表示事物的整体/部分关系的较强的情况；
- 在聚集关系中，代表部分事物的对象可以属于多个聚集对象，可以为多个聚集对象所共享，而且可以随时改变它所从属的聚集对象。代表部分事物的对象与代表聚集事物对象的生存期无关，一旦删除了它的一个聚集对象，不一定也就随即删除代表部分事物的对象。

在组合关系中，代表整体事物的对象负责创建和删除代表部分事物的对象，代表部分事物的对象只属于一个组合对象。一旦删除组合对象，也就随即删除了相应的代表部分事物的对象。

需要注意的是，聚集和组合关系对使用正向工程产生的代码没有任何影响和意义。

5.4.2 确定类图

1. 确定类

根据相关的用例或场景抽象出合适的类是使用 UML 进行静态建模所要达到的目标。使用 UML 的最终目标是识别出系统所有必需的类，并分析这此类之间的关系。

因此进行系统建模的很重要的一个挑战就是决定需要哪些类来构建系统。类的识别是一个需要大量技巧的工作，一些寻找类的技巧包括：

- 名词识别法；
- 根据用例描述确定类；
- 使用CRC分析法；
- 根据边界类、控制类、实体类的划分来帮助分析系统中的类；
- 参考设计模式确定类；
- 对领域进行分析或利用已有领域分析结果得到类；
- 利用RUP在分析和设计中寻找类的步骤等。

通过这些方法会有效地帮助识别出系统的类。下面简要介绍一下名词识别法、根据用例描述和通过边界类、控制类、实体类的划分确定类。

（1）名词识别法。

名词识别法是通过识别系统问题域中的实体来识别对象和类。对系统进行描述，描述应该使用问题域中的概念和命名，从系统描述中标识名词及名词短语，其中的名词往往可以标识为对象，复数名词往往可以标识为类。

（2）通过用例描述识别类。

从用例中也可以识别出类。实质上用例图是一种系统描述的形式，自然可以根据用例描述来识别类。针对各个用例，通常可以根据如下的问题辅助识别类：

- 用例描述中出现了哪些实体？
- 用例的完成需要哪些实体合作？
- 用例执行过程中会产生并存储哪些信息？
- 用例要求与之关联的每个角色的输入是什么？
- 用例反馈与之关联的每个角色的输出是什么？
- 用例需要操作哪些硬设备？

（3）根据边界类、控制类、实体类的划分确定类。

在前面我们介绍使用顺序图对每个“叶子”用例进行直观的描述，每个用例的实现可以表示为涉及在该用例中的各个对象之间的消息传递机制。这些对象在前面我们可以划分为边界对象、控制对象、实体对象，对这些对象进行抽象后就是系统中的边界类、控制类、实体类。

当我们为所有的“叶子”用例（未细化或无需细化的用例）均绘制了顺序图，所有顺序图中的对象映射成类后的集合就是系统问题域相关的所有类的集合。需要注意的是，可能某个对象参与到了多个系统用例的实现，在不同的顺序图中涉及的同一类对象的映射应该产生出唯一的类，应防止出现重复的类。

需要注意的是在顺序图中，对象之间传递的信息数据要么可以映射到发送方的某些属性，要么该信息数据本身就是一个对象。这些隐藏的对象也要映射成类。

综合以上 3 种方法，识别结果就可以得到整个系统的类。

（4）销售部订单管理涉及的类。

销售部包含 4 个用例，如图 5-73 所示。其中最主要的部分是订单的管理，包括 4 个子用例：1.1.1 增加订单、1.1.2 修改订单、1.1.3 删除订单和 1.1.4 查询订单。用例图如图 5-74 所示。

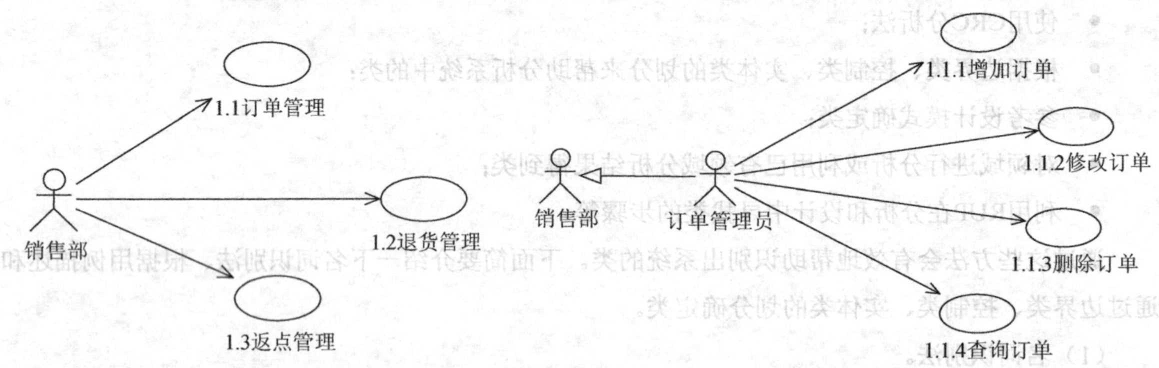

图 5-73　销售部用例图　　图 5-74　销售部订单管理用例细化用例图

这一部分将以订单管理为例介绍如何确定系统的类，根据 5.3.4 小节所述，为订单管理细化后的 4 个用例分别画出的顺序图如图 5-75、图 5-76、图 5-77 和图 5-78 所示。

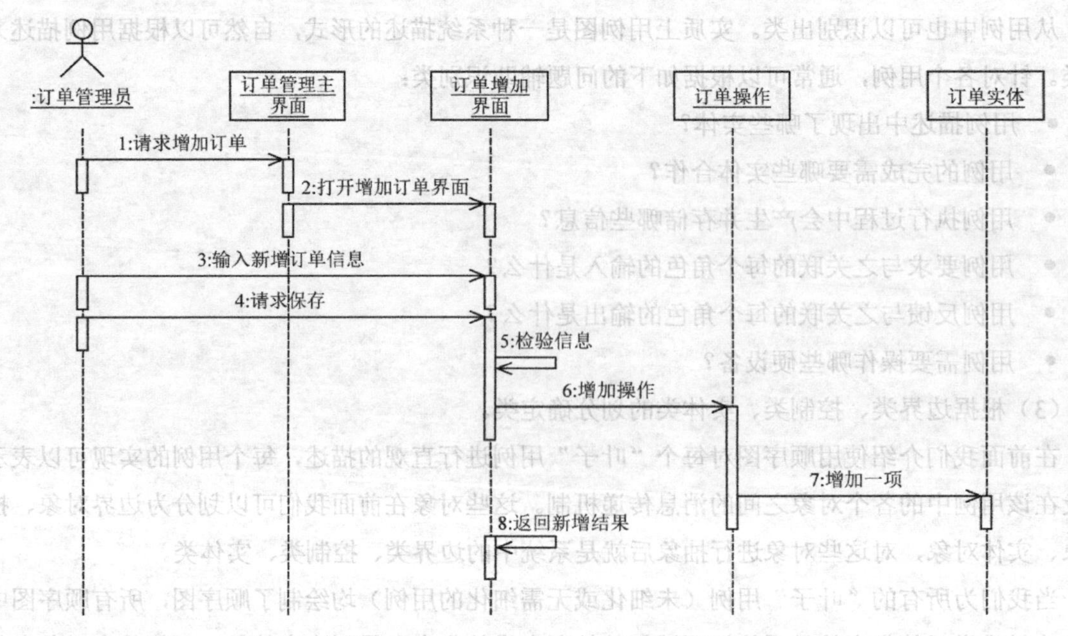

图 5-75　增加订单顺序图

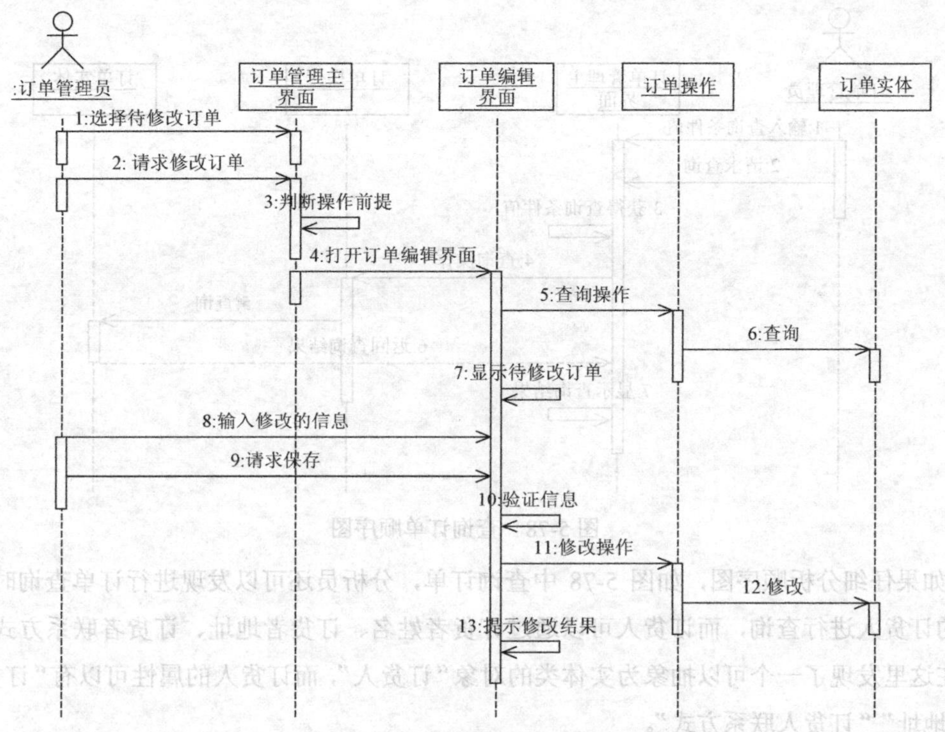

图 5-76　修改订单顺序图

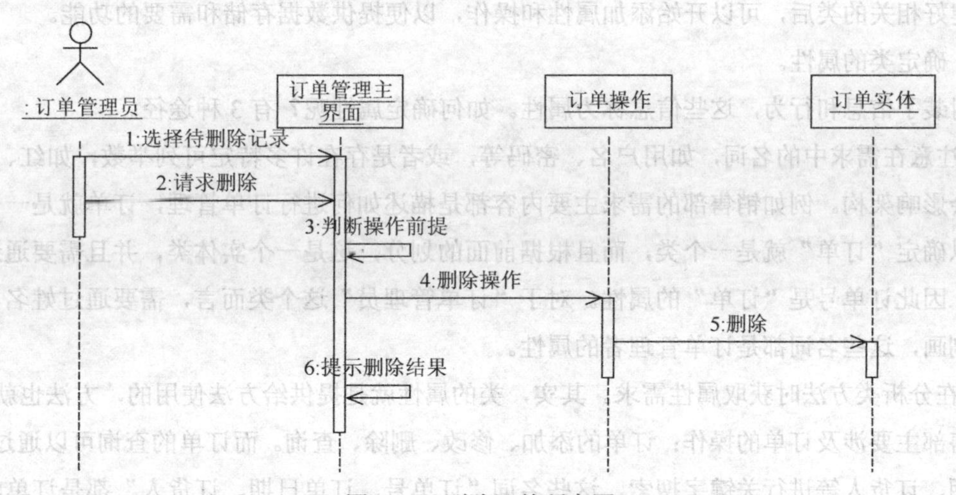

图 5-77　删除订单顺序图

① 我们可以分别将四幅图中的对象映射成类，并去掉重复的类，发现四幅图的边界类有：“订单管理主界面”“订单增加界面”（增加订单的界面）“订单编辑界面”（订单修改的界面）；控制类：“订单操作”类；实体类：“订单实体”；由于订单需要记录订单的具体信息，具体信息包含货品编号和货品数量，因此专门增加一个类“订单明细”来描述这些信息，而订单明细本身又是订单的属性。

② 需要注意的是，订单的操作需要参与者“订单管理员”来完成，而参与者在 UML 中也定义为类的对象，因此还有一个类是“订单管理员”。

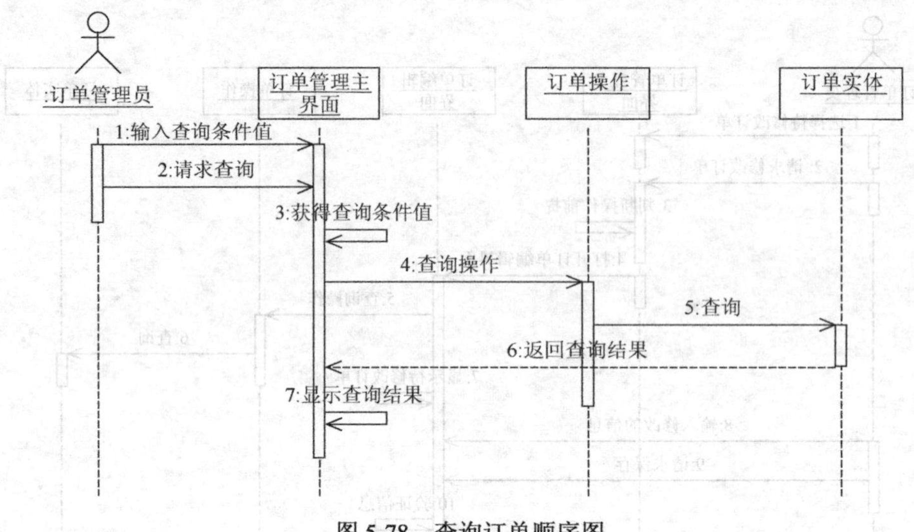

图 5-78 查询订单顺序图

③ 如果仔细分析顺序图，如图 5-78 中查询订单，分析员还可以发现进行订单查询时，可以通过订单的订货人进行查询，而订货人可以通过订货者姓名、订货者地址、订货者联系方式描述，因此我们在这里发现了一个可以抽象为实体类的对象“订货人”，而订货人的属性可以有“订货人姓名”“订货人地址”“订货人联系方式”。

2. 类图的属性与操作

创建好相关的类后，可以开始添加属性和操作，以便提供数据存储和需要的功能。

（1）确定类的属性。

类封装了信息和行为，这些信息称为属性。如何确定属性呢？有 3 种途径。

① 注意在需求中的名词，如用户名、密码等，或者是存在许多特定可列举数，如红、黄和绿。属性不会影响架构。例如销售部的需求主要内容都是描述如何进行订单管理，订单就是一个名词，我们可以确定“订单”就是一个类，而且根据前面的划分，这是一个实体类，并且需要通过订单号来区分，因此订单号是“订单”的属性。对于“订单管理员”这个类而言，需要通过姓名、工号等信息来刻画，这些名词都是订单管理者的属性。

② 在分析类方法时获取属性需求。其实，类的属性就是提供给方法使用的，方法也就是操作。比如销售部主要涉及订单的操作：订单的添加、修改、删除、查询。而订单的查询可以通过订单号、订单日期、订货人等进行关键字搜索，这些名词“订单号、订单日期、订货人”都是订单的属性。

③ 通过查阅用例文档或需求文档资料来获得属性，事件流中的名词有一些是属性。如果已经定义好数据库结构，则表中的字段就是属性。

必须注意的是在标记属性时，要将其赋予适当的类，属性是与类相关联的信息。

（2）确定类的操作。

有 4 种不同的操作作用于属性：实现、管理、访问和帮助。实现操作用来实现业务功能，管理操作用来管理对象的创建和构造，访问操作用于查询或修改某个类的属性，帮助操作是说明类完成任务所需要的操作。

事实上在创建顺序图（协作图）时，已经完成了寻找操作的主要过程。假设对象A向对象B发送消息，我们通常认为A使用了B的方法B.method（），因此我们可以对图5-75至图5-78中的消息表示为消息接收对象的方法，如图5-79至图5-82所示。

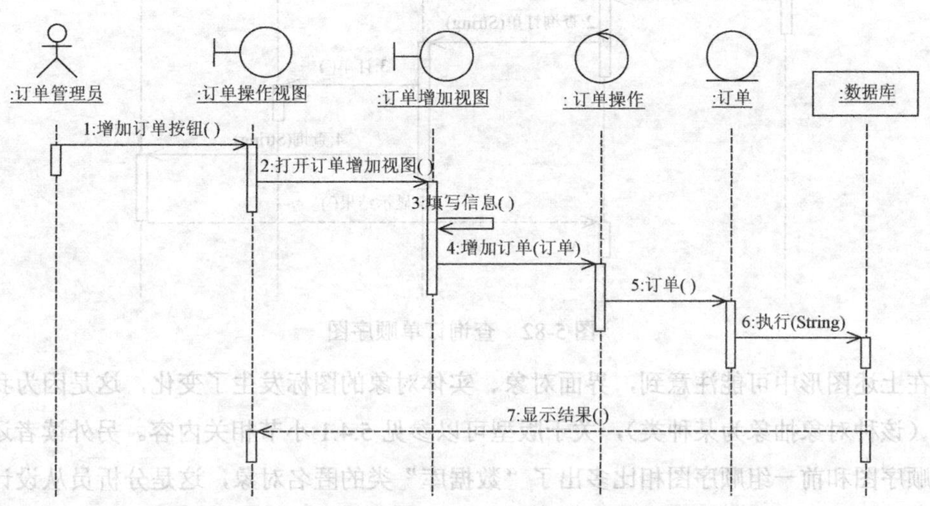

图5-79　增加订单顺序图

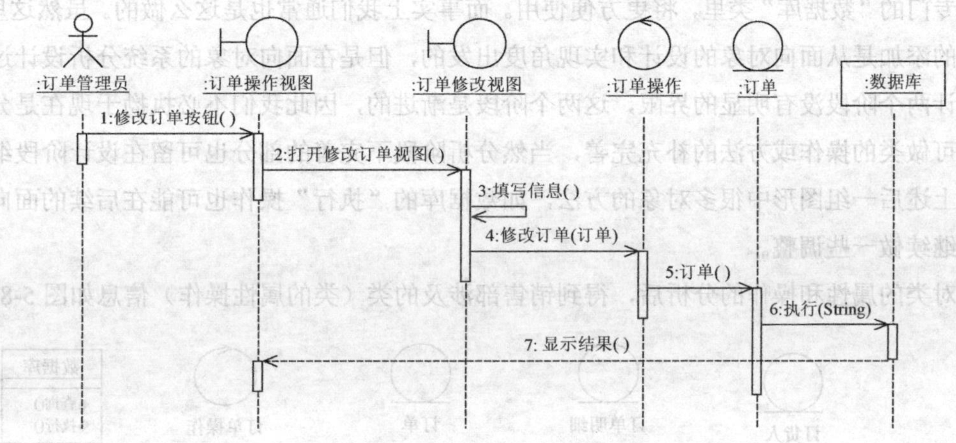

图5-80　修改订单顺序图

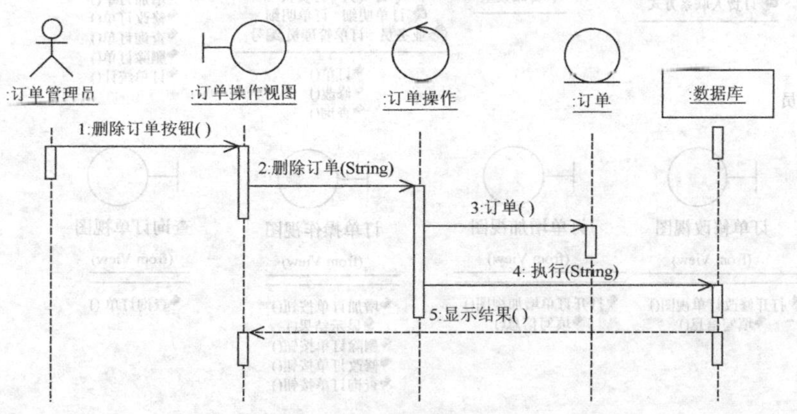

图5-81　删除订单顺序图

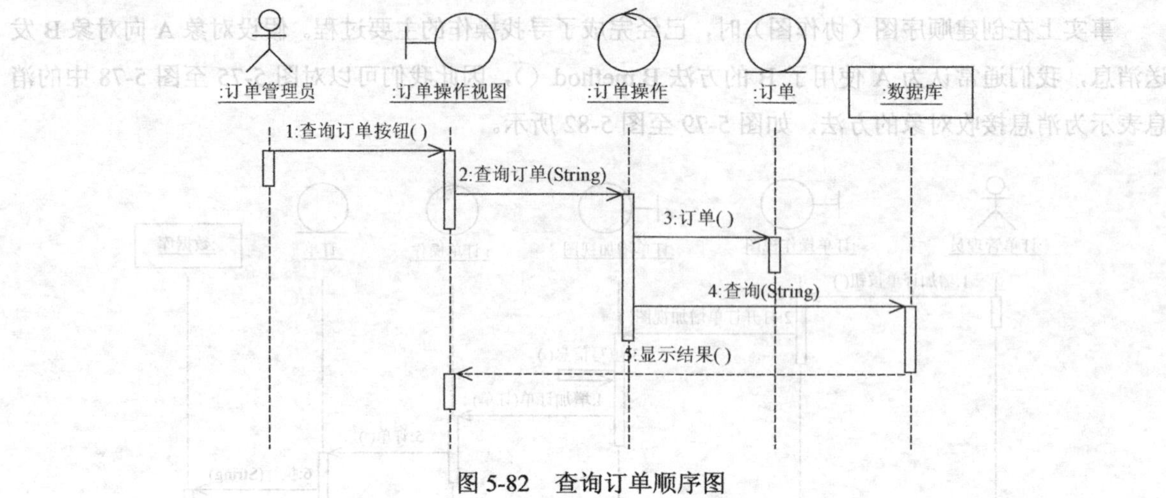

图 5-82　查询订单顺序图

读者在上述图形中可能注意到，界面对象、实体对象的图标发生了变化，这是因为我们使用了类的版型（该种对象抽象为某种类），关于版型可以参见 5.4.1 小节相关内容。另外读者还可以注意到后一组顺序图和前一组顺序图相比多出了“数据库”类的匿名对象，这是分析员从设计和实现的层面上做出的考虑。由于在多幅顺序图中都涉及了数据库的操作，因此将对数据库的查询等操作封装在一个专门的“数据库”类里，将更方便使用。而事实上我们通常也是这么做的。虽然这里的“数据库”类的添加是从面向对象的设计和实现角度出发的，但是在面向对象的系统分析设计过程中，分析与设计两个阶段没有明显的界限，这两个阶段是渐进的，因此我们不必执拗于现在是分析阶段就一定不可做类的操作或方法的补充完善，当然分析阶段不完善的部分也可留在设计阶段继续加以补充。在上述后一组图形中很多对象的方法，如数据库的“执行”操作也可能在后续的面向设计和实现阶段继续做一些调整。

经过对类的属性和操作的分析后，得到销售部涉及的类（类的属性操作）信息如图 5-83 所示。

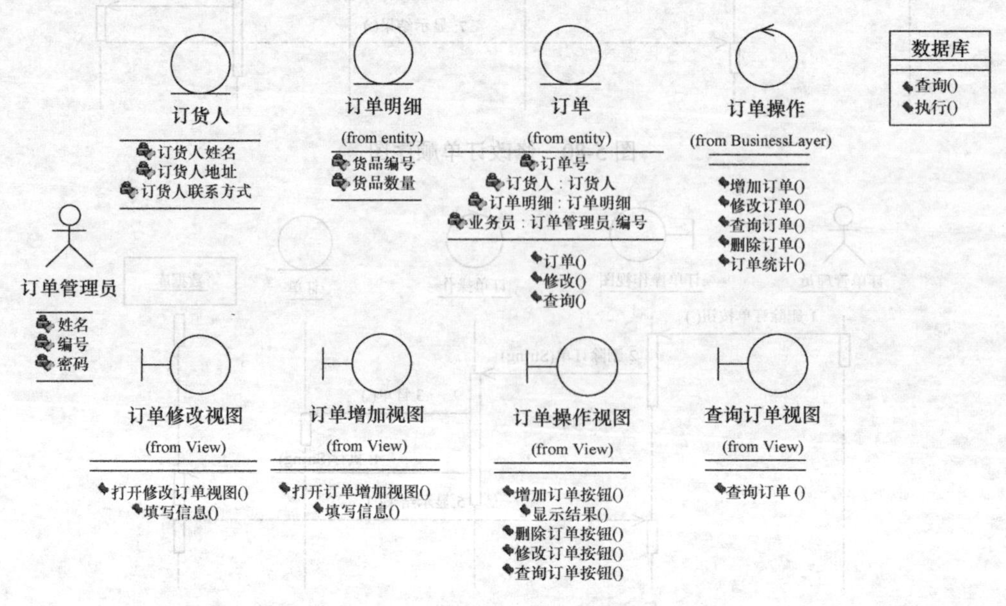

图 5-83　销售部涉及的类

3. 关系层（关联、依赖、泛化）

分析了类的属性和操作后，接下来分析员要分析类的关系，关于类的关系的定义和解释，读者可以参看 5.4.1 小节。

（1）关联关系。

我们可以看出订单与订单明细、订单与订货人、订单与订单管理员之间存在关联关系，而且多重性的表现为：一份订单包含一到多条订单明细记录；一个订单管理员可能录入多份订单，但一个订单却能确定录入它的管理员；一个订单一定有一个订货人，但是同一个订货人可能历史上有多份订单。

因此这几个实体类之间的关联关系可以表示为图 5-84。

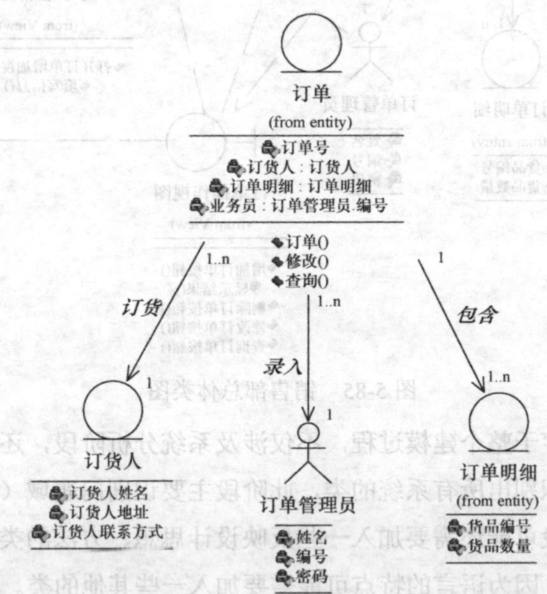

图 5-84 销售部实体类关联图

（2）依赖关系。

根据依赖关系的定义，我们可以认为以下几种情况都存在类之间的依赖关系：

- 调用，一个类调用另一个类的方法；
- 参数，一个类的方法使用另一个类作为形式参数；
- 发送，消息的发送者与接收者之间的关系；
- 实例化，一个类的方法创建了另一个的实例。

因此，在顺序图中对象之间有消息传送，那么两个对象抽象成的类之间存在依赖关系。所以分析员根据以上几种常见形式对销售部的类之间的依赖关系进行分析，画出各个类之间的依赖关系，用虚线箭头表示依赖。

（3）泛化关系。

其实这是类之间的一种继承关系，参见 5.4.1 小节。在销售部涉及的类中不存在此种关系，因此不予表达。

将上述类之间的关系糅合在一幅图中则得到了分析阶段的类图，如图 5-85 所示。

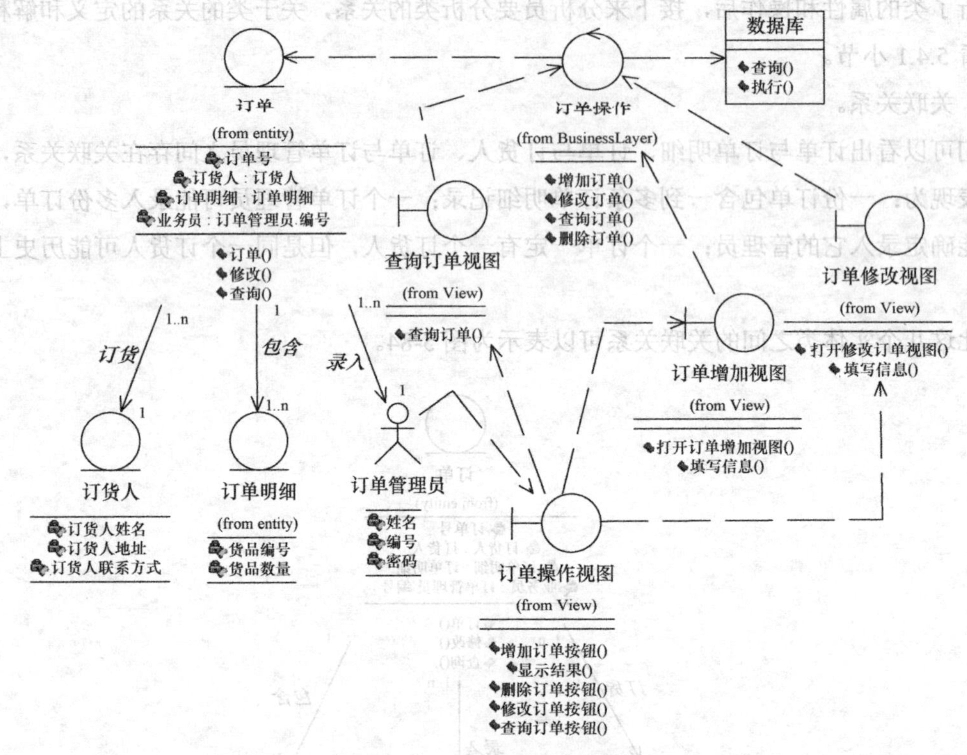

图 5-85　销售部总体类图

事实上，类的识别贯穿于整个建模过程，不仅涉及系统分析阶段，还涉及系统的设计和实现阶段。在分析阶段往往不能识别出所有系统的类，此阶段主要识别问题域（系统主要的功能）相关的类。下一步在系统设计阶段可能还需要加入一些反映设计思想、方法的类以及实现问题域所需要的类，而到了编码实现阶段，因为语言的特点可能需要加入一些其他的类。

习题

1．简答题

（1）什么是用例图，用例图有什么作用，用例之间有什么样的关系，分别在什么情况下使用？

（2）在确定参与者的过程中需要注意什么？

（3）什么是活动图，在什么情况下可以使用活动图进行建模？

（4）活动图的组成要素有哪些？请描述合并和汇合的区别。

（5）状态图的组成要素有哪些？请尝试为系统其他重要对象画出状态图。

（6）简述简单状态和组成状态的区别。

（7）什么是顺序图，说明该图的作用？

（8）顺序图有哪些组成部分，顺序图中的消息有哪些类型，在顺序图中如何创建和销毁对象？

（9）什么是包图，它有哪些作用？

（10）包图有哪些组成部分？

（11）什么是类图？什么是对象图？说明两种图的作用。

（12）类图有哪些组成部分，类之间的关系有哪些？试着描述这些关系。

2．综合题

（1）请为质检部的“质检管理”用例进行细化，画出第二层、第三层……用例图。

（2）网络的普及带给了人们更多的学习途径，随之而来管理远程网络教学的“远程网络教学系统”也诞生了。“远程网络教学系统”的功能需求如下：

- 学生登录网站后，可以浏览课件，查找课件，下载课件，观看教学视频；
- 教师登录网站后，可以上传课件，上传教学视频，发布教学心得，查看教学心得，修改教学心得；
- 系统管理员负责对网站页面的维护，审核不合法课件和不合法教学信息。批准用户注册。

满足上述需求的系统主要包括以下几个系统模块：

- 基本业务模块：该模块主要用于学生下载课件、在线观看教学视频；教师上传课件、发布和修改教学心得；
- 浏览查询模块：该模块主要用于对网站的信息进行浏览、查询、搜索等。方便用户了解网站的宗旨，找到自己需要的资源；
- 系统管理模块：主要用于系统管理员对网站进行维护。审核网站的各种资源。批准用户注册等。

（a）学生需要登录“远程网络教学系统”后才能正常使用该系统的所有功能。如果忘记密码，可以通过“找回密码”功能恢复密码。请画出学生参与者的用例图。

（b）教师如果忘记密码，可以通过“找回密码”功能找回密码。

请画出教师参与者的用例图。

（3）在“远程网络教学系统”中，学生登录后可以下载课件。在登录时，系统需要验证用户的登录信息，如果验证通过，系统会显示所有的可选服务。如果验证失败，则登录失败。当用户看到系统显示的所有可选服务后，可以选择下载服务，然后下载需要的课件。下载完成后用户退出系统，系统则会注销相应的用户信息。请画出学生下载课件的活动图。

（4）在“远程网络教学系统”中，一个课件被上传到网站后，首先需要系统管理员对其进行审核，审核通过后，此课件就可以被用户浏览、下载。经过一段时间后，系统会清除网站中过时的课件。请画出课件的状态图。

（5）根据顺序图的定义和绘制方法，为“库存管理”用例参照5.2.5小节用例图、用例说明绘制完整的顺序图。

第6章 系统设计

［学习目的］通过本章的学习，主要使学生理解系统设计相关定义、原则等基本概念：熟练掌握面向对象设计方法建立系统设计模型及其过程，掌握数据库设计、人机界面设计以及构件与部署设计。

［本章要点］

- 系统设计的定义、内容和方法
- 基于面向对象设计的人机界面设计
- 基于面向对象设计的构件与部署设计

系统生命周期的第 3 个阶段是系统设计。它是根据系统分析要求，将逻辑模型转变成物理模型的过程，为下一步系统实施打下坚实的基础。系统设计也是系统开发中的承上启下的阶段。

6.1 面向对象系统设计概述

面向对象设计方法是当前软件设计的主流方式。这种方法的关键就是利用面向对象的思想构建新系统的物理模型。

6.1.1 面向对象系统设计的概念

在面向对象分析阶段，针对用户需求已经建立起用面向对象概念描述的系统分析模型。在设计阶段，要考虑为实现系统而采用的计算机设备、操作系统、网络、数据管理系统以及所采用的编程语言等有关因素，基于面向对象分析模型，进一步运用面向对象方法对系统进行设计，构建面向对象设计模型。

6.1.2 面向对象系统分析与面向对象系统设计的关系

面向对象分析的目标是建立一个映射自问题域、满足用户需求且独立于实现的模型。

面向对象设计（Object-Oriented Design，OOD）要在面向对象分析模型的基础上运用面向对象方法，主要解决与实现有关的问题，目标是产生符合具体实现条件的面向对象设计模型。

由于面向对象分析与面向对象设计的目标是不同的，这决定了它们有着不同的分工，并因此而具有不同的开发过程及具体策略。

在面向对象分析阶段，针对问题域和系统责任，把用户需求转化为用面向对象概念所建立的模型，以易于理解问题域和系统责任。这个面向对象分析模型是问题域和系统责任的完整表达，而不考虑与实现有关的因素。面向对象设计才考虑与实现有关的问题（如选用的编程语言、数据库系统和图形用户界面等），建立一个针对具体实现要求的面向对象设计模型。这样做的主要目的是：

- 使反映问题域本质的总体框架和组织结构长期稳定，而细节可变；
- 把稳定的问题域部分与可变的与实现有关的部分分开，使得系统能从容地适应变化；
- 有利于同一个分析模型用于不同的设计与实现，可形成一个系统族；
- 有利于相似系统的分析、设计或编程结果复用。

面向对象分析和面向对象设计追求的目标不同，但它们采用一致的概念、原则和表示法，不像结构化方法那样从分析到设计存在着把数据流图转换为模块结构图的转换，面向对象设计以面向对象分析模型为基础，只需做必要的修改和调整，或补充某些细节，并增加几个与实现有关的相对独立部分。因此面向对象分析与面向对象设计之间不存在像传统方法中那样的分析与设计之间的鸿沟，二者能够紧密衔接，大大降低了从面向对象分析过渡到面向对象设计的难度和出错率。这是面向对象的分析与设计方法优于传统的软件工程方法的重要因素之一。

这种观点在模型驱动的体系结构（Model Driven Architecture，MDA）中获得了新的生命力——从MDA的观点来看，不涉及具体实现条件的面向对象分析模型是一个平台无关模型，它独立于任何实现平台。在面向对象分析模型的基础上，针对确定的实现条件而设计的面向对象设计模型则是一个平台相关模型。

6.1.3 面向对象系统设计模型和过程

根据面向对象分析和面向对象设计的关系，本书设立了图6-1所示的面向对象设计模型。

面向对象设计模型包括一个核心部分，即问题域部分，还包括4个外围部分：人机交互部分、控制驱动部分、数据管理部分和构件及部署部分。初始的问题域部分即为面向对象分析模型，要按照实现条件对其进行补充与调整；人机交互部分即人机界面设计部分；控制驱动部分用来定义和协调并发的各个控制流；数据管理部分用来对持久对象的存取建模；构件及部署部分中的构件模型用于描述构件以及构件之间的关系，部署模型用于描述节点、节点之间的关系以及实现构件的制品在节点上的分布。

至于面向对象设计模型正面中的5个部分，除了问题域部分外，其他的实现条件有很多选择，即这些部分的模型受实现条件的影响很大，易随实现条件的变化而变化。因而，它们单独形成模型，再采取措施与问题域部分模型相衔接，使其变化尽量少地影响问题域部分模型，如图6-2所示。

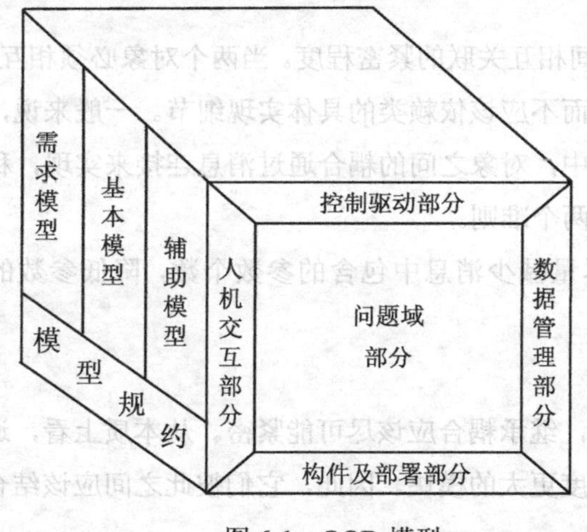

图6-1 OOD模型

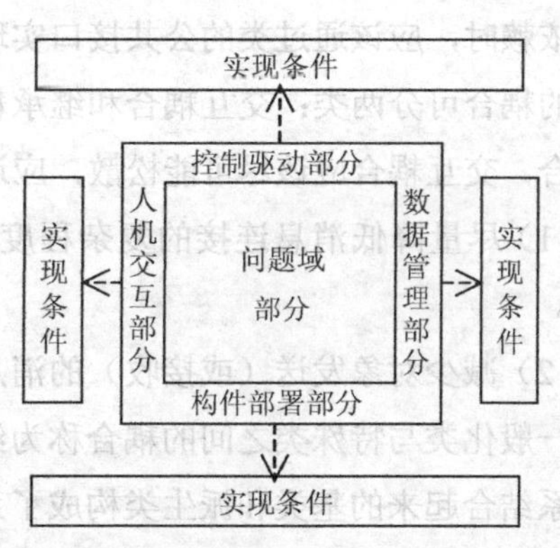

图6-2 OOD模型中5个部分的关系

从侧面观察面向对象设计模型，只是在辅助模型中要增加分别用于描述构件模型和部署模型的构件图和部署图。这表明，对于面向对象设计模型正面中的每个部分，仍采用面向对象分析的概念和表示法进行建模。

面向对象设计过程由与上述 5 个部分相对应的 5 项活动组成。面向对象设计过程不强调针对问题域部分、人机交互部分、控制驱动部分和数据管理部分的活动的执行顺序。对于各项活动，除了问题域部分是在面向对象分析的结果上进行修改、调整和补充之外，其余的与面向对象分析中的活动类似，但各项活动都各有自己的任务和策略。建立构件及部署部分模型的活动要在上述 4 个部分完成后进行。

在面向对象分析阶段，可以运用原型技术，在面向对象设计阶段，仍然可以继续使用原型技术，如把该技术用于验证对数据库系统、网络结构和编程环境的选择，以决定它们用于详细设计的技术可行性。

6.1.4 面向对象系统设计原则

为了使得设计是一个优秀设计，在进行面向对象的设计时，应该注意以下准则。

1. 模块化

模块的基本元素是对象。它是把数据结构和操作数据的方法紧密地结合在一起所构成的模块。

2. 抽象

类实际上是一种抽象数据类型，它包括规格说明抽象和参数化抽象。其中，对外开放的公共接口构成了类的规格说明，这种接口规定了外界可以使用的合法操作符，利用这些操作符可以对类实例中包含的数据进行操作。所谓参数化抽象，是指在描述类的规格说明时并不具体指定所要操作的数据类型，而是把数据类型作为参数。

3. 信息隐藏

信息隐藏通过对象的封闭性实现。类结构分离了接口与实现，从而支持了信息隐藏。对于使用类的用户来说，属性的表示方法和操作的实现算法都应该是隐藏的。

4. 弱耦合

在面向对象方法中，耦合主要指不同对象之间相互关联的紧密程度。当两个对象必须相互联系、相互依赖时，应该通过类的公共接口实现耦合，而不应该依赖类的具体实现细节。一般来说，对象之间的耦合可分两类：交互耦合和继承耦合。其中，对象之间的耦合通过消息连接来实现，称为交互耦合，交互耦合应该尽可能松散，应遵守下面两个准则。

（1）尽量降低消息连接的复杂程度。应该尽量减少消息中包含的参数个数，降低参数的复杂程度。

（2）减少对象发送（或接收）的消息数。

一般化类与特殊类之间的耦合称为继承耦合，继承耦合应该尽可能紧密。从本质上看，通过继承关系结合起来的基类和派生类构成了系统中粒度更大的模块。因此，它们彼此之间应该结合得越紧密越好。

5. 强内聚

内聚衡量模块内各元素彼此结合的紧密程度。在面向对象的设计中，包括如下3种内聚。

（1）服务内聚：一个服务应该完成一个且仅完成一个功能。

（2）类内聚：一个类应该只有一个用途，它的属性和服务应是高内聚的。

（3）一般—特殊内聚：一般—特殊结构应该正确地抽取相应的领域知识。也就是说，要符合多数人的概念。

6. 可重用

重用是指同一事物不做修改或稍加改动就多次重复使用。软件重用是指尽量使用已有的类，包括开发环境提供的类库，以及以往开发类似系统时创建的类；如果确实需要创建新类，则在设计这些新类的协议时，应该考虑将来的可重用性。软件成分的重用级别包括代码重用、代码剪贴、源代码包含（include）和继承、设计结果重用和分析结果重用。面向对象技术中的“类”是比较理想的可重用软构件，可称为类构件。类构件的重用方式有实例重用、继承重用和多态重用3种。

（1）实例重用。可以使用适当的构造函数，按照需要创建类的实例，然后向所创建的实例发送适当的消息，启动相应的服务，完成需要完成的工作；可以用几个简单的对象作为类的成员，创建一个更复杂的类。

（2）继承重用。为提高继承重用的效果，关键是设计一个合理的、具有一定深度的类构件继承层次结构。这样做有下述3个好处：每个子类在继承父类的属性和服务的基础上，只加入少量新属性和新服务；降低了每个类构件的接口复杂度，表现出一个清晰的进化过程，提高了每个子类的可理解性，为软件开发人员提供了更多可重用的类构件；为多态重用奠定了良好的基础。

（3）多态重用。使对象的对外接口更加一般化，从而降低了消息连接的复杂程度，提供一种简便可靠的软构件组合机制。设计类时，应注意以下可能影响重用性的操作：与表示方法有关的操作，如不同实例的比较、显示、擦除等；与数据结构、数据大小等有关的操作；与外部设备有关的操作，如设备控制；实现算法在将来可能会改进（或改变）的核心操作。

为了帮助软件开发人员提高面向对象的设计的质量，人们积累了一些经验，主要包括以下几条启发规则。

（1）设计结果应该清晰易懂。用词一致，使用已有的协议，减少消息模式的数目，避免模糊的定义。

（2）一般—特殊结构的深度应适当。应该使类等级中包含的层次数适当。一般来说，在一个中等规模（大约包含100个类）的系统中，类等级层次数应保持为7±2。不应该仅仅从方便编码的角度出发随意创建派生类，应该使一般—特殊结构与领域知识或常识保持一致。

（3）设计简单的类。避免包含过多的属性，有明确的定义，尽量简化对象之间的合作关系，不要提供太多服务。

（4）使用简单的协议。一般来说，消息中的参数不要超过3个。经验表明，通过复杂消息相互关联的对象是紧耦合的，对一个对象修改往往导致其他对象的修改。

（5）使用简单的服务。一般来说，应该尽量避免使用复杂的服务。如果一个服务中包含了过多的源程序语句，或者语句嵌套层次太多，或者使用了复杂的CASE语句，则应该仔细检查这个服务，设法分解或简化它。如果需要在服务中使用CASE语句，通常应该考虑用一般—特殊结构代替这个类的可能性。

（6）把设计变动减至最小。通常，设计的质量越高，设计结果保持不变的时间也越长。即使出现必须修改设计的情况，也应该使修改的范围尽可能小。

6.2 问题域设计

面向对象设计的问题域部分设计以面向对象分析的结果作为输入，按实现条件对其进行补充与调整。进行问题域部分设计，要继续运用面向对象分析方法，包括概念、表示法及一部分策略。不但要根据实现条件进行面向对象设计，而且由于需求变化或新发现了错误，也要对面向对象分析的结果进行修改，以保持不同阶段模型的一致性。本章的重点是对面向对象分析结果进行补充与调整，要强调的是部分工作主要不是细化，但面向对象分析未完成的细节定义要在面向对象设计中完成。下面各节要讲述用于问题域设计的主要技术。

6.2.1 复用类

如果在面向对象分析阶段识别和定义的类是本次系统开发中新定义的，且没有可复用的资源，则需要进一步设计和编程。

如果已存在一些可复用的类，而且这些类既有分析、设计时的定义，又有源程序，那么复用这些类显然可以提高开发效率与质量。例如，如果存在通用的类“图书”，在零售书店领域，可设立特殊的类“零售图书”来继承它；而在图书馆领域，可设立类“馆藏图书”来继承它。如果有可能，要尽量寻找相同或相似的具有特定结构的一组类进行复用，以减少新开发的部分。

既然可复用的类可能与面向对象分析模型中的类完全相同，也可能只是相似，这就要区分如下几种情况，分别进行处理。

当前所需要的类（问题域原有的类）的信息与可复用类的信息相比如下。

（1）如果完全相同，就把可复用的类直接加到问题域，并用｛复用｝标记所复用的类，即把它写在类名前。

（2）如果多于，就把可复用的类直接加到问题域，删除可复用类中的多余信息，并用｛复用｝标记所复用的类，所需要的类再继承它。

（3）如果少于，就把可复用的类直接加到问题域，删除可复用类中的多余信息，并用｛复用｝标记所复用的类。

（4）如果近似，按如下的方法处理。

① 把要复用的类加到问题域，并标以｛复用｝。

② 去掉（或标出）复用类中不需要的属性与操作，建立从复用类到问题域原有的类之间的继承

关系。

③ 由于问题域的类继承了复用类的特征，所以前者中能继承来的属性和操作就不需要了，应该把它们去掉。

④ 考虑修改问题域原有类与其他类间的关系，必要时把相应的关系移到复用类上。

例如，问题域中有一个类“车辆”，其中的属性有：序号、颜色、样式和出厂年月，还有一个操作为“序号认证”。现在找到了一个可复用的类“车辆”，其中的属性有：序号、厂商和样式，也有一个操作为“序号认证”。首先把可复用的类“车辆”标记为{复用}，去掉其中不需要的属性“厂商”，把类“车辆”{复用}作为类“车辆”的一般类，再把类“车辆”中的属性“序号”和“样式”以及操作“序号认证”去掉，因为一般类中已经有了这些特征，类“车辆”从中继承即可。

若要使用类库中的类（如 Java 的 Vector 和 Hashtable 这样的包容器/集合类），一般只需把所需要的那个特殊类画在类图中，并标上“{复用}”。若复用类是特殊类，它就要继承祖先类的操作和属性，这样就出现了在图上看不到祖先类的操作和属性。解决问题的方法是，把所需要的祖先类的操作和属性，在标有“{复用}”的类中重新列出来，并加上标记，如“{继承自××类}”，表明这些属性和操作是继承而来的，不需要在本系统中实现，这样做仅仅是为了使用方便。

6.2.2 增加一般类以建立共同协议

在面向对象分析中，将多个类都具有的共同特征提升到一般类中，考虑的是问题域中的事物的共同特征。在面向对象设计中再定义一般类，主要是考虑到一些类具有共同的实现策略，因而用一般类集中地给出多个类的实现都要使用的属性和操作。需要增加一般类的几种情况如下。

（1）增加一个类，将所有具有相同属性和操作的类组织在一起，提供通用的协议。例如，很多非抽象类都应该具有创建、删除和复制对象等操作，可把它们放在一般类中，特殊类从中继承。

（2）增加一般类，提供局部通用的协议。例如，很多持久类都应该具有存储和检索功能，可对这样的类设立一般类，提供这两种功能，持久类从中继承。

上述两种情况都是通过建立继承，把若干类中定义了的相同操作提升到一般类中，特殊类再从中继承。然而，在不同类中的操作可能是相似的，而不是相同的，有时需要对这种情况进行处理。

（3）对相似操作的处理。若几个类都具有一些语义相同、特征标记相似的操作，则可对操作的特征标记做小的修改，以使得它们相同，然后再把它们提升到一般的类中。有如下两个策略。

① 若一个操作比其他的操作参数少，要加入所没有的参数，但在操作的算法中忽略新加入的参数。这种方法存在缺点，即对参数的维护和使用有些麻烦。

② 若在一个类中不需要一般类中定义的操作，则该类的这样操作的实现中就不含任何语名。

6.2.3 多继承与多态

1．对继承的调整

当编程语言不支持多继承时，需要把模型中的多继承化为单继承或无继承。有以下几种转化方法。

（1）简单转换。

一般—特殊结构和整体—部分结构在有些情况下可以互相变通。其原理是：尽管继承和聚合反映了现实世界中两种不同的关系，但是从最终效果来看却也存在着共性——都是使一个类的对象能够拥有另一个（或另一些）类的属性和操作。OOPL 通过不同的机制实现继承和聚合，对继承的支持有强有弱，对聚合的支持却都能提供，甚至用非面向对象编程语言也能有效地实现聚合。根据以上道理，当 OOPL 不支持多继承时，可以运用聚合来化解多继承，将多继承的一般—特殊结构转化为单继承与聚合关系的混合结构，或者转化为只含聚合而不含继承的整体—部分结构。

机械的转化方法是将多继承的特殊类作为转化后的整体对象类，将它的一个或多个一般类作为转换后的部分对象类；同时将相应的一般—特殊连接符改为整体—部分连接符，如图 6-3（a）所示。然而这样简单、机械地进行转换却存在以下两个问题。

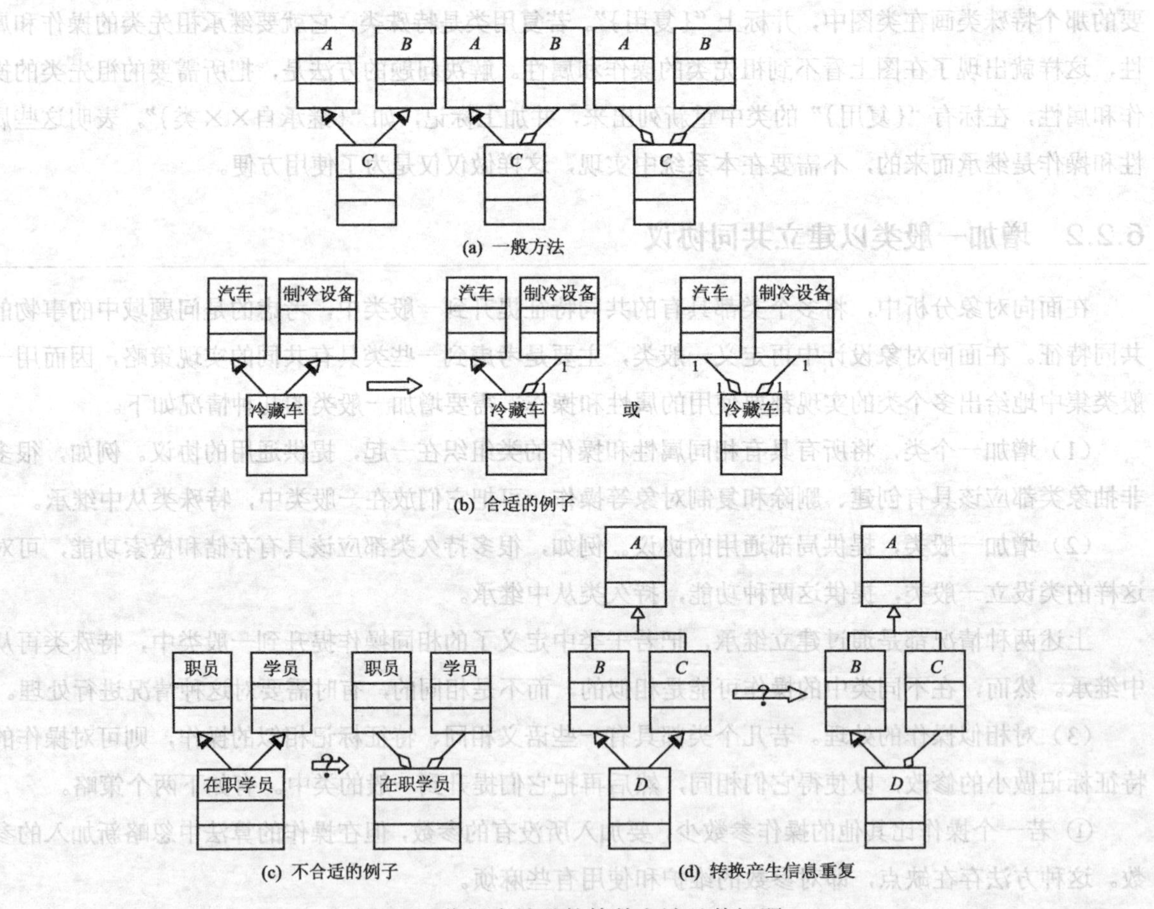

图 6-3 化解多继承的简单方法及其问题

第一个问题是，在有些情况下，转换之后的类之间的关系语义可能有悖于客观世界的常理。

第二个问题是，当特殊类的多个一般类共同拥有更高层的一般类时，按这种机械的转换方法所得到的结果将出现重复的信息。例如图 6-3（d），在左侧（转换之前）的结构中，类 D 继承类 B 和类 C（多继承），而 B 和 C 又都继承更高层的一般类 A。由于继承关系是传递的，所以 A 的属性和操作在被 B 和 C 继承之后，又通过它们传递给 D，被 D 间接地继承。在这种多继承结构中，尽管 D 可以通过 B 和 C 两种不同的路径间接地继承 A，但是它实际上只需要一份来自 A 的信息。任何一种支持多继承的 OOPL 都能够通过其继承机制保证不出现信息重复，即：无论有多少条继承路径，特殊类只能继承单独一份来自同一个更高层一般类的信息，不允许出现重复。这项基本的要求在图 6-3（d）右侧（转换之后）的结构中却失去了保障——D 通过 B 间接地继承了一份来自 A 的信息，同时因为 C 继承了 A，而 D 把 C 作为自己的一部分，所以 D 又通过聚合拥有另一份来自 A 的信息。在实现中这种重复出现的信息不仅浪费了存储空间，而且会引起程序的错误和混乱。（读者可以尝试将 B 与 D 之间、A 与 B 之间、A 与 C 之间的继承关系更多地转换为聚合关系，并讨论是不是仍然引起信息重复。）

（2）重新定义对象类。

针对上一种方法所存在的问题，需要给出一种在多数情况下都可行的解决办法，使调整之后的结果仍能自然地映射问题域，并且不产生重复信息。

这种方法不是简单地将多继承结构中某两个类之间的继承关系替换为聚合关系，而是用一种新的思路，即一种不运用多继承概念的思路，重新审视原先用多继承结构表达的实际事物以及它们之间的关系。尝试用多继承概念之外的其他面向对象概念对它们进行新的解释和表达，必要时可以重新定义对象类。

现在以图 6-4（a）所示的多继承结构为例介绍这种方法的思路。原先是完全按继承的观点来解释“人员”“职员”“学员”和“在职学员”这几个类之间的关系。现在换一个角度看问题：形成这种分类的原因是什么？是因为在“人员”这个大的集合中，不同的人员对象具有不同的身份——职员有职员身份，学员有学员身份，在职学员则具有双重身份。那么，把各种身份也都定义成由另一些类所描述的对象，将它们与“人员”类的对象进行聚合，就形成了各种不同身份的人员，如图 6-4（b）所示。注意，两个表示身份的类的名称是“职员身份”和“学员身份”，而不是“职员”和“学员”。身份作为人员对象的一部分是合理的，说职员或学员是人员的一部分就说不通了。

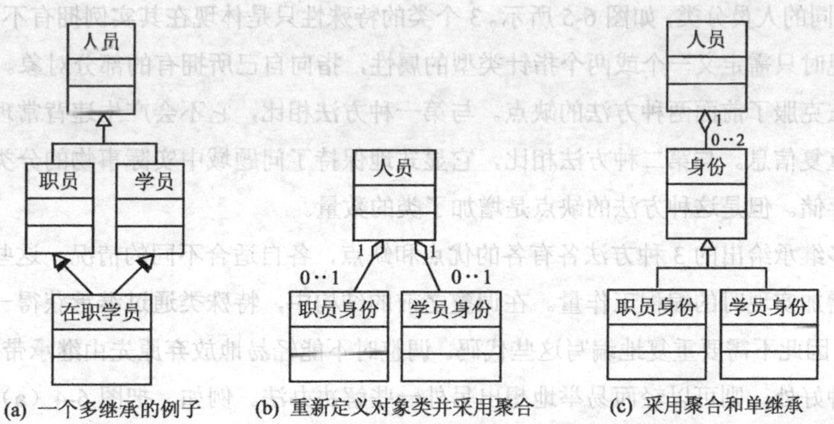

(a) 一个多继承的例子　(b) 重新定义对象类并采用聚合　(c) 采用聚合和单继承

图 6-4　重新定义对象类以避免多继承

上述解决办法来自 Coad/Yourdon 的著作。“人员”类的对象通过以不同的身份对象作为自己的组成部分，便可表示现实世界中不同的人员——若以单独一个“职员身份”或“学员身份”的对象作为其部分对象，则分别表示现实中具有双重身份的在职学员。

如果系统中的“职员身份”和“学员身份”具有某些共同信息（例如获得其身份的时间、授予机构以及证书编号等），则可在它们之上增加一个“身份”一般类，构成一个单继承的一般—特殊结构，然后与“人员”类组成整体部分结构，如图 6-4（c）所示。

上述方法可以举一反三地运用到由其他分类原因形成的多继承，也可用于结构更复杂的情况。运用该方法的一般步骤如下：打出形成多继承的分类原因；将本来在特殊类中显式定义的信息分离出来，作为部分对象，给以适当的类名；以原先的一般类作为整体对象类（将它的特殊类都取消），以新的定义的类作为它的部分对象类，形成整体—部分结构。在上述步骤中，给新定义的类取个适当的名字是不容忽视的一环，要使新形成的结构有明显的整体—部分语义。

这种方法也存在缺点。原先多继承的一般—特殊结构是一种显式的分类结构，不同的特殊类分别定义了不同的对象实例集合（例如职员、学生和在职学员分别用不同的类定义其对象实例，属于不同的集合）。如此分类在数据库设计时很容易用不同的数据库表分别存储不同类的对象实例。但是用这种方法调整之后，显式的分类就变成了隐式的分类，例如，各类人员都是同一个“人员”类的成员，都用同一个类创建其对象实例。人员的不同分类是通过不同的人员对象拥有不同身份而隐含表示的。这使得人员分类看起来不那么直观，当需要把职员、学员和在职学员分别组织为不同的数据库表时，就会增加一些麻烦。

（3）保持分类，剥离多继承信息。

这种方法是保持原先多继承结构中的每个类，同时把形成多继承的每一组特殊信息从有关的类中剥离出来，定义为部分对象类，再通过聚合使各个特殊类能够拥有这信息。例如图 6-5 所示的例子，将“职员”类中定义的关于职员的信息分离出来组织到“职员信息”类中，再将“学员”类中定义的信息分离出来组织到“学员信息”类中。于是，“在职学员”类便可以通过聚合同时获得关于职员和关于学员的两组信息，不必再从“职员”类和“学员”类中去继承。结果是，“职员”“学员”和“在职学员”3 个类都直接继承了“人员”类中定义的一般人员信息，同时又聚合了不同的特殊信息，形成不同的人员分类，如图 6-5 所示。3 个类的特殊性只是体现在其实例拥有不同的部分对象，在设计和实现时只需定义一个或两个指针类型的属性，指向自己所拥有的部分对象。

上述方法克服了前面两种方法的缺点。与第一种方法相比，它不会产生违背常理的关系语义，也不会产生重复信息。与第二种方法相比，它显式地保持了问题域中实际事物的分类，从而便于分别组织数据存储。但是这种方法的缺点是增加了类的数量。

为化解多继承给出的 3 种方法各有各的优点和缺点，各自适合不同的情况。这些方法的共同点是，都没有增加实现时的编程工作量。在调整之前的结构中，特殊类通过继承获得一般类中定义的属性与操作，因此不需要重复地编写这些代码。调整时不能轻易地放弃原先由继承带来的这种好处。如果放弃这种好处，则可以轻而易举地想出另外一些解决办法。例如，把图 6-4（a）所示的结构改造成像图 6-6 那样，使“在职学员”类不再从“职员”和“学生”类继承任何信息，只是直接地继承“人员”类中定义的一般信息（这也是 Coad/Yourdon 方法给出的办法之一）。按这种办法，多继承虽然化解了，但是“职员”和“学生”类中定义的关于职员和学生的属性与操作都要在“在职学员”类中重新书写一遍，这意味着实现时将增加程序代码。

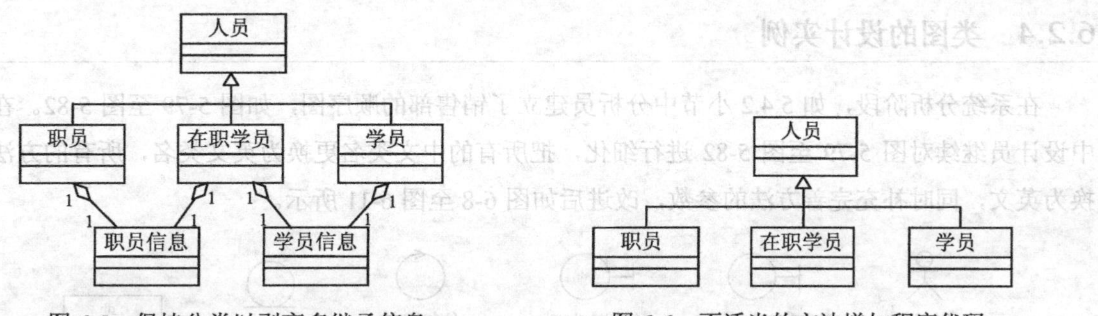

图 6-5 保持分类以剥离多继承信息　　图 6-6 不适当的方法增加程序代码

2. 对多态性的调整

当模型中采用多态性表示，而编程语言不支持多态性时，则需要进行调整。

多态是指同一个命名可以有不同的语义。继承中的多态是指在一般类中定义的属性和操作，被各个特殊类继承之后可以有各自不同的语义，即属性可以有不同的数据类型，操作可以有不同的算法。采用多态性表示的意义是在编程时对属性和操作的引用较为方便。但是从本质上看，名称相同的属性和操作既然在不同的类中定义为不同的数据类型或表现不同的行为，那么就完全有理由将它们视为彼此不同的东西。根据这一见解，取消继承中的多态性并不困难，只要强调这些同名不同质的属性和操作之间的差异，重新考虑对象的分类即可。

例如，在图 6-7（a）所示的一般—特殊结构中，具有多态性的属性是“边数”和“顶点坐标”，具有多态性的操作是“绘图”。为了消除其多态性，可以对这个结构重新分类，思路是：既然这些属性和操作不能被各个特殊类不加修改地继承，就说明它们只能适合多边形集合的一个子集。把这个子集定义成一个特殊类“不规则多边形”，把这些属性和操作下降到这个新定义的类中。这样，“正多边形”和“矩形”不再从“多边形”继承那些不适合自己的属性和操作，然后又将它们重新定义或加以排除，而是各自定义对本类对象恰好适合的属性和操作。一般类“多边形”只保留了对任何特殊类的实例都完全适合的属性和操作，供它们不加修改地继承。按这种思路对原先的结构进行调整，其结果如图 6-7（b）所示，整个结构中不再具有多态性。

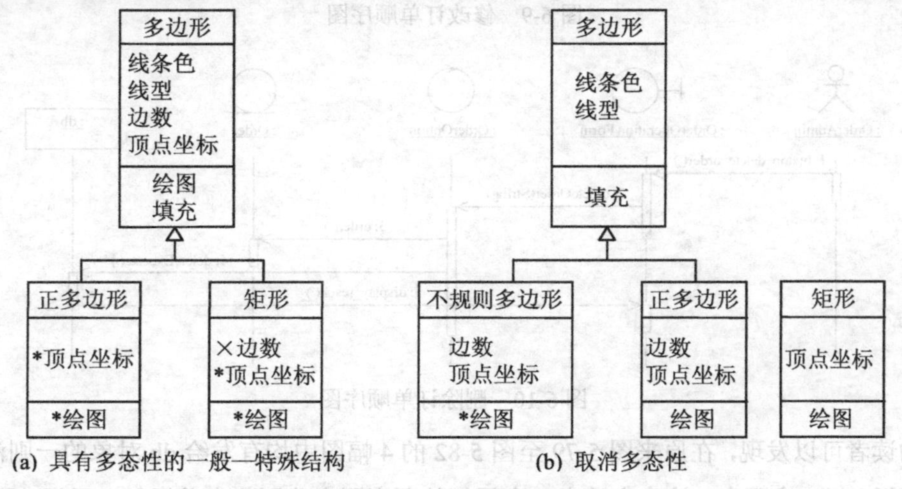

图 6-7 对多态性的调整

6.2.4 类图的设计实例

在系统分析阶段，如 5.4.2 小节中分析员建立了销售部的顺序图，如图 5-79 至图 5-82。在本章中设计员继续对图 5-79 至图 5-82 进行细化，把所有的中文类名更换为英文类名，所有的方法名替换为英文，同时补充完善方法的参数，改进后如图 6-8 至图 6-11 所示。

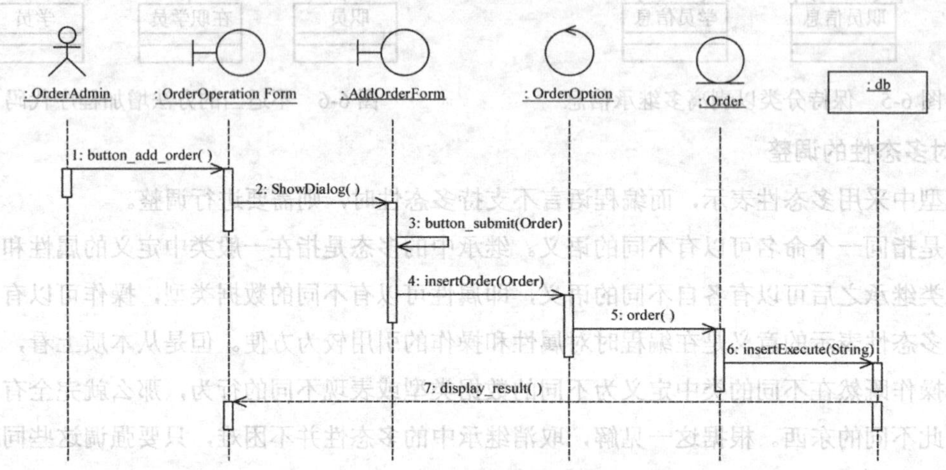

图 6-8 增加订单顺序图

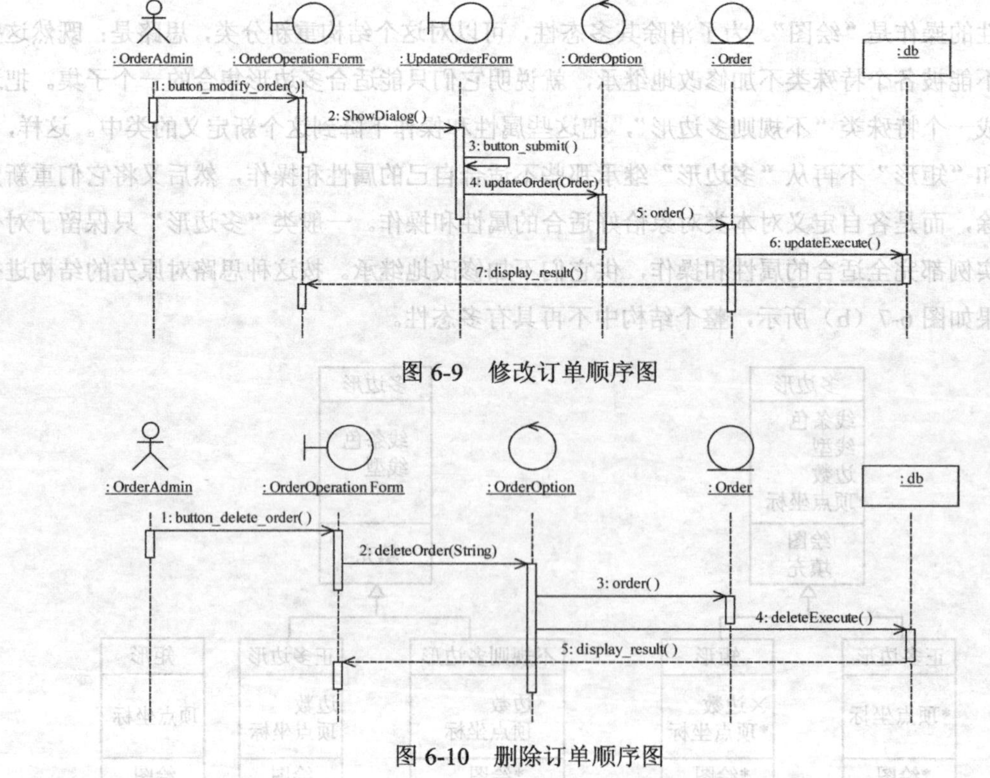

图 6-9 修改订单顺序图

图 6-10 删除订单顺序图

细心的读者可以发现，在原来图 5-79 至图 5-82 的 4 幅图中均有发给 db 对象的一则消息，即 db 的方法“执行（）”。实际上，这个方法在 4 个用例的顺序图中分别代表着插入、更新、删除、选择，因此在继续设计的过程中，如图 6-8 至图 6-11 所示，分别改写成了 insertExecute()、updateExecute()、deleteExecute()、select（String）方法。因此经过设计后，5.4.2 小节中图 5-83 如图 6-12 所示。

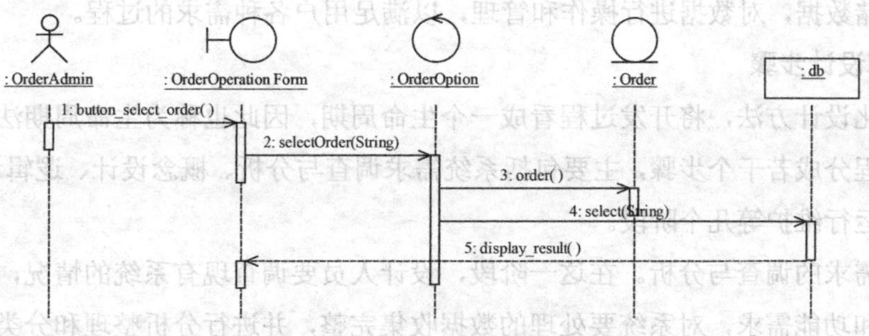

图 6-11　查询订单顺序图

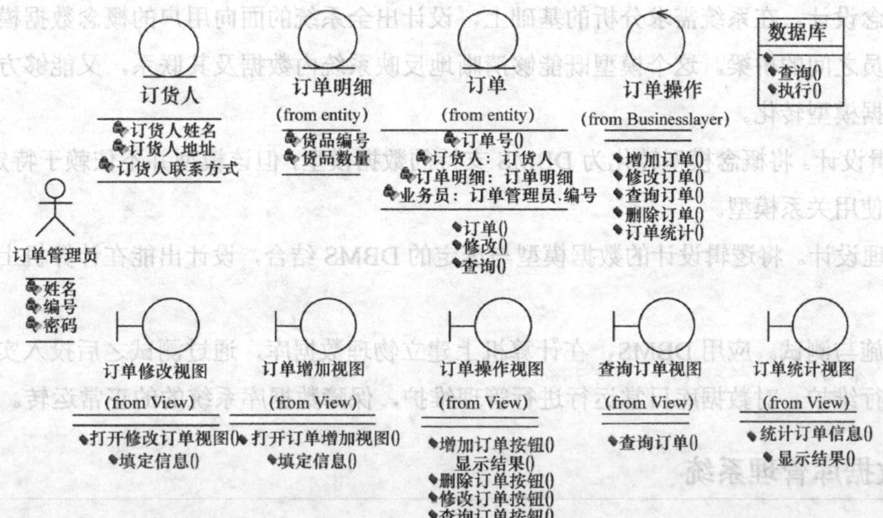

图 6-12　销售部涉及的类

由于某木业公司有 7 个部门，本节只给出了销售部的设计实例，因此当设计员在顺序图的基础上进一步设计出剩余部门所涉及的类后，将使用 6.2.1 小节复用类的概念和方法，根据 6.2.2 节与 6.2.3 节中类的多态、继承、共同协议继续分析系统中的类，并进行迭代设计和调整。有兴趣的读者请依据第 5 章和第 6 章的方法补充完善某木业公司信息系统的类图。

6.3 数据库设计

6.3.1 数据库设计概述

1. 数据库设计的定义

数据库在数据库系统中居于核心的位置。设计符合用户需要、性能优异的数据库，成为开发数据库系统的重要组成部分。

数据库设计是指：对于给定的应用环境，设计构造最优数据库结构，建立数据库及其应用系统，使之能有效存储数据，对数据进行操作和管理，以满足用户各种需求的过程。

2. 数据库设计步骤

按照结构化设计方法，将开发过程看成一个生命周期，因此也称为生命周期法。其核心思想是将开发设计过程分成若干个步骤，主要包括系统需求调查与分析、概念设计、逻辑设计、物理设计、实施与测试、运行维护等几个阶段。

（1）系统需求的调查与分析。在这一阶段，设计人员要调查现有系统的情况，了解用户对新系统的信息需求和功能需求，对系统要处理的数据收集完整，并进行分析整理和分类组织，写出需求分析报告。

（2）概念设计。在系统需求分析的基础上，设计出全系统的面向用户的概念数据模型，作为用户和设计人员之间的桥梁。这个模型既能够清晰地反映系统内数据及其联系，又能够方便地向计算机支持的数据模型转化。

（3）逻辑设计。将概念模型转化为 DBMS 支持的数据模型，但该模型并不依赖于特定的 DBMS。目前一般都使用关系模型。

（4）物理设计。将逻辑设计的数据模型与选定的 DBMS 结合，设计出能在计算机上实现的数据库模式。

（5）实施与测试。应用 DBMS，在计算机上建立物理数据库，通过测试之后投入实际运行。

（6）运行维护。对数据库日常运行进行管理维护，保障数据库系统的的正常运转。

6.3.2 数据库管理系统

实现数据在永久性存储介质上的存储、检索、管理与维护等功能的软件系统支持称为数据库管理系统。

20 世纪 60 年代中期开始出现了数据库技术。经过不断地改进和发展，至今成为计算机科学技术领域的一个重要分支。数据库（database）是长期存储在计算机内、有组织、可共享的数据集合。数据库中的数据按一定的数据模型进行组织、描述和储存，具有较小的冗余度、较高的数据独立性和易扩展性，并可为各种用户共享。数据库的建立、运行和维护是在数据库管理系统的统一管理和控制下进行的，使数据库用户可以方便地定义数据和操纵数据，并保证数据的安全性、完整性、并发使用及发生故障后的数据恢复。数据库管理系统（DataBase Management System，DBMS）是用于建立、使用和维护数据库的软件。它对数据库进行统一的管理和控制，以保证数据库的安全性和完整性。

数据库中的数据有逻辑和物理两个侧面。对数据的逻辑结构的描述称为逻辑模式（外模式），逻辑模式分为描述全局逻辑结构的全局模式（简称模式）和描述某些应用的局部逻辑结构的子模式；对数据的物理结构的描述称为储存模式（内模式）。数据库提供了逻辑模式与储存模式之间、子模式与模式之间的映射，从而保证了数据库中的数据具有较高的物理独立性和一定的逻辑独立性。

数据库中的数据包括数据本身、数据描述（即对数据模式的描述）、数据之间的联系和数据的存取路径。数据库中的数据不再面向某一程序，从而减小了数据冗余和数据之间的不一致性。对数据库的应用可以建立在整体数据的不同子集上，使系统易于扩充。

1. 数据库的功能

数据库的建立、使用和维护必须有DBMS的支持。DBMS提供如下功能。

（1）模式翻译。提供数据定义语言（DDL）。用它书写的数据库模式被翻译为内部表示。数据库的逻辑结构、完整性约束和物理储存结构保存在内部的数据字典中。数据库的各种数据操作（如查找、修改、插入和删除等）和数据库的维护管理都是以数据库模式为依据的。

（2）应用程序的编译。把含有访问数据库语句的应用程序编译成在DBMS支持下可运行的目的程序。

（3）交互式查询。提供易使用的交互式查询语言，如SQL。DBMS负责执行查询命令，并将查询结果显示在屏幕上。

（4）数据的组织与存取。提供数据在外围储存设备上的物理组织与存取方法。这涉及3个方面：①提供与操作系统，特别是与文件系统的接口，包括数据文件的物理储存组织及内、外存数据交换方式等；②提供数据库的存取路径及更新维护的功能；③提供与数据库描述语言和数据库操纵语言的接口，包括对数据字典的管理等。

（5）事务运行管理。提供事务运行管理及运行日志、事务运行的安全性监控和数据完整性检查、事务的并发控制及系统恢复等功能。

（6）数据库的维护。为数据库管理员提供软件支持，包括数据安全控制、完整性保障、数据库备份、数据加载以及性能监控等维护工具。

2. 数据库的特点

数据库管理系统克服了文件系统的许多局限性，它使数据库中的数据具有如下特点。

（1）数据是集成的，数据库不但保存各种数据，也保存它们之间的关系，并由DBMS提供方便、高效的检索功能。

（2）数据冗余度较小，并由DBMS保证数据的完整性。

（3）程序与数据相互独立。所有的数据模式都存储在数据库中，不是由应用程序直接访问，而是通过DBMS访问并实现格式的转换。

（4）易于按用户视图表示数据。

数据库按照一定的数据模型组织其中的数据。自20世纪60年代中期以来，先后出现过层次数据模型、网状数据模型、关系数据模型和面向对象数据模型。根据数据模型的不同，数据库分为层次数据库、网状数据模型、关系数据模型和面向对象数据库。相应的DBMS也分别称为层次、网状、关系和面向对象的DBMS。层次和网状的DBMS属于早期的产品；关系DBMS是迄今在理论和技术上最完善、应用最广泛的DBMS；面向对象的DBMS是当前的新型产品。以下仅对后两种DBMS进行一些讨论。

6.3.3 数据库设计方法

利用关系数据库系统对持久对象进行存取，是当前使用最为广泛的方法。

1. 面向对象、实体—联系模型以及关系数据库中的概念间的对应关系

数据管理部分的模型主要是由类以及其间的关系等元素构成的，该模型要与关系数据库管理系统相交互。通过该模型，把系统中的持久对象及关系存储到关系数据库中，或者从关系数据库中把持久对象及关系检索出来，再恢复成持久对象和相应的关系。图 6-8 为反映应用系统与关系数据库管理系统之间的联系的一个示意图。

在一般的情况下，数据管理部分负责持久对象及关系的存储与检索。有时应用系统的其他部分也需要直接通过数据库管理系统使用数据库中的数据，但并不把所使用的数据描述为对象，例如，问题域部分从数据库中读出一批数据，进行统计并形成报表。数据库中的数据也不一定都是通过数据管理部分存储进来的，如有可能是人工直接录入的和从其他系统导入的。

2. 对持久类的存储设计

对每个持久类设计表，用以存储其持久对象，如下为具体的做法。

（1）确定要存储对象的哪些属性值（不一定对象的所有属性值都需要存储），据此列出一个持久类的相应属性。

（2）按时间与空间要求进行权衡，对这些属性进行规范化，规范化后的属性至少应满足第一范式。要把一个类的属性列表映射到满足第二范式或更高范式的数据库表，有两种处理方法：

① 通过对类的拆分，使得修改后的类所对应的表都满足范式的要求。该方法的优点是每个类的属性和它的数据库表的字段直接对应，缺点是要修改问题域模型，这样会造成类图与问题的映射不直接。

② 不修改类，而是让一个类对应两个或多个表，让每个表满足范式要求。该方法的优点是类图贴近问题域，缺点是数据的存储与检索要经过一定的运算才能把类与表对应起来。

（3）定义数据库表。

把规范化之后的类的一个属性作为表的一个字段，要存储的每一个对象作为表的一个元组。

根据需要，也可以把相互之间有关系的几个持久类的对象用一个表存储，具体的情况请见下面的内容。

3. 对关系的存储设计

不但对持久类要进行存储设计，对两个或多个持久类间的关系往往也要进行存储设计。

（1）对关联的存储设计。

按下述方法对关联进行存储设计。

- 对于每个一对一的关联，可在类对应的表中用外键隐含，也可把两个类和关联映射到同一张表中。
- 对于每个一对多关联，可在多重性为“多”的类对应的表中用外键隐含，也可映射到一张独立的表，该表的结构由两个进行关联的表的主关键字构成。
- 对于多对多的关系，可映射到一张独立的表，该表的结构由两个进行关联的表的主关键字构成；或者先在类图中把它转化为一对多的关联，然后再按一对多的方式进行处理。

[例 1] 将一对一关联映射到表。

图 6-13 中有两个持久类，二者之间有一个一对一关联。

把持久类分别映射到一个表，并把类之间的关联也映射在一个类对应的表中。图 6-14 给出了表的结构。

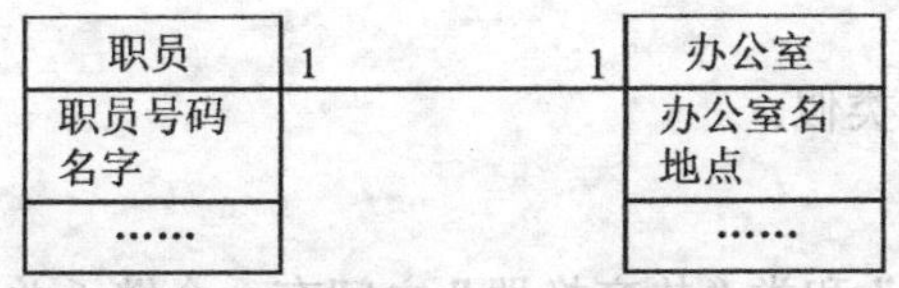

图 6-13 持久类及其间的一对一关联示例

表	属性
职员	职员号码，名字，办公室名
办公室	办公室名，地点

图 6-14 把持久类以及其间的一对一关联映射到两个表

图 6-14 中的两个表与类“职员”和类“办公室”分别相对应，带下划线的属性为主关键字，在第一个表中用外键“办公室名”隐含了两个类之间的关联。

常见的做法是把上述两个类的属性合并，映射到一个表，其中的关联就隐含在表中。

[例 2] 将一对多关联映射到表。

图 6-15 中有两个持久类，二者之间有一个一对多关联。

把多重性为类“人员”和关联映射为一个表，类“公司”映射为另一个表。图 6-16 给出了表的结构。

图 6-16 中带下划线的属性为主关键字，人员表中的属性“公司 ID”是连接表的外键。

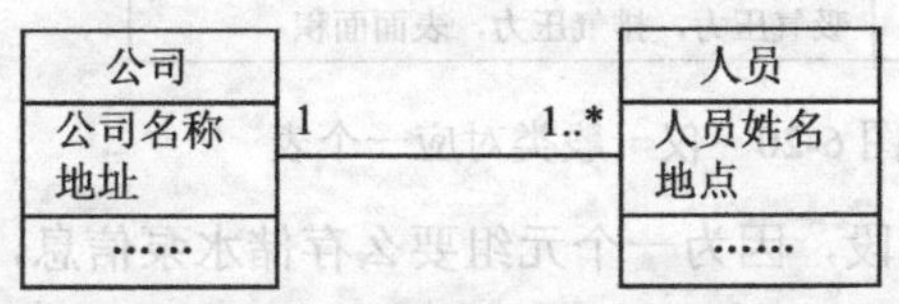

图 6-15 持久类及其间的一对一关联示例

表	属性
公司	公司 ID，公司名称，地址
人员	人员 ID，人员姓名，地点，公司 ID

图 6-16 把持久类以及其间的一对多关联映射到两个表

[例 3] 将多对多关联映射到表。

图 6-17 中有两个持久类，二者之间有一个多对多关联。

把该多对多关联转化为图 6-18 所示的一对多关联。然后再按对一对多关联的处理方式进行处理。

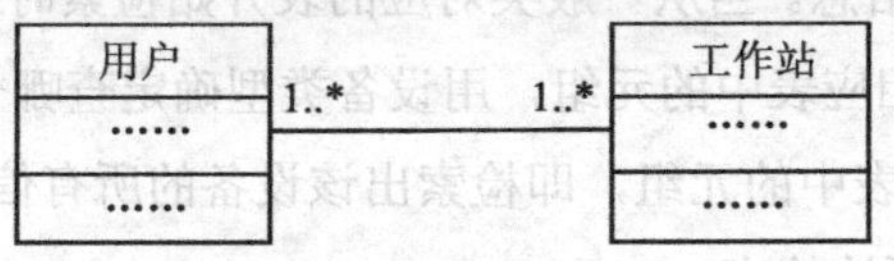

图 6-17 持久类及其间的多对多关联示例

图 6-18 一个多对多关联转化为两个一对多关联示例

（2）对聚合的存储设计。

由于聚合就是一种关联，故聚合的存储设计与关联的存储设计的规则是相同的。要说明的是，在设计存储聚合时，不要根据聚合的一端是整体就决定在这端的类对应的表中存储关系，而是要像设计存储关联那样考虑多重性。

（3）对继承的存储设计。

可采用下述方法之一，对继承进行存储设计。

方法 1：把一般类的各特殊类的属性都集中到一般类中，创建一个表。

方法 2：在一般类创建对象的情况下，可为一般类创建一个表，并为它的各个特殊类各创建一个表，要求一般类的表与各特殊类的表要用同样的属性（组）作为主关键字。

方法 3：如果一般类为抽象类，则要把一般类的属性放到各特殊类中，为它的特殊类各建立一个表。若一般类不为抽象类，也可采用该做法。

上述是对单继承的处理方法，对于多继承的处理与此类似。

[例 4]　将继承结构映射到表。

图 6-19 中有 3 个持久类，其中类“设备”与类“水泵”和类“热交换器”之间有一个继承关系。

方法 1：仅一般类对应一个表，即一般类和特殊类创建的所有对象都使用同一个表存储，图 6-20 给出了表的结构。

图 6-20 中的设备类型用于区分本元组的数据是描述水泵的，还是描述热交换器的。

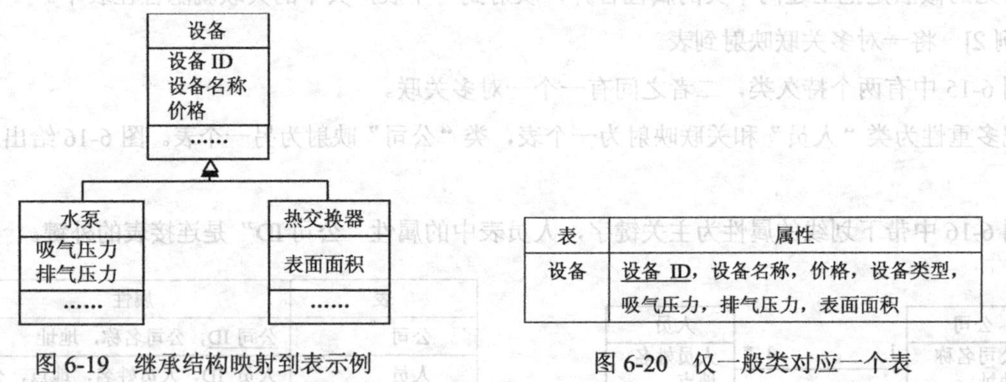

图 6-19　继承结构映射到表示例

表	属性
设备	设备 ID，设备名称，价格，设备类型，吸气压力，排气压力，表面面积

图 6-20　仅一般类对应一个表

这种方法的缺点是每个存储对象的元组都有多余的字段，因为一个元组要么存储水泵信息，要么存储热交换器信息。

方法 2：一般类和特殊类各对应一个表，图 6-21 给出了各表的结构。

图中的第一个表的主关键字为设备 ID，第二个表和第三个表的主关键字也是设备 ID。当从特殊类对应的表开始检索时，根据提供的设备 ID 查找特殊类对应的表中的元组，再在一般类对应的表中，用设备 ID 查找表中的元组，即检索出该设备的所有信息。当从一般类对应的表开始检索时，根据提供的设备 ID 和设备类型，再用设备 ID 查找一般类相应表中的元组，用设备类型确定查哪个特殊类所对应的表，再在特殊类对应的表中用设备 ID 查找表中的元组，即检索出该设备的所有信息。

这种方法很好地反映了继承结构，但访问数据时需要连接表。

方法 3：如果类“设备”为抽象类，则可以采取每个特殊类各对应一个表的方法，图 6-22 给出了各表的结构。

表	属性
设备	设备 ID，设备名称，价格，设备类型
水泵	设备 ID，吸气压力，排气压力
热交换器	设备 ID，表面面积

图 6-21　一般类和特殊类各对应一个表

表	属性
设备	设备 ID，设备名称，价格，吸气压力，排气压力
热交换器	设备 ID，设备名称，价格，表面面积

图 6-22　每个特殊类各对应一个表

采用这种方法存取对象，为新增加的特殊类构造表时，不要忘记一般类的属性，当修改一般类的属性时，不要忘记维护特殊类对应的表结构。

4. 设计数据管理部分的类并修改问题域部分

问题域中的每个持久对象数据都需要被存储；在需要的时候再用这些数据把对象进行恢复，或直接把它们用于某些运算。用关系数据库对每个持久对象数据进行存储，有如下两种方案。

方案 1：类的各对象自己存储与检索自己。

在问题域部分中的需要存储与检索其对象的类中增加一个属性，用来记录该类所对应的数据库的表名；增加两个操作，一个用来存储对象，另一个用来在数据库表中进行检索。持久类的结构如图 6-23 所示。

图 6-23 中的持久类的属性和操作是新增加的，该类原有的属性和操作仍然保留。

如果编程语言支持继承，可把持久类中增加的属性与操作放在一个一般类中，供每个持久类来继承。

方案 2：数据管理部分设立一个或几个对象，负责问题域部分所有持久对象的存储与检索。

在很多情况下，在数据管理部分设立一个对持久对象进行存储/检索的对象。图 6-24 为用于方案 2 的持久存储类。

持久类
类名-数据库表名 ……
存储对象 检索对象 ……

图 6-23　用于方案 1 的持久类

对象存储器
类名-数据库表名对照表
存储对象 检索对象

图 6-24　用于方案 2 的持久存储类

该类属于数据管理部分，用它的对象来管理问题域部分中的持久类的对象的存储与检索。该类中的属性“类名—数据库表名对照表”用于表明在哪个表中存取哪一个类的对象。

无论采用哪种方案，在所定义的用于存储的类中或在原有的持久类中，都至少应该有一个属性，用于记录要存取哪一个（些）表；至少应该有两个操作“存储对象”和“检索对象”，供设计中的其他操作使用。

上述的操作“存储对象”和操作“检索对象”需要知道被保存的对象的如下信息：

- 它是内在中的哪个对象，从而知道从何处取得要保存的对象，或者把表中的数据恢复到何处；
- 它属于哪个类，从而知道应该把它保存在哪个数据库表中，或要到哪个数据库表中去读取它；
- 它的主关键字，从而知道该对象对应数据库表的哪个元组。

不同的对象调用类“对象存储器”的对象的操作时，所使用的参数是不同的，即作为参数的属性的个数和类型以及对象变量的类型（即对象的类）是不同的，而且对不同的表而言，主关键字所包含的属性名也往往是不同的。解决的方法可为：（1）在类“对象存储器”的对象的操作中把对每个数据库表进行操纵的语句都预先编写出来；（2）在访问类“对象存储器”的对象的操作中动态地按数据操纵语言（如 SQL）构造对数据库操纵的语句，然后作为参数值传送给类“对象存储器”的对象的操作。

按照上述工作，确定了存取持久对象的类，就搭建起了问题域部分和数据管理部分联系的桥梁。

在数据库中，经常要使用一些约束规则。例如，诸如作用在属性上的一组有效值或一个值域那样的约束，是检查性约束；限制一个属性或一组属性中的数据必须是唯一的约束，是唯一性约束。对于这样的代码，可写在问题域部分的类中或数据管理部分的类中，也可写在数据库管理系统中，作为相应的约束条件。

如下给出的是应用系统保存和恢复对象的一些时机：

- 系统启动时，要恢复一些所需要的持久对象；
- 系统停止时，要保存在本次运行时使用过的但未曾保存过的持久对象；
- 系统自启动以来首次使用一个未曾恢复过的持久对象；
- 按照某种规则，需要保存某个（某些）持久对象。

在与其他系统共享对象数据的情况下，根据共享机制所要求的数据一致性保证策略，存储或检索对象。

6.3.4 某木业公司信息系统“销售部”数据库设计

表 6-1 订单表（order）

列名	name	数据类型	长度	必填字段	描述
订单号	o_id	Varchar	50	是	主键
订货人编号	b_id	Varchar	50	是	外键
订单明细号	od_id	Varchar	50	是	外键
订单管理员编号	oa_id	Varchar	50	是	外键

表 6-2 订单明细表（orderdetails）

列名	name	数据类型	长度	必填字段	描述
订单明细号	od_id	Varchar	50	是	主键
货品编号	g_id	Varchar	50	是	外键
货品数量	g_num	Integer	11	是	

表 6-3 订货人表（buyer）

列名	name	数据类型	长度	必填字段	描述
订货人编号	b_id	Varchar	50	是	主键
订货人姓名	b_name	Varchar	50	是	
订货人地址	b_address	Varchar	50	是	
联系方式	b_tel	Varchar	50	是	

表 6-4 订单管理员表（orderadmin）

列名	name	数据类型	长度	必填字段	描述
订单管理员编号	oa_id	Varchar	50	是	主键
姓名	oa_name	Varchar	50	是	
密码	oa_pwd	Varchar	50	是	>=6 位

在这一节中我们仅给出了销售部涉及的数据库设计部分，事实上某木业公司信息系统数据库设计部分不仅销售部这一部分，请读者尝试根据 6.3 节介绍的方法给出合理的木业公司信息系统的数据库设计。

6.4 人机界面设计

6.4.1 人机界面设计概述

人机交互部分是面向对象设计模型的外围组成部分之一。其中所包含的对象构成了系统的人机界面，称为界面对象。

现今的计算机软件系统大多采用图形方式的人机界面。它的形象、直观、易学、易用等特点拉近了人和计算机之间的距离。20 世纪 80 年代以来，陆续出现了一些支持图形用户界面开发的软件系统，经过不断地改进和推陈出新，形成了一些被广泛应用的软件产品，包括窗口系统（例如 X Window、NeWS 和 MS-Windows）、图形用户界面（GUI）系统（例如 OSF/Motif 和 Open Look）以及与编程语言结合为一体的可视化编程环境（例如 Visual C++、Visual Basic 和 Delphi）。为了叙述的方便，本书将此类系统概括地称为界面支持系统。在这种系统的支持下，图形用户界面的开发效率可得到显著提高，因此应用系统的人机界面开发大多依赖某种界面支持系统。各种界面支持系统在概念、术语、风格以及对界面开发支持的力度和级别等方面都有不少差异，使系统中与人机界面有关的对象受它的影响很大。将面向对象设计模型的人机交互部分独立出来进行设计，好处是隔离了界面支持系统对问题域部分的影响——当界面支持系统变化时，问题域部分可以基本保持不变。

人机界面的开发不纯粹是设计和实现问题，在很大程度上也是分析问题。通过分析用户对人机界面的需求，才能设计出使用户感到满意的界面。

人机界面的开发也不纯粹是软件问题，它还需要许多其他学科，例如心理学和美学等学科的知识。本节作为面向对象设计内容的一部分，主要是从软件的角度讨论人机界面的设计问题，特别是如何运用面向对象的概念和表示法进行人机界面的设计。

6.4.2 人机界面设计准则

一个软件系统是否成功，最终的检验标准是它能否使用户感到满意。由于人机界面是系统与用户直接接触的部分，它给予用户的影响和感受最为明显，所以人机界面质量的优劣对于一个软件系统是否能够获得成功具有至关重要的作用。

软件质量包括许多因素，如功能、性能、正确性、可靠性和安全性等。然而现今的质量观点却不仅仅是这些。一个好的软件，不只是要满足各项功能与非功能需求，也不只是运行时不出错或者很少出错，而且要让用户在使用时感到由衷的满意，这是一种更高的质量境界。达到这一境界的关键在于人机界面。如果一个软件的人机界面设计得很粗陋，交互过程很别扭、很费力，即使软件的内在质量再好，也难以使用户满意。就像一个商店，虽然货物齐全、价格公平，但是服务态度却很差，就很难得到顾客的好评。

人们通过对人机界面的长期研究与实践，形成了一些公认的评价准则，以下列举其中的若干准则。

（1）使用简便：人通过界面完成一次与系统的交互，所进行的操作尽可能少。包括把按键的次数和点击鼠标的次数减到最少，甚至要减少拖动光标的距离。另一方面，界面上供用户选择的信息（如菜单的选项和图标等）也要数量适当、排列合理、意义明确，使用户容易找到正确的选择。

（2）一致性：界面的各个部分及各个层次，在术语、风格、交互方式和操作步骤等方面尽可能保持一致。此外，要使自己设计的界面与当前的潮流一致。就像一个人的衣着和社交方式要"入时"，过于陈旧或过分的标新立异都会给人以不合时宜之感。风格上的一致，其意义是使人感到协调和自然；术语、交互方式和操作步骤的一致具有更实质性的意义——使人能够举一反三、触类旁通地掌握对界面的操作。

（3）启发性：系统能够启发和引导用户正确、有效地进行操作。界面上出现的文字、符号和图形具有准确而明朗的含义或寓意，提示信息及时而明确，总体布局和组织层次合理，使用户能够自然而然地想到为完成自己想做的事应进行什么操作。相反，则可能给人以误导，或者使人不知所措。现在一些广泛流行的软件在这方面做得相当出色：新用户只要敢于大胆尝试，就可以在人机界面的引导和启发下逐步地学会怎样使用这个软件，几乎不需要查阅用户手册或使用联机帮助功能。

（4）减少人脑记忆的负担：使人在与系统交互时不必记忆大量的操作规则。在这方面P．Coad和E．Yourdon说过一句很精彩的话："应该是给机器编程序，而不是给人编程序。"例如设计的软件要求用户记住一大堆关于如何使用系统的规则、操作步骤和注意事项，那么用户就像一个受系统驱使的奴仆，在系统面前必须循规蹈矩小心应答，略有不慎便动辄得咎——试问这样的系统谁会喜欢。"给机器编程序"则意味着尽可能把人脑的记忆负担交给机器去承担，使人成为机器的主人，轻松地享受善解人意的机器为他们提供的服务。

（5）减少重复的输入：系统能记住用户曾经输入过的信息，特别是那些较长的字符串；当另一时间和场合需要用户提供同样的信息时，能够自动地或者通过简单的操作复用以往的输入信息，而不必由人工重新输入。

（6）容错性：系统对用户的错误操作有容忍能力或补救措施。包括：对可能引起不良后果的操作（例如删除某些不易恢复的内容，未保存工作结果而退出等）给出警告信息或请求再次确认；提供撤销（undo）和恢复（redo）功能，使系统方便地回到以往的某个状态；对无意义的操作（例如未选中任何目标而点击鼠标）最好是不予理睬，这比指出用户的错误并让他们确认更合理。

（7）及时反馈：对那些需要较长的执行时间才能完成的用户命令，不要等系统执行完毕时才给出反馈信息，因为在这段时间内用户会感到寂寞，还可能心生疑虑——怀疑自己的操作是否已经生效，不知是该耐心等待还是该重新操作。系统应该及时地给出反馈信息，说明工作正在进展（例如显示一个沙漏）。当预计执行时间更长时，要说明工作进行了多少（例如显示已完成部分的百分比）。

（8）其他：还有一些其他的评判准则，如艺术性、趣味性、风格（style）和视感（look and feel）

等，这里不再一一列举。

6.4.3 面向对象人机界面设计

人机界面设计是在对人机交互的需求分析的基础上，以选定的界面支持系统为背景，利用它所提供的界面元素来构造一个可满足人机交互需求、适合使用者特点的人机界面。在面向对象设计中，要以面向对象的概念和表示法来表示这些界面元素以及它们之间的关系，从而形成面向对象设计模型的人机交互部分。以下介绍其设计过程与策略。

1. 选择界面支持系统

人机界面的开发效率与采用的支持系统功能的强弱有密切关系。仅在操作系统和编程语言的支持下进行的图形方式的人机界面开发工作量是很大的。利用通用的图形软件包可以使开发效率有所提高，但工作量仍相当可观。当前应用系统的人机界面设计大多依赖窗口系统、GUI 或可视化编程环境等更有效的界面支持系统。

（1）窗口系统。

窗口系统是控制位映像显示器与输入设备的系统软件，它所管理的资源有屏幕、窗口、像素映像，色彩表、字体、光标、图形资源及输入设备。窗口系统的特点是：屏幕上可显示重叠的多个窗口，采用鼠标器确定光标位置和各种操作，屏幕上用弹出式或下拉菜单、对话盒、滚动框、图符等交互机制供用户直接操作。窗口系统既是一种开发平台，又是一种运行平台。对开发者而言，它提供了支持应用系统（特别是系统的图形用户界面部分）开发的支持机制、库函数、应用程序接口（API）、工具箱和供开发者使用的人机交互界面；对应用系统的用户而言，它提供了支持系统运行的环境，包括对应用系统用户界面的显示和操作的支持。

历史上比较知名的窗口系统（或者包括窗口系统功能在内的综合性系统）有：PARC 开发的 Smalltalk，它将语言、类库、窗口系统结合为一体，既是第一个较完善的 OOPL，也是第一个窗口系统；Apple 公司的 Macintosh，是第一个流行较广、影响较大的商品化窗口系统；麻省理工学院和 DEC 公司开发的 X Window，是工作站上使用最广泛的窗口系统；微软公司的 Windows，是当前在微机上使用最广泛的窗口系统。

（2）图形用户界面。

从字面上看，“图形用户界面”这个术语更像是指某个应用系统的用户界面，但是现在已经形成了一种习惯的说法：把一种在窗口系统之上提供了层次更高的界面支持功能、具有特定的视感和风格、支持应用系统界面开发的系统称为图形用户界面，简称 GUI。

典型的窗口系统（如 X Window）一般不为用户界面规定某种特定的视感及风格，而在它之上开发的 GUI（例如在 X Window 之上开发的 OSF/Motif 和 Open Look）则具有各自的视感与风格，并为应用系统的界面开发提供比一般窗口系统层次更高、功能更强的支持。例如 OSF/Motif 规定了窗口、菜单、按钮、对话框（dialog box）和图符等界面元素的具体风格，同时提供了类库、工具箱、用户界面语言（UIL）、风格及窗口管理等支持机制。

窗口系统和图形用户界面这两个概念迄今尚未形成统一、严格的定义。原因之一是它们一直在一种百花齐放、相互竞争的形势下发展，各个厂商都有自己的一套术语，并对这些术语各有自己的定义，因此很难截然区分哪些系统是窗口系统，哪些系统是GUI。例如微软公司的Windows常常被称为窗口系统，但从它的功能层次来看，称之为GUI亦无不可。

（3）可视化编程环境。

目前在人机界面的开发中最受欢迎的支持系统是将窗口系统、GUI、可视化开发工具、编程语言以及类库结合为一体的可视化编程环境。

"编程"的传统含义是编写程序的源代码。可视化编程环境使这一概念发生了很大变化——程序员可以在它的支持下通过对一些形象、直观的图形元素进行操作来构造自己的程序，而不是直接使用形式化的编程语言来编写程序。这种编程方式更符合人的思维习惯，因为大多数人比较擅长形象思维而不擅长抽象的形式思维。人机界面的可视编程具有更显著的意义——界面本来就是一幅图画，用形式化语言来描述它是什么样子，定义它的各个组成部分的形状、大小、位置和色彩等，有如隔靴搔痒，总是不那么直接，也难以在编写一段程序时就预见到它在运行时所产生的界面的实际效果。可视化的编程则是让程序员用一些图形元素直接地在屏幕上拼凑、绘制自己所需的界面，并根据观察到的实际效果直接地进行调整。工具（代码生成器）将把以这种方式定制的界面转化为源程序，作为应用系统代码的一部分。将来程序执行时所产生的界面，就是现在绘制的界面。"所见即所得"是这种开发方式的主要特色。

可视化编程环境大大提高了人机界面的开发效率，很受开发人员欢迎。自20世纪90年代以来广为流行的可视化编程环境有：在C++基础上发展起来的Visual C++，在Object Pascal基础上发展起来的Delphi和在Basic基础上发展起来的Visual Basic等。

（4）界面支持系统的选择。

选择什么软件作为实现人机界面的支持系统，是在人机界面设计中需要首先明确的问题，主要考虑以下因素。

① 硬件、操作系统及编程语言。多数窗口系统是针对特定硬件的；GUI一般基于特定的硬件和操作系统，甚至与操作系统结合为一体；可视化编程环境不但与硬件及操作系统有关，而且与特定的编程语言结合为一体。选择何种硬件、操作系统及编程语言是整个系统的问题。因此界面支持系统的选择不单纯是界面开发的问题，而且与整个系统的全局性设计决策有关。

② 界面实现的支持级别。软件系统对人机界面实现的支持可分为以下5个级别：0级——操作系统和一般的编程语言，除此之外没有任何其他支持，人机界面的一切编程工作几乎全部由开发者在很低的层次上完成；1级——图形软件包（例如图形核心系统GKS），可以调用图形软件包提供的函数实现界面上的一些图形元素；2级——窗口系统，提供了支持人机界面开发的支撑机制，例如库函数、工具箱和API等；3级——GUI，为实现具有特定视感和风格的图形用户界面提供了更强的支持；4级——可视化编程环境，使开发者可以采用"所见即所得"的方式构造自己的用户界面。选用的界面支持系统的级别越高，开发时的编程工作量就越少，但创造自己的界面风格和视感的余地也越少。一般应用系统的开发适合选择级别较高的支持系统，系统软件和一些有特殊要求的应用系统的开发可能要选择级别较低的支持系统。

③ 界面风格与视感。设计中需要考虑用户最欢迎何种风格与视感的人机界面。对大部分用户而言，选择当前流行的窗口系统、GUI或可视化编程环境是适宜的，因为流行意味着用户更容易接受，而且容易学习和掌握。

④ 其他。包括开发者更熟悉哪种系统，以及软件的价格等因素。

选定界面支持系统之后，设计人员必须致力于学习和掌握它。学习的主要问题包括：该系统支持哪些界面元素；每种界面元素的功能是什么；系统提供了哪些工具；类库或函数库中提供了哪些类或函数；系统提供了何种机制（如事件处理或消息处理机制等）。只有把这些问题都搞清楚，才能充分利用系统所提供的功能高效地完成设计，并且使自己的设计能够高效地实现。否则就可能事倍功半，或者使设计与实现脱节。

对面向对象的界面设计而言，了解在系统的类库中提供了哪些类具有更重要的意义。现在大部分GUI和可视化编程环境都提供了内容很丰富的类库（例如Visual C++的类库MFC和Delphi的类库 VCL），其中用于定义界面元素的类占有很大的比例。大部分常用的界面元素都已经在类库中定义了相应的类。在这种条件下，设计和实现工作可以大为减轻。因为许多界面对象都不必靠设计人员和程序员自己去定义和实现，而是直接复用或者通过继承而复用类库中的类。

2. 选用实现交互的界面元素

人机界面的开发是用选定的界面支持系统所提供的界面元素来构造系统的人机界面。在设计阶段，要根据人机交互的需求分析结果，选择可满足交互需求的界面元素，并策划如何用这些元素构成人机界面。

文献列举了当前流行的窗口系统和GUI中常见的界面元素，并给出如下定义。

- 窗口：屏幕上得以独立显示和操作的区域称为窗口。这些区域可由系统或不同应用程序所使用。窗口可以打开、关闭、移动或改变大小等。
- 菜单：显示一组操作或命令的清单，每一菜单项可以是文字或图符。菜单可用移动光标或鼠标键来选取。有固定或活动（如弹出型或下拉型）菜单。
- 对话盒：用来收集用户的输入信息或向用户提供反馈的区域。输入信息包括由用户选择yes或no的选择按钮、输入文件名的正文框，或其他设置各种参数的输入框。输出包括各种提示、可选项及错误消息等。
- 图符：图符是系统或用户定义的对象图形表示，如文件夹和磁盘驱动器等。
- 滚动条：用以移动窗口区域中显示位置的指示条。
- 其他：包括各种控制板（panel）、剪辑板（clipboard）、光标和按钮等元素。

各种窗口系统、GUI和可视化编程环境所支持的界面元素并不完全相同。有些功能类似的界面元素可能采用不同的名称，有些名称相同的界面元素的功能也可能多少有些差异。设计者可以从相关技术资源了解其差异，并根据具体需求加以选择。

设计者的任务是建立需求和实现之间的桥梁，人机界面的设计应重点考虑以下5个问题。

（1）系统的启动。

比较简单的系统可以由一条最高层的命令来启动。比较复杂的系统（例如分布式系统、多个任务并发执行的系统，或者一个系统中包含多个功能较为独立的子系统)，可以由多条最高层命令分别启动。前一种情况可以设计一个主界面，后一种情况可分别设计多个主界面。界面支持系统往往提供多种可作为主界面的元素。例如 Visual C++在 MFC 类库支持下提供的框架窗口（frame window）和对话框窗口（dialog window）均可作为系统的主界面。主界面（主窗口）的启动意味着整个系统或者一个子系统的启动。

（2）高层命令组织结构的实现。

高层命令的组织结构是通过界面元素的构造层次体现的。策略是：对照在人机交互需求分析中所建立的高层命令组织结构，从最高层命令及其对应的主窗口开始，逐层选择可以输入本层命令并且可以作为上一层界面元素组成部分的界面元素。一层一层地向下进行，直到结构中每一条高层命令和基本命令都得到落实。例如，可以在一个窗口的主菜单条上用按钮实现仅次于最高层的命令输入，用每个按钮引发的下拉菜单组织下一层命令，在每个菜单项之下继续用下拉菜单组织更下层的命令。当一个窗口或菜单之下某一条命令的交互情况比较复杂时，也可以采用另一个窗口来组织在它之下的各层命令。

（3）基本命令的执行。

在基本命令以上的高层命令的执行只是在人机界面上逐步把用户引向基本命令，而基本命令的执行则需要从界面对象把消息发送给实现命令功能的对象。设计者需要了解，选中一个代表基本命令的界面元素（例如一个按钮或一个菜单项）将产生什么消息，并且要指出由哪个对象操作来处理该消息。例如，可以使用 Visual C++提供的 WM_COMMAND 类来表示命令被选中时的消息，并指定问题域部分执行该命令对象操作，作为该消息处理函数。

（4）详细交互过程的输入与输出。

在基本命令的每个命令步上进行的输入和输出都要选择适当的界面元素来完成。一般不需要针对每一条输入或输出信息分别选择界面元素，而是根据它们对输入或输出的共同要求将它们分类，对每一类输入和输出决定采用何种界面元素来实现。在很多情况下应把输入和输出结合起来考虑。例如，要输出一条提示信息并要求用户输入，可以用主窗口中的对话盒来实现；图形、图像和大篇幅的正文可以在用户工作区输出，并用滚动条实现滚动。一条基本命令内容的输入与输出是在实现该命令的对象驱动下进行的，界面元素接收其请求并完成输入与输出，在很多情况下可以被多处、多次的输入与输出所共享。例如窗口中的用户工作区可以反复地为多个对象输出图形、图像或正文。

（5）异常命令的输入。

异常命令是在随机发生的事件打断系统正常运行的情况下所输入的命令。多数界面支持系统都提供了支持异常命令输入的界面元素。例如，用鼠标右键激活一个弹出菜单，用来接收异常命令的输入。

3. 用面向对象概念表示界面元素

在选定了界面支持系统，并且明确了要使用它的哪些界面元素来构成人机界面之后，剩下的工作就是用面向对象的概念及表示法来表示这些界面元素、它们的特征以及它们之间的关系，建立面向对象设计模型的人机交互部分的类图。以下将逐个介绍各种面向对象概念在界面设计中的用法。

（1）对象和类。

每一种具有相同特征的界面元素用一个类来描述，称为界面类。用这个类创造的每个对象实例就是一个可在人机界面上显示的界面元素。在级别较高的界面支持系统（如GUI和可视化编程环境）中，大部分常用的界面元素，如窗口、菜单、对话框、图符、滚动条和按钮等，都已经在类库中提供了相应的类。在这种条件下进行设计可以直接地复用这些类。其表示法是在类符号的名字栏中给出类名（与类库中的名称相同），并注明《复用》的字样，属性和操作都不必填写，如图6-25（a）所示。这种表示法表明该类可以直接从类型库中复用，在设计和实现中都不必自己定义它的属性与操作。级别较低的界面支持系统可能不提供上述支持，此时需要设计者自己来定义这些类，在类的图形表示符号中给出它的所有属性和操作，如图6-25（b）所示。这样的类要由程序员对照设计模型进行编程。

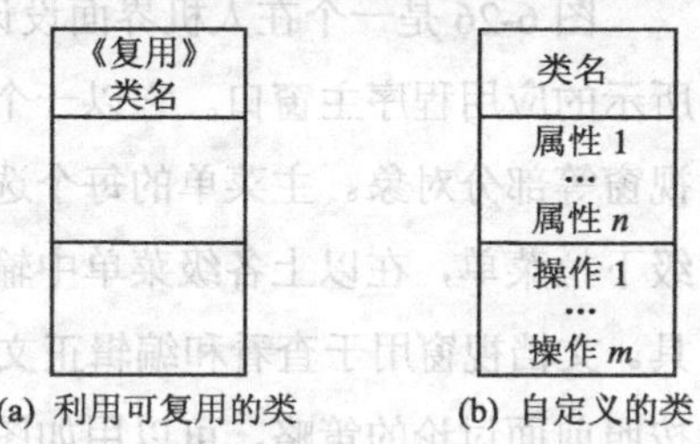

图6-25　界面类的表示法

除了用类表示各种界面元素之外，还可能需要设计一些对各类界面对象进行管理、控制、提供消息或低层服务的类。例如，可能需要设计一个接收输入事件并向各个界面对象分发消息的类，或者设计一个为各个界面对象提供图像显示服务的类等。要不要设计这些类取决于界面支持系统的具体情况。

（2）属性与操作。

用属性描述界面元素的各种静态特征，例如位置、尺寸、颜色、分辨率和立体效果等物理特征，以及状态和内容（例如菜单的选项）等逻辑特征。属性也用来表示一个界面对象所含的部分对象，或者用来指向与它相关联的其他对象。

用操作描述界面元素的行为，例如窗口的创建、激活、最大化、最小化、移动，按钮的单击、双击，或菜单的显示、隐藏以及选中一个选项等。

在界面支持系统所提供的可复用类中已经定义的属性和操作，设计中都不必另行定义。自己定义的类，包括在类库的一般类之下定义的特殊类，都要给出其属性与操作。

（3）整体—部分结构。

整体—部分结构在人机界面设计中的应用十分普遍，可从以下两个角度来识别界面对象之间的整体—部分结构。

一方面是直接观察界面元素之间的构成关系。对于在图形结构上具有构成关系的界面元素，通常需要在它们的类之间建立整体—部分结构。例如，一个窗口和镶嵌在其中的菜单、按钮、对话框和滚动条等成分之间显然是一种整体—部分关系。界面支持系统为了构成一个较复杂的界面对象，提供了作为其组成部分的另外一些界面对象。在应用系统的界面设计中，要从具体的需求出发决定选用哪些部分对象来组成整体对象，并且在设计模型中用整体—部分结构来表达这种设计决策。

另一方面是根据命令的组织结构来建立界面对象之间的整体—部分结构。上、下两层命令之间的关系通常是一种组合关系，即一条上层命令由若干下层命令构成。实现这些命令的界面对象在概念上代表了由它们输入的命令，并且在执行时需要从上层找到它的下层，因此可以用整体—部分结构来表示这些界面对象之间的关系。例如在命令结构中的上、下两层命令都是通过下拉菜单的选项来输入的，那么，这两级菜单之间的关系就可以用整体—部分结构来表示。在有些情况下，把实现上、下两层命令的界面对象元素解释成整体—部分关系可能有点勉强。例如，上层命令通过窗口中的一个按钮来输入，而下层命令是通过启动另外一个窗口来输入的，此时把后一个窗口解释为当前窗口中一个按钮的组成部分就不太符合日常思维习惯。在这种情况下，宁可用关联来表示它们之间的关系，不要采用整体—部分结构。

图 6-26 是一个在人机界面设计中使用整体—部分结构的例子，目的是要构造一个如图 6-26（a）所示的应用程序主窗口。它以一个框架窗口作为整体对象，并在其上组装了主菜单、工具条和文档视窗等部分对象。主菜单的每个选项可激活一个下拉菜单，下拉菜单的选项被选中时，可激活下一级下拉菜单，在以上各级菜单中输入不同层次的命令。工具条中含有一些按钮，用于启动相应的工具。文档视窗用于查看和编辑正文或图形文档，它带有横、竖两个滚动条，以实现视窗内容的滚动。按照前面讨论的策略，可以用如图 6-26（b）所示的整体—部分结构描述上述界面元素之间的关系。

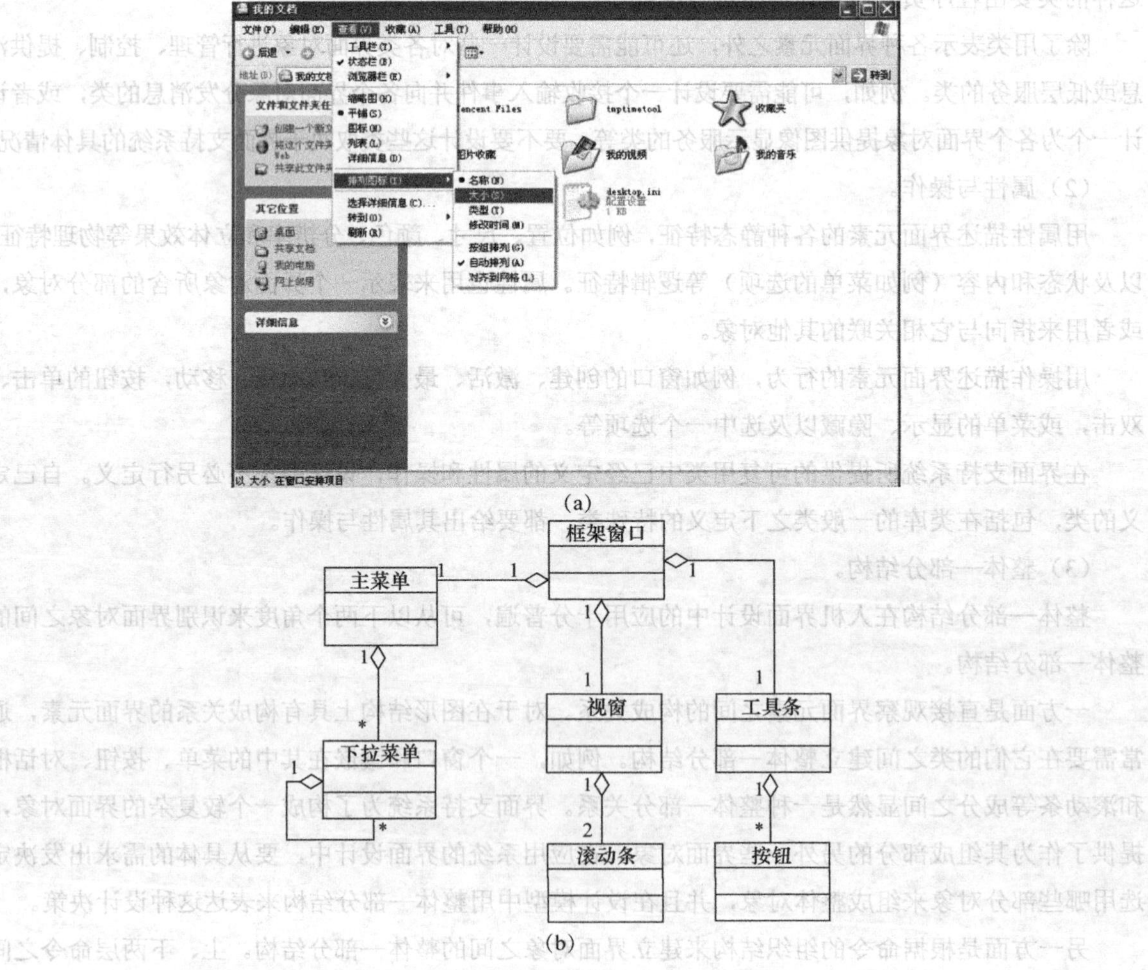

图 6-26　人机界面中的整体—部分结构

（4）一般—特殊结构。

在人机界面的设计中，可通过一般—特殊结构来表示较为一般的界面类和较为特殊的界面类之间的关系，使后者能够继承前者的属性与操作，从而减少开发工作量。

如果选定的界面支持系统带有一个界面类库，那么在应用系统的人机界面设计中便可复用其中的许多类。但是类库中的类通常是按照大多数应用系统的共同需求来定义的，本系统所需的某些较为具体的属性和操作可能未曾定义（否则将影响其通用性）。在这种情况下，复用这些类的办法是，把它们引入本系统作为一般类，通过继承而定义本系统所需的特殊类。图 6-27 是一个例子，它复用了 Windows 的 MFC 类库中名为 CDialog 的对话框类，并通过一般—特殊结构定义本系统所需的特殊对话框（名为“对话框 A”）。一般—特殊结构的这种用法在人机界面的设计是很常见的，而且非常有效。

对于一组全部在本系统定义的界面类，如果从概念上以及从所含的属性与操作来看彼此之间存在着一般—特殊关系，那么也应该建立相应的一般—特殊结构，以便通过继承简化开发工作。一般—特殊结构的这种使用方式很普通，不必再多加介绍。

顺便要提及的是，各种界面支持系统的类库通常也是采用一般—特殊结构来组织类库中的界面类。应用系统如果复用其中一个类（不管是直接复用还是通过继承复用），则这个类必须在类库中层次更高的一般类的支持下才能呈现完整的功能。但是在应用系统的面向对象设计模型中，不必显式地给了同这些更高层的一般类。例如在图 6-27 的例子中只需给出 CDialog，而不必给出更高层的一般类。在相应的机制下，类库中的高层一般类将起到一种隐式的、幕后的支持作用。

（5）关联。

如果一个界面类的对象需要知道它与另一个界面类的哪个（或哪些）对象相联系，而且难以区分谁是整体、谁是部分，则应该用关联来表示它们之间的这种关系。例如，工具条上的某些按钮被选中时，需要出现一个对话框完成进一步的交互操作，那么每个按钮应该知道与它有关的是哪个对话框。这就需要用关联表示来按钮与对话框之间的这种关系，如图 6-28 所示。

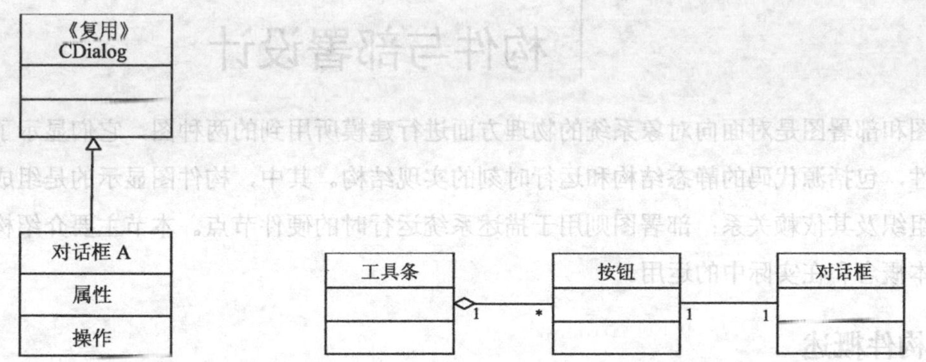

图 6-27　用一般—特殊结构特化可复用类　　　　图 6-28　界面对象之间的关联

（6）消息。

在人机界面的运行中，消息是大量存在的，以下从命令输入和信息输出两个方面讨论消息的产生与传输情况。

① 实现命令输入的消息。从用户向系统输入一条命令到系统对该命令进行处理，消息的产生与传输经历了下述一系列过程。产生消息的源头是输入设备上发生的事件（例如鼠标操作或键盘操作）。界面支持系统可能提供一种接收这些输入事件并向有关的界面对象分发消息的机制，否则应用系统

中就要自己来设立这种机制，并用对象加以表示。输入事件产生的原始消息被分配到相应的界面对象后，就有了具体的语义。包括两种情况：一种是对界面元素本身的操作，例如，调整一个窗口的大小或者位置与应用系统的功能无关；另一种是向应用系统输入的一条命令。如果这条命令是高层命令，那么当前的界面对象还要向其他界面对象发消息报，使它们活动起来，以便接收下一层的命令输入。如果所接收的命令是一条基本命令，则当前的界面对象要向实际处理这条命令的功能对象（即系统中实现该项命令功能的对象，一般属于问题域部分）发送消息。功能对象中要有一个操作来完成基本命令所要求的功能。如果这条基本命令内部包含若干命令步，则功能对象还需要通过消息启动另外一些界面对象，以接收每个命令步中的输入。

② 实现信息输出的消息。系统在执行其功能时，将根据人机交互的要求向用户输出各种信息，包括对命令的处理结果、对下一次输入的提示、对输入操作的反馈信息和异常情况下的输出等。此时，功能对象将通过消息把输出信息传送给一个界面对象。这个界面对象将把输出信息在输出设备上显示出来。接收下一次输入的任务可能同样由这个界面对象承担，也可能由其他界面对象承担。前面讨论的接收命令输入的界面对象在有些情况下可能向一个负责输出的界面对象发消息。例如，当命令的预计执行时间较长时，可能要激活一个对话框，显示工作进度并允许用户干预。总之，与输出有关的消息包括功能对象向界面对象发送的消息和界面对象之间发送的消息两种情况，其中的界面对象可能只负责输入，也可能既负责输出也负责输入。

以上讨论的与输入和输出有关的各种消息都要在面向对象设计模型中用消息表示出来，并且要在发送消息的类规约中做相应的说明。

6.5 构件与部署设计

构件图和部署图是对面向对象系统的物理方面进行建模所用到的两种图，它们显示了系统实现的一些特性，包括源代码的静态结构和运行时刻的实现结构。其中，构件图显示的是组成系统的构件之间的组织及其依赖关系；部署图则用于描述系统运行时的硬件节点。本节主要介绍构件图和部署图的基本概念和在实际中的运用。

6.5.1 构件概述

构件是指系统中的可替代性的物理单元，它们是独立的，在一个系统或子系统中的封装的物理单位提供一个或多个接口，是系统高层的可重用的部件。

1. 构件

构件（Component）作为系统中的一个物理实现单元，包括软件代码（包括源代码、二进制代码和可执行文件等）或者相应组成部分，如脚本或命令行文件等，还包括带有身份标识并有物理实体的文件，如运行时的对象、文档、数据库等。

构件能够不直接依赖于其他构件而仅仅依赖于构件所支持的接口。通过使用被软件或硬件所支持的一个操作集——接口，构件可以避免在系统中与其他构件之间直接发生依赖关系。在这种情况下，系统中的一个构件可以被支持正确接口的其他构件所替代。

一个构件实例用于表示运行中存在的实现物理单元和在实例节点中的定位，它有两个特征。

（1）代码特征。

构件的代码特征是指它包含和封装了实现系统功能的类或者其他元素的实现代码以及某些构成系统状态的实例对象。

（2）身份特征。

构件的身份特征是指构件拥有身份和状态，用于定位在其上的物理对象。由于构件的实例包含有身份和状态，我们称之为有身份的构件。一个有身份的构件是物理实体的物理包容器。

在UML中，标准构件使用一个左边有两个小矩形的长方形表示，构件的名称位于矩形的内部。

2. 构件的种类

在对软件系统建模的过程中，存在3种类型的组件。

（1）实施构件。

实施构件是构成一个可执行系统必要和充分的构件，是在运行时创建的组件，也是最终可运行的系统产生的允许结果，如动态链接库（dll）、可执行文件（exe），还包括如COM+、CORBA及企业级Java Beans、动态Web页面。

（2）配置构件。

配置构件是运行系统需要配置的构件，是形成可执行文件的基础。操作系统、Java虚拟机和数据库管理系统都属于配置组件。

（3）工作产品构件。

这类构件主要是开发过程的产物，包括创建实施构件的源代码文件及数据文件。这些构件并不是直接地参与可执行系统，而是用来产生可执行系统的中间工作产品，它们是配置组件的来源。工作产品构件包括UML图、Java类和JAR文件、动态链接库DLL和数据库表等。

3. 构件的表示

构件的定义非常广泛，在实际的建模过程中，如果仅使用一种图标表示构件会带来很大的不便。所以在Rational Rose中，可以使用不同图标表示不同类型的构件。它们包括以下内容。

（1）构件。Rational Rose中的构件即一般意义上的构件。

也可以用ActiveX、Applet、Application、DLL、EXE以及自定义构造型来指定构件的类型，它们的表示形式是在构件上添加相关的构造型。

（2）子程序规范和子程序体。

子程序是一个单独处理的元素的包，通过用它代指一组子程序集。子程序规范和子程序体是用来显示子程序的规范和实现体。

（3）主程序。

主程序是指组织起来以完成一定目的的连接单元的集合。在系统中，肯定有一个文件用来指定系统的入口，也就是系统程序的根文件，这个文件被称为主程序。

（4）数据库。

在 Rational Rose 中，数据库也被认为是一种构件。

（5）虚包。

虚包是一种只包含对其他包所具有的元素进行引用的构件，它被用来提供一个包的某些内容的公共视图。虚包不包含任何它自己的模型元素。

（6）包规范和包体。

包规范和包体分别用于放置声明文件和实现文件。因为我们有时候会将源文件中的声明文件和实现文件分离开来。例如，在 C++语言中，往往将“.h”文件和“.cpp”文件分离开来。

（7）任务规范和任务体。

任务规范和任务体用来表示那些拥有独立控制线程的构件的规范和实现体。

在系统实现过程中，之所以构件非常重要，是因为它在功能和概念上都比一个类或者一行代码强。典型的构件拥有类的一个协作的结构和行为。在一个构件中，支持一系列的实现元素，如实现类，即构件提供元素所需的源代码。构件的操作和接口都是由实现元素实现的。当然一个实现元素可能被多个构件支持。每个构件通常都具有明确的功能，它们通过在逻辑上和物理上有粘聚性，能够表示一个更大系统的结构或行为块。

6.5.2 构件设计——构件图

1. 构件图的概念

构件图（Component View）是用来表示系统中构件与构件之间，以及定义的类或接口与构件之间的关系的图。构件图通过显示系统的构件以及接口等之间的接口关系，形成系统的更大的一个设计单元。在以构件为基础的开发（Component Based Development，CBD）中，构件图为架构设计师提供了一个系统解决方案模型的自然形式，并且，它还能够在系统完成后允许一个架构设计师验证系统的必需功能是由构件实现的，这样确保了最终系统将会被接受。

在构件图中，构件和构件之间的关系表现为以下两种。

（1）依赖关系。

这种依赖关系分为两种：一种是构件与构件之间的依赖关系，它的表示方式与类图中类与类之间的依赖关系的表示方式相同，都是使用一个从用户构件指向它所依赖的服务构件的虚线箭头表示。如图 6-29 所示，其中，ComponentA 为一个用户构件，ComponentB 为它所依赖的服务构件。另一种是构件和接口之间的依赖关系，它是指一个构件使用了其他元素的接口。依赖关系可以用箭头的虚线表示，箭头指向接口符号。图 6-30 所示是使用一个接口说明构件的实现元素只需要服务者提供接口所列出的操作。

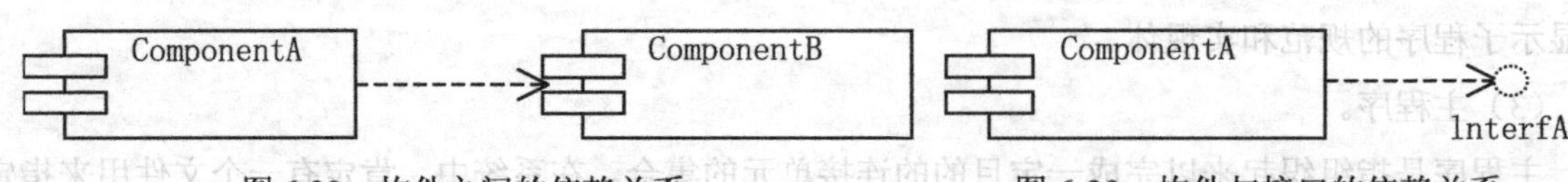

图 6-29 构件之间的依赖关系

图 6-30 构件与接口的依赖关系

（2）实现关系。

实现一个接口意味着构件中的实现元素支持接口中的所有操作。在构件图中，如果一个构件是某一个或一些接口的实现，可以使用一条实线将接口连接到构件来表示，如图6-31所示。

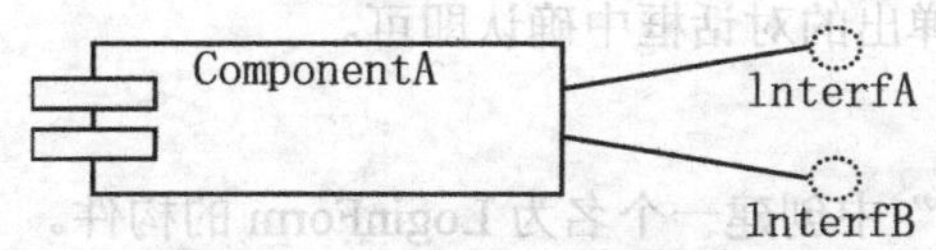

图6-31 构件与接口的实现关系

构件能够呈现被建立整个系统的早期设计，使系统开发的各个小组由于实现构件的不同而连接起来，构件图成为方便不同开发小组的有用交流工具。系统的开发者通过构件图呈现的将要建立的系统的高层次架构视图能够开始建立系统的各个里程碑，并决定开发的任务分配以及需求分析。系统管理员也通过构件图获得将运行于他们系统上的逻辑构件的早期视图，较早地提供了关于组件及其关系的信息。

2. 绘制构件图

（1）构件图的创建和删除。

① 构件图的创建。

下面演示如何在“简单即时聊天系统”中创建一个构件图，命名为“聊天系统构件图”。具体的方法有两种，第一种是通过浏览器来创建。具体步骤如下：

- 右击浏览器中的 Component View（构件视图）；
- 在弹出的快捷菜单中选择 New（新建）|Component Diagram（构件图）命令，在浏览器中创建一个默认名称为 NewDiagram 的构件图；
- 双击 NewDiagram 构件图，输入新名称“聊天系统构件图”；
- 双击“聊天系统构件图”，即可打开构件图的图形编辑区域。

第二种创建构件图的方法是通过菜单栏。具体步骤如下：

- 选择 Browse（浏览）|Component Diagram（构件图）命令，或者在标准工具栏中选择按钮，弹出 Select Component Diagram（选择构件图）对话框；
- 在对话框左侧的 Package 列表框中，选择要创建的构件图位置 Component View（构件视图）；
- 在对话框右侧的 Component Diagram（构件图）列表框中，选择<New>（新建）选项；
- 单击“OK”按钮，在弹出的对话框中输入新的构件图名称“聊天系统构件图”即可。

在 Rational Rose 2003 中，可以在每一个包中设置一个默认的构件图。在创建一个新的空白解决方案的时候，在 Component View（构件视图）下会自动出现一个名称为 Main 的构件图，此图即为 Component View（构件视图）下的默认构件图。当然，默认构件图的名称也可以不是 Main，可以使用其他构件图作为默认构件图。在浏览器中，右击要作为默认的构件图，出现快捷菜单，选择 Set as Default Diagram 命令，即可把该图作为默认的构件图。

② 构件图的删除。

如果要删除创建的“聊天系统构件图”，可以按照以下的步骤去操作：

- 选择 Browse（浏览）|Component Diagram（构件图）命令，或者在标准工具栏中选择按钮，

弹出 Select Component Diagram 对话框；

- 在左侧的 Package 列表框中选择要删除的构件图的位置 Component View（构件视图）；
- 在右侧的 Component Diagram（构件图）列表框中选择“聊天系统构件图”；
- 单击 Delete 按钮，在弹出的对话框中确认即可。

（2）构件的创建。

下面在“聊天系统构件图”中创建一个名为 LoginForm 的构件。

① 可以通过两种方法进行，第一种方法是使用工具栏。具体步骤如下：

- 在“聊天系统构件图”图形编辑工具栏中，选择按钮，此时光标变为“+”号；
- 在图形编辑区内选择任意一个位置，然后使用鼠标左键单击，系统在该位置创建一个默认名为 NewComponent 的新构件；
- 在构件的名称栏中输入构件的新名称 LoginForm。

第二种在“聊天系统构件图”中创建构件的方法是通过菜单栏或者浏览器。具体步骤如下：

- 选择 Tools（浏览）|Create（创建）|Component（构件）命令或者或单击浏览器中 Component View（构件视图），在弹出的快捷菜单中选择 New（新建）|Component（构件）命令，此时光标变为“+”号；
- 以下的步骤与使用工具栏添加构件的步骤类似，按照前面使用工具相同过程添加构件的步骤添加即可。

② 如果需要将现有的构件添加到构件图中，也有两种方法。第一种方法是选中浏览器中现有构件，直接将其拖动到打开的构件图中。第二种方法的具体步骤如下：

- 选择 Query（查询）下的 Add Component（添加构件）选项，弹出添加构件对话框；
- 在构件对话框的 Package 下拉列表中选择需要添加构件的位置；
- 在 Component 列表框中选择待添加的构件，添加到右侧的列表中；
- 单击 OK 按钮，完成创建。

（3）构件关系的创建。

构件图中的构件之间存在的主要是依赖关系。下面在“聊天系统构件图”中为 LoginForm 构件和 Client 构件创建依赖关系。具体步骤如下：

① 单击“聊天系统构件图”图形工具栏中的图标；

② 将鼠标移动到图形编辑区中的 LoginForm 构件上，按下鼠标左键不要松开，移动鼠标至 Client 构件后松开鼠标。注意虚线段箭头的方向为松开鼠标左键时的方向，箭头应由依赖的构件指向被依赖的构件，不可画反。创建后的依赖关系如图 6-32 所示。

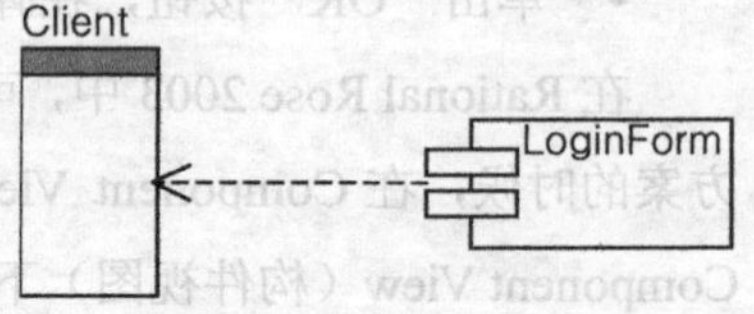

图 6-32 创建构件的依赖

6.5.3 部署图

部署图确定了一组构造元素，用于定义系统的物理架构，即描述了节点及其关系，也描述了可执行的软件如何部署和运行在节点上。

1. 部署图的概念

部署图（Deployment Diagram）描述了运行软件的系统中硬件和软件的物理结构，即系统执行处理过程中系统资源的部署情况，它是一种静态模型。在每一个系统的模型中仅包含一个部署图。图6-33所示是某一个系统的部署图。

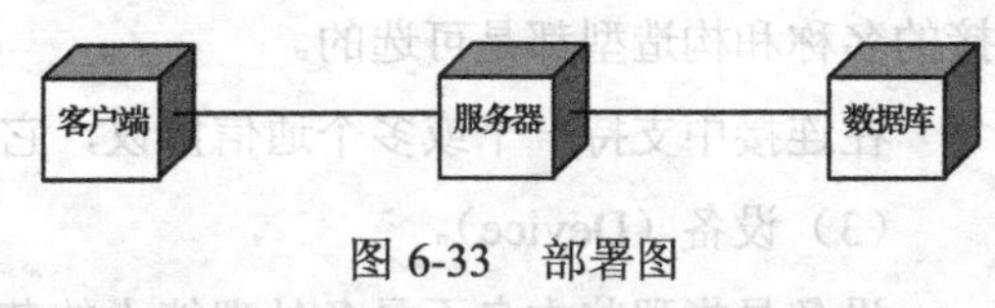

图6-33 部署图

部署图表示软件系统如何部署到硬件环境中，显示了该系统不同的构件将在何处物理地运行，以及它们将如何彼此通信。在部署图中显示了系统的硬件、安装在硬件上的软件与用于连接硬件的各种协议和中间件等。创建一个部署模型的目的有以下3个。

（1）部署图可以通过连接描述组织的硬件网络结构或者嵌入式系统等具有多种硬件和软件相关的系统运行模型。

（2）通过对各种硬件和在硬件中的软件，以及各种连接协议的显示，部署图可以很好地描述系统是如何部署的。

（3）部署图可以平衡系统运行时计算资源的分布。

系统的开发人员和部署人员可以很好地利用这种图去了解系统的物理运行情况，根据部署图了解系统的部署情况。

2. 部署图的表示

部署图由节点、设备和连接这几个基本的元素组成，本节介绍这些元素的概念和在Rational Rose中的表示方法。

（1）节点。

节点是存在于运行时并代表一项计算资源的物理元素，一般用于对执行处理或计算的资源建模。在建模过程中，可以把节点分成两种类型，即处理器（Processor）和设备（Device）。

处理器是指那些本身具有计算能力，能够执行各种软件的节点。例如，服务器、工作站等都是具有处理能力的机器。

在处理的命名方面，每一个处理器都有一个与其他处理器相区别的名称，处理器的命名没有任何限制，因为处理器通常表示一个硬件设备而不是软件实体。

由于处理器是具有处理能力的机器，所以在描述处理器方面应当包含了处理器的调度和进程。

① 调度（Scheduling）。调度是指在处理器处理其进程中为实现一定的目的面对共同使用的资源进行时间分配。有时需要指定该处理器的调度方式，从而使处理达到最优或比较优的效果。

② 进程（Process）。进程表示一个单独的控制线程，是系统中一个重量级的并发和执行单元。例如，一个构件图中的主程序或者一个协作图中的主动对象都是进程。在一个处理器中可以包含许多个进程，使用特定的调度方式执行这些进程。

（2）连接（Connection）。

连接用来表示两个节点之间的硬件连接。节点之间的连接可以通过光缆等方式直接连接，或者通过卫星等方式非直接连接，但是通常连接都是双向的连接。

在 UML 中，连接的表示形式是用一条实线表示，在实线上可以添加连接的名称和构造型。连接的名称和构造型都是可选的。

在连接中支持一个或多个通信协议，它们每一个都可以使用一个关于连接的构造型来描述。

（3）设备（Device）。

设备是指那些本身不具备处理能力的节点。通常情况下都是通过其接口为外部提供某些服务，如打印机、扫描仪等。每一个设备如同处理器一样都要有一个与其他设备相区别的名称，当然有时候设备的命名可以比较抽象一些，如调节器或终端等。

6.5.4 设计部署图

每一个系统模型中只存在一个部署图。所以在使用 Rational Rose 2003 创建系统模型时，就已经自动创建了一个名为 Deployment View 的部署图。如果要访问部署图，在浏览器中双击该部署图即可。

1. 节点的创建和删除

（1）节点的创建。

下面为“简单即时聊天系统”在 Deployment View（部署视图）中创建一个名为“客户端”的处理器节点，可以使用两种方法。

第一种方法是通过图形编辑的工具栏。具体的操作方法如下。

① 在 Deployment View（部署视图）的图形编辑工具栏中选择按钮，此时光标变为“+”号。

② 在图形编辑区内选择任意一个位置，然后使用鼠标左键单击，系统将在该位置创建一个默认名称为 ocessor 的新处理器节点。

③ 在节点的名称栏中输入节点的新名称“客户端”。

第二种在部署图中创建节点的方法是使用菜单栏或浏览器。具体的操作步骤如下。

① 选择 Tools（浏览）|Create（创建）|Processor（处理器）命令，或者单击浏览器中 Deployment View（部署视图），在弹出的快捷菜单中选择 New（新建）|Processor（处理器）命令，此时光标变为“+”号。

② 以下的步骤与使用工具栏添加处理器节点的步骤类似，按照前面使用工具栏添加处理器节点的步骤添加即可。

（2）节点的删除。

从部署图中删除“客户端”节点的方法也有两种。第一种方法是将该节点从部署图中移除，但该节点还存在模型中，如果再用，只需要将该节点添加到部署图中即可。具体的操作方法是：右击浏览器中“客户端”节点，在弹出的快捷菜单中选择 Delete 命令。

第二种将“客户端”节点永久地从模型中删除的步骤如下。

① 右击 Deployment View（部署视图）编辑区中待删除的“客户端”节点。

② 在弹出的快捷菜单中选择 Edit（编辑）|Delete from Model（从模型中删除）命令或者直接按 Ctrl+D 组合键。

2. 节点的设置

对于部署图中的节点，可以通过节点的标准规范对话框设置增加其细节信息。对处理器下面的设置和对设备的设置也略微有一些差别，在处理器中，可以设置的内容包括名称、构造型、文本、特征、进程以及进程的调度方式等；在设备中，可以设置的内容包括名称、构造型、文本和特征等。下面以前面创建的服务器节点“客户端”为例，演示在该节点中创建一个名为 IE 8.0 的进程。具体步骤如下。

（1）双击 Deployment View（部署视图）编辑区中的“客户端”节点，弹出“Processor Specification for 客户端”（处理器规范）对话框。

（2）进入对话框中的 Detail（详情）选项卡。

可以在选项卡中通过 Characteristics（特点）文本框添加硬件的物理描述信息，这些物理描述信息包括硬件的连接类型、通信的带宽、内存大小、磁盘大小或设备大小等；在 Processes（进程）列表框中显示出的是关于处理器进程的信息。可以在其中添加处理器的各个进程。

（3）右击 Processes（进程）列表框下的空白区域，在弹出的快捷菜单中选择 Insert 命令。

（4）输入一个进程的名称 IE 8.0，单击 OK 按钮。

（5）右击 Deployment View（部署视图）编辑区中的“客户端”节点。

（6）在弹出的快捷菜单中选择 Show Processes 命令。

部署图中设备节点的创建过程与处理器节点大同小异，区别在于创建设备节点时使用的是 Deployment View（部署视图）的图形编辑工具栏中的图标。

3. 连接的创建

下面在 Deployment View（部署视图）中创建“客户端”节点和“服务器”节点之间的连接。具体步骤如下。

（1）选择 Tools（工具）|Create（连接）命令，或者单击 Deployment View（部署视图）图形编辑工具栏中的图标，此时的光标变为“↑”符号。

（2）单击“客户端”节点或“服务器”节点。

（3）按下鼠标左键不要松开，移动鼠标至“服务器”节点或“客户端”节点后松开鼠标。

（4）右击 Deployment View（部署视图）编辑区中创建的连接，在弹出的快捷菜单中选择 Open Specification（打开规范）命令，弹出 Connection Specification for Untitled（连接规范）对话框。

① 打开General（常规）选项卡，可以在Name（名称）文本框中设置连接的名称；在Stereotype（构造型）列表框中列出了系统中支持的连接构造型，手动输入构造型的名称或从下拉列表中选择以前设置过的构造型名称皆可；在Documentation（文档）文本框中可以添加对该连接的说明信息。

② 打开Detail选项卡，可以在Characteristics（特点）文本框中设置连接的特征信息，如使用的光缆的类型、网络的传播速度等。

（5）这里打开 General（常规）选项卡，在 Name（名称）文本框中输入连接的名称 HTTP。

（6）单击 OK 按钮，完成对连接的操作。创建后的连接如图 6-34 所示。

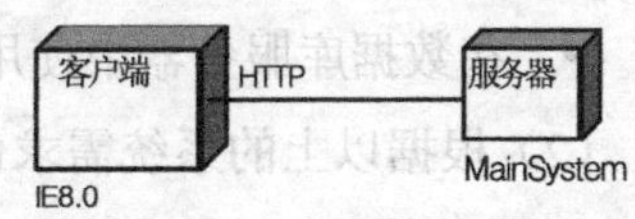

图 6-34 创建的连接

如果要删除刚创建好的节点间连接，可以按照以下步骤进行。

（1）在 Deployment View（部署视图）图像编辑区中，右击要删除的节点连接。

（2）在弹出的快捷菜单中选择 Edit（编辑）|Delete（删除）命令。

请读者根据本节的方法尝试设计木业系统的部署图。

习题

1．面向对象设计模型的主要目的是什么？

2．面向对象的分析与设计方法优于传统的软件工程方法的重要因素是什么？

3．简述 OOD 模型的总体结构，并画图表示。

4．进行面向对象的设计时的准则有哪些？

5．进行问题域设计时有哪些方法，各要注意什么问题？

6．数据库设计方法有哪些？

7．请读者尝试根据 6.3 节介绍的方法给出合理的木业公司信息系统的数据库设计。

8．人机界面设计准则有哪些？

9．进行人机界面设计需要经过哪些步骤？

10．什么是构件，构件之间的关系有哪些？

11．什么是部署图，部署图由哪些要素组成？

12．请读者根据 6.5.4 小节的方法尝试设计木业系统的部署图。

13．试用 UML 对教学管理系统及相关的数据库系统进行分析和设计。学生选课系统一般包括（1）选课管理功能；（2）成绩管理功能。试完成下列工作：

（1）建立系统静态结构模型，画出系统用例图和类图；

（2）建立系统动态结构模型，画出系统序列图和协作图；

（3）建立关系数据库逻辑模型。

14. 在“远程网络教学系统”中，以“系统管理员添加教师信息”用例为例，可以确定 Administrator、Teacher、AddTeacher 等类。

（1）根据这些类，创建关于系统管理员添加教师信息的相关构件图。

在“远程网络教学系统”中，该系统的需求分析如下：

- 学生或教师可以在客户的PC机上通过浏览器（如IE 6.0等）登录到远程网络教学系统中；
- 在Web服务器端安装Web服务器软件，如Tomcat等，部署远程网络教学系统，并通过JDBC与数据库服务器连接；
- 在数据库服务器中使用SQL Server 2000提供数据服务。

（2）根据以上的系统需求创建系统的部署图。

第7章 系统实施

［学习目的］通过本章的学习，学生应建立起管理信息系统的系统实施、系统测试和系统转换的概念。了解系统实施的内容、系统测试的原则和过程及工作流程、系统测试的 3 个模型、系统转换前的准备工作等。重点掌握系统实施的步骤、系统测试的概念和方法等、系统转换的方式。

［本章要点］

- 系统实施的步骤；
- 系统测试的概念、原则、过程和方法；
- 系统转换前的准备；
- 系统转换的方式。

管理信息系统的系统实施是将系统设计阶段完成的成果付诸实践，建立系统硬件和系统软件环境，编写和调试应用程序，组织系统测试和各类人员的培训，完成系统的转换并最终交付使用。从管理信息系统的生命周期来看，系统实施阶段是系统开发的后期阶段，它是前面各阶段工作的延伸和最终目的。与系统分析、系统设计阶段相比，工作量大，投入的人力、物力更多，组织管理工作繁重是其主要的特点。

项目负责人应针对系统实施阶段的特点，制订合理和周密的实施计划，组织协调好各方面的任务，随时检查工作进度和质量，最终完成新旧系统的转换。

7.1 系统实施概述

系统实施阶段的任务是根据用户确认的系统设计方案，实现具体的应用系统。

7.1.1 系统实施步骤

系统实施步骤包括购置和安装设备以建立计算机网络环境，安装系统软件，建立数据库文件，计算机程序设计，系统调试和测试，人员培训，系统转换并交付使用。

1. 购置和安装设备并建立计算机网络环境

系统实施的该项工作是依据系统设计中给出的管理信息系统的硬件结构和软件结构购置相应的硬件设备和系统软件，建立系统的软、硬件平台。

2. 计算机程序设计

计算机程序设计也常常被称为软件开发。进行计算机程序设计的目的是实现系统分析和设计中提出的逻辑模型和物理模型。

3. 系统调试与测试

在进行计算机程序设计之后，需要进行系统的调试。系统调试的主要目的是发现并改正程序的错误。还有专门的测试工程师进行专门的系统测试。通过系统的调试与测试可以发现并改正隐藏在程序内部的各种错误以及模块之间协同工作存在的问题。

4. 人员培训

在系统转换和交付使用前对系统使用人员的培训，包括系统操作员、系统维护人员等。

5. 系统转换

管理信息系统实施的最后一项任务是进行系统的转换，它包括进行基本数据的准备、数据的编码、系统的参数设置、初始数据的录入等多项工作。

以上几项工作在系统实施过程中是相对独立的，但它们之间又是互相联系、互相促进的，必须进行统一协调和配合，以保证系统的开发成功。

7.1.2 物理系统的实施

物理系统实施的工作主要是实施物理系统，建立系统的开发环境。物理系统包括硬件系统和软件系统，其中，硬件系统的实施主要包括计算机、网络设备的购置、安装与调试。在物理系统实施以前，要进行相应的基础设施的建设，如地点的选取、机房的建设等。计算机硬件和网络设备主要包括服务器、工作站和一些外设等，它们按照总体设计的要求进行购买或租用，对于购置量很大的设备还可以采用招标的方式进行。

购置设备的基本原则主要包括以下内容。

（1）质量可靠、价格合理。

购置设备首先要考虑的应该是质量，并要在保证质量的前提下，尽可能地降低购置成本。要在广泛市场调查的基础上选购那些技术经济实力强、信誉好的企业生产的品牌产品。

（2）资料齐全、手续完整。

购置设备要求供货单位提供的设备资料必须齐全、售货手续必须完整，同时要组织好验收工作。由于计算机设备比较复杂，验收工作必须十分认真仔细才行。要有专人负责，做到即使是一条线、一个插头也要搞清楚，并且在规定的时间内完成各种各样的测试和试运行。另外，随机携带的基础测试保护系统等各种软件、资料必须齐全，要认真清点后妥善保管。由供货单位负责操作培训。

（3）良好的设备兼容性和可维护性。

购置计算机设备必须还要考虑它的兼容性和可维护性。应尽量选购那些兼容性好、可维护性好的设备，并且生产商能够提供良好的售后服务和技术支持等。对于一些易损易坏的部件，应购置一些必要的备品备件以保证计算机设备的正常运行。

购置设备完后，建设计算机机房。计算机机房的建设应考虑它对环境的要求、机房的面积和机房的总体布局等问题。

系统的设置购置与机房的建设工作完成以后，按照设计的位置进行的设备组装工作。系统设备的安装工作应按照由里到外、从单机到多机的步骤进行组装，即先进行设备单机各部件的组装，再进行各种互联设备的组装。这种循序渐进的方式有利于整个系统设备安装工作的组装与调试。系统安装与调试成功，为程序设计、数据录入以及整个系统实施工作奠定基础。

在进行硬件系统准备的同时，也要进行软件系统的准备。软件系统则主要是指操作系统（如UNIX、Windows系列、Linux等）、数据库管理系统（如Oracle、Informix、DB2、SQL Server等）及一些应用程序。软件系统配置得得当和完善，有利于硬件系统发挥其应有的功能，软件系统中有些软件需要购买，有些需要组织人力编写。首先，应根据系统设计报告购置系统软件及应用程序的开发工具，并对之进行消化和二次开发，使之适应系统的要求；其次，应编写和调试应用程序，以实现系统的功能；最后，测试系统，以保证系统能够完成设计功能并能正常运行。

7.1.3 程序设计

系统实施阶段最主要的工作就是程序设计。程序设计的任务是以用户需求为出发点，以系统分析和设计阶段的结果为依据，选择适当的程序设计语言和软件开发工具，编写计算机程序，并检查运行结果是否符合设计要求。

1. 程序设计的基本要求

系统实施阶段，程序设计的好坏直接关系到能否有效地利用计算机达到预期目的。因而程序设计的基本要求是在保证正确的前提下，注重源程序逻辑清晰、易读易懂、易维护，然后才是效率。但是，程序的质量最终还是取决于设计质量。为了提高程序的设计质量，必须符合以下基本要求。

（1）正确性。

程序的功能必须按照设计的要求，正确地满足预期的需要。

（2）规范性。

规范性要求在程序设计中，指定明确的设计规范，实行标准化设计。

（3）高效率。

程序的结构严谨、简捷，算法和语句选用合理，执行速度快，节省机时。程序和数据的存储、调用安排得当，节省存储空间。

（4）可维护性。

可维护性是指程序交付使用后，修改程序简便易行。要做到这点，程序的各个部分互相独立，相互之间只有数据上的联系。

（5）可靠性。

程序在正常情况下能够运行，而且在意外情况下，如用户出现误操作等，程序也要能做出恰当的处理。

（6）可读性。

程序的可读性是指程序的易理解性，程序设计不仅要求能够正确执行，而且还要清晰、明了，没有繁杂的技巧。这也是保证系统可维护性的重要标准。为了提高程序的可读性，可以使用较详细的注释说明，注意程序的书写格式，变量的命名简单明确等。

（7）实用性。

一般从用户的角度来审查，它是指系统各部分是否都非常方便实用。

2. 程序设计的基本方法

目前的程序设计方法主要有以下 2 种：结构化方法和面向对象的方法。

（1）结构化程序可由 3 种基本的结构表示，分别是顺序结构、选择结构和循环结构。用结构化程序设计方法逐层把系统划分为大小适当、功能明确、具有一定独立性，并容易实现的模块，从而把一个复杂的系统的设计转变为多个简单模块的设计。“模块化”是结构化程序设计的主要原则。

（2）面向对象的程序设计以对象作为思维的出发点，以对象和类为基本构件，以方法、消息和继承性为基本机制。面向对象的程序设计方法一般与面向对象设计方法的内容相对应，它是一个简单、直接的映射过程，将 OOD 中所定义的范式直接用面向对象的程序设计语言来取代即可。

3. 软件开发工具

利用软件开发工具可以弥补应用程序由程序设计人员逐行编写的弊端，从而避免了手工方式下的编程错误，提高了系统的开发效率。目前常用的软件开发工具大致分为一般编程语言、数据库系统、程序生成工具、专用系统开发工具、客户/服务器型工具和面向对象的编程工具等。这些工具划分在许多具体的工具软件上又是有交叉的。

（1）一般编程语言类软件工具指由传统编程工具发展而来的一类程序设计语言。管理领域中常用的有 C 语言、BASIC 语言、COBOL 语言、PROLOG 语言等。这类工具一般不具备很强的针对性，只是提供一般程序设计命令的基本集合、因而适用范围广，原则上任何功能模块都可以用它们来编写。不足之处是，这种适应范围广是以用户编程的复杂程度为代价的，程序设计的工作量较大。

（2）数据库系统包括桌面数据库系统和大型数据库系统。桌面数据库系统主要指 Access、FoxPro、FoxBase 等基于数据文件的桌面型数据库，它们的数据容量比较小，但操作简单，容易掌握。大型数据库系统是指能够完成多用户请求，并运行在专用的服务器上的数据库系统，目前，流行的大型数据库主要有 Oracle、DB2、SQL Server、My SQL 等。数据库的选择一方面要考虑到系统本身的安全性控制、完整性控制、可移植性、可兼容性以及事务处理能力，同时还要考虑成本和可操作性方面的要求。

（3）程序生成工具类或也称第四代程序生成语言（4GL）是一种基于常用数据处理功能的程序之间对应关系的自动编程工具。例如，20 世纪 80 年代中期较为流行的应用系统构造工具、屏幕生成工具、报表生成工具以及综合程序生成工具等。这类工具早期的特点是它必须针对几类常见的程序设计语言。目前这类工具发展的一个趋势就是朝着功能的大型综合化、生成程序模块语言的专一化方向发展。

（4）系统开发工具类是以程序生成工具的进一步发展为依托，在 4GL 的各种功能基础上，加强了综合化、图形化，因此使用起来也更加方便。目前系统开发工具主要有两类，即专用开发工具类和综合开发工具类。

① 专用开发工具类常见的有：专门用于开发查询模块的 SQL，专门用于开发数据处理模块的 SDK（Structured Development Kits）、专门用于人工智能和符号处理的 Prolog for Windows、专门用于开发产生式规则知识处理系统的 OPS（Operation Process System）等。这类工具最显著的特点是针对性较强，可以帮助用户开发出相对深入的处理模块。

② 综合开发工具类是针对一般应用系统和数据处理功能的一类系统开发工具。这类工具常见的有

Visual BASIC，Visual C++，CASE 等。这类工具的特点是可以最低限度地适用于一般应用系统开发和生成。

（5）客户/服务器工具类是软件工具发展过程中出现的一类新的系统开发工具。这类工具很新颖，其基本思想和概念继承了人类处理问题的一贯思想，即在经济学和管理学中经常提到的“专业化分工协作”的思想。这类工具常见的有 Foxpro、Visual Basic、VC++、Power Point、Delphi、Power Builder 等。这些工具的特点是它们之间互相调用很随意。

（6）面向对象编程工具主要是指与面向对象的方法相对应的编程工具。目前面向对象编程工具主要有 C++、JAVA、Smalltalk、C#、Eiffel 等，这是一类针对性较强的系统开发工具。这类工具的特点是必须与整个面向对象的方法相结合。

① Smalltalk 源于 20 世纪 60 年代，它不仅仅是一种语言，它拥有编辑器、类层次浏览器和许多第四代语言的特征，是一个完整的编程环境。Smalltalk 确立了消息传递的思想，把消息传递作为对象之间的主要通信方式。Smalltalk 是一种强类型的语言，可以在运行时进行废料对象的收集，所有的联编都只能在运行时完成。它是人们广泛承认的真正的面向对象语言，引入了图形界面思想，引入了元类的概念。元类是类的类，由此引出了抽象的概念，一个元类可以被定义成类构造的一个模板。它的缺点是效率不高，内存开销大，不支持持久性对象，只能在运行时检测到消息错误等。

② C++是在 20 世纪 80 年代初期设计的，已有多个版本。它在 C 语言的基础上扩充而成，增加了数据抽象、继承机制、虚函数等，成为一个灵活、高效和易于移植的面向对象语言。其主要变化是引入了一种新的类型 class。像 C 那样，C++也依赖于库来提供语言的扩充。C++能够和现有的 C 代码实现互操作。因此，C++是一种面向对象思想和实用性之间的折中，是目前使用最为广泛的一种混合型面向对象语言。C++的主要优点是：可在操作系统的任何层次上做任何事情；是现有的面向对象语言中运行速度较快的；C++编译器十分流行，C++编程使用者广泛。其缺点是：缺乏自动废料回收管理；指针的大量使用难以保证软件在运行时的安全。

③ Eiffel 是一种目标明确的面向对象语言，其主要特点是：类是唯一的程序构造单位，类不仅是程序模块，也是类型。Eiffel 程序是类的结构化集合，没有主程序的概念。断言机制是它的一大特色。

④ Java 是一种 Web 语言，提供安全性和并发性支持，而且小的 Java 程序可以作为 applet 在浏览器上运行，因此，Java 语言是 Internet 上的主力语言。Java 语法类似于 C++，但是却是一种纯粹的面向对象语言，具有内存自动回收管理、不允许指针等优点，使软件更安全。Java 的特点是具有 Java 虚拟机。Java 编译成为字节代码后，需要虚拟机解释执行。Java 虚拟机可在几乎所有的平台上运行，这就提供了独立于平台的可移植性，但这是以降低性能为代价的。Java 的异常处理类似于 C++的异常机制，但是更加严密。Java 有它自己的对象请求代理技术——RMI（远程方法调用），实现跨网络访问其他 Java 应用程序。Java 被业界公认为跨平台通用语言，得到强大的后续支持。

⑤ C#是一种新的面向对象编程语言，在某些方面与 Java 类似，例如，没有指针，可做废料收集工作，什么都是对象等。C#是微软.net 前锋，它使得程序员可以快速地编写各种基于微软.net 平台的应用程序。C#具有许多优势，如简单性、现代性、面向对象、类型安全性和出色的版本处理技术等。

在进行程序设计时，可以根据项目的应用领域、算法和计算的复杂性、软件的运行环境、各种性能的考虑、数据结构的复杂性、程序设计人员的知识水平和经验等原则来综合考虑，选择相应的软件开发工具。其中，项目的应用领域是选择软件开发工具的关键因素。

7.2 软件测试

2013年6月23日，中国工商银行出现系统“瘫痪”，柜面取款、自动取款机、网上银行、电话银行等业务办理均大受影响。此次事件涉及北京、上海、武汉、四川等中国多个省市。工行随后证实事件乃系统升级所致。由于数据库升级的版本存在bug，6月23日上午开始营业后业务量快速上升触发了故障，导致部分地区柜面和电子渠道业务办理缓慢。

随着计算机技术迅猛发展，软件的销售量和使用量呈几何级数增长，软件的规模也越来越大，复杂性急剧提高。软件缺陷已成为系统瘫痪的主要原因。2013年工行系统瘫痪事件只是近年来国内众多系统瘫痪事件中较为严重的一次，因而被大家所知晓。

对于软件存在的各种问题，人们喜欢用“软件缺陷”这个词，在英文中用bug来表示。软件缺陷指计算机系统或者程序中存在的任何一种破坏正常运行能力的问题、错误或者隐藏的功能缺陷、瑕疵。缺陷会导致软件产品在某种程度上不能满足用户的需要。

IEEE Standard 729-1983对软件缺陷下了一个标准的定义。从产品内部看，软件缺陷是软件产品开发或维护过程中所存在的错误、毛病等各种问题。从外部看，整体缺陷是系统所需实现的某种功能的失效或者违背。

软件缺陷就是软件产品中存在的问题，最终表现为用户所需要的功能没有完全实现，没有满足用户的需求。

软件缺陷表现的形式有多种，不仅仅体现在功能的失效、放慢，还体现在其他方面。软件缺陷的主要类型有以下几种：

- 功能、特性没有实现或者部分没有实现；
- 设计不合理，存在缺陷。实际结果和预期结果不一致；
- 运行出错，包括运行中断、系统崩溃、界面混乱。数据结果不正确、精度不够；
- 用户不能接受的其他问题，如存取时间过长、界面不美观。

如何尽早彻底地发现软件中存在的缺陷是一项非常复杂、需要创造性的工作。同时，软件的缺陷是软件开发过程中的重要属性，反映软件开发过程中需求分析、功能设计、用户界面设计、编程环节所隐含的问题，也为项目管理、过程改进提供了许多信息。

软件测试的核心任务就是要发现软件缺陷。

7.2.1 软件测试概述

1. 软件测试概念

软件测试的研究可以追溯到20世纪60年代，但对软件测试的定义，还一直未能达成共识。目前根据侧重点的不同，主要有以下3种观点。

（1）IEEE在1983年将软件测试定义为“使用人工或自动手段运行或测定某个系统的过程，其目的在于检验它是否满足规定的需求或是弄清预期结果与实际结果之间的差别”，该定义明确地提出了软件测试以检验是否满足需求为目标。

（2）Glenford J.Myers在1979年出版的被业内认为是经典之作的《软件测试的艺术》中指出，软件测试“是为了发现错误而执行程序的过程”，明确提出了“寻找错误”是测试目的。

（3）从软件质量保证的角度来看，软件测试是一种重要的软件质量保证活动，其动机是通过一些经济、高效的方法，捕捉软件中的错误，从而达到保证软件内在质量的目的。

上述3种观点实际上是从不同的角度理解软件测试，是将测试置于不同的环境下得出的结论。

而在软件测试工程师眼中，所谓软件测试，就是出于正常合理的目的，在特定的时间环境，用事先制定的标准衡量一种软件产品或特性是否符合预期。

测试是由确认、验证、保证、评估、审核、报告等动作组成的统一体。软件测试有两个基本职责，即验证和确认。验证是指保证开发过程中以具体阶段的产品与该阶段和前一阶段的需求一致。确认是指保证最终得到的产品满足系统需求。

什么是“事先制定的标准”？测试有两个主要的作用，第一是确认开发正确的软件。正确当然是需要有标准的，对软件测试来说，软件的特性说明书就是测试的标准。当说明书有遗漏或忽略时，标准应该来源于大家约定俗成或者高层管理人士的判断。第二个作用是确保开发活动的方向是正确的。

什么叫“衡量软件产品或特性是否符合预期”？开发系统之前是有目标：要把它做成什么样。测试的作用：保证系统实施的结果符合这个目标。

什么是“特定的时间”？每一个开发项目都是有周期的，软件测试的实施一定是发生在待测系统可测之后，这是测试实施开始的时间，同时项目计划中也会对测试的终止做出时间和内容上的规定。

什么是“特定的环境”？有几个方面所指：一是指测试要在一定的环境中进行。二是测试流程运行的环境，需要有数据库存储和管理测试的中间过程文档。比如：测试用例、测试结果、测试报告、问题报告等。

有时，初学者常常混淆软件测试和调试。软件测试和软件调试是不同的，表现在以下几方面。（1）调试是一个分析和定位软件bug的过程。可以认为它是一种支持测试，但不能完全代替测试活动。（2）调试的目的是为了使软件能够正确运行，而测试的目的是为了发现软件中的缺陷。（3）调试的对象主要是源代码，而测试的对象既包括源代码，也包括需求规格说明、概要设计说明、详细设计说明等各个阶段所得到的文档，即软件开发过程中各个阶段所产生的所有产品。

2．软件测试原则

在软件测试过程中，应注意和遵循以下10条原则。

（1）所有测试的标准都是建立在用户需求之上的。用户是软件的使用者和投资者，不满足用户需求的软件是无法顺利交付和收回成本的。

（2）尽早测试、不断测试。软件错误发现得越早，修改错误的成本就越低。所以软件项目一启动，软件测试也就开始，而不是等程序写完才开始进行测试。在代码完成之前，测试人员要参与需求分析、系统或程序设计的审查工作，而且要准备测试计划、测试用例、测试脚本和测试环境。测试计划要求在需求模型一完成就开始，详细的测试用例定义可以在设计模型被确定后开始。

（3）穷举测试是不可能的。即使一个大小适度的程序，其路径排列的数量也非常大，因此在测试中不可能运行路径的每一种组合。然而，充分覆盖程序逻辑，并确保程序设计中使用的所有条件是有可能的。

（4）第三方进行测试会更客观、更有效。待测试程序如同程序员的孩子，怎么看怎么顺眼。客观上，程序员对自己的程序找茬，找到错误的几率很小。还有对需求规格说明的理解产生的错误也很难在程序员本人测试时被发现。所以，程序员除了进行最初的单元测试外，其他测试还是交给第三方来进行测试。

（5）测试之前应该认真做好测试计划。软件测试计划是做好软件测试工作的前提。在进行实际测试之前，应制定良好的、切实可行的测试计划并严格执行，特别要确定测试策略和测试目标。测试过程中，切忌测试的随意性。

（6）测试用例要精心设计。所谓测试用例，是指为特定的测试目的而设计的，通常包括一组测试输入、执行条件和预期的结果，其中预期结果除了预期输出，还可以指定一些其他观察要求，如各种测试覆盖率等。要根据测试的目的，采用相应的方法去设计测试用例，从而提高测试的效率，更多地发现错误，提高程序的可靠性。除了检查程序是否做了它应该做的事，还要看程序是否做了它不该做的事。所以不仅应选用合理的输入数据，对于非法的输入，也要设计测试用例进行测试。

（7）应该彻底检查每个测试的结果。测试执行结果可以形式多样，如界面的显示、数据文件以及性能测试中关注的软件执行时间等，不同形式的结果对于判断测试是否通过具有不同程度的影响。而且软件的预期输出描述可能不是很准确，更需要认真检查每个测试结果。

（8）对测试过程发现错误较多的程序段，应进行更深入的测试。程序中的错误存在“群集现象”。一般来说，一段程序中已发现的错误数越多，其中存在的错误概率也就越大。人们也用“冰山原理”来定性程序中错误的分布。所谓“冰山原理”就是两座冰山，露出水面部分大的那一座，其水下部分必然也较大。

（9）重视文档，妥善保存一切测试过程文档。测试计划、测试用例、测试报告都是检查整个开发过程的主要依据，有利于今后流程改进。

（10）当代码被修改后，还要进行回归测试。回归测试是指软件系统被修改或扩充（如系统功能增强或升级）后重新进行测试以确认修改没有引入新的错误或导致其他代码产生错误。

以上是软件测试的 10 条原则。在这些原则中，最基本的原则是尽早测试、不断测试，测试工程师应将它作为自己工作的座右铭。

3．软件测试模型

软件测试要尽早测试，那么软件开发过程中软件测试什么时候介入比较合适呢？可以用软件测试模型来说明测试活动与其他软件开发活动之间的关系。

快速应用开发模型（rap application development，RAD），其模型结构图形似字母 V，如图 7-1

所示，所以又称V模型。V模型是软件开发生命周期法模型的变种，它反映了测试活动与分析和设计的关系，从左到右，描述了基本的开发过程和测试行为，明确地标明了测试过程中存在的不同阶段，清楚地描述了这些测试阶段和开发过程期间各阶段的对应关系。

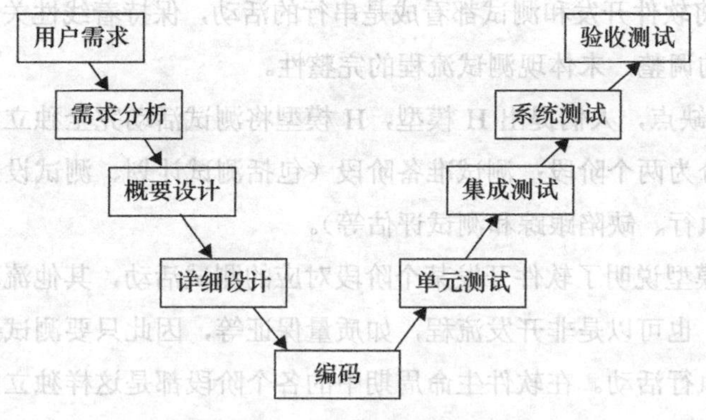

图 7-1　V 模型示意图

V 模型大体可以划分为下面几个不同的阶段步骤，即用户需求、需求分析、概要设计、详细设计、编码、单元测试、集成测试、系统测试、验收测试。

整个软件测试分为单元测试、集成测试、系统测试、验收测试 4 个步骤，每一步都是在上一步的基础上进行的。

（1）单元测试。单元测试是基于源代码的测试，最初由编写该单元的软件开发人员来测试，验证其编写的可执行程序代码的各个部分是否已达到了预期的功能要求。通常情况下，单元测试的方案设计比较容易，发现的错误主要是编码和详细设计方面的错误。单元测试比系统测试更容易发现错误，能更有效地进行排错处理，是系统测试的基础。

（2）集成测试。集成测试则有专门的软件测试工程师测试，验证了多个单元之间的集成是否正确，并有针对性地对详细设计中所定义的各单元之间的接口进行检查。在所有单元测试和集成测试完成后，系统测试开始以客户环境模拟系统的运行，以验证系统是否达到了在概要设计中所定义的功能和性能。

（3）系统测试。系统测试是把经过测试的子系统装配成一个完整的系统来进行测试，以检测系统功能、性能的质量特性是否达到系统要求的指标。在这个测试过程中，不仅要发现设计和编码的错误，还能验证系统是否提供需求说明书中指定的功能，而且能验证系统的动态特性是否符合预定要求。在系统测试中发现的往往是系统设计中的错误，也可以发现需求说明中的错误。

（4）验收测试。验收测试一般由客户自己进行，其目的是确定软件的实现是否满足用户的需求。在这个测试中往往发现的是系统需求说明书中的错误。

V 模型的不足是，仅仅把测试作为软件开发过程中最后一个阶段，那么在需求分析、系统设计阶段引入的错误需要到系统测试和验收测试的时候才能发现。这就不符合软件测试的“尽早”原则。

1993 年，Paul Herzlich 在 V 模型的基础上提出了 W 模型，如图 7-2 所示。相对于 V 模型，W 模型增加了软件各开发阶段中应同步进行的验证和确认活动。W 模型由两个 V 字型模型组成，分别代表测试与开发过程，图中明确表示出了测试与开发的并行关系。W 模型强调：测试伴随着整个软件开发周期，而且测试的对象不仅仅是程序，需求、设计等同样要测试，也就是说，测试与开发是同步进行的。W 模型有利于尽早地全面地发现问题。例如，需求分析完成后，测试人员就应该参与到对需求的验证和确认活动中，以尽早地找出缺陷所在。

W 模型的不足是将软件开发和测试都看成是串行的活动，保持着线性关系，无法支持迭代的开发模型，不支持变更的调整，未体现测试流程的完整性。

为克服 W 模型的缺点，人们提出 H 模型，H 模型将测试活动完全独立出来，形成完全独立的流程。软件测试流程分为两个阶段：测试准备阶段（包括测试计划、测试设计和测试开发）和测试执行阶段（包括测试执行、缺陷跟踪和测试评估等）。

图 7-3 所示的 H 模型说明了软件开发某个阶段对应的测试活动，其他流程可以是任意的开发流程，如设计、编码等，也可以是非开发流程，如质量保证等，因此只要测试条件成熟，准备工作就绪，就可以展开测试执行活动。在软件生命周期中的各个阶段都是这样独立的测试流程，如单元测试、集成测试等，这些流程与其他流程是独立的。H 模型体现了测试流程的独立性、完整性和过程管理的重要性，体现了“尽早测试和不断测试”的原则。

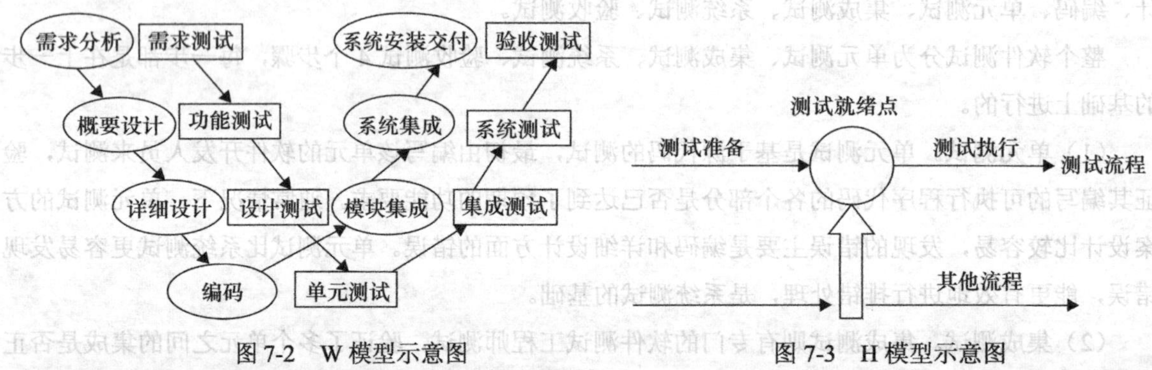

图 7-2　W 模型示意图　　图 7-3　H 模型示意图

以上介绍的 3 种典型的测试模型对指导测试工作的进行具有重要的意义，但任何模型都不是完美的。因此，在实际的工作中，尽可能地去应用模型中对项目有实用价值的方面，灵活地运用各种模型的优点，在 W 模型的框架下，运用 H 模型的思想进行独立的测试，并同时将测试与开发紧密结合，寻找恰当的就绪点开始测试并反复迭代测试，最终保证按期完成预定目标。

7.2.2 软件测试的方法

软件测试的方法多种多样。

根据被测程序是否需要运行，可分为静态测试和动态测试。

1．静态测试

测试时基于一些文档，即需求文档、软件模型、设计文档和源代码。传统的静态测试包括代码评审、文档审查以及由软件工具自动进行的静态分析。它并不涉及在开发过程中对代码的实际执行，而是检查代码，推断在测试运行期间发生的所有可能出现的行为。

文档审查是对软件文档的一种测试方法，通过对文档的齐全性、完整性和准确性等多方面进行检查，已发现其中的各类软件文档问题。

代码审查主要检查代码和设计的一致性、代码对标准的遵循、代码的可读性、代码的逻辑表达的正确性、代码结构的合理性等方面，一般来说可以发现违背程序编写风格的问题。代码审查包括变量检查、命名和类型审查、程序逻辑审查、程序语法检查和程序结构检查等。

静态分析是一种对代码的机械性的、程式化的特性分析方法。静态分析一般常通过自动化测试工具进行。业内公认的静态分析策略有基于模式的静态代码分析、程序的静态结构分析和代码度量计算等。

2. 动态测试

软件系统的动态测试涉及程序的实际执行，以暴露出程序可能的缺陷，还将观察程序的行为和性能特性。程序将会使用一些典型的、细心挑选的输入数据来执行。通常，输入数据集合可能是不切实际得庞大。不过从实际考虑，可以选定输入集合的一个有限的子集。细心挑选有限的测试集合对于得出一个可信的结论是至关重要的。动态测试主要包括白盒测试和黑盒测试。

白盒测试是把测试对象看做透明的盒子，针对软件产品内部逻辑结构进行的测试。利用白盒测试法进行动态测试时，需要测试人员全面了解软件产品的内部结构和处理过程。白盒测试法的覆盖标准有逻辑覆盖测试、基本路径测试和循环结构测试。另外，程序插桩也是白盒测试中一种常用的方法。

逻辑覆盖测试是以程序内部的逻辑结构为基础设计测试用例的方法。根据对程序内部逻辑结构的覆盖程度，逻辑覆盖测试具有不同的覆盖标准，由弱到强的排序为：语句覆盖、判定覆盖、条件覆盖、判定/条件覆盖、条件组合覆盖和修正条件判定覆盖。

基本路径测试就是通过运行程序各种可能的运行方式，检查是否可能存在错误。

程序插桩是一种通过向被测程序中插入操作（如打印语句）来发现和定位错误的方法。

在白盒测试中，应灵活地使用各种测试方法。

黑盒测试是把测试对象看做无法获知内部情况的只知道外部接口功能的黑盒子，注重测试软件的功能性需求。黑盒测试法常用的技术包括功能分解法、等价类划分、边界值分析法、因果图法、随机测试、猜错法等。

功能分解法是将需求规格说明中的每一个功能加以分解，确保各个功能被全面测试。

等价类划分法是一种典型的黑盒测试用例设计方法。等价类划分是在分析需求规格说明的基础上，把程序的输入域划分为若干部分，然后在每部分中选取代表性数据形成测试用例。

边界值分析是一种对等价类划分法的补充。使用边界值分析时，应针对等于、刚好大于或刚好小于输入等价类和输出等价类边界值的情况设计测试用例。

因果图实质上是一种数字逻辑电路（一个组合的逻辑网络），但没有使用标准的电子学符号，而是使用了简化的符号。因果图是辅助测试者明确测试对象，确定测试依据的有利手段。因果图很好地弥补了边界值分析和等价类分析中未对输入条件的组合进行分析的弱点。

随机测试指测试输入数据是在可能的输入之中随机选取的。测试人员只需规定输入变量的取值区间，在需要时提供必要的变换机制，使产生的随机数据服从预期的概率分布。该方法获得预期的输出比较困难，多用于可靠性测试和系统强度要求。

猜错法是有经验的测试人员通过列出可能有的错误和易错情况表，对每种情况都要进行测试用例的设计。

在使用黑盒测试方法时，只有结合被测试软件的特点，有选择地使用若干种方法，才能真正满足软件测试的需求。同时，黑盒测试中，设计测试用例是很重要的。基本思想是：列举程序中所有可能出现的错误和容易发现错误的地方，以此来选择和设计测试用例。

程序测试的方法如此之多，如何综合使用这些测试方法呢？可以总结为以下综合使用策略。

（1）先静态测试，后动态测试。一般可先进行静态测试，例如使用代码审查法、静态结构分析法、代码质量度量法等进行测试；接着进行动态测试，即使用逻辑覆盖法、基本路径测试法、控制结构测试法以及插桩法等进行测试。

（2）不同测试阶段使用不同的测试方法。在单元测试阶段，以代码审查方法、逻辑覆盖法和基本路径测试法为主。在集成测试阶段，需增加静态结构分析和代码质量度量等方法。在集成测试之后的测试阶段，应尽量使用黑盒测试方法，若发现软件中存在严重问题且无法用黑盒测试方法定位，则仍需选择性地使用白盒测试方法，深入模块的内部以定位错误。

（3）白盒测试中覆盖率测试是一个重点。一般可使用基本路径测试方法使基本路径集合中的每条独立路径至少执行一次。对于重要的程序模块，应使用多种覆盖率标准衡量对代码的覆盖率。

（4）黑盒测试方法中，可以先进行等价类划分，包括输入条件和输出条件的等价类划分，将无限测试变成有限测试，这是减少工作量和提高测试效率最有效的方法。然后，使用边界值分析方法，最后可以根据经验用猜错法补充一部分用例进行测试。如果程序的功能说明中含有输入条件的组合情况，则一开始就可以选用因果图法。

其实静态测试和动态测试是天然互补的，为了得到更好的效果，必须要重复、交替地进行这两类测试。测试人员需要在平时积累这些测试方法的特点和适用范围，针对不同的测试对象灵活应用。

7.2.3 面向对象的软件测试

面向对象技术在软件工程中的推广使用，使得传统的测试技术和方法受到了极大的冲击，对面向对象技术所引入的新特点，传统的测试技术已经无法有效地对面向对象软件进行测试。为了能够尽早地发现面向对象软件中可能存在的错误，人们建立了如图 7-4 所示的面向对象软件测试模型。

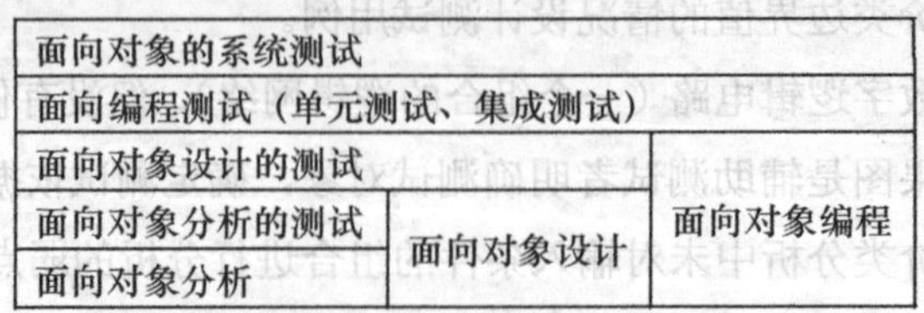

图 7-4 面向对象软件测试模型

（1）面向对象分析主要检查分析结果是否符合相应的面向对象分析方法的要求，是否可以满足软件需求。目前已存在多种面向对象分析方法，例如，对于UML用例模型，首先确定每个用例中的参与者，根据它们的职责审查各个用例和它们的规格说明，检查在功能上是否已经覆盖了所有需求以及其他不符合之处。对于UML结构模型，针对类图中的类、关系、包、属性、操作等，检查在数据对象上不符合之处，还需要利用走查等方法，审查UML的由活动图、状态图、顺序图等组成的行为模型，检查在系统服务方面的不符合之处，以及是否能够保证各个用例的顺利完成。

（2）面向对象设计的测试与面向对象分析的测试没有明显的界限，因为设计结果都是分析结果的扩展和延伸，针对设计的测试除了对设计结果的测试之外，还要检查设计结果与分析结果的一致性，设计结果对编程的支持。

（3）面向对象的单元测试是针对面向对象程序的基本单元，即类。面向对象的单元测试分两步走，测试与类相关的操作和测试类。操作级的测试主要关注那些功能单一、调用频繁的方法（操作）可能出现的不易发现的错误。面向对象编程的特性使得成员函数的测试不同于传统的函数或过程测试，例如，继承的操作可能需要重新测试，特别是在子类中继承过来的成员函数做了改动，或者成员函数调用了改动过的成员函数。值得注意的是，父类的测试用例不能照搬到子类。对于类的测试需要覆盖类中所有操作、类中所有属性的设置和访问、类的对象的所有可能的状态转换，所有状态转换的事件都要模拟到。

（4）面向对象的集成测试又叫交互测试，目的是确保对象的消息传递能够正确进行，可用3种方法：用例或基于场景的测试、基于线索的测试和对象交互测试。其中用例或场景描述了系统的使用模式，测试可以根据场景描述和对象簇指定，这种测试侧重于系统结构，首先测试那些几乎不使用服务器的独立类，再测试那些使用了独立类的下一层次的（依赖）类，这样一层一层地持续下去，直到整个系统构造完成。基于线索的测试把响应某一系统输入或事件所需的一组类的实例集成在一起，形成一条线索。每条线索将分别集成和测试，因为面向对象系统通常是事件驱动的，所以这是一个特别适合的测试形式。对象交互测试提出了集成测试的中间层概念，中间层给出叫做“方法-消息”路径的对象交互序列，输入事件+“方法-消息”+输出事件=“原子”系统功能。

集成测试能够检测出相对独立的单元测试无法检测出的那些类相互作用时才会产生的错误，关注的是系统结构和内部的相互作用，面向对象的集成测试也包括静态测试和动态测试。静态测试对程序的结构进行检查，检查是否符合设计要求，是否存在结构和实现上的缺陷，是否符合设计要求。动态测试在设计测试用例时，参考功能调用结构图、类关系图或实体关系图等确定不需要重复测试的部分，从而优化测试用例，减少测试工作量，使得进行的测试能够达到一定覆盖标准，例如，达到类所有的服务要求或服务提供的一定覆盖率；达到对所有消息驱动的线程的一定的覆盖率；达到类的所有状态的一定覆盖率；以及使用现有测试工具得到一定的代码执行覆盖率。

（5）面向对象系统测试是基于集成测试的最后阶段的测试，主要以用户需求为测试标准，检验整个软件系统是否符合需求。

7.3 系统转换

系统完成测试后，系统开发的实质工作已经结束。接下来该进行系统的转换工作。

7.3.1 系统转换前的准备

系统转换指的是系统开发完成之后新旧系统之间的转换，即终止旧系统的使用，新系统交付用户使用，把新系统的控制权交给最终用户。用户在试用新系统一段时间后，如果觉得符合自己的需求，则进行系统的验收。

在系统进行转换、投入试运行之前，必须预先做好大量的准备工作，如数据的整理与录入，文档的完善，用户的培训等，只有这样才能保证转换工作顺利进行。

1. 数据的整理与录入

系统切换工作中的一项十分艰巨的工作就是数据的整理与录入。数据整理就是按照新系统对数据要求的格式和内容统一进行收集、分类和编码。录入是将整理好的数据送入计算机内，并存入相应的文件中。如果新系统是在手工管理基础上建立起来的，那么就要将手工处理的各类数据如单证、报表、账册和卡片等按照新系统的规则进行分类并集中在一起，然后组织人力进行数据的录入工作，将这些纸质中存放的数据转换成机内信息。由于系统运行可能是比较长时间段内的数据，而且还要特别注意对变动数据的控制，一定使它们在切换时保持最新的状态。因此数据的录入工作量庞大，要耗费大量的人力和时间等。如果信息系统是在已有的计算机信息系统上开发的，那么就要通过合并、更新、转换等方法，将原系统的数据转换到新系统中来。这种转化工作也是非常复杂而耗费时间的，有时还可能涉及数据库的改建或重组。

2. 文档的完善

软件产品开发完毕后，要交给用户使用。而软件是程序及开发、使用和维护程序需要的所有文档，一个软件产品必须有一个完整的配置组成。总体规划、系统分析、系统设计、系统实施、系统测试等各阶段都有最终产品的一个或几个组成部分（这些组成部分通常以文档资料的形式存在），这些组成部分记录了开发过程的轨迹，是开发人员工作的依据，也是用户运行系统、维护系统的依据，因此文档资料必须符合一定的规范。在系统交付使用后，必须将整套文档资料准备齐全，形成正规的文件。

系统实施阶段的文档包括程序设计报告、系统测试报告和系统使用说明书。

（1）程序设计报告是对系统程序设计过程的总结。它包括以下内容：

① 程序设计的工具和环境概述；

② 系统程序模块的组成及总体结构描述；

③ 程序之间的控制关系及其描述；

④各程序模块中采用的算法及其描述；

⑤各程序流程及其描述。

（2）系统测试报告是对系统测试过程的总结。它包括以下内容：

① 系统测试的环境；

② 系统测试的方法；

③ 系统测试用例；

④ 系统测试的步骤；

⑤ 系统测试的结果及其分析。

（3）系统使用说明书是提供给用户的系统操作指南系统使用说明书。其包含如下一些内容：

① 系统运行环境介绍；

② 系统安装说明；

③ 系统的操作步骤、操作方法和数据的输入输出方式；

④ 出现异常和错误的例子；

⑤ 一些常见的问题；

⑥ 说明如何获取帮助以及更新用户手册的过程等。

3. 人员培训

系统转换过程中最关键的问题是把新系统付诸于实际操作。由于系统转换工作牵涉人力、物力和财力等各个方面，所以整个过程要有计划、有组织地进行，在进行过程中会遇到许多困难，需要高层领导的参与和解决，也需要广大用户的支持和理解。系统转换后，要想发挥它应有的作用，就需要有人去操作，有人去管理和维护。这些人员通常来自现行系统，他们熟悉甚至精通旧系统，但对新系统不了解，从不了解到熟悉去操作需要一个培训过程，如果现行系统是人工处理过程，那原有人员可能还缺乏计算机处理的有关知识，这更需要培训。所以，为了保证新系统的顺利使用，必须提前培训有关人员。

大多数系统在系统调试的同时就开始进行以下各种水平的培训。

（1）操作培训。

对操作人员或数据录入员进行操作培训，使他们掌握系统操作规则和操作过程。操作人员是管理信息系统的直接使用者，因此他们是人员培训工作的重点。操作培训时，对操作人员提供比较充分的时间，培训内容除了必要的计算机硬、软件知识，以及键盘指法、汉字输入等训练以外，还有新系统的工作原理、使用方法、简单出错的处理等知识。

（2）使用培训。

对各层的管理人员进行使用培训，使他们能够灵活地使用系统提供的各项功能，实现信息的查询检索，利用系统提供的各类信息进行管理和决策。新系统能否顺利运行并获得预期目标，在很大程度上与这些各层管理人员有关系。因此，可以通过讲座、报告会的形式，向他们说明新系统的目标、功能，说明系统的结构及运行过程，以及对企业组织机构、工作方式等产生的影响。对管理人员进行操作培训时，必须做到通俗、具体，尽量不用与实际业务领域无关的计算机专业术语。大量事实说明，许多管理信息系统不能正常发挥预期作用，原因之一就是没有注意对各层管理人员进行使用培训，没有得到他们的理解和支持。

（3）系统技术培训。

对系统管理人员如系统维护人员、数据库管理员、系统管理员等进行系统技术培训，使他们掌握各个技能以保证整个系统的正常运行。对于系统管理人员来说，要求具有一定的计算机硬、软件知识，并对新系统的原理和维护知识有较深刻的理解。在较大的企业和部门中，系统管理人员一般由计算机中心和计算机室的计算机专业技术人员担任。

（4）信息管理规则培训。

对全体人员进行信息管理规则培训，把信息管理制度传达到每一个人。

总之，在系统转换前要充分做好各方面的组织、准备工作，特别是做好人的工作，为系统转换和运行奠定基础。

7.3.2 系统转换

系统进行转换，交付使用通常有 3 种不同的切换方式，即直接转换方式、并行转换方式和逐步转换方式。

1. 直接转换方式

直接转换方式采用的是一刀切的方法，在完成系统测试后且确认新系统没有问题的情况下，选定某一时刻终止旧系统的使用并开始启用新系统。这种方式最简单，省时省钱，但危险性较大。由于新系统没有试用过，没有真正担负过实际工作，因此在切换过程中，一旦新系统出现了事先预想不到的问题，就会影响系统的正常工作。

直接转换的条件是：新系统要经过详细的测试和模拟运行，经过较长时间的考验，有一定的把握，或者是不得不采用此种转换方式，否则一旦运行失败，旧的系统已被废弃，新的系统又不能正常工作，将会造成严重的后果。

直接转换适用于系统的处理过程不太复杂、数据不很重要的场合，对一些重要性比较高的系统，不能采用此种转换方式。因此采用此种方式切换时，最好让旧系统暂时保持在随机可以重新启动的状态，并且将切换时间选在系统业务量最小时。

2. 并行转换方式

并行转换方式是在旧系统停止使用之前就开始新系统的使用，新系统和旧系统并行工作一段时间，在确认新系统正常工作一段时间之后再终止旧系统的使用。采用并行转换方式不会因新系统出现问题而引起系统工作的中断。另外，新旧系统同时工作，可以随时进行比较，对新系统运行的正确性和效率给出恰当的评价。

并行转换的优点是：转换期间工作不间断，而且新旧系统可以互相对比、审核，可靠性强，风险小。新旧系统运行期间，还可以对用户继续进行培训，规范用户的行为，检查并改进新系统的功能，新系统运行的成功率较高。它唯一的缺点是费用高。因为新旧系统并存一段时间，各自运行完成相应的工作，因此需要双倍的人员、设备，以及双倍的费用。

并行转换适用于系统的处理过程较复杂，数据很重要，系统的安全性、可靠性要求较高的场合。一般情况下，银行、证券等金融行业及一些企业的核心系统经常采用并行转换的方式来使新旧系统能平稳过渡。

值得注意的是，当新旧两个系统在技术上不兼容，或者运行环境无法同时支持两个系统时，并行转换就不一定适合。此外，如果两个系统执行不同的功能或者新系统涉及旧系统没有的业务处理方式时，并行转换也不一定适合。

3. 逐步转换方式

逐步转换方式，也称为分段转换方式，它是直接转换方式和并行转换方式两种方法的结合，其特点是新系统分阶段，逐步交付使用。

逐步转换法避免了直接转换方式的危险性，能够保证整个系统运行的可靠，与并行转换相比，费用也相对较少。但是，采用这种方式转换时，一部分新系统和另一部分旧系统同时工作，这样就增加了新旧系统之间功能与数据的衔接问题，这些问题在进行系统设计和实现时就有一定的要求，必须事先充分考虑。此外，当新旧系统差别太大或新系统不容易被分成几个逻辑模块时，此种转换方式就不能实现。逐步转换方式一般在大型系统交付使用时采用，可以保证新旧系统的顺利转换，并降低转换的费用。

综上所述，直接转换方式简单，但风险大，万一新系统不能正常运转，就会给工作带来困难。它适用于较小的且不重要或时间要求不高的系统。并行转换方式风险低，缺点是费用高，系统较大，费用越高。分段转换方式是为了克服直接转换和并行转换的缺点形成的一种混合方式，但系统较小时，不如用并行转换好。在实际工作中，这几种方式通常是混合使用的。例如，系统中不那么重要的部分采用直接转换方式，重要部分采用逐步转换方式或者并行转换方式。总之，各种方式取长补短，既要保证各种业务能正常开展，又要保证有关数据能及时处理，新旧系统能平稳过渡，不对相关的数据处理产生很大影响。

但是无论采用哪一种转换方式，都要注意一点：当系统运行时可能会出现一些局部性的问题，这是正常现象。系统工作人员对此应有足够的准备，并做好记录。若系统只出现局部性问题，说明系统是成功的，反之，如果出现致命的问题，则说明系统设计质量不好，整个系统甚至要重新设计。

习题

1. 名词解释

软件缺陷　软件测试　快速应用开发模型　系统测试　单元测试　集成测试　验收测试 W 模型 H 模型　白盒测试　黑盒测试

2. 填空题

（1）根据被测程序是否需要运行，可分为________和________。

（2）传统的静态测试包括________、________以及由软件工具自动进行的静态分析。

（3）______是把测试对象看作透明的盒子，针对软件产品内部逻辑结构进行的测试。

（4）______是把测试对象看作无法获知内部情况的只知道外部接口功能的盒子，注重测试软件的功能性需求。

（5）系统进行转换、交付使用通常有3种不同的切换方式：______、______和______。

（6）动态测试主要包括______和______。

3．简答题

（1）根据软件测试的定义，给出一个比较完整的软件测试概念描述。

（2）软件测试的对象包括哪些方面？

（3）什么是测试用例？

（4）软件测试和软件调试的区别在哪里？

（5）软件测试应遵循哪些原则？

（6）简单描述软件测试的流程。

（7）软件测试根据是否运行程序可分为哪些方法？

（8）什么是黑盒测试？什么是白盒测试？它们的优缺点是什么？

（9）系统测试和集成测试有哪些区别？

第三部分 管理信息系统管理

第8章 系统开发管理

[学习目的] 通过本章的学习，学生应掌握软件开发项目管理的基本原理和基本技能，能够界定项目的范围，制订项目计划，监督、执行项目计划，协调工作进度，在信息技术的支撑下有效地实现项目目标。

[本章要点]

- 项目管理的相关概念；
- 项目管理过程；
- 项目干系人分析的方法；
- 项目范围管理的技术与方法；
- 项目时间管理的技术与方法；
- 项目成本管理的技术与方法；
- 项目质量管理的方法；
- 项目风险管理的方法。

传统的管理信息系统开发一直是开发者的个体劳动，没有形成工业化的生产，系统的开发进度、成本、质量和风险控制都存在很多问题，从而制约了管理信息系统的发展。软件项目管理技术的产生正是为了解决这一问题，使项目能够按照预定的进度、成本、质量顺利完成。本章主要介绍软件开发项目应该如何管理。

8.1 项目管理概述

随着信息技术的飞速发展，软件项目的规模也越来越大，在大量的实践中，人们已经认识到仅仅采用常规的运作管理，很难达到项目的目标，保证项目的成功。正确的方法是组成专门的项目团队，将软件项目管理引入开发活动中，对软件项目实行有效的管理。

8.1.1 项目管理的发展

现代项目管理出现在20世纪50年代。1957年，美国的路易斯维化工厂由于生产过程的要求，每年都不得不安排时间，停下生产线进行全面检修，检修时间一般为125小时。后来他们把检修流程精细分解，发现在整个检修过程中所经过的不同路线上的总时间是不一样的。缩短最长路线上工序的工期，就能够缩短整个检修的时间。他们经过反复优化，最后只用了78个小时就完成了检修，节省时间达到38%，当年产生效益达100多万美元。这就是至今项目管理工作者还在应用的著名的时间管理技术“关键路径法”，简称 CPM。就在“关键路径法”发明一年后，美国海军开始研制北极星导弹，当时美国有三分之一的科学家都参与了这项工作，管理这样一个项目的难度是可想而知的。项目组织者在关键路径法技术的基础上，为每个任务估计一个悲观的、一个乐观的和一个最可能的情况下的工期，用“三值加权”方法进行计划编排，最后只用了4年的时间就完成了预定6年完成的项目，节省时间也达到了33%以上，这就是有名的PERT技术。

两项技术的显著成果说明项目管理对于项目的完成存在着极大的指导意义，这个发现吸引了不少从事项目管理的人们走到一起来共同探求其中的奥秘。1965年，以欧洲国家为主的一些国家成立了一个组织——“国际项目管理协会”（International Project Management Association，IPMA）。1969年，美国也成立了一个相同性质的组织，取名为“项目管理协会”（Project Management Institute，PMI）。由于这两个国际性项目管理组织的出现，大大地推动了项目管理的发展。

中国经济的迅速发展，每年的项目投资多达万亿元，几乎涵盖了经济、文化、科教、国防等所有重要领域，项目管理的应用迅速扩展到许多行业和领域，诸如银行、电信、医药、软件开发等。1991年6月，中国项目管理委员会正式成立，促进了我国项目管理专业化和国际化的发展。

8.1.2 项目管理的相关概念

所谓项目，是为创造某种独特产品或服务所做的一次性的努力。有的项目会非常庞大，比如三峡工程、登月计划；有的项目可能很小，只是准备一次考试，写一篇文章。但所有的项目，不论大小，都符合这样一些特性：项目都有明确的目标，即满足特定的要求；项目具有唯一性；项目必须在一定时间内完成。

项目管理是以项目为对象的系统管理方法，通过一个临时性的、专门的柔性组织，对项目进行高效率的计划、组织、指导和控制，以实现项目全过程的动态管理和项目目标的综合协调与优化。项目管理有严格的时效限制、明确的阶段任务，在确定的期限内提供不完全确定的产品或者服务。

项目管理的本质就像其字面上所体现的一样，就是项目（过程）和管理（过程）相结合的产物。理论上讲，项目管理包含九大知识领域、五个过程。九大知识领域分别是项目范围管理、时间管理、成本管理、质量管理、风险管理、人员管理、采购管理、沟通管理和整体管理。五大项目过程是项目启动过程、项目计划过程、项目执行过程、项目监控过程和项目收尾过程。

8.1.3 项目管理的过程

项目管理过程就是根据项目目标制订项目计划，然后按照计划去执行，同时控制项目的进展，最终实现项目目标的过程。项目管理过程由5个过程组成，各个过程之间的关系如图8-1所示。

- 启动过程。认识到一个项目应该启动并开始执行。
- 计划过程。制订并调整一个可实施的、用于完成项目所实现商业目标的计划。

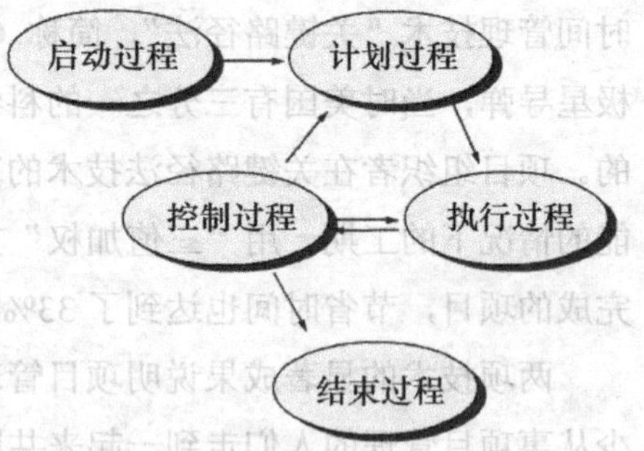

- 执行过程。协调人力和其他资源去完成计划。
- 控制过程。通过监督和核查项目的进展，并在必要时采取正确的处理措施，保证项目的实现。
- 结束过程。使项目的结果接收正式化，并将这种接收变为有序的结束。

启动过程
计划过程
控制过程
执行过程
结束过程

图 8-1 项目过程之间的关系

1. 项目启动过程

项目启动过程是识别和启动一个新项目的过程。在这一阶段，开发方接到客户的需求建议书后，根据要求进行项目的识别，初步确定项目范围说明书，进行可行性研究。当确定开展项目后，任命项目经理并开始组建项目团队，制订项目章程，召开项目启动会，以及进行项目干系人分析。

2. 项目计划过程

项目计划过程是为实现启动过程提出的目标而制订计划的过程。这一阶段要编制各种基准计划，编制计划的主要目的是指导项目的具体实施。计划必须具有现实性和有效性，在计划编制过程中需要投入大量的时间和人力。

项目计划的详细和复杂程度与项目的规模、类型有密切关系，但计划编制工作的顺序基本相同，主要包括：项目范围的定义和工作分解、工作活动排序和时间进度计划、资源计划和成本预算。此外，还要制订质量计划、风险计划等。如果项目工作需要使用外部承包商和供应商时，项目计划工作还要包括采购计划和编制合同。

3. 项目执行过程

项目执行过程是为完成项目计划中规定的工作，以达成项目目标而进行的工作过程。这一过程涉及协调人员和资源，完成项目活动。在执行中由于偏差通常会导致发生项目变更，需要修订项目计划。执行过程包括指导和管理项目执行、执行质量保证和质量控制、项目团队建设、项目信息发布等。

4. 项目控制过程

项目控制过程是监督项目执行情况、采取纠正措施控制项目执行的过程。在此过程中，要定期监督和测量项目绩效，发现实际情况与项目计划之间的偏差，对引起变更的因素施加影响，并做到只有经过批准的变更才能进行实施。项目控制过程的工作主要包括：范围控制、进度控制、成本控制、质量控制、风险控制、绩效报告等。

5. 项目结束过程

项目结束过程是正式终止项目的工作过程，是将完成的产品移交给用户或者取消项目的过程。这一过程的主要工作包括：全面检查项目工作和项目产出物，对照项目定义和项目计划，检查项目是否达到目标或要求的工作。当发现项目存在问题时，开展相应的整改工作，使项目最终到达目标和要求。最后，项目团队向项目业主进行验收和移交的工作。

8.1.4 项目的启动

项目开始的第一个阶段是项目启动阶段。为了避免出现项目的盲目上马，给项目后期的实施、维护和使用带来极大的风险，做好项目启动时的准备工作是十分必要的。这里主要介绍当确定开展项目后，组建项目团队、制订项目章程、召开项目启动会和项目干系人分析等内容。

1. 组建项目团队

项目团队是软件开发项目实施的主体，一个项目有一个项目经理，根据项目规模和工作需要，下设若干小组：系统分析设计组、系统开发组（可分为几个开发小组）、系统测试组、质量管理组、系统集成组、项目支持组等。

项目经理是项目团队的核心，是实现项目目标的责任人，对项目进行全面的管理。项目经理的基本职责是领导项目计划，组织项目实施和进行项目控制。通常项目经理要有以下权力：项目团队组建权、生产指挥权、项目财务权和技术决策权。

2. 制订项目章程

项目章程给出了项目的定义，实现了项目授权，确定了项目经理，确保项目经理对项目负责，分配项目经理权利。每个项目都应该有项目章程。

项目章程主要包括以下内容：项目的正式名称、项目发起人、项目经理、项目目标、项目主要业务、项目可交付成果、项目工作描述、基本时间安排、项目资源、预算、成员及供应商等。

项目章程在不同企业有不同的名称，内容也不完全相同。在我国，很多 IT 企业的项目开发任务书就是一种项目章程。

3. 召开项目启动会

项目启动会是项目开工的正式宣告，参会人员应该包括项目利益相关者中的关键角色，如双方管理层领导、项目经理、技术人员代表、客户代表、项目监理、供应商代表等。

在软件开发项目中，项目组需要跟用户的各个层面打交道，但现实往往是用户单位的员工根本不了解 IT 公司在给自己的企业做什么，因此有必要召开一个正式的项目会议，向双方员工传递项目相关信息，激发全体员工对项目的热情。

项目启动会的任务包括：阐述项目的背景、目标、意义；介绍项目交付物；介绍项目组织机构和主要成员职责；明确双方各个层次的接口；项目初步计划等。

4. 项目干系人分析

项目干系人（也称为项目利益相关者）是指与项目相关的人或组织。项目干系人的范围较大，项目组内部与外部的人员都会涉及，但需要重点关注以下角色。

- 客户。客户是提出项目需求的个人或组织，一般是指项目的采购方。
- 用户。用户是使用项目产品的人或组织，需要分析用户的改进意向、使用感受等。
- 项目实施组织。项目实施组织是指完成项目主要工作的组织，一般是IT公司。
- 项目经理。项目经理是项目的关键人物，对项目组内部来说他是领导者，承担着项目成败的主要责任；对项目组外部来说他是外交官，起着重要的协调作用。

- 项目组成员。项目组成员是让项目落到实处，分担项目任务的人员。项目的成功很大程度上取决于项目团队的战斗力。

在项目启动阶段进行项目干系人分析是非常重要的。项目干系人分析要记录项目干系人的姓名、单位、在项目中扮演的角色等基本情况，还要分析各自的项目利益大小及对项目的影响程度，管理这些项目干系人关系的有关建议等。

（1）识别项目干系人。

项目干系人分析需要先仔细识别出项目的所有干系人。项目经理需要对项目干系人有一个全面的了解，在心中有一张完整的项目干系人结构图，以后无论是启动、计划还是执行，问题处理和收尾，都可以透过项目干系人来系统全局地思考问题。

（2）分析项目干系人的重要程度。

在全部识别出了项目干系人及其角色之后，项目经理要认识到他们的重要性是不一样的，他们在项目的不同阶段对项目目标达成的影响程度是有很大差别的。这一步要分析出项目干系人对项目影响的程度情况，以便于区别对待不同的项目干系人。有些干系人虽然显得并不重要，对推进项目也起不到什么实质性的作用，但项目经理也不能忽略他们的一些需求。他们一旦对项目起反作用，利用在一些重要干系人身边并影响他们对项目的判断，后果也会比较严重。所以，项目经理在分析重要项目干系人的同时，一定也不要忽略了一些不怎么重要的干系人可能的影响。

（3）项目干系人的支持度分析。

项目干系人除了重要性不同之外，各干系人对项目的立场也有显著的不同。项目经理在拿到项目的时候，应该主动与销售人员进行详细沟通，事先弄清楚项目干系人对本项目的支持情况。

就一般项目而言，按支持度依次递减的顺序，干系人主要类别有首倡者、内部支持者、较积极者、参与者、无所谓者、不积极者、反对者。支持者是项目经理开展工作的合作伙伴，中间力量是项目经理需要努力争取的，反对者是项目经理需要特别关注的。

此外，项目干系人的支持度并不是一成不变的，有时项目的内部支持者可能会因为各种原因在项目进行中逐渐演变成项目的反对者，也有些项目干系人前期是反对者，到后面却逐渐对项目进行支持。随着项目的推移，情况在不断变化，各干系人的支持度也必将发生变化。因此，项目经理需要动态地调整项目干系人支持度分析图，及时分析并修正各干系人的支持度，以便灵活应对项目的各种新变化。

（4）编制沟通计划。

分析项目干系人各自需要什么信息，在每个阶段要求的信息是否不同，信息传递的方式上有什么偏好。针对项目干系人的类别，项目经理需要制定相应的沟通计划，使项目中本来持支持态度的干系人继续保持支持的态度；使项目中持中立态度的人能够转而支持本项目；对于持反对态度的干系人，需要制定更有说服力的沟通计划，使得他们支持本项目，至少不再持反对态度。沟通计划主要包括：信息收集渠道、信息形式（报告、会议、通知等）、信息分发渠道、待分发信息的形式、信息发生的日程等。

8.2 项目范围管理

8.2.1 项目范围管理概述

项目范围是指产生项目产品所包括的所有工作及产生这些产品的过程，如需求调查、系统分析、系统设计、软件开发、测试等。项目范围管理是对项目包括什么工作的定义过程。项目范围管理的核心是：为了顺利完成项目而设计了一些工作，这些工作的目的是确保项目包括且仅包括所要求的工作。项目范围管理的主要过程如下。

（1）启动。组织正式开始一个项目，通过调查、分析决定项目是否要做，并开始准备工作，如制订项目章程等。

（2）范围计划。制定项目范围说明和范围管理计划。项目范围说明用以衡量项目是否已经顺利完成，包括项目论证、项目产品简述、所有可交付成果综述等。范围管理计划包括如何管理项目范围、如何将变更纳入项目范围之内。

（3）范围定义。将项目主要的可交付成果细分为较小的更易管理的部分，即建立项目工作分解结构（WBS）。

（4）范围核实。对项目范围的正式认定，项目用户和项目实施方正式接受可交付成果的定义。

（5）范围变更控制。对项目范围的变更实施控制，包括确定范围变更已经发生，对范围变更进行管理。

8.2.2 范围定义与工作分解结构

定义详尽的项目范围对于项目成功是至关重要的。范围定义是基于项目的主要可交付成果、限制条件、假设条件等，这些在项目范围说明书中已经进行了定义。随着项目信息的不断丰富，项目范围应该逐步细化，将工作分解为易于管理的部分，即进行项目定义。好的范围定义可以提高项目时间、成本以及所需资源估算的准确性，为项目实施绩效评测和进行项目控制提供基线，有助于弄清楚工作职责。范围定义的输出是项目工作分解结构。

1. 工作分解结构

工作分解结构（Work Breakdown Structure，WBS）是面向可交付成果的层次型结构，是为方便管理而将项目范围分解成易于识别和管理的工作单元，这些工作单元构成了完整的项目范围。WBS对项目工作进行分解，随着WBS层次的降低，项目工作也越来越详细，最底层的WBS单元叫做工作包，是进行进度安排、成本估计和项目监控的基础。

WBS可以采用清单形式表达分解结果，也可以采用图表形式表达。

（1）清单形式。

将工作分解结构以清单的表述形式进行层层分解，如下例所示。

1 项目管理

1.1 项目启动

1.1.1 项目可行性研究

1.1.2 项目章程编制

1.1.3 项目启动会

1.1.4 项目利益相关者分析

1.2 项目计划

1.2.1 项目范围

1.2.1.1 需求管理计划

1.2.1.2 范围管理计划

1.2.1.3 工作分解

1.2.2 项目进度

1.2.3 项目成本

1.2.4 项目质量

1.2.5 项目风险

1.2.6 项目采购

1.2.7 整体管理

1.3 项目执行

1.3.1 根据已有的工作包对项目进行跟踪记录

1.3.2 需求变更控制

1.3.3 整体变更控制

1.3.4 项目阶段成果的评审和确认

1.4 项目收尾

1.4.1 交付物自查

1.4.2 验收前客户检查

1.4.3 验收移交

1.4.4 收尾总结

2 系统分析

2.1 需求获取

2.1.1 确定调查对象

2.1.2 制订调查计划

2.1.3 需求调查

2.1.4 需求调查报告

2.2 需求分析

2.2.1 确定功能需求

2.2.2 确定非功能需求

2.2.3 需求优化排序

2.3 需求定义

2.3.1 需求功能建模

2.3.1.1 连锁店用例图

2.3.1.2 配送中心用例图

2.3.1.3 生产基地用例图

2.3.1.4 系统管理员用例图

2.3.1.5 用例场景描述

2.3.2 系统结构建模

2.3.2.1 系统类图

2.3.3 系统行为建模

2.3.3.1 顺序图

2.3.3.2 状态图

2.4 编写需求文档

3 系统设计

3.1 问题域设计

3.1.1 复用类设计

3.1.2 调整与完善类属性

3.1.3 定义对象类实例

3.2 构件和部署设计

3.2.1 构件图

3.2.2 部署图

3.3 控制驱动设计

3.4 用户界面设计

3.4.1 人机交互界面设计

3.4.2 界面关系

3.5 数据库设计

3.5.1 逻辑设计

3.5.1.1 类到列表的转换

3.5.1.2 关联关系的转换

3.5.1.3 完整性与约束验证

3.5.1.4 对象关系模型

3.5.2 物理设计

3.5.2.1 物理数据库的设计

3.6 编制设计文档

3.6.1 概要设计文档

3.6.2 详细设计文档

3.6.3 数据库设计文档

3.6.4 用户手册

4 系统实施

4.1 物理设施的实现

4.2 数据库的建立

4.3 程序设计

4.3.1 连锁店子系统

4.3.2 配送中心子系统

4.3.3 生产基地子系统

4.3.4 系统管理子系统

4.4 系统测试

4.4.1 设计测试用例

4.4.2 执行测试

4.4.2.1 单元测试

4.4.2.2 集成测试

4.4.2.3 系统测试

4.5 系统切换

4.5.1 基础数据的输入

4.5.2 人员培训

4.5.2.1 编写培训计划

4.5.2.2 系统管理员培训

4.5.2.3 业务操作员培训

4.5.3 系统试运行

4.5.3.1 环境准备

4.5.3.1.1 系统运行模拟环境的建立

4.5.3.1.2 用户运行真实环境的准备

4.5.3.2 数据准备

4.5.3.3 人员准备

4.5.3.4 系统上线

4.6 准备文档资料

（2）图表形式。

利用图表表达工作分解结构的方式，如图 8-2 所示。

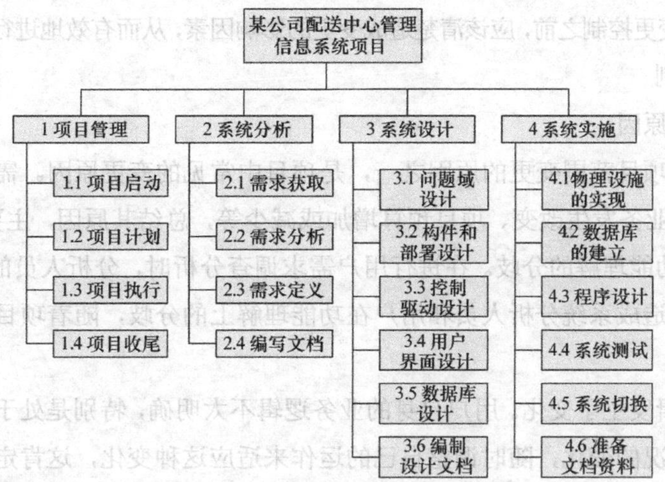

图 8-2　工作分解结构图

2. 工作任务分解方法

（1）分解标准。

工作分解有多种标准，可以按子系统、功能划分，按时间阶段划分，按专业划分，按子工程划分等。选择一种分解标准之后，在同一层次的分解过程中应该统一使用此标准，避免因使用不同标准而导致的混乱。

（2）分解过程。

① 确认分解项目的主要组成要素；

② 确定分解标准，同一层次的采用相同的标准；

③ 进行工作分解，确认分解是否详细；

④ 确定项目交付成果；

⑤ 验证分解正确性，建立编码。

（3）分解注意事项。

项目 WBS 的层次由项目的复杂程度和规模大小决定，最好不要超过 7 层。

分解结构最底层的单元叫工作包，是完成一项具体工作所要求的可确定的、可交付的工作任务。一个工作包最多不应超过 2 周的工作量，一般 3～5 天的工作量。

WBS 中的每一项工作都要有编码，用来唯一确定其在 WBS 中的位置。

8.2.3　范围变更控制

项目范围的变化在项目变化中是最重要的变化之一，通过 WBS 详细界定的项目范围确定了项目的工作边界，如果项目范围发生变化，就必然对项目的实现产生很大影响。

项目范围变更的原因是多方面的，包括：客户需求变更，要求增加产品功能；对项目的需求识别和表达不准确；项目设计不合理；技术问题导致设计方案修改；新技术、新方案出现；项目计划出现错误；另外还有商务变更、人员变更、法律法规变更等多方面的因素。以上原因都有可能导致项目工作的增加、减少或者改变，而产生项目范围变更。

在进行项目范围变更控制之前，应该清楚造成变更的影响因素，从而有效地进行项目范围变化的控制。

1. 需求变更控制

（1）需求变更的原因。

需求变更是导致项目范围变更的原因之一，是项目中常见的变更原因。需求变更的表现形式是多方面的，如客户的业务发生改变、项目预算增加或减少等，总结其原因，主要包括以下3个方面：

① 对用户系统功能理解的分歧。在进行用户需求调查分析时，分析人员的知识、背景，与用户的交流情况等因素会造成系统分析人员和用户在功能理解上的分歧，随着项目的进行，这种分歧肯定会带来变更。

② 用户业务逻辑发生了变化。用户自身的业务逻辑不太明确，特别是处于激烈竞争情况下的用户肯定要随着市场情况的变化，随时调整自己的运作来适应这种变化，这肯定会对相关的软件产品提出更多的变更要求。

③ 用户在试用过程中提出的变更。当用户拿到测试版本可以进行实际操作时，用户一般都会对功能、性能、界面、操作方式等提出新的意见，导致变更产生。

（2）需要变更的注意事项。

需求变更分布在整个项目生命周期的全过程中，并且是不可避免的，因此做好需求变更控制是至关重要的，在处理需求变更时有一套规范的流程。

在进行需求变更控制时，需要注意以下三点。

① 设定项目需求基线。需求基线是需求变更的参照标准，每次的变更均应在需求基线的基础上进行。每次变更评审通过后，要重新确定需求基线，使其符合需求变更后的状况。

② 严格执行需求变更流程，并记录在变更过程中产生的所有文档。

③ 需求变更后，受影响的相关软件计划、产品、活动都要进行相应的变更，以保持和更新的需求一致。

2. 范围变更控制

项目范围变更控制是指为使项目向着有利于项目目标实现的方向发展而变动和调整某些方面因素而引起项目范围发生变化的过程。项目范围变更是不可避免的，通常对发生的变更，需要识别是否在既定的项目范围之内。如果是在项目范围之内，那么就需要评估变更所造成的影响，以及如何应对的措施，受影响的各方都应该清楚明了自己所受的影响；如果变更是在项目范围之外，那么就需要商务人员与用户方进行谈判，看是否增加费用，还是放弃变更。

项目范围变更控制的任务是：对造成范围变更的因素施加影响，以保证变更得到各方的同意；判断范围变更确已发生；在实际变更发生时对其进行管理。

在变更控制机制中，一般会包括一个变更控制委员会（Change Control Board，CCB），这个委员会由项目用户方和开发方的决策人员组成，裁定是否批准范围变更，以及是否批准变更所需的时间、工作量和经费。

（1）项目范围变更流程。

项目范围变更控制需要提供工作任务分解，提供项目实施进展报告，提出变更请求和项目管理计划，在此前提条件下才能正式进入项目范围变更控制阶段。为了很好地执行范围变更控制，必须建立有效的范围变更流程。

① 提交变更请求。项目经理提交变更请求，放置到变更控制委员会（CCB）审核队列中。

② 审核变更请求。在CCB会议中对变更请求的内容进行初始审核，以确定它是否为有效请求。如果是，则基于小组所确定的优先级、时间表、资源、努力程度、风险、严重性以及其他任何相关的标准，判定该变更是在当前发布版的范围之内还是范围之外。如果怀疑某个变更请求为重复的请求或已拒绝的无效请求（例如，由于操作符错误、无法重现、工作方式等），将指定一个CCB代表来确认重复或已拒绝的变更请求。如果需要的话，该代表还从提交者处收集更多信息。

③ 更新变更请求。如果评估变更请求时需要更多的信息，或者如果变更请求在流程中的某个时刻遭到拒绝，那么将通知提交者，并用新信息更新变更请求。然后将已更新的变更请求重新提交给CCB复审队列，以考虑新的数据。

④ 安排和分配工作。一旦变更请求被置为已打开，项目经理就将根据请求的类型把工作分配给合适的角色，并对项目时间表做必要的更新。

⑤ 进行变更。指定的角色执行在流程的有关部分中指定的活动集，以进行所请求的变更。这些活动将包括常规开发流程中所述的所有常规复审活动和单元测试活动。然后，将变更请求标记为已解决。

⑥ 核实测试工作版本中的变更。指定的角色解决变更后，将变更放置在要分配给测试员的测试队列中，并在产品工作版本中加以核实。

⑦ 核实发布工作版本中的变更。已确定的变更一旦在产品的测试工作版本中得到了核实，就将变更请求放置在发布队列中，以便在产品的发布工作版本予以核实、生成发布说明等，然后关闭该变更请求。

（2）项目范围变更的注意事项。

在进行项目范围变更控制时，需要注意以下事项。

① 分析和确定影响项目范围变动的因素和环境条件；

② 管理和控制那些能够引起项目范围变动的因素和条件；

③ 分析和确认各方提出项目变动要求的合理性和可行性；

④ 分析和确认项目范围变动是否已发生及其风险和内容；

⑤ 当项目范围变动发生时，对其进行管理和控制；

⑥ 设法使这些变动朝有益的方向发展。

在项目执行的过程中，通过项目范围变更控制合理地调整项目范围，纠正项目中出现的偏差现象，并获得新的项目基准，使得项目中的变更尽可能地往对项目有利的方向发展。

8.3 项目时间管理

项目时间管理又称进度管理，是指为保证项目各项工作及项目总任务按时完成所需要的一系列的工作与过程。项目时间管理包括 5 个过程：活动定义、活动排序、活动历时估算、编制进度计划、进度控制。

8.3.1 活动定义

活动定义是描述项目中必须进行的具体工作的过程。活动定义将项目 WBS 分解为更小、更易管理的活动，这些活动应该是能够保障完成交付产品的、可实施的详细任务。项目活动是编制进度计划和进度控制的基础。

活动定义的输入包括：工作分解结构、范围叙述、历史资料、约束因素、假设前提。

活动定义的输出包括：活动清单、详细说明、更新了的工作分解结构。

8.3.2 活动排序

活动排序是通过识别项目活动清单中各项活动的相互间关联与依赖关系，并在此基础上对项目各项活动的先后顺序进行合理安排的管理工作。

1. 活动关系表示方法

单代号网络图：以节点表示活动，箭头表示活动之间的逻辑关系，如图 8-3 所示。

2. 活动之间的 4 种搭接关系（见图 8–4）

（1）结束-开始（FS）。

任务 A 完成后任务 B 才能开始。

（2）结束-结束（FF）。

只有在任务 A 完成后任务 B 才能完成。

（3）开始-开始（SS）。

只有在任务 A 开始后任务 B 才能开始。

（4）开始-结束（SF）。

只有在任务 A 开始后任务 B 才能完成。

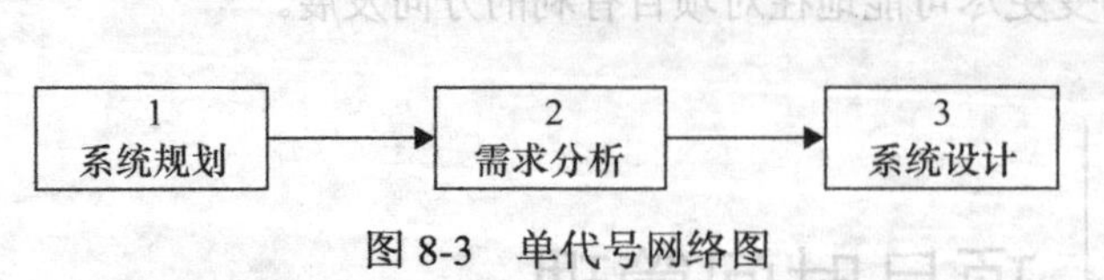

图 8-3 单代号网络图

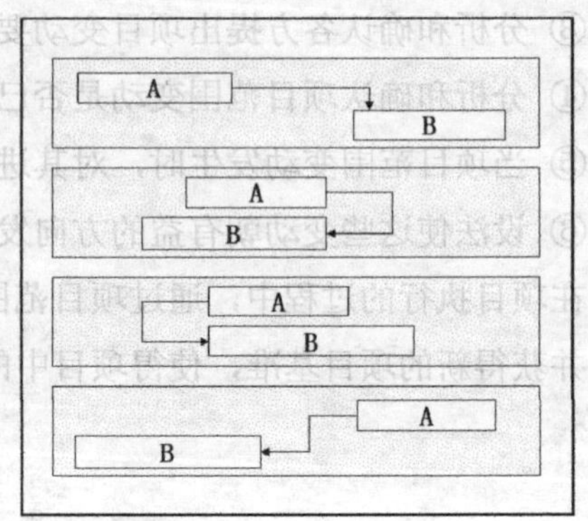

图 8-4 活动搭接关系图

3. 绘制网络图的步骤

（1）项目分解：明确项目工作的名称、范围和内容。

（2）工作关系分析：分析确定工作之间的逻辑顺序关系，形成活动一览表，见表 8-1。

表 8-1　　项目活动一览表

活动	紧前活动	工时估计：天
活动 1	——	3
活动 2	1	7
活动 3	2	2
活动 4	2	2
活动 5	4	2
活动 6	5	2
活动 7	3，6	1
活动 8	7	3
活动 9	8	3

（3）编制网络图：依据一览表和网络图原理绘制网络图，如图 8-5 所示。

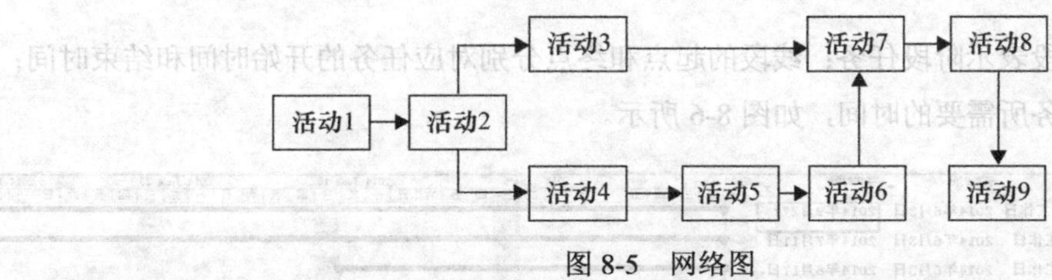

图 8-5　网络图

编制网络图时，需注意以下几个问题。

- 只有一个开始和结束节点（同时开始或同时结束就设置虚拟开始或结束活动节点）。
- 注意方向，不存在循环回路（避免逻辑关系混乱，致使顺序无法判断）。
- 一个节点不能同时出现两项活动。
- 不存在无箭头线和双箭头线。
- 不存在无节点的箭线。
- 注意编号次序（不可相同，一般依先后顺序）。

8.3.3　活动历时估算

项目活动历时估算是指对已确定的项目活动的完成时间进行估算的工作，它是项目进度计划的基础工作，直接关系到整个项目所需的总时间。完成一项活动所需时间不仅取决于活动本身的难度和数量，还受外部诸多因素的影响限制，如项目资源、项目的约束前提、假设条件等。

活动历时估算主要依据的数据基础包括活动的清单、项目约束前提和假设条件、资源数量、资源能力、历时信息等。

历时估算的主要方法有以下几种。

- 专家判断。由专家根据经验和知识来进行活动历时的判断，具有一定的风险和不确定性。
- 类比估计。根据以前类似项目的实际历时来估计当前项目活动的时间。
- 单一时间估计法。对每个项目活动估计一个最有可能的实现时间，适用于关键路径（CPM）

网络。

- 3个时间估计法。对一个项目活动，估计3种可能的时间，即乐观、最可能和悲观的时间，三者加权，综合计算，得到活动的平均历时。

8.3.4 编制进度计划

编制进度计划需要使用先前项目时间管理过程的结果来确定项目中各项活动开始和结束的日期，在项目进度计划最终确定之前，所有时间管理过程都可能需要反复进行。

编制进度计划时，将用到甘特图、关键路径法等工具。

1. 甘特图

甘特图是表示项目各阶段任务开始时间与结束时间的图形，它把活动计划和时间安排组织在一起。甘特图可以很方便地进行项目计划和计划控制，简单易用，任意理解，因此被广泛应用到项目管理中。

甘特图用水平线段表示阶段任务；线段的起点和终点分别对应任务的开始时间和结束时间；线段的长度表示完成任务所需要的时间，如图 8-6 所示。

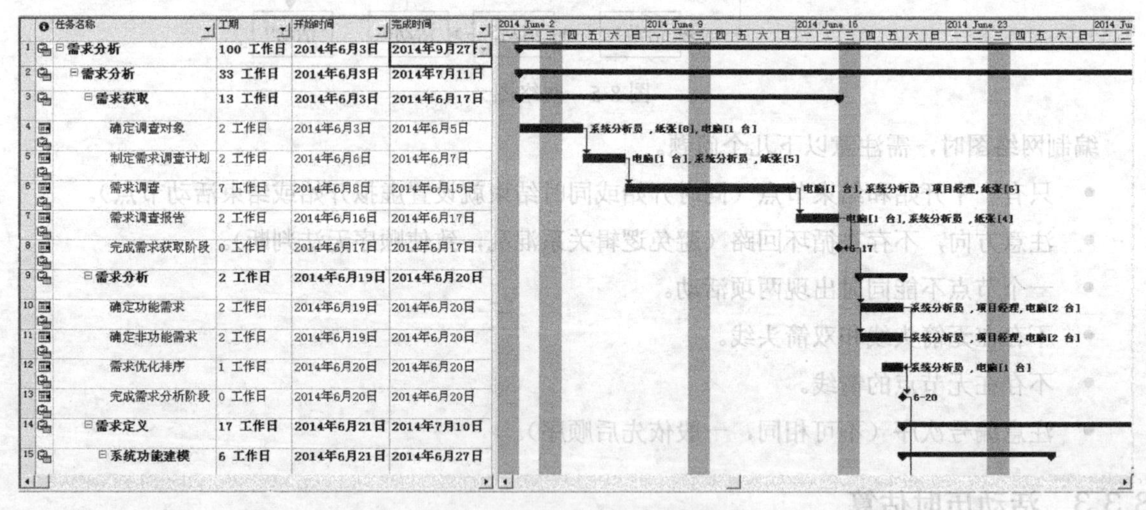

	任务名称	工期	开始时间	完成时间
1	⊟需求分析	100 工作日	2014年6月3日	2014年9月27日
2	⊟需求分析	33 工作日	2014年6月3日	2014年7月11日
3	⊟需求获取	13 工作日	2014年6月3日	2014年6月17日
4	确定调查对象	2 工作日	2014年6月3日	2014年6月5日
5	制定需求调查计划	2 工作日	2014年6月6日	2014年6月7日
6	需求调查	7 工作日	2014年6月8日	2014年6月15日
7	需求调查报告	2 工作日	2014年6月16日	2014年6月17日
8	完成需求获取阶段	0 工作日	2014年6月17日	2014年6月17日
9	⊟需求分析	2 工作日	2014年6月19日	2014年6月20日
10	确定功能需求	2 工作日	2014年6月19日	2014年6月20日
11	确定非功能需求	2 工作日	2014年6月19日	2014年6月20日
12	需求优化排序	1 工作日	2014年6月20日	2014年6月20日
13	完成需求分析阶段	0 工作日	2014年6月20日	2014年6月20日
14	⊟需求定义	17 工作日	2014年6月21日	2014年7月10日
15	⊟系统功能建模	6 工作日	2014年6月21日	2014年6月27日

图 8-6 某 IT 项目甘特图

图 8-6 是用 Project 软件编制的一个 IT 项目的甘特图。图中的黑色菱形表示里程碑，里程碑是项目中关键的事件。对非常大的项目而言，高级项目经理可能只想在甘特图上看到里程碑。Project 软件可以过滤甘特图上显示的信息，可以只显示特定的任务，如里程碑。

2. 关键路径法

关键路径法（Critical Path Method，CPM）是一种运用特定的、有顺序的网络逻辑估算出项目活动工期，确定每项活动的最早与最晚开始和结束时间，并做出项目工期网络计划的方法。项目网络图中最长的活动路径称为“关键路径”。

活动时间的计算公式如下。

- 活动最早开始时间（ES）= 所有前序活动的EF中最晚时间

- 活动最早结束时间（EF）= ES + 本活动工时估算
- 活动最迟开始时间（LS）= LF– 本活动工时估算
- 活动最迟结束时间（LF）= 所有后续活动的LS中最早时间

通过正推法计算出最早开始时间和最早结束时间。正推法是从网络计划的起点节点开始，顺着箭线方向依次进行时间计算。

通过倒推法计算出最迟结束时间和最迟开始时间。倒推法是从网络计划的终点节点开始，逆着箭线方向依次进行时间计算。

例如，图 8-7 为附有各种活动时间的网络图。根据正推法，可以算出各个活动的最早开始和最早结束时间，图中最后一项活动的最早结束时间是 23 天。假设项目规定的完成时间是 20 天，根据倒推法，可以得到各个活动的最迟结束和最迟开始时间。

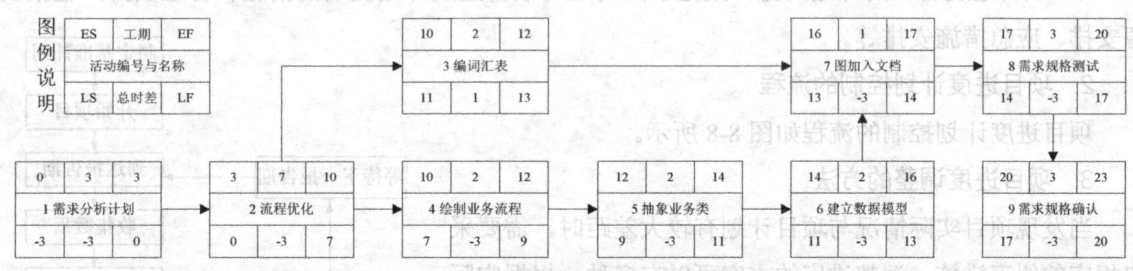

图 8-7　附有各种活动时间的网络图

分析关键路径的方法：确定项目各活动的最早、最迟开始和结束时间，计算时差，作为该活动的重要程度的参考。最早、最迟时间的差额即为机动时间，机动时间为零或负数的活动就是关键活动。所谓关键路径，就是从开始到终止的所有路径中，活动工期相加最大的那些路径。

在上例中，从活动 1 至活动 9 有 2 条路径，分别如下。

路径 1：1-2-3-7-8-9，活动工期相加为 19 天；

路径 2：1-2-4-5-6-7-8-9，活动工期相加为 23 天。

所以，路径 2 就是关键路径。

需要注意的是，一个项目的关键路径可能不止一条。

在不影响整个项目结束时间的前提下，活动允许调整的时间称为总时差。

总时差 = 最迟开始时间 LS– 最早开始时间 ES

= 最迟结束时间 LF– 最早结束时间 EF

显然，总时差为零或者小于零的活动就是关键活动；时差最小（等于零或者小于零）的任务组成路径是关键路径。这种通过计算总时差来确定关键活动、关键路径的方法是最常用的方法。

上例中，各项活动的总时差标注位置见图中图例说明。

只有减少关键路径中的工期，才能减少整个项目的工期。总时差可以帮助我们分析每一个工作相对时间紧迫程度。当一个任务的总时差大于零时，即最早开始时间早于最迟开始时间，说明时间存在富余；当总时差等于零时，说明时间没有富余；当总时差小于零时，说明已经存在延误。总时差可以作为资源调配的重要参考，将紧缺资源集中到关键活动上去。

8.3.5 进度控制

进度控制是指持续收集项目进展数据，掌握项目计划的实际实施情况，将实际情况与进度计划进行对比，分析差距和造成差距的原因，必要时采取有效的纠正或预防措施，使项目按照进度计划进行。

1. IT 项目进度控制的依据

- 项目进度计划文件。是项目进度控制的最根本依据，它提供了度量项目实施绩效和报告项目进度计划执行情况的基准和依据。
- 项目工期计划实施情况报告。提供了项目活动完成与未完成的情况报告。
- 项目变更请求。是对项目计划任务提出改动要求，这也是项目进度控制的主要依据之一。
- 项目进度管理的计划安排。规定了如何应对项目进度计划变动的措施和管理安排，包括资源安排、应急措施安排等。

2. 项目进度计划控制的流程

项目进度计划控制的流程如图 8-8 所示。

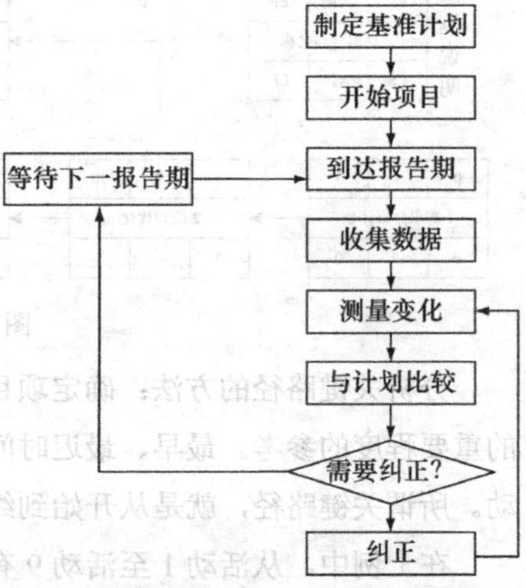

图 8-8 项目进度计划控制流程

3. 项目进度调整的方法

当发现项目实际情况与项目计划有较大差距时，需要采取相应的纠正措施。调整进度的方案可以有多种，根据实际情况择优选择。基本的调整方法有以下几种：

- 赶工。是指利用休息时间继续进行项目工作，赶工一般将增加项目费用。
- 改变活动的逻辑关系。通过改变关键路径上活动间的先后顺序及并行关系来实现缩短工期的方法。
- 增减工作任务。由于编制计划时考虑不周，或因某些原因需要增加或取消某些工作，而重新调整进度计划。
- 重新编制计划。当采用其他方法仍不能奏效时，将剩余工作重新安排，编制进度计划，使其满足工期要求的方法。

8.4 项目成本管理

项目成本是指因为项目而发生的各种资源耗费的货币体现。项目成本包括直接成本和间接成本。

- 直接成本。指与项目有直接关系的成本费用，是与项目直接对应的，包括直接人工费用、直接材料费用、其他直接费用等。
- 间接成本。指为了组织、管理和控制项目所发生的费用，项目管理费用一般是项目的间接费用，主要包括管理人员费用支出、差旅费用、固定资产和设备使用费用、办公费用、医疗保险费用，以及其他一些费用等。

从软件生命周期构成的两阶段即开发阶段和维护阶段看，软件开发项目的成本由开发成本和维护成本构成。

开发成本由软件开发成本、硬件成本和其他成本组成，包括了系统软件的分析设计费用、实施费用及系统切换等方面的费用；

维护成本由运行费用（包含人工费、材料费、固定资产折旧费、专有技术及技术资料购置费）、管理费（包含审计费、系统服务费、行政管理费）及维护费（包含纠错性维护费用及适应性维护费用）。

IT 项目成本特点是：人工成本高；直接成本低，间接成本高；维护成本高且较难确定；成本变动频繁，风险成本高。

项目成本管理是指为保障项目实际发生的成本不超过项目预算，使项目在批准的预算内按时、按质、经济高效地完成既定目标而开展的成本管理活动。成本管理过程包括：项目资源计划、项目成本估算、项目成本预算和项目成本控制。

8.4.1 项目资源计划

资源可理解为一切具有现实和潜在价值的东西，包括完成项目必须要消耗劳动力（人力资源）、材料、设备、资金等有形资源，同时还可能需要消耗其他一些无形资源，而且由于存在资源约束，项目耗用资源的质量、数量、均衡状况对项目的工期、成本有着不可估量的影响。项目资源是完成项目所必需的各种实际投入。编制项目资源计划就是确定完成项目活动所需各种资源的种类和数量的过程。

1. 资源计划的主要依据

编制项目资源计划是在识别项目的资源需求，确定项目资源种类、数量和时间的基础上，制订项目资源供应计划的活动。编制项目资源计划的依据主要包括：工作分解结构 WBS、项目进度计划、历史资料、资源库描述（对项目拥有的资源存量的说明）、组织策略（项目实施组织的企业文化、项目组织的组织结构、项目组织获得资源的方式和手段方面的方针体现了项目高层在资源使用方面的策略，可以影响到人员招聘、物资和设备的租赁或采购，对如何使用资源起重要作用）。

2. 资源计划的编制步骤

（1）资源需求分析。

通过分析 WBS 中每一项任务，确定所需项目资源的种类，根据有关项目领域中的消耗定额或经验数据，确定资源需求的数量及质量。一般可以按照以下步骤进行：工作量计算；确定实施方案；估计人员需求量；估计设备、材料需求量；确定资源的使用时间。

（2）资源供给分析。

分析项目资源的可获得性、获得的难易程度以及获得的渠道和方式，可分别从内部获得、外部获得两方面进行分析。

（3）资源成本比较与资源组合。

确定需要哪些资源和如何得到这些资源后，要比较这些资源的使用成本，从而确定资源的组合模式（即各种资源所占比例与组合方式）。完成同样的工作，不同的资源组合模式，成本可能会有较大的差异。要根据实际情况，考虑成本、进度等要求，来确定适合的资源组合方式。

（4）资源分配与计划编制。

资源分配是一个系统过程，既要保证各个任务得到适合的资源，又要努力实现资源总量最少，所有资源得到充分利用，使用负荷平衡。在合理分配资源的基础上，编制项目资源计划。在软件项目中，人力资源是最主要的资源，其他资源相对比较简单，因此可以用人力资源需求表作为资源计划的主要内容。表 8-2 为某软件项目的人力资源需求表。

表 8-2　某软件项目人力资源需求表

任务名称	人力资源名称	工作量（人月）	资源数量（人）	工期（月）
项目管理	项目经理	10	1	10
系统分析	系统分析师	4	2	2
系统总体设计	系统架构师	4	2	2
系统详细设计	系统设计师	6	3	2
软件编码	程序员	60	15	4
系统测试	测试工程师	6	3	2
文档编写	文档编辑	2	2	1
合计		92	28	

8.4.2　项目成本估算

项目成本估算是根据项目资源计划及各种资源的价格信息，粗略地估计和确定项目各项任务的成本以及项目总成本的活动。

1. 项目成本估算的主要依据

项目成本估算的主要依据包括：工作分解结构 WBS、项目资源计划、资源单位价格、同类项目历史信息等。

2. 项目成本估算的方法

（1）自上而下的估算（又称类比估算）。

自上而下的估算实际上是以项目成本总体为估算对象，在收集中上层管理人员经验和以往类似项目历史数据的基础上，将成本从 WBS 的上部向下部依次分配、传递，直至最底层。自上而下的估算通常在项目的初期或信息不足时进行，只确定了初步的工作分解结构，分解层次少，估算精度较差。

自上而下估算法的优点是该方法通常比其他方法简便易行，费用低。这种方法的局限性在于很多时候没有真正类似项目的成本数据，因为项目的独特性和一次性使多数项目之间不具备可比性。

（2）自下而上的估算。

自下而上的估算是先估算各个工作包的费用，然后自下而上地将各个估算结果汇总，算出项目的费用总和。采用这种方法的前提是确定了详细的 WBS。该方法大量的工作是在中下层进行的，并逐层向上传递。每项工作的实行者进行他所负责部分的成本估算，而不是不熟悉该工作的人去做，所以估算的专业性、合理性和准确性都会大大提高。但同时也存在着某些员工过分夸大项目活动所需资源数量的风险，因此需要管理者正确判断估算结果的可靠性，并从全局的角度进行适当的调整。

自下而上的估算方法能做出较准确的估算，但估算过程本身要花费较多的费用。

（3）自上而下和自下而上相结合的估算。

自上而下和自下而上相结合的估算是针对项目的某一个或几个重要的子项目进行详细具体的分解，从该子项目的最低分解层次开始估算费用，并自下而上汇总，得到该子项目的成本估算值；之后，以该子项目的估算值为依据，估算与其同层次的其他子项目的费用；最后，汇总各子项目的费用，得到项目总的成本估算。

3．项目成本估算的结果

（1）项目成本估算文件。

项目成本估算文件对完成项目所需费用的估计和计划安排，对完成项目活动所需资源、资源成本和数量进行概略或详细的说明。这包括对于项目所需人员、设备和其他科目成本估算的全面描述和说明。另外，这一文件还要全面说明和描述项目的不可预见费等内容。

（2）细节说明文件。

细节说明文件是对项目成本估算的依据和考虑细节的说明文件，主要包括以下内容：

- 项目范围的描述；
- 项目成本估算的基础和依据文件。包括制定项目成本估算的各种依据性文件，各种成本计算或估算的方法说明，以及各种参照的国家规定等；
- 项目成本估算各种假定条件的说明文件。包括在项目成本估算中所假定的各种项目实施的效率、项目所需资源的价格水平、项目资源消耗的定额估计等假设条件的说明；
- 项目成本估算可能出现的变动范围的说明。

（3）变更请求。

成本估算过程可能产生影响成本管理计划、活动资源要求和项目管理计划的其他组成部分的变更请求，变更请求要通过变更控制流程进行评估和审查。

（4）项目成本管理计划（更新）。

如果批准的变更请求影响成本的管理，则应该更新项目管理计划中的项目成本管理计划。

8.4.3 项目成本预算

项目成本预算是在项目成本估算的基础上，更精确地估算项目总成本，并将其分摊到项目的各项具体活动上，为项目成本控制制定基准计划的活动。项目成本预算的主要依据有：成本估算、工作分解结构、项目进度计划等。

1．项目成本预算的步骤

（1）分摊总预算成本。

分摊总成本到各成本要素中去，再分到 WBS 中的工作包，为每一个工作包建立预算成本，如图 8-9 所示。

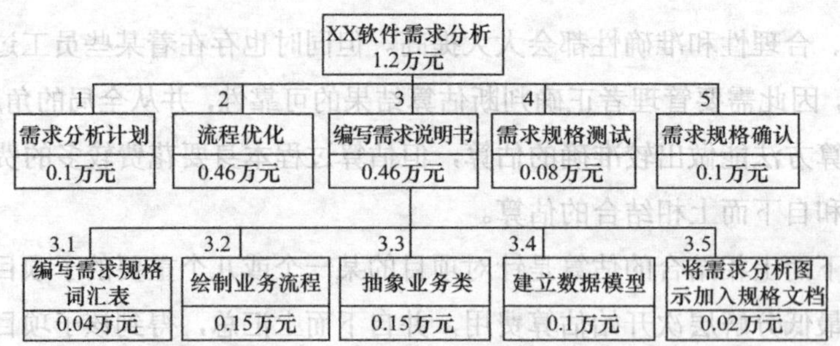

图 8-9 项目预算成本分解示意图

（2）制订累计预算成本。

为每一个工作包建立了预算成本后，还要把总预算成本分配到各任务的工期中去，每期的成本是根据组成该阶段的各个任务进度确定的。把每一任务的预算成本分摊到工期的各个时间区间，就能确定在这一时间内的预算。

例如，对于某软件需求分析项目，表 8-3 所示为该项目部分预算成本表。该项目总预算是 1.2 万元人民币，预计工期为 20 天。为了监控成本，需要把每项任务的费用按天分摊。预算累计量就是从项目启动到报告期之间所有预算成本的求和。表 8-3 可以看出，本项目到 12 天的累计量是 7 500 元人民币。

表 8-3 项目每天分摊预算与预算累计表

活动	天													小计
	1	2	3	4	5	6	7	8	9	10	11	12	…	
1 需求分析计划	0.3	0.3	0.4											1
2 流程优化				0.8	0.8	0.9	0.7	0.7	0.7					4.6
3 需求词汇表										0.4				0.4
4 绘制业务流程											0.8	0.7		1.5
……														
预算累计	0.3	0.6	1	1.8	2.6	3.5	4.2	4.9	5.6	6	6.8	7.5		7.5

2. 成本预算的输出

（1）成本基准计划。

成本基准计划也叫成本基线，是用来度量与监测项目成本绩效的按时间分段预算。将按时段分摊的成本累加，即可得到成本基线。

（2）项目管理计划（更新）。

成本预算过程可能涉及成本基准计划的修改，成本基准计划属于项目管理计划的一部分，其变更应该通过变更控制来处理。

8.4.4 项目成本控制

项目的成本控制是指在项目实施过程中，根据项目实际发生的成本情况，修正初始的成本预算，尽量使项目的实际成本控制在预算范围内的各种工作。

成本控制的内容包括：监控成本预算执行情况，以确定与计划的偏差，对造成费用基准变更的因素施加影响；确认所有发生的变化都被准确记录在费用线上；避免不正确的、不合适的或者无效的变更反映在费用线上；确保合理变更请求获得同意，当变更发生时，管理这些实际的变更；保证潜在的费用超支不超过授权的项目阶段成本和项目成本总预算。

1．成本控制的依据

（1）项目成本基准计划：是按时间分段的项目成本预算，是度量和监控项目实施过程中项目成本费用支出的最基本的依据。

（2）项目执行报告：项目执行报告提供项目范围、进度、成本、质量等信息，它反映了项目预算的实际执行情况。

（3）项目变更申请：不可预见的各种情况要求在项目实施过程中重新对项目的费用做出新的估算和修改，形成项目变更请求。

（4）项目成本管理计划：项目成本管理计划确定了当项目实际成本与计划成本发生差异时如何进行管理，是对整个成本控制过程的有序安排，是项目成本控制的有力保证。

2．项目成本控制的工具

（1）成本变更控制系统。

成本变更控制系统是项目成本控制的程序性方法，通过建立项目成本变更控制体系，对项目成本进行控制。该系统主要包括3个部分：成本变更申请、批准成本变更申请和变更项目成本预算。提出成本变更申请的人可以是项目业主（客户）、项目管理者、项目经理等所有项目干系人。提出的项目成本变更申请交给项目经理或其他项目成本管理人员，这些管理者根据严格的项目成本变更控制流程，对变更申请进行一系列的评估，以确定该项变更所导致的成本代价和时间代价，再将分析结果报告给项目业主（客户），由他们最终判断是否接受这些代价，核准变更申请。变更申请被批准后，需要对相关工作的成本预算进行调整，同时对成本基准计划进行相应的修改。最后，注意成本变更控制系统与其他变更控制系统相协调，成本变更的结果与其他变更结果相协调。

（2）挣值分析法。

挣值分析法是一种综合的绩效度量技术，既可用于评估项目成本变化的大小及程度，又可用于对项目进度进行评估，帮助项目管理团队评估项目绩效。挣值分析法的独特之处在于以预算和费用来衡量工程的进度、绩效。

① 挣值法的3个基本参数。

- 计划值/计划工作量的预算费用（The Planned Value，PV / Budgeted Cost for Work Scheduled，BCWS）。是指某阶段计划要求完成的工作量所需的预算工时值（或费用）。
- 实际成本/已完成工作量的实际费用（Actual Cost，AC / Actual Cost for Work Performed，ACWP）。是指某阶段完成的工作量实际所消耗的工时值（或费用）。AC主要反映项目执行的实际消耗成本。
- 挣值/已完成工作量的预算成本（Earned Value，EV / Budgeted Cost for Work Performed，

BCWP）。是指某阶段实际完成工作量按预算定额计算出来的工时值（或费用）。

② 挣值法的 4 个评价指标。

- 成本偏差（Cost Variance，CV）。挣值与实际费用之间的差异。

计算公式为：CV = EV–AC

CV>0，表明项目实施处于成本节省状态；CV<0，表明项目实施处于成本超支状态。

- 进度偏差（Schedule Variance，SV）。挣值与计划费用之间的差异。

计算公式为：SV = EV–PV

SV>0，表明项目实施超过计划进度；SV<0，表明项目实施落后于计划进度。

VC 和 SV 可以转化为效率指数，反映项目的成本绩效与进度绩效。

- 成本绩效指数（Cost Performance Index，CPI）。挣值与实际费用值之比（或工时值之比）。

计算公式为：CPI = EV / AC

当 CPI>1 时，表示成本节余，实际费用少于预算费用，资金使用效率较高；当 CPI<1 时，表示成本超支，实际费用多于预算费用，资金使用效率较低。

- 进度绩效指数（Schedule Performance Index，SPI）。项目挣值与计划值之比。

计算公式为：SPI = EV / PV

当 SPI>1 时，表示进度提前，即实际进度比计划进度快，进度效率高；当 SPI<1 时，表示进度延误，即实际进度比计划进度慢，进度效率低。

图 8-10 是某项目各项指标之间的关系。

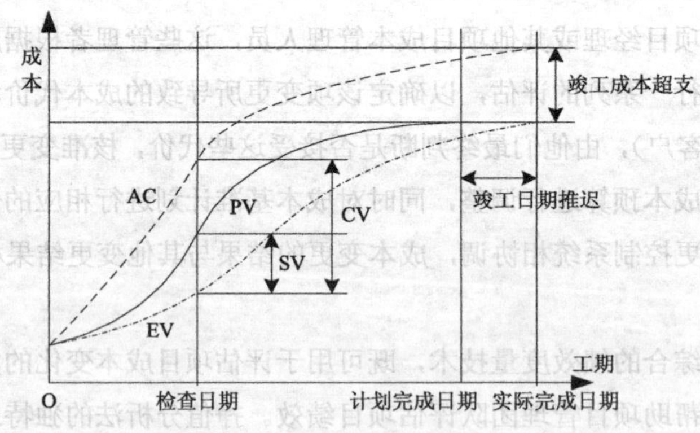

图 8-10 挣值分析法各项指标示意图

（3）预测技术。

如果按照目前的进度和费用情况继续进行下去，预测完工时的费用是多少。完工估算（EAC）是根据项目绩效对项目总成本进行的预测，根据假设条件的不同，主要有下述 3 种不同形式：

- EAC = AC + BAC–EV。目前的偏差是一种特例，项目团队认为将来不会发生类似的偏差，常采用这种方法。

- EAC = AC + （BAC–EV）/ CPI = AC * （BAC / EV）。目前的偏差是一种典型情况，将来会发生和目前相同比例的偏差。

- EAC = AC + ETC。如果项目实施情况表明原来的成本预算假定彻底过时了，或者由于条件的变化使原来的预算已不再适合，需要重新计算项目预算，对所有剩余工作进行新的估算（即完工尚需估算，ETC）。

项目成本分析案例：某项目的预算总成本为 100 万，到检查日期为止，任务的完成百分比为 40%，实际支出的成本为 60 万，项目计划中原定支出的成本为 50 万。请评价项目的进度和成本状况。

任务预算总成本为 100 万，即 BAC = 100。

任务完成 40%时的计划成本为 40 万，即 EV = 40。

到检查日期为止，项目计划原定支出的成本为 50 万，即 PV = 50。

任务实际支出的成本为 60 万，即 AC = 60。

- 成本偏差CV＝EV–AC = 40–60 = −20
- 进度偏差SV = EV–PV = 40–50 = −10
- 成本绩效指数CPI = EV / AC = 40 / 60 = 67.7%
- 进度绩效指数SPI = EV / PV = 40 / 50 = 80%

从以上计算结果可知，

项目成本状况是：CV 小于零，说明项目成本超支了。由于 CPI<100%，说明成本超支，而且 67.7%偏离 100%较大，说明超支情况非常严重。

项目进度状况是：SV 小于零，说明实际进度落后于原定计划。由于 SPI<100%，说明进度落后于计划，情况比较严重。

假设按照目前的情况做完项目，

完工估算 EAC = AC * (BCA / EV)= 60 * (100 / 40)=150

完工尚需估算 ETC = EAC–AC = 150–90 = 60

表明如果按照目前的情况做完项目，还需要投入 60 万。

3. 成本控制的输出

成本控制的输出是实施项目成本控制后项目所发生的变化，包括成本估算更新、成本预算更新、纠正措施、变更请求等。

（1）成本估算更新。修改后的成本估算是指对于项目管理的费用资料所做的修改。如果需要，应通知相关的项目干系人。修改后的成本估算可能要求对项目管理计划的其他方面进行调整。

（2）成本预算更新。成本预算更新是对批准的成本基准所做的变更。成本预算数据一般仅在审定项目范围变更的情况下才能进行修改。在某些情况下，成本偏差可能极其严重，以至于需要修改成本基准，才能对绩效提供一个现实的衡量基础。

（3）纠正措施。纠正措施是指在项目成本管理过程中所开展的一系列活动和纠偏行动，为了使项目未来工作所花费的实际成本控制在项目计划成本以内所做的努力。

（4）变更请求。项目绩效分析经常产生对项目某些方面的变更请求。变更请求有多种形式：口头的或书面的、直接的或间接的、内部的或外部的、可选的或强制的。变更可能要求增加预算或减少预算。所有变更请求都通过项目变更控制进行。

8.5 项目质量管理

质量是“反映实体满足明确和隐含的需要能力和特性的总和”，软件质量是“软件与明确的和隐含的定义的需求相一致的程度”。软件质量是软件符合明确叙述的功能和性能需求、文档中明确描述的开发标准，以及所有专业开发的软件都应具有的隐含特征的程度。

影响软件质量的主要因素可划分为三组，分别反应用户在使用软件产品时的3方面情况。

- 产品运行。正确性、健壮性、效率、完整性、可用性、风险；
- 产品修改。可理解性、可维修性、灵活性、可测试性；
- 产品转移。可移植性、可再用性、可运行性。

项目质量管理是指为确保项目质量目标而开展的项目管理活动，其根本目的是保障最终交付的项目成果符合质量要求。质量管理包括3个主要过程，即质量计划、质量保证、质量控制。

质量计划：确定哪些质量标准适用于该项目，并决定如何满足这些标准。

质量保证：定期评审总体项目绩效，以树立项目能够达到有关质量标准的信心。

质量控制：监控具体项目的执行结果，以确定它们是否符合有关的质量标准，并制定适当措施来消除导致项目绩效不令人满意的原因。

8.5.1 质量计划

IT项目质量计划就是要将与项目有关的质量标准标识出来，并提出如何达到这些质量标准和要求的设想。

在编制质量计划时，主要的依据如下：质量方针、范围描述、产品描述、标准和规则。

质量计划要说明项目管理小组如何具体执行其质量策略，应该满足下列要求。

- 确定应达到的质量目标和所有特性要求；
- 确定质量活动和质量控制程序；
- 确定项目不同阶段中的职责、权限、交流方式和资源分配；
- 确定采用控制的手段、合适的验证手段和方法；
- 确定和准备质量活动计划。

编制项目质量计划要根据项目的具体情况来决定采取的计划形式，没有统一的格式。下面给出一个软件项目质量计划的参考模板。

1. 导言

2. 项目概述

2.1 功能概述

2.2 项目生命周期模型

2.3 项目实施阶段划分及其准则

3. 实施策略

3.1 项目特征

3.2 主要工作

4. 项目组织

4.1 项目组织结构

4.2 SQA 组的权力

4.3 SQA 组织及职责

5. 质量对象分析及选择

6. 质量任务

6.1 基本任务

6.2 活动反馈方式

6.3 争议上报方式

6.4 测试计划

6.5 采购产品的验证和确认

6.6 客户提供产品的验证

7. 实施计划

7.1 工作计划

7.2 高层管理定期评审安排

7.3 项目经理定期和基于事件的评审

8. 资源计划

9. 记录的收集、维护与保存

9.1 记录范围

9.2 记录的收集、维护和保存

8.5.2 质量保证

质量保证的含义是为提供项目能满足质量要求的适当信赖程度，在质量体系内所实施的并按需要进行证实的全部有策划的和系统的活动。

1. IT 项目质量保证的思想

质量保证的基本思想是强调对用户负责，其思路是为了确立项目的质量能满足规定的质量要求，必须提供相应的证据。因此，项目组织必须开展有计划、系统的质量活动。IT 项目质量保证的思想体现在下述理念上。

- 在项目的各个阶段保证质量的稳定性。在质量保证计划中，项目进度的每个阶段都应该包含一个性能稳定期，项目组花费相应的时间对当期完成的产品特性进行测试，只有确保所开发产品的性能稳定下来了，才可以继续新的项目阶段。

- 在产品开发的同时进行产品测试。在产品特性完成以后，就立即对其进行测试。项目产品中的问题发现得越早，纠正得越早，就可以更有效地防止“失之毫厘，谬以千里”的严重后果。
- 尽可能早地使项目质量测试自动化。利用自动化测试平台不仅可以降低测试成本，而且可以提高测试效率。自动化测试的过程应该集中在非用户界面的特性上，主要集中在核心的产品性能上。
- 确保项目成员和项目文化都重视质量。建立使项目成员和项目文化都认可和重视的质量保证体系，不断寻求更好的质量保证方法，是最终形成提高项目质量的良性循环的基础。

2. 质量保证体系

质量体系是指为实施质量管理所需要的项目组织结构、职责、程序、过程和资源。用于内部管理的质量体系称为质量管理体系，用于需方对供方提出外部证明要求的质量体系称为质量保证体系。质量保证体系是从质量管理体系中派生出来的。

质量保证体系的总体要求如下：

- 识别质量保证体系所需的过程及其在组织中的作用；
- 确定这些过程的顺序和相互作用；
- 确定为确保这些过程的有效动作和控制所需要的准则和方法；
- 确保可以获得必要的资源和信息，以支持这些过程的运作；
- 监视、测量和分析这些过程；
- 实施必要的措施，以实现对这些过程所策划的结果和对这些过程的持续改进。

质量保证体系需要负责调整所有影响产品质量的因素，这些因素包括：

- 使用的方法和工具；
- 在开发和维护过程中应用的准则；
- 对开发和维护过程所进行的组织管理；
- 软件生产环境；
- 软件开发中人员的组织和管理；
- 工作人员的熟练程度；
- 对工作人员的组织和管理；
- 对工作人员的奖励和工作条件的改善情况；
- 对外部项目转包商交付的产品的质量控制。

3. 软件项目质量保证活动

（1）与 SQA（Software Quality Assurance）计划直接相关的工作。根据项目计划制定与其对应的 SQA 计划，定义出各阶段的检查重点，标识出检查、审计的工作产品对象，以及在每个阶段 SQA 的输出产品。编写完 SQA 计划后，要组织对 SQA 计划的评审，并形成评审报告，把通过评审的 SQA 计划发送给项目经理、项目开发人员和所有相关人员。

（2）参与项目的阶段性评审和审计。在 SQA 计划中，通常已经根据项目计划定义了与项目阶段对应的阶段检查，包括参加项目在本阶段的评审和对其阶段产品的审计。对于阶段产品的审计通常是检查其阶段产品是否按计划、按规程输出并且内容完整。SQA 对阶段产品内容的正确性一般不负责检查，对于内容的正确性通常由评审来完成。SQA参与评审是从保证评审过程有效性方面入手，如参与评审的人是否具备一定资格，规定的人员是否都参加了评审，评审对象的每个部分是否都进行了评审并给出了明确的结论等。

（3）对项目日常活动与规程的符合性进行检查。这是SQA组的日常工作活动。如果只是参与阶段性的检查和审计，很难及时反映项目组的工作过程，所以SQA也要在两个里程碑之间设置若干个小的跟踪点，来监督项目的进行情况，以便能及时反映项目中存在的问题，并对其进行跟踪。

（4）对配置管理工作的检查和审计。对项目过程中的配置管理工作是否按照项目最初制定的配置管理计划进行监督，包括配置管理人员是否定期进行该方面的工作，是否所有人得到的都是开发过程产品的有效版本等。

（5）跟踪问题的解决情况。对于评审中发现的问题和项目日常工作中发现的问题，SQA要进行跟踪，直至解决。对于在项目组内可以解决的问题，就在项目组内部解决，对于在项目组内部无法解决的问题，或是在项目组中催促多次也没有得到解决的问题，可以利用其独立汇报的渠道报告给高层经理。

（6）收集新方法。SQA有机会接触很多项目组，对于项目组在开发管理过程中的优点和缺点，都能准确地获得第一手资料，在SQA小组的活动中与其他SQA共享。

8.5.3 质量控制

质量控制是确定项目结果是否与质量标准相符，同时确定不符合质量标准的原因和消除方法，控制产品的质量，及时纠正缺陷的过程。

1. 常见IT项目质量问题

（1）违背IT项目规律。如未经可行性论证、不做调查分析就启动项目；任意修改设计；不按技术要求实施；不经过必要的测试、检验和验收就交付使用等。

（2）技术方案本身的缺陷。系统整体方案本身有缺陷，不能有效地保证项目目标的实现。

（3）基本部件不合格。选购的软件组件、中间件、硬件设备等不稳定、不合格，造成整个系统都不能正常运行。

（4）实施中的管理问题。许多软件项目质量问题往往是由于技术人员技术水平、敬业精神、工作责任心、管理疏忽等原因造成的。

2. 质量控制分类

按照项目实施的进度，可以将项目质量控制分为3种，事前质量控制、事中质量控制、事后质量控制。

事前质量控制是指项目正式实施前进行的质量控制。其具体工作内容包括：审查开发组织的技术资源，选择合适的项目承包组织；对所需要的资源质量进行检查与控制；审查技术方案，保证项目质量具有可靠的技术措施；协助开发组织完善质量保证体系和质量管理制度。

事中质量控制是指项目正式实施过程中进行的质量控制。其具体工作内容包括：协助开发组织完善和实施控制，把影响产品质量的因素都纳入管理状态；严格交接检查，对关键阶段和里程碑应有合适的验收；对完成的分项应按相应的质量评分标准和方法进行检查、验收并按合同或需求规格说明书行使质量监督权；组织定期或不定期的评审会议，及时分析、通报项目质量状况，并协调有关组织间的业务活动等。

事后质量控制是指在完成项目过程、形成产品后的质量控制。其具体工作内容包括：按规定的质量评价标准和办法，组织单元测试和功能测试，并进行可能的检查和验收；组织系统测试和集成测试；审核开发组织的质量检验报告以及有关技术性文档；整理有关的项目质量的技术文件，并编号、建档。

3. 软件项目质量控制活动

质量控制的任务是策划可行的质量管理活动，然后正确地执行和控制这些活动，以保证绝大多数的缺陷可以在开发过程中被发现。软件项目质量控制的主要方法有：技术评审、代码走查、代码会审、软件测试、缺陷跟踪。

（1）技术评审。

技术评审的主体一般是产品开发中的一些设计产品，主要的评审对象有软件需求规格说明书、软件设计方案、测试计划、用户手册、维护手册、系统开发规程、产品发布说明等。

技术评审流程如下：召开评审会议；技术人员对提交的评审对象进行讲解；评审小组可以对技术人员进行提问，提出建议和要求，也可以与技术人员展开讨论；会议结束时做出以下决策之一：接受、拒绝接受、暂时接受但需要对某一部分进行修改；对所提出的问题都要进行记录，并完成评审报告。

（2）代码走查。

代码走查是由审查人员读代码，然后对照标准进行检查。进行代码走查的第一个目的是通过人工模拟执行源程序的过程，检查软件设计的正确性。第二个目的是检查程序书写的规范性，以提供程序的可理解性。

（3）代码会审。

代码会审是由一组人通过阅读、讨论和争议对程序进行静态分析的过程。会审小组在充分阅读待审程序文本、控制流程图及有关要求和规范等文件的基础上，召开代码会审会，程序员逐句讲解程序的逻辑，并展开讨论甚至争议，以揭示错误的关键所在。实践表明，程序员在讲解过程中能发现自己原来没有发现的错误，讨论和争议则进一步促使问题暴露。

（4）软件测试。

软件测试所处的阶段不同，测试的目的和方法也不同。单元测试可以测试单个模块是否按其详细设计说明运行，它测试的是程序逻辑。集成测试是测试系统各部分的接口及在实际环境中运行的正确性，保证系统功能之间接口与总体设计的一致性，而且满足异常条件下所要求的性能级别。系统测试是检验系统作为一个整体是否按其需求规格说明正确运行，验证系统整体的运行情况。验收测试是在客户的参与下检验系统是否满足客户的所有需求，尤其是在功能和使用的方便性上。

（5）缺陷跟踪。

缺陷跟踪是指从缺陷发现开始，一直到缺陷改正为止的全过程。缺陷跟踪要一个缺陷一个缺陷地加以追踪，也要在统计的水平上进行，包括未改正的缺陷总数、已经改正的缺陷百分比、改正一个缺陷的平均时间等。缺陷跟踪是最终消灭缺陷的一种非常有效的手段，一般采用工具软件来实现。

8.6 项目风险管理

风险是在一定条件下和一定时期内可能发生的各种结果的变化程度。风险管理是指在项目进行过程中不断对风险进行识别、评估和监控的过程，其目的是减小风险对项目的不利影响。风险管理用来处理项目中的各种不确定性。软件项目风险管理包括风险识别、风险分析、风险计划和风险监控4个过程。

8.6.1 项目风险识别

对项目进行风险管理，首先必须对可能存在的风险进行识别，即查明项目中的不确定因素，便于制定规避和降低风险的计划。如果不能准确地辨明所面临的各种风险，就会失去处理这些风险的机会，使风险管理的职能得不到正常的发挥。

1. 风险识别过程

风险识别是确定何种风险可能会对项目产生影响，并将这些风险的特征形成文档。由于在项目的进行中很可能再发现新的风险，所以风险识别是一个不断重复的过程。

风险识别输入：项目章程、项目范围说明书、项目管理计划、历时项目数据、项目资源和要求等。

标识风险：通过分析和因素分解，把复杂的事物分解为一系列要素，并找出这些要素对于事物的影响和风险。标识风险主要工作内容包括如下几个方面：识别并确定项目有哪些潜在的风险；识别引起这些风险的主要影响因素；识别项目风险可能引起的后果。

风险识别输出：风险列表，包括风险描述、风险征兆或警告信号、风险的根本原因、风险可能引起的后果等。

2. 风险识别的工具和技术

（1）检查表法。

识别IT项目风险最常用的方法是建立风险检查表。风险检查表中列出了项目中常见的风险，通过一组提问来帮助管理人员和技术人员了解项目中存在哪些可能的风险。项目相关人员通过核对风险检查表，判断哪些风险会出现在项目中；可根据项目经验对风险检查表进行修订和补充；该方法可以使管理者集中识别常见类型的风险。

使用检查表法进行风险识别的优点是快速而简单，可以用来对照项目的实际情况，逐项排查，从而帮助识别风险。但由于每个项目都有其特殊性，检表法很难做到全面周到。

风险检查表中的风险条目通常与以下几个方面相关：项目规模、项目范围、商业影响、客户特性、管理水平、技术要求、开发环境、人员数目及其经验等，其中每一项都包含很多风险条目。

① 产品规模风险。软件项目的风险是与产品规模成正比的，与软件规模相关的常见风险因素如下：

- 估算产品的规模的方法是否适当？
- 对于估算出的产品规模的信任度如何？
- 产品规模与以前产品规模平均值的偏差是多少？
- 产品的用户数有多少？
- 产品创建或使用的数据库大小如何？
- 复用的软件有多少？
- 产品的需求改变多少？

② 需求风险。很多项目在确定需求时，都存在一定程度的不确定性，这些不确定性会对项目的成功造成很大的威胁。与客户需求相关的风险因素如下：

- 对产品缺少清晰的认识；
- 对产品需求缺少认同；
- 在做需求时客户参与不够；
- 由于不确定的需要导致新的市场；
- 不断变化需求；
- 缺少有效的需求变化管理过程；
- 对需求的变化缺少相关分析。

③ 商业影响风险检查表。下面是与商业影响有关的常见风险：

- 本产品对公司的收入有何影响？
- 本产品是否值得公司高管层的重视？
- 交付期限的合理性如何？
- 本产品是否与用户的需要相符？
- 能与本产品互操作的其他产品/系统的数目是多少？
- 最终用户的水平如何？
- 延迟交付所造成的成本消耗是多少？
- 产品缺陷所造成的成本消耗是多少？

④ 相关性风险。许多风险都是因为项目的外部环境产生的，与外部环境相关的因素如下：

- 客户市场信息；
- 内部或外部转包商的关系；
- 交互成员或交互团体依赖性；
- 经验丰富人员的可得性；
- 项目的复用性。

⑤ 管理风险。项目管理水平的高低也制约项目的成功，管理方面的风险主要包括以下几种：

- 计划和任务定义不够充分；
- 项目所有者和决策者分不清；
- 不切实际的承诺；
- 员工之间的冲突。

⑥ 技术风险。IT 技术的飞速发展和经验丰富员工的缺乏，使得项目团队可能会因为技术、经验的原因影响项目的成功。与技术相关的风险主要包括以下几种：

- 项目成员缺乏培训；
- 对方法、工具和新的技术理解得不够；
- 应用领域的经验不够；
- 待开发的软件是否需要开发商提供未经证实的软件产品接口？
- 产品的需求是否要求采用特殊的功能、用户界面？
- 需求中是否有过分的对产品的性能的约束？
- 客户所要求的功能是否可行？

⑦ 开发环境风险。开发环境风险是指与开发产品的工具的可用性及质量相关的风险，主要包括以下几种：

- 是否有可用的IT项目管理工具？
- 是否有可用的软件过程管理工具？
- 是否有可用的分析设计工具？
- 分析和设计工具是否适用？
- 是否有可用的软件测试工具？
- 是否有可用的软件配置管理工具？
- 环境是否利用了数据库或数据仓库？
- 工具的联机帮助及文档是否适当？

⑧ 人员数目及经验风险。人员数目及经验风险是与项目团队总体技术水平及项目经验相关的风险，主要包括以下几种：

- 是否有优秀的人员可用？
- 人员在技术上是否配套？
- 是否有足够的人员可用？
- 开发人员是否能够自始至终地参加整个项目的工作？
- 项目中是否有一些人员只能部分时间工作？
- 开发人员对自己的工作是否有正确的期望？
- 开发人员是否接受过必要的培训？
- 开发人员的流动是否仍然保证工作的连续性？

（2）德尔菲方法。

德尔菲方法又称专家调查法，本质上是一种匿名反馈的函询法。它起源于 20 世纪 40 年代末，最初由美国兰德公司应用于技术预测。把需要做风险识别的软件项目的情况分别匿名征求若干专家的意见，然后把这些意见进行综合、归纳和统计，再反馈给各位专家，再次征求意见。这样反复经过四至五轮，逐步使专家意见趋向一致，作为最后预测和识别风险的依据。

（3）头脑风暴法。

头脑风暴（Brain Storm）法简单来说就是团队的全体成员自由地提出自己的主张和想法，它是解决问题时常用的一种方法。利用头脑风暴法识别项目风险时，要将项目主要参与人员代表召集到一起，然后他们利用自己对项目不同部分的认识，识别项目可能出现的问题。一个有益的做法是询问不同人员所担心的内容。

（4）情景分析法。

情景分析法是通过对项目未来的某个状态或某种情况（情景）的详细描述，并分析所描绘情景中的风险与风险要素，从而识别项目风险的一种方法。适用于：分析和识别项目风险的后果；分析和识别项目风险波及的范围；检验项目风险识别的结果；研究某些关键因素对项目风险的影响。

3. 风险识别结果

风险识别之后，要把结果整理出来，形成书面文件，为风险管理的其他步骤做好准备。风险识别主要形成以下 4 方面的结果。

（1）已识别出的项目风险。由一个因素产生的风险事件发生的可能性；可能的结果范围；预期发生的时间；一个风险因素所产生的风险事件的发生频率。

（2）可能潜在的项目风险。可能潜在的项目风险是一些独立的风险事件，例如自然灾害、特殊团队成员辞职等。可能潜在的项目风险与已识别出的项目风险不同，它们是尚没有迹象表明将会发生，但是人们可以想象得到的一种主观判断的项目风险。

（3）项目风险的征兆。项目风险的征兆是指那些指示项目风险发展变化的现象或标识，又被称作项目风险触发器。例如，项目团队士气低落可能会导致绩效低下，从而可能出现项目工期拖延的风险，所以士气低落是项目工期风险的征兆。

（4）对项目管理其他方面的要求。在风险识别过程中，可能会发现项目管理其他方面的问题需要完善和改进，应该在风险识别结果中表现出来，并向有关人员提出要求，让其进一步完善或改进工作。

风险识别结果的整理，要完成以下工作：根据风险点，列出风险识别表；根据风险事件对风险进行分类；根据风险将要发生的症状，描述风险触发点；根据风险识别阶段的结果，提出对各个相关阶段工作的改进要求。

8.6.2 项目风险分析

风险分析是在风险识别的基础上，对项目可能出现的风险事件进行分析，以确定风险事件发生的概率和可能影响项目的后果。风险分析需要详细检查风险的过程，确定风险的范围、重要程度以及风险彼此如何关联。通过风险分析，可制定有效的决策。

1. 风险分析的主要工作

（1）项目风险可能性的度量。

风险分析的第一项任务是分析和估计项目风险发生的概率，即项目风险可能性的大小。风险的可能性越大，对它的控制就应该越严格。在项目风险的实际评估中，通常把风险划分为低风险、中等风险和高风险3个级别。

低风险是指风险发生的可能性相当低，其起因也无关紧要，一般只需要正常的方式对其加以监控，而不需要采取其他专门措施来处理该类风险。

中等风险是指对系统的技术性能、费用或进度将产生较大影响的风险。这类风险发生的可能性比较大，需要对其进行严密监控。

高风险是指发生的可能性很大，其后果将对工程项目有极大影响的风险。这种风险只能在单纯的研究工作、初步设计或项目研制的方案阶段才允许存在，对一个进入工程实施阶段的项目则是不允许的。

（2）项目风险影响范围的度量。

风险分析的第二项任务是分析和评估项目风险影响的范围，即风险事件可能影响到项目哪些方面的工作。如果一个项目风险的发生会影响到项目的许多工作，则需要对它进行严格的控制，防止因为它的发生而搅乱整个项目工作活动。

（3）项目风险发生时间的度量。

风险分析的第三项任务是分析和估计项目风险发生的时间，即项目风险可能在项目的哪个阶段和什么时间发生。越先发生的风险越应优先控制，后面发生的风险可以通过监视其各种征兆，做进一步的识别和度量。

（4）项目风险后果的度量。

风险分析的第四项任务是分析和估计项目风险的后果，即项目风险可能带来的损失大小。这是项目风险分析中一项非常重要的工作，因为即使一个项目风险发生的概率不大，但如果它一旦发生则后果十分严重，那么对它的控制也需要十分严格，否则会给整个项目造成严重的影响。后果评估标准的示例见表8-4。

表8-4 项目风险后果评估标准

影响程度	成本	进度示例	技术目标
低	低于1%	比原计划落后1周	对性能稍有影响
中	1%～5%	比原计划落后2周	对性能有一定的影响
高	5%～10%	比原计划落后1个月	对性能有严重影响
严重	10%以上	比原计划落后1个月以上	无法完成任务

在项目风险分析的过程中，人们需要克服各种认识上的偏见，包括主观臆断、思想僵化、缺少概率分析的能力等。

2. 风险分析的方法

分析估计的方法很多，一般采用定性风险估计和定量风险分析等方法。定性风险估计是评估风险发生的可能性和影响的过程。定量风险分析是量化分析每一风险发生的概率和对项目造成的影响。定性风险估计一般采用历史资料、概率分布法、风险后果估计法等来进行评估，定量风险分析方法有敏感性分析、概率分析和决策树分析等。

将风险发生的概率等级和风险后果影响的等级编制成矩阵，并赋予一定的权值，可形成风险评估指数矩阵。表 8-5 为一种定性风险评估指数矩阵的实例。

表 8-5　风险评估定性等级矩阵

影响等级 / 概率等级	Ⅰ（灾难性）	Ⅱ（严重）	Ⅲ（轻度）	Ⅳ（轻微）
A（极高）	1	3	7	13
B（高）	2	5	9	16
C（中）	4	6	7	18
D（低）	8	10	14	19
E（极低）	12	15	17	20

3. 风险分析的结果

在绝大多数情况下，一个项目会有许多种风险，要根据风险分析的结果确定出它们的优先顺序。项目风险发生的可能性、风险影响严重程度等都会影响风险优先顺序的安排，基本原则是风险影响严重、发生可能性高、发生时间早的优先。已经识别出的所有项目风险都应该按照这种原则确定出优先顺序，如表 8-6 所示。

表 8-6　风险分析结果清单

风险	类别	概率	影响	排序
用户变更需求	产品规模	80%	5	1
规模估算可能非常低	产品规模	60%	5	2
人员流动	人员数目及经验	60%	4	3
最终用户抵制该计划	商业影响	50%	4	4
交付期限将被紧缩	商业影响	50%	3	5
用户数量大大超出计划	产品规模	30%	4	6
技术达不到预期的效果	技术情况	30%	2	7
缺少对工具的培训	开发环境	40%	1	8
人员缺乏经验	人员数目及其经验	10%	3	9

8.6.3 项目风险计划

项目风险管理计划是项目风险监控工作的计划安排，它包括：对于风险识别和风险分析的结果描述，对于项目风险控制责任的分配和说明，对于如何更新项目风险识别和风险分析结果的说明，项目风险管理计划的实施说明，以及项目预备资金如何分配和使用的说明等。项目风险管理计划是整个项目计划的一个部分。

表 8-7 是某软件开发项目的风险管理计划。

表 8-7　　某软件开发项目的风险管理计划

项目过程	风险识别		风险分析				风险应对措施		
	潜在的风险事件	风险发生的后果	可能性	严重性	不可控性	风险级别	应急措施	预防措施	责任人
系统分析	客户的需求不明确	客户不认可网站或拒绝付款	5	8	7	280	按照客户要求修改	事先进行需求评审	
	项目范围定义不清楚	项目没完没了	6	9	4	216	按照客户要求变更	事先定义清楚并获得客户的确认	
	项目目标不明确	项目进度拖期或成本超支	8	8	4	256	修改项目目标	事先明确项目目标	
	与客户沟通不够	网站不能满足客户需求	6	8	7	336	立即与客户进行沟通	制订沟通管理计划	
	分析员对客户业务了解不够	网站不能实现业务功能	7	7	6	294	修改软件	加强了解并让客户参与	
	分析员没有真正理解客户需求	网站不能满足客户需求	8	6	7	336	根据客户要求修改	让客户确认需求报告	
	没有进行可行性研究	项目失败或执行不下去	5	10	4	200	取消项目或修改目标	进行认真分析和研究	
	需求分析报告没有得到客户的确认	客户拒绝签字、验收	6	10	4	240	按照客户要求修改	事先获取客户确认	
	需求不断变化	项目变得没完没了	8	8	6	384	提交 CCB 讨论决定	建立范围变更程序	
	缺乏有效的需求变化管理过程	项目不能按时、按预算完成	5	7	3	105	对需求变化进行评审	建立需求变更程序	
	任务定义不够充分	项目不能按时、按预算完成	6	8	4	192	重新定义	事先与客户达成共识	
系统设计	缺乏有经验的分析员	分析错误或不可行	7	8	6	336	培训或换人	配备有经验的分析员	
	设计偏离客户需求	网站不满足需求，客户拒绝接受	6	9	5	270	修改设计；增加相应的功能	进行设计评审	
	没有变更控制计划	客户不满意	4	8	4	128		进行设计评审，获得客户确认	
程序设计	程序员对系统设计的理解出现偏差	网站实现不了设计的功能，客户拒绝接受	6	9	6	324	修改代码	进行设计评审	
	程序员开发能力差	项目进度拖期，出现质量问题	5	8	5	200	培训或换人	备精兵强将，事先提供培训	
	程序员不熟悉开发工具	项目进度拖期	5	8	5	200	培训或换人	提前准备	
	开发环境没准备好	质量问题、项目进度拖期	3	8	4	96	立即改进	编码之前进行设计评审	
	设计错误导致编码实现困难	质量问题	4	10	7	280	修改设计	事先确定项目范围	
	客户要求增加功能	项目进度拖期，成本超支	8	7	6	336	修改程序	以合同固定交付时间	
	项目交付时间提前	质量问题	3	8	3	72	加班加点或增加资源	与相关人员签订合同	
	程序员离开	项目执行不下去	4	10	4	160	临时替补人		
	开发团队内部沟通不够	接口混乱、质量问题	6	8	6	288	修改程序	制订内部沟通计划	

续表

项目过程	风险识别		风险分析				风险应对措施		
	潜在的风险事件	风险发生的后果	可能性	严重性	不可控性	风险级别	应急措施	预防措施	责任人
系统测试	没有切实可行的测试计划	项目拖期，质量问题未发现	3	9	4	108	修改测试计划	事先评审测试计划	
	测试人员不能按时到位	项目进度拖期	2	8	3	48	临时安排测试人员	制订出人力资源计划	
	测试人员经验不足	程序问题发现不了	5	7	4	140	培训或换人	选择有经验的人员	
	测试设备故障	项目拖期	3	7	4	84	修理或换设备	加强设备预防性维修	
	测试期间出现重大问题	客户拒绝接受产品	4	10	5	200	修改程序	分步测试	
	没有有效的备份方案	数据丢失无法挽救	4	8	5	160	重新开始	异地双重备份	
	测试发现的问题迟迟解决不了	项目进度拖期	4	9	6	216	加快解决	专家会诊解决	
系统安装	设备不能按时到位	项目进度拖期	3	8	4	96	催设备供应商	提前采购或合同约束	
	运行时质量问题多	客户投诉	7	8	6	336	即时解决问题	事先进行局部运行	
	客户突然要求增加功能	项目进度拖期，成本超支	5	8	4	160	做出相应修改	事先确定项目范围和功能要求	
	重要的记录、文件、数据丢失	客户投诉，要求赔偿	4	9	4	144	重新生成数据	做好备份	
	系统崩溃	客户要求承担损失	2	10	3	60	加紧修复	事先备份	
系统维护	出现故障，用户维护人员解决不了	客户投诉	7	9	7	441	派技术人员帮助解决	事先培训客户系统维护人员	
	用户手册错误多	客户投诉	4	8	5	160	修改错误	专人检查	
	培训手册没有按时准备好	客户投诉，培训	4	7	5	140	加班加点准备	提前准备出来	
	培训效果差	不能按时进行，客户不满意	4	6	4	96	重新培训	确定标准，充分准备，把好培训质量关	

8.6.4 项目风险监控

随着项目的开展，风险监控活动开始进行。项目风险监控是要跟踪风险，识别剩余风险和新出现的风险，修改风险管理计划，保证风险计划的实施，并评估风险的效果，从而保证风险管理能达到预期的目标。

项目风险监控的内容主要包括：持续开展项目风险的识别与度量，监控项目潜在风险的发展，追踪项目风险发生的征兆，采取各种风险防范措施，应对和处理发生的风险事件，消除和缩小项目风险事件的后果，管理和使用项目不可预见费，实施项目风险管理计划等。

项目风险控制的依据主要有如下几个方面：项目风险管理计划、实际项目风险发展变化情况、附加的风险识别和分析、项目评审。

1．项目风险监控程序

- 建立项目风险事件控制体制；

- 确定要控制的具体项目风险；
- 确定项目风险的控制责任；
- 确定项目风险控制的行动时间；
- 制订各具体项目风险的控制方案；
- 实施具体项目风险控制方案；
- 跟踪具体项目风险的控制结果；
- 判断项目风险是否已经消除。

2. 风险监控的输出

- 随机应变措施：消除风险事件时所采取的未事先计划到的应对措施。这些措施应有效地进行记录，并融入项目的风险应对计划中。
- 纠正行动：实施已计划了的风险应对措施（包括实施应急计划和附加应对计划）。
- 变更请求：实施应急计划经常导致对风险做出反应的项目计划变更请求。
- 修改风险应对计划：当预期的分析风险发生或未发生时，当风险控制的实施消减或未消减风险的影响时，必须重新对风险进行评估，对风险事件发生的可能性和影响以及风险管理计划的其他方面做出修改，以保证重要风险得到恰当控制。

习题

1．填空题

（1）项目管理的过程包括启动过程、________、________、________和________。

（2）进行项目干系人分析包括以下步骤：识别项目干系人，________，________和________。

（3）项目成本管理过程包括：________、项目成本估算、________和项目成本控制。

（4）若已知 BCWS=220 元；BCWP=200 元；ACWP=240 元；根据挣值分析法，此项目的 CV 是________元，SV 是________元。

（5）IT 项目质量计划就是要将________标识出来，并提出________。

2．选择题

（1）确定项目是否可行是在哪个阶段完成的？（　　）

A．项目启动阶段　　B．项目计划阶段　　C．项目执行阶段　　D．项目控制阶段

（2）在创建工作分解结构的过程中，项目相关人员要（　　）。

A．进行时间估计和成本估计　　B．执行 WBS

C．对 WBS 给予确认并对此达成共识　　D．编制绩效报告

（3）以下与关键路径相关的描述正确的是（　　）。

A．决定项目最早完成日期的活动路径

B．是项目网络图中最短的路径

C．关键路径是固定不变的，不受其他活动的影响

D．关键路径中的活动如果拖延时间，会导致整个项目结束时间往后拖延

（4）以下关于质量保证的叙述，错误的是（　　）。

A．质量保证应该贯穿整个项目生命周期

B．质量保证给质量的持续改进过程提供保证

C．质量保证的主要任务是识别与项目有关的各种质量标准

D．质量审计是质量保证的有效手段

（5）项目风险管理的过程包括（　　）。

A．风险转移、风险回避、风险化解、风险分担

B．风险事件、风险征兆、风险条码检查

C．头脑风暴过程、德尔菲过程、情景分析过程

D．风险识别、风险评估、风险应对、风险监控

3．问答题

（1）简述项目管理的过程。

（2）怎样进行项目干系人分析？

（3）什么是项目范围？怎样进行项目的 WBS 分解？

（4）项目时间管理包括哪些过程？

（5）调整项目进度可以从哪些方面考虑？

（6）编制项目资源计划的依据是什么？

（7）项目成本估算和成本预算各有什么用途？

（8）如何用挣值分析法来控制项目的成本和进度？

（9）简述软件项目的质量计划包括哪些内容。

（10）质量保证与质量控制有哪些区别和联系。

（11）简述项目风险计划包括哪些内容。

系统运行管理

［学习目的］通过本章的学习，学生应了解如何进行管理信息系统的运行管理、维护管理、安全管理和系统评价，掌握信息系统运行期间的各种管理工作的要点。

［本章要点］

- 系统运行管理的组织机构和日程管理工作；
- 系统维护工作的内容和步骤；
- 系统安全的内容与策略；
- 信息系统评价的主要内容与评价指标体系。

当管理信息系统建设完成投入使用以后，就进入系统运行阶段，为了保障系统稳定、有效的运行，需要开展一系列维护工作，并加强系统安全防护。本章主要介绍怎样进行信息系统的运行管理、维护管理和安全管理。

9.1 管理信息系统的运行管理

信息系统运行阶段管理工作的目的和要求与开发阶段有很大的区别。开发阶段要求经济地、按质按时地开发出系统，而运行管理的目的是使信息系统在其生命周期内保持良好的可运行状态，保证其功能的发挥。信息系统的运行管理就是围绕这一目的开展的。

9.1.1 运行管理的组织与制度

管理信息系统开发成功只是完成了任务的一部分，更为重要的是系统投入运行后，如何确保系统正常运转，并为组织决策提供信息服务。为此必须从机构、人员、制度等方面加强管理和控制。

1. 系统运行的组织机构

有效地组织好信息系统运行，对提高信息系统的运行效率是十分重要的，系统运行组织的建立与信息系统在企业中的地位分不开。随着人们认识的提高，信息系统在企业中的地位也逐步提高。目前，国内企业组织中负责系统运行的大多是信息中心、计算中心、信息处等信息管理职能部门。图 9-1 所示是一个典型的信息中心的组织结构。

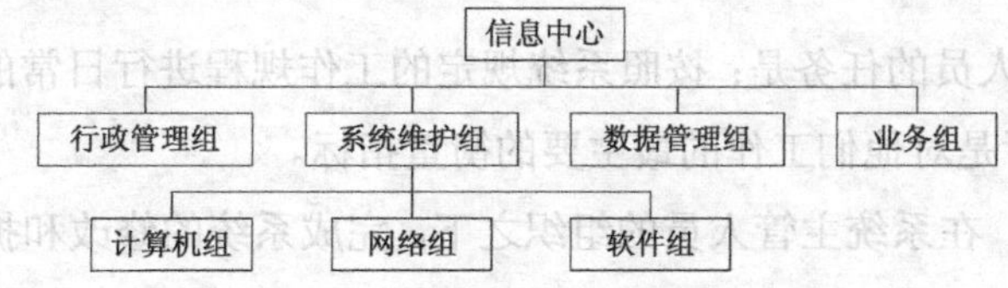

图 9-1　信息中心组织结构图

该结构的特点是信息中心在推广信息系统应用和管理方面能代表组织行使职权，是组织信息系统管理的最高权威部门，它负责管理信息系统的修改与维护，为系统的正常运行保驾护航，并对信息系统的运行结果进行评价、分析，以确认系统是否需要重新开发。

2. 人员的配置与职责

（1）人员管理是信息系统运行成败的关键。

由于信息系统本身是运用先进的技术为管理工作服务，因此，其工作中必然要涉及多方面的、具有不同知识水平及技术背景的人员。这些人员在系统中各负其责、互相配合，共同实现系统的功能。这些人员能否发挥各自的作用，他们之间能否互相配合、协调一致是系统成败的关键之一。系统主管人员的责任就在于对他们进行科学的组织与管理。如果系统主管人员不善于进行这样的组织及管理工作，就谈不上实现信息管理的现代化和科学化。在这种情况下，整个系统的运行就会出现混乱。人员管理的好坏是系统发挥作用的关键，没有好的人员管理与分工协作，就不能有效管理，这种人机系统的整体优化将是一句空话。

（2）人员管理的内容。

① 明确地规定其任务及职权范围。尽可能确切地规定各类人员在各项业务活动中应负的责任、应做的事情、办事的方式、工作的程序，要有明确的授权。

② 对于每个岗位的工作要有定期的检查及评价。为此，对每种工作要有一定的评价指标，这些指标应该尽可能有定量的尺度，以便检查与比较。并且，这些指标应该有客观的衡量办法，要真正按这些标准去衡量各类工作人员的工作，即必须有检查和评价。

③ 要在工作中对工作人员进行培训。使工作人员的工作能力不断提高，工作质量不断改善，从而提高整个系统的效率。

（3）人员的责任及其绩效评价原则。

① 系统主管人员的责任是：组织各方面人员协调一致地完成系统所担负的信息处理任务，掌握系统的全局，保证系统结构的完整，确定系统改善或扩充的方向，并按此方向组织系统的修改及扩充工作。其工作的评价标准应是整个应用系统在管理中发挥的作用及其效益。

② 数据收集人员的责任是：及时、准确、完整地收集各类数据，并通过所要求的途径把它们送到专职工作人员手中。数据是否准确、完整、及时，则是评价他们工作的主要指标。

③ 数据校验人员（或称数据控制人员）的责任是：保证送到录入人员手中的数据从逻辑上讲是正确的，即保证进入信息系统的数据正确地反映客观事实。在系统内部发现不正确数据的数量及比例，是衡量校验人员业务水平的主要指标。

④ 数据录入人员的任务是：把数据准确地输入计算机。录入的速度及差错率是他们工作的主要衡量标准。

⑤ 硬件和软件操作人员的任务是：按照系统规定的工作规程进行日常的运行管理。系统硬件和软件是否安全正常的运行是对他们工作的最主要的衡量指标。

⑥ 程序员的任务是：在系统主管人员的组织之下，完成系统的修改和扩充，为满足使用者的临时要求，编写所需要的程序。编写程序的速度和质量是他们工作情况的衡量标准。

（4）信息系统管理人员的学习培训。

在系统管理中，对人员的培训工作是不可缺少的。从长远来看，这种工作将使系统具有不断发展、不断完善的巨大潜力。无论对管理人员还是对计算机技术人员来说，都必须把学习、培训和提高专业素质及业务能力作为自己工作的不可缺少的部分。信息系统的主管人员应该鼓励并组织各类人员进行知识更新和技术学习。给时间、创造条件使他们能够在完成日常工作的同时，在业务知识和工作能力上不断有所进步。各类人员的知识更新或业务学习无疑应该围绕工作的需要来进行。

3. 系统运行的管理制度

系统运行的管理制度是确保系统运行并充分发挥其效益的一切必要条件、运行机制和保障措施。为了保证系统正确、安全地运行，除了遵守我国各级政府出台的法律、法规，例如，《中华人民共和国计算机信息网络国际联网管理暂行规定》《计算机信息网络国际联网安全保护管理办法》和《中华人民共和国计算机信息系统安全保护条例》，还要建立企业自身的相关制度，通常它应该包括：

（1）基础数据管理制度。包括对数据收集和统计渠道的管理、计量手段和计量方法的管理、原始数据管理、系统内部各种运行文件、历史文件的归档管理等。

（2）运行管理制度。包括各类人员的构成、各自职责、主要任务、系统操作规程、系统安全保密制度、系统修改规程、系统定期维护制度、系统运行状态记录和日志归档等。

（3）机房管理制度。系统维护人员、操作人员及值班人员的义务、权限、任务和责任；信息系统日常运作记录，包括值班日记、系统故障及排除故障日记；机房设备安全管理和维护制度，应急情况的方案等。

（4）技术档案管理制度。管理信息系统硬件、软件手册和使用说明的保管制度；系统开发文档的保管制度；系统维护和二次开发的技术文档资料的规范及管理制度；技术资料的购买、使用和保管制度。

9.1.2 日常运行管理

信息系统运行管理的目标就是对信息系统的运行进行实时控制，记录其运行状态，进行必要的修改与扩充，以便使信息系统真正符合管理决策的需要，为管理决策者服务。缺乏科学的组织与管理，信息系统将无法自动地为管理工作提供高质量的信息服务，而且系统本身也会陷入混乱。

1. 收集数据

数据是信息系统进行信息处理的原料，数据是否准确、及时，直接关系到系统的输出结果是否正确、及时。人们常用“进去的是垃圾，出来的也是垃圾”来形容由于原始数据不准确而产生错误信息的现象。没有准确、及时、完整的数据，系统的处理能力再强，也不能获得有用的信息。

数据收集包括数据采集、数据校验和数据录入 3 个方面。数据采集要求及时、准确和完整。这项工作既基础又重要，这通常由业务人员承担。如果系统数据收集工作不做好，整个系统的工作就成了“空中楼阁”。系统主管人员应该努力通过各种方法，提高数据收集人员的技术水平和工作责任感，对他们的工作进行评价、指导和帮助，以便提高所收集数据的质量，为系统有效的工作打下坚实的基础。

数据校验的工作，在较小的系统中，往往是由系统主管人员自己来完成的。在较大的系统中，一般需要设立专职数据控制人员来完成这一任务。数据校验是“数据把关”的工作，必须有实事求是的精神，要求数据校验员对系统所处理的业务有足够的了解。数据的正确与否，仅从字面上理解是不够的，需要理解数据的逻辑含义，需要有一定的实际经验，帮助鉴别数据。

数据录入工作的要求是迅速与准确。录入人员的责任在于把经过校验的数据送入计算机，他们应严格地把收到的数据及时准确地录入计算机系统，录入人员并不对数据在逻辑上、具体业务中的含义进行考虑与承担责任（这一责任是由校验人员承担的），只需要保证送入计算机的数据与纸面上的数据严格一致，绝不能由录入人员代替校验人员。

2. 例行的信息处理和信息服务

例行的信息处理和信息服务是按照系统研制中规定的各项规程，由软件操作人员定期或不定期地运行某些程序，如数据更新、统计分析、报表生成、数据的复制与保存、与外界的数据交流等。这些工作在系统已有的各种资源的基础上，直接向领导、管理人员及使用者提供信息服务。这种工作的规程应该是在系统研制中已经详细规定好了的，操作人员也应经过严格的培训，清楚地了解各项操作规则，了解各种情况的处理方法。组织操作人员，完成这些例行的信息处理及信息服务工作，是系统主管人员又一项经常性任务。

3. 系统运行情况的记录

系统的运行情况如何对系统管理、评价是十分重要且十分宝贵的资料。信息系统的主管人员应该从系统运行的一开始就注意积累系统运行情况的详细材料。在信息系统的运行中，需要记载以下5个方面的资料。

（1）信息系统工作数量。包括开机时间，日报、周报、月报的数量，每天、每周、每月录入数据的数量，系统中积累的数据量，数据使用的频率，用户临时要求的数量等。这些数据反映了系统的工作负担及提供信息服务的规模，是反映信息系统功能的最基本数据。

（2）信息系统的效率。即系统为了完成所规定的工作，占用了多少人力、物力及时间。如完成一次年度报表的编制，用了多长时间、多少人力。又如，使用者提出一个临时的查询要求，系统花费了多长时间才给出所要的数据。此外，系统在日常运行中，例行的操作所花费的人力是多少，消耗性材料的使用情况如何等。任何新技术的采用，都应以经济效益为中心，否则是不可能得到广泛应用的。

（3）系统提供信息服务的质量。信息服务和其他服务一样，应保质保量。如果一个信息系统生成的报表并不是管理工作所需要的，管理人员使用起来并不方便，那么这样的报表生成得再多再快也毫无意义。同样，使用者对于提供的方式是否满意，所提供信息的精确程度是否符合要求，信息提供是否及时，临时提出的信息需求能否得到满足等，也都是信息服务的质量范围之内。

（4）系统的维护修改情况。系统中的数据、软件和硬件都有一定的更新、维护和检修的工作规程。这些工作都要有详细的、及时的记载，包括维护工作的内容、情况、时间、执行人员等。这不仅是为了保证系统的安全和正常运行，而且有利于系统的评价及进一步扩充。

（5）系统的故障情况。无论大小故障，都应该及时地记录以下这些情况：故障的发生时间、故障的现象、故障发生时的工作环境、处理的方法、处理的结果、处理人员、善后措施、原因分析。需要注意的是，我们所说的故障不只是指计算机本身的故障，而是对整个信息系统来说的。例如，由于数据收集不及时，使年度报表的生成未能按期完成，这是整个信息系统的故障，但并不是计算机的故障。同样，收集来的原始数据有错，这也不是计算机的故障，然而这些错误的类型、数量等统计数据是非常有用的资料，其中包含了许多有益的信息，对于整个系统的扩充与发展具有重要的意义。

上述5个方面中，通常在正常情况下的运行数据是比较容易被忽视的。因为发生故障时，人们往往比较重视对有关的情况加以及时的记载，而在系统正常运行时，则不那么注意。事实上，要全面地掌握系统的情况，必须十分重视正常运行时的情况记录。如果缺乏平时的工作记录，就无从了解瞬时情况。如果没有日常的工作记录，表示可靠性程度的平均无故障时间指标就无从计算。

对于信息系统来说，这些信息的记载主要靠手工方式记录。虽然大型计算机一般都有自动记载自身运行情况的功能，但是也需要有手工记录作为补充手段，因为某些情况是无法只用计算机记录的。例如，使用者的满意程度、所生成的报表的使用频率就都只能用手工方式收集和记录。而且，当计算机本身发生故障时，无法详细记录自身的故障情况。因此，对于任何信息系统，都必须有严格的运行记录制度，并要求有关人员严格遵守和执行。

9.2 系统维护

系统维护是指在信息系统交付使用后，为了改正错误或满足新的需要而修改系统的过程。在系统运行期间，对一个系统的各种变更，便构成了维护阶段的任务。能不能做好这些工作，将直接影响系统的使用寿命。

1. 维护工作中常见的问题

一个系统的质量高低和系统的分析、设计有很大关系，也和系统的维护有很大关系。在维护工作中常见的绝大多数问题都可归因于系统开发方法有缺点。在系统生命周期的头两个时期没有严格而又科学的管理和规划，必然会导致在最后阶段出现问题。维护工作中常见的问题如下。

（1）理解别人写的程序通常非常困难，而且困难程度随着软件配置成分的减少而迅速增加。如果仅有程序代码而没有说明文档，则会出现严重的问题。

（2）需要维护的软件往往没有合适的文档，或者文档资料显著不足。认识到软件必须有文档仅仅是第一步，容易理解的并且和程序代码完全一致的文档才是真正有价值的。

（3）当要求对软件进行维护时，不能指望由开发人员来仔细说明软件。由于维护阶段持续的时间很长，因此，当需要解释软件时，往往原来写程序的人已不在附近了。

（4）绝大多数系统在设计时没有考虑将来会修改。除非使用强调模块独立原理的设计方法论，否则修改软件既困难又容易发生差错。

上述种种问题在没有采用科学的设计思想和管理方法开发出来的软件中，都或多或少地存在着。使用科学的设计思想和管理方法进行开发工作可以大大提高软件的可维护性。

2. 衡量系统维护的指标

系统是否能被很好地维护，可用系统的可维护性这一指标来衡量。可维护性是指维护人员理解、改正、改动和改进这个系统的难易程度。提高可维护性是开发信息系统所有步骤的关键目标，决定软件可维护性的质量属性主要有以下几个方面。

（1）可理解性。可理解性是指人们通过阅读源代码和相关文档，了解程序功能、结构、接口和内部过程的容易程度。一个可理解的程序主要应该具备模块化、结构化、风格一致化（代码风格与设计风格一致）、易识别化（使用有意义的数据名和过程名），以及文档完整化等一些特性。

（2）可测试性。可测试性是指论证程序正确性的容易程度。程序复杂度越低，证明其正确性就越容易。而且测试用例设计得合适与否，取决于对程序的理解程度。因此，一个可测试的程序应当是可理解的、可靠的和简单的。

（3）可修改性。可修改性是指程序容易修改的程度。一个可修改的程序应当是可理解的、通用的、灵活的和简单的。其中通用性是指程序适用于各种功能变化而无需修改。灵活性是指能够容易地对程序进行修改。

（4）软件文档。文档是软件可维护性的决定因素。由于长期使用的信息系统在使用过程中必然会经受多次修改，因此，文档比程序代码更重要。

上述可维护性诸因素之间是有密切联系的。事实上，维护人员不可能正确地修改一个他还不理解的程序，同样，如果不进行完善的诊断和测试，一个看来是正确的修改有可能导致其他错误的产生。在实际应用中，也可通过某些其他指标来间接地对系统的可维护性进行定量描述，例如，识别问题的时间；管理上的延迟时间；维护工具的收集时间；分析和诊断问题的时间；修改时间；调试时间；复查时间；恢复时间等。为了从根本上提高软件的可维护性，可以通过直接维护系统分析文档和设计文档来维护软件。

3. 系统维护的内容和类型

在维护阶段，要求进行维护的情况很多，归纳起来有 3 类维护需求。

- 在特定的使用条件下暴露出一些潜在的程序错误和设计缺陷，需要改正。
- 系统经过用户和数据处理人员使用了一段时间后，提出改进现有功能或增加新功能，或改善总体性能的一些要求。为了满足这些变更要求，需要修改软件把这些要求纳入软件产品中。
- 在系统使用过程中数据环境发生变化。例如，一个事务处理数据发生改变；处理环境发生变化；安装了新的硬件或操作系统，需要修改软件以适应相应的环境变化。

根据维护活动的目的不同、维护活动的具体内容不同，可将系统维护分成软件维护、数据维护、代码维护和设备维护这 4 类。其中软件维护又分成改正性维护、适应性维护、完善性维护和预防性维护 4 种类型。下面分别对维护内容和类型作简要说明。

（1）软件的维护。软件的维护指改写一部分或全部程序。修改后的原程序必须在程序首部的序言性注释语句中进行说明，指出修改的日期、人员。同时，必须填写程序修改登记表，填写内容包括：所修改程序的所属子系统名、程序名、修改理由、修改内容、修改人、批准人和修改日期等。软件维护不一定在发现错误或条件发生改变时才进行，效率不高的程序和规模太大的程序也应不断地设法予以改进。软件维护可细分以下几种：

① 改正性维护。系统测试不可能发现一个大型系统中所有潜藏的错误，所以，在信息系统运行期间，用户难免会发现程序中的错误，这就需要对错误进行诊断和改正。

② 适应性维护。由于计算机科学技术的迅速发展，新的硬、软件不断推出，使系统的外部环境发生变化。这里的外部环境不仅包括计算机硬件、软件的配置，而且包括数据库、数据存储方式在内的“数据环境”。为了适应变化了的系统外部环境，就需要对系统进行相应的修改。

③ 完善性维护。在系统的使用过程中，由于业务处理方式和人们对信息系统功能需求的提高，用户会提出增加新功能或者修改已有功能的要求，例如，修改输入格式，调整数据结构使操作更简单、界面更漂亮等。为了满足这类要求，就需要进行完善性维护。

④ 预防性维护。预防性维护主要是采用先进的技术方法对已经过时的、很可能需要维护的软件系统，或者软件系统中的某一部分重新设计、编码和测试，以期达到结构上的更新。随着软件技术的进步，对于相对早期开发的软件系统会发现有结构上的缺陷；或者是随着不断维护，软件系统的结构在衰退。如果这些情况发生，就需要在改善软件结构上下功夫，解决的办法就是进行预防性维护。

（2）代码的维护。随着用户环境的变化，如果原代码已经不能继续适应新的要求，就必须对代码进行变更。代码的变更（即维护）包括订正、新设计、添加和删除等内容。当有必要变更代码时，应由业务人员和计算机有关人员组成专门的小组进行讨论决定，用书面格式写清并事先组织有关使用者学习，然后输入计算机并开始实施新的代码体系。代码维护过程中的关键是如何使新的代码得到贯彻。

（3）数据的维护。系统的业务处理对数据的需求是不断变化的，要经常对数据库文件进行修改，增加数据库的新内容或建立新的数据库文件等。数据维护的内容主要是对文件或数据库中的记录进行增加、修改和删除等操作，对某些重要数据库文件的定期备份，对受到破坏的数据库文件、索引文件进行恢复或重建索引等，通常采用专用的程序模块。

（4）设备的维护。信息系统正常运行的基本条件之一就是保持计算机及外部设备的良好运行。因此，有关人员要定期地对设备进行检查、保养和杀毒工作，应设立专门设备故障登记和检修登记表，以便设备维护工作的进行，作好机器设备的日常管理维护工作，一旦机器发生故障，应能及时修复。

4. 系统维护的步骤

不少人往往认为系统的维护要比系统开发容易得多，因此，维护工作不需要预先拟订方案或加以认真准备。实际上，在许多情况下，维护要比开发困难，需要更多的创造性工作。首先，维护人员必须用较多的时间去理解别人编写的程序和文档，且对系统的修改不能影响该程序的正确性和完整性；其次，整个维护的工作又必须在所规定的很短时间内完成。因此，应该重视系统的维护工作，并严格按照系统维护的步骤进行。

图 9-2 简要说明了维护工作的步骤，从图中可以看出，在某个维护目标确定以后，维护人员必须先理解要维护的系统，然后建立一个维护方案。由于程序的修改涉及面较广，某处修改很可能会影响其他模块的程序，因此，建立维护方案后要加以考虑的重要问题是修改的影响范围和波及面的大小；然后按预定维护方案修改程序；还要对程序和系统的有关部分进行重新测试，若测试发现较大问题，则要重复上述步骤。若通过，则可修改相应文档并交付使用，结束本次维护工作。必须强调的是，维护是对整个系统而言的。因此，除了修改程序、数据、代码等部分以外，必须同时修改涉及的所有文档。

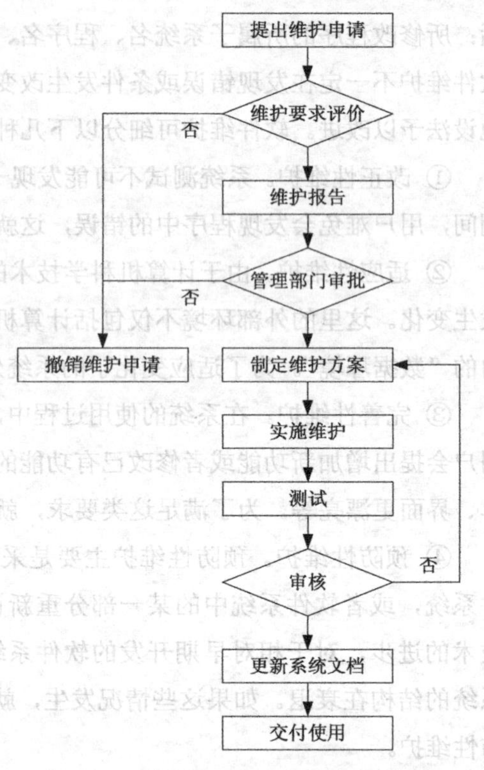

图 9-2　维护的步骤

从图 9-2 中还可以看出，系统维护活动实际上是一个修改和简化了的系统开发过程，系统开发的所有环节几乎都要在维护中用到。因此，需要采用系统开发的原理和方法，这样才可以保证维护的标准化、高效率，从而降低维护成本。

9.3 管理信息系统的安全管理

信息安全管理是信息系统安全的重要组成部分，安全管理是保障信息安全的重要环节，是不可或缺的。实际上，大多数安全事件和安全隐患的发生，与其说是技术上的原因，不如说是由于管理不善而造成的。因此说，信息系统的安全是“三分靠技术，七分靠管理”，可见管理的重要性。安全管理的内容十分广泛，贯穿于信息系统规划、设计、实施、运行、维护等各个阶段。

9.3.1　信息系统的脆弱性及面临的威胁

从安全的角度来看，任何信息系统都是有安全隐患的，都有各自的系统脆弱性和漏洞，零风险的信息系统只是一种理想状态，是个可期不可达的目标。因此，在实际应用中，信息系统成功的标志是风险的最小化和可控性，并非是零风险。威胁信息系统安全的因素包括：硬件故障、软件故障、人员行为、终端访问渗透、数据窃取、程序错误、远程通信以及灾难和供电问题等，可以将这些威胁概括为灾难、系统安全问题、系统错误和质量问题等。

1. 灾难

灾难是指人为引起的灾难或者自然灾难，包括水灾、火灾、雷电、电力故障以及其他导致信息系统瘫痪的灾难。如1998年8月吉林省某电信业务部门的通信设备被雷击中，导致设备损坏、通信中断，造成了很大的损失。

2. 系统安全问题

企业信息系统安全问题是指未经授权的任何个人或者组织利用任何手段进入企业信息系统，并且修改数据文件、窃取数据文件，对系统的软硬件或者数据文件进行破坏所引发的问题。计算机黑客入侵、计算机病毒泛滥是目前信息系统最为突出和最为严重的安全问题。

3. 系统错误与质量问题

系统错误问题是指由于数据处理错误、数据传输错误、程序错误、计算机硬件以及软件错误等引发的系统本身的错误。这种错误不仅仅会导致产生错误的信息，给决策者提供错误的决策依据，严重的还会导致整个系统的瘫痪。系统的质量问题是指由于系统软件或者数据存在缺陷而引发的系统问题。

9.3.2 完整的安全管理需求

信息系统的安全不是一个局部问题，不能只依靠某个产品就能解决所有的安全问题，而是要从一个整体的角度出发，针对系统的各个层次、各个环节采取不同的防范措施与管理手段，并且互相补充、联合动作。

从技术角度来看，信息系统安全一般包括计算机安全、网络安全、信息安全、系统运行安全等方面。

1. 计算机安全

对于单独运行的计算机系统而言，计算机安全的主要目标是保护计算机资源免受毁坏、替换、盗窃和丢失。这些资源涵盖计算机设备、储存介质、软件、计算机输出材料和数据等。计算机安全主要包括：进入计算机系统之后，对文件、程序等资源的访问进行控制；防止或控制不同种类的病毒和计算机破坏程序对计算机施加影响；对信息编码和解码，以保证只有被授权人才能访问信息，即加密；保证计算机装置和设备的安全；伴随网络和电信系统增长的通信安全问题；计划、组织和管理计算机相关设备的策略和过程，以保证资源安全。

2. 网络安全

网络安全主要关心联网设备上的系统、程序和数据的安全。计算机系统的互连在大大扩展信息资源的共享空间的同时，也将其本身暴露在更多的能够损坏或毁坏计算机系统和数据的攻击之下。因此，正是由于网络独有的特点增加了网络安全问题发生的可能性。网络安全涉及网络的各个层面，包括物理层、链路层、网络层的安全，也包括操作系统、应用平台、应用系统等的安全。当内部网络通过路由器同Internet互联后，网络除了面临来自其自身的内部威胁外，还有来自Internet庞大系统的外部威胁。

3. 信息安全

计算机安全和网络安全的核心问题是信息安全。信息安全是指防止信息财产被故意的或偶然的非授权泄露、更改、破坏，或是信息被非法系统所辨识和控制，即确保信息的完整性、保密性、可用性和可控性。信息安全主要包括信息的存储安全和信息的传输安全两个方面。信息的存储安全指信息在静止存放状态下的安全，包括是否会被非授权调用等。信息的传输安全是指信息在流动传输状态下的安全，主要包括对网上信息的监听、对用户身份的仿冒、对网络上信息的篡改以及对发出信息的否认。

4．系统运行安全

系统在运行过程中有良好的操作规程和制度，对系统的操作和运行维护有必要的安全措施，如数据备份与恢复机制、系统权限管理制度等。

信息安全管理的目标是在组织管理、人员、应用程序、数据库、操作系统、网络、硬件等各个层次上建立安全防范机制和审计机制，防范恶意攻击、非法访问、盗窃篡改数据、中断服务和防范病毒等。因此，需要从安全的不同需求方面，从安全威胁预警、安全防护、安全管理、安全响应多个方面着手建立，争取做到在整个系统范围内安全的主动控制，而不是被动的防护。另外从不同的角度来考虑安全问题，根据需要逐步考虑网络级安全、系统级安全、应用级安全和管理级安全。这样做的目的主要是力求最大限度地主动控制各种安全威胁和安全风险，当威胁到来时，可以尽量把其抵挡在外或延迟攻击的发生，使企业有足够的时间来进行响应，力求把影响减到最小。

9.3.3　信息系统的安全策略

信息系统的安全策略是为了保障系统一定级别的安全而制定和必须遵守的一系列准则和规定，它考虑到入侵者可能发起的任何攻击，以及为使系统免遭入侵和破坏而必然采取的措施。实现信息安全，不仅要依靠先进的技术，而且也要依靠严格的安全管理机制、法律约束和安全教育。不同组织开发的信息系统在结构、功能、目标等方面存在着巨大的差别。因而，对于不同的信息系统，必须采取不同的安全措施，同时还要考虑到保护信息的成本、被保护信息的价值和使用的方便性之间的平衡。一般来说，信息的安全策略的制定要遵循以下几方面。

（1）选择先进的网络安全技术。先进的网络安全技术是网络安全的根本保证。用户应首先对安全风险进行评估，选择合适的安全服务种类及安全机制，然后融合先进的安全技术，形成一个全方位的安全体系。

（2）进行严格的安全管理。根据安全目标建立相应的网络安全管理办法，加强内部管理，建立合适的网络安全管理系统，加强用户管理和授权管理，建立安全审计和跟踪体系，提高整体网络安全意识。

（3）遵循完整一致性。一套安全策略系统代表了系统安全的总体目标，贯穿于整个安全管理的始终。它应该包括组织安全、人员安全、资产安全、物理与环境安全等内容。

（4）坚持动态性。由于入侵者对网络的攻击在时间和地域上具有不确定性，因此，信息安全是动态的，具有时间性和空间性。信息安全策略也应该是动态的，并且要随着技术的发展和组织内外环节的变化而变化。

（5）实行最小化授权。任何实体只有该主体需要完成其被指定任务所必需的特权，再没有更多的特权，对每种信息资源进行使用权限分割，确定每个授权用户的职责范围，阻止越权利用资源行为，阻止越权操作行为。这样可以尽量避免信息系统资源被非法入侵，减少损失。

（6）实施全面防御。建立起完备的防御体系，通过多层次机制相互提供必要的冗余和备份，通过使用不同类型的系统、不同等级的系统获得多样化的防御。若配置的系统单一，那么一个系统被入侵，其他的也就不安全了。要求员工普遍参与网络安全工作，提高安全意识，集思广益，把网络系统设计得更加完善。

（7）建立控制点。在网络对外连接通道上建立控制点，对网络进行监控。实际应用中，在网络系统上建立防火墙，阻止从公共网络对本站点侵袭，防火墙就是控制点。如果攻击者能绕过防火墙（控制点）对网络进行攻击，那么将会给网络带来极大的威胁，因此，网络系统一定不能有失控的对外连接通道。

（8）监测薄弱环节。对系统安全来说，任何网络系统中总存在薄弱环节，这常成为入侵者首要攻击的目标。系统管理人员全面评价系统的薄弱环节，确认系统各单元的安全隐患，并改善薄弱环节，尽可能地消除隐患，同时也要监测那些无法消除的缺陷的安全态势，必须报告系统受到的攻击，及时发现系统漏洞并采取改进措施。增强对攻击事件的应变能力，及时发现攻击行为，跟踪并追究攻击者。

（9）失效保护。一旦系统运行错误，发生故障时，必须拒绝入侵者的访问，更不能允许入侵者跨入内部网络。

常见的信息系统安全风险防范对策见表 9-1。

表 9-1　安全风险的防范对策

风险		安全对策
用户风险	身份假冒	身份认证
	身份窃取	身份认证
	非授权访问	访问授权管理
	重放攻击	鉴别、记录、预警
	否认	审计、记录
	深度入侵	预警、阻断
数据风险	窃取	实体安全、加密
	篡改	完整性检验
	毁坏	灾难恢复
	有害数据侵入（包括病毒等）所造成的破坏	检测、过滤、分析、捕获
应用和服务风险	非授权访问	访问授权
	身份假冒	身份认证
	密钥管理漏洞	CA、KDC、PKI
	数据库自身的漏洞	检测、打补丁、升级
	操作系统自身的漏洞	漏洞检测、打补丁、升级
	服务的脆弱性及漏洞	检测、打补丁、更新
	应用系统自身的缺陷	更新完善
服务器风险	入侵探测	实时监测、预警、回火
	非授权访问	访问控制
	策略漏洞	策略管理、检查
	系统配置缺陷	检查、调整
	系统版本	检测、更新
	系统平台	评测、选择
	实体安全缺陷	防辐射、防盗、防雷击
	服务器所存在的后门和隐通道	尚无相应的解决技术及产品

续表

风险		安全对策
网络风险	入侵探测	检测、预警、回火
	设备攻击	实时监测、管理、维护
	通道保密强度	采用高强度加密产品
	网络设备配置缺陷	定期检测、加强配置管理、日志、审计
	网络设备物理安全缺陷	更新
	网络设备存在的后门和隐通道	尚无相应的解决技术及产品
	网络设备实体的安全	防盗、防辐射、防雷击

9.3.4 信息系统的安全审计

信息技术对企业发展的作用是一把双刃剑，既可以给企业创造巨大的价值，也可以给企业造成潜在的巨大风险。信息系统安全性审计的主要目标就是审查企业信息系统和电子数据的安全隐患。这种安全危害可能来自企业外部，如黑客攻击、数据外泄、系统瘫痪等；也可能来自企业内部，如舞弊、系统中断、非法更改、不恰当的访问等。这些安全隐患可能中断企业的正常经营活动，丢失宝贵的信息资产，泄露企业的商业机密。因此，企业需要对信息系统安全性做出检查和评价。

1. 信息系统安全审计的概念

信息系统安全审计是指根据一定的安全策略，通过记录和分析历史操作事件及数据，发现能够改进系统性能和系统安全的地方。

安全审计除了能够监控来自网络内部和外部的用户活动，对与安全有关的活动信息进行识别、记录、存储和分析，对突发事件进行报警和响应，还能通过对系统事件的记录，为事后处理提供重要依据，为网络犯罪行为及泄密行为提供取证基础。同时，通过对安全事件的不断收集与积累并加以分析，能有选择性和针对性地对某些对象进行审计跟踪，以保证系统的安全。

2. 信息系统安全审计的对象

信息系统安全性审计对象主要包括：操作系统、数据库系统、数据、网络、硬件等方面。

（1）操作系统介于硬件和其他软件之间，是所有软件运行的基础，因此操作系统的安全性决定了整个软件系统的安全状况。

（2）数据库系统是管理信息系统最重要的支撑软件，数据库系统是否安全直接影响企业数据（特别是财务数据）的真实性和安全性。

（3）长期积累下来的数据是企业最宝贵的数字资源，它们反映了企业的经营状况和财务状况，同时也为决策提供依据，甚至也隐藏着企业的许多商业秘密，这些宝贵的数据不能被恶意篡改，不能未经授权的访问，必须始终处于安全状态，这是安全性审计的根本目的。

（4）企业通过电子商务平台建立了采购网络和销售网络，可是信息系统受到的威胁也大量来自互联网,如黑客攻击、木马钓鱼、病毒传播等，给企业运作造成极大的影响，甚至威胁企业的生存，如何抵御外部攻击,网络安全至关重要。

（5）硬件安全包括主机设备、存储设备、网络设备等硬件的物理安全，防止这些计算机资源被损坏、替换、盗窃等。

3. 信息系统的安全审计工作

信息系统安全审计工作主要包括：对与安全有关的活动的相关信息进行识别、记录、存储和分析；审计记录的结果用于检查网络上发生了哪些与安全有关的活动，哪个用户对这个活动负责。

信息系统安全审计工作的实现可分成三个阶段：第一阶段，收集审计事件产生审计记录；第二阶段，根据记录进行安全事件的分析；第三阶段，采取处理措施。

信息系统安全审计的工作流程为：根据相应的审计条件判断事件是否是审计事件；对审计事件的内容按日志的模式记录到审计日志中；对满足报警条件的事件向审计员发送报警信息并记录其内容；当事件在一定时间内频繁发生，满足逐出系统的条件值时，则将引起该事件的用户逐出系统并记录其内容；审计员可以查询、检索审计日志以形成审计报告。

9.4 管理信息系统的评价

系统评价一般是根据使用者的反映以及系统的运行情况，对系统的功能、效率和效益做出客观的评价，从而提出系统改进和扩充的方向。信息系统建成并运行一段时间后，就要对其进行技术性能及经济效益等方面的评价。评价的目的是检查系统是否达到预期的目标；技术性能是否达到设计要求；系统的各种资源是否得到充分的利用；经济效益是否理想；并指出系统的长处与不足，为系统的改进与扩展提出意见。

9.4.1 系统评价的主要内容

对于一个管理信息系统来说，大致可以从系统的总体水平、质量、性能、获得的效益等方面对系统进行评价。具体内容如下。

（1）系统质量。管理信息系统投入使用一段时间后，要对其质量进行评价，以便及时发现问题，及时纠正错误。管理信息系统质量就是在特定环境下，在一定的范围内区别某一事物的好坏。例如，系统的安全与保密性、系统文档的完备性、系统的可使用性、正确性、可扩展性、可维护性、通用性等。质量的概念是相对的，所谓优质只能是在某种特定条件下相对满意的。

（2）系统运行。管理信息系统在运行后要不断地对其运行状况进行分析和评价，并以此作为系统维护、更新及进一步开发的依据。对系统运行的评价一般应从系统建立的目标及其用户接口方面来考察系统。

（3）系统性能。这里主要是评价计算机系统的性能，包括对硬件的评价、对软件的评价以及对软、硬件进行综合评价。系统性能包括面向设计者的性能和面向用户的性能两个方面。

（4）系统效益。信息系统的经济效益评价主要是指对系统所产生的直接经济效益和间接经济效益的评价。管理信息系统所产生的直接经济效益一般较之所产生的间接经济效益小。管理信息系统所产生的经济效益通常主要体现在其运行结果所产生的间接经济效益方面。正确评价管理信息系统的各种效益不仅影响管理信息系统本身的前途，还将影响企业的长远发展和效益。

9.4.2 系统评价的指标体系

1. 系统质量评价指标

评价管理信息系统质量的评价指标如下：

- 用户对系统的满意程度；
- 系统的开发过程的规范程度；
- 系统功能的先进性；
- 系统运行结果的有效性、可行性和完整性；
- 信息资源的利用率；
- 提供信息的质量；
- 系统的实用性；
- 系统的安全性和保密性。

2. 系统运行评价指标

系统的运行情况可从预定系统开发目标的完成情况、系统运行实用性及适用性和设备运行效率等 3 个方面进行评价。其具体的评价指标如下：

- 预定系统开发目标的完成情况；
- 系统运行实用性及适用性；
- 设备运行效率。

3. 系统性能评价指标

系统性能的评价指标主要包括如下几种。

- 周转时间。指用户从提交作业到执行后的该作业返回给用户所需的时间。
- 响应时间。指从用户键入确认键到系统开始显示回答信息为止的时间。响应时间同每次会话时要求系统完成的工作量的大小有关，也同硬件、操作系统及同时运行的其他作业有关。响应时间不能太长，否则会引起用户的不满。
- 吞吐量。吞吐量是指单位时间内所能完成的工作量。它用于衡量整个计算机系统的能力。
- 利用率。这是指系统中各种资源的利用效率。

4. 经济效益评价指标

使用新系统后产生的经济效益是评价新系统的一个决定性因素。但是经济效益的评价是一个非常复杂的问题，因为要搜集各种定量的指标值需要较长的时间。同时，有的经济效益是不能单纯通过数字来反映的。

（1）直接经济效益。

系统的直接经济效益是指可以定量计算的效益，通常可通过以下指标来反映。

① 一次性投资，包括系统硬件、软件和系统开发费用。其中硬件费用包括主机设备费用、终端设备、通信设备和机房建设（电源、空调和其他）费用。软件费用包括系统软件、应用软件、试

验软件等费用。系统开发费用包括调查研究、系统规划、系统分析和设计、系统实施等阶段的全部费用。

② 运行费用，包括计算机及其外部设备的运行费用（如磁盘、打印纸等）、人工费用（人员工资）、管理费和设备及备件的折旧费用，运行费用是使新系统得到正常运行的基本费用。

③ 年生产费用节约额，使用新系统以后，年生产费用的节约额，可用下式求得：

$$U=\sum(C_i-C_a)+E[\sum(K_i-K_a)]+U_n$$

式中，C_i表示应用计算机后节约的费用；C_a表示应用计算机后增加的费用；E表示投资效益系数；K_i表示采用计算机后节约的投资；K_a表示建立计算机管理信息系统所用的投资；U_n表示本部门以外其他部门所获得的年度节约额。

例如，运输部门使用计算机管理后节约机动车辆，减少了在途货物，除可节约本部门投资外，还使有关部门节约了流动资金。年生产费用节约额是一个综合的货币指标。事实上，只有在能够节约年生产费用时，使用计算机管理信息系统才是合理的，否则说明使用的条件还未成熟。需要指出的是，上述年生产费用节约额的计算公式只是一个理想化的公式，尤其是投资效益系数E的选取，目前还没有统一的看法，国外曾有人建议取E=0.25。如何选择符合我国国情的效益系数，还有待于进一步探索。

④机时成本。计算机的机时成本可用下式计算

$$C_p=(s+m+d+p)\times(1+h\%)/(t\times k)$$

式中，s表示工作人员的工资；m表示材料费；d表示设备折旧费；p表示电力费用；h表示间接费率；t表示机器正常工作时间；k表示机器利用系数。

从上式可见，降低机时成本的一个重要途径，就是设法降低各项费用和增大机器利用系数。

（2）间接经济效益。

间接经济效益是通过改进组织结构及运作方式、提高人员素质等途径，促使成本下降、利润增加而逐渐地、间接地获得的效益。由于成因关系复杂，计算困难，我们只能作定性的分析，因此，间接经济效益也称为定性效益。尽管间接效益难以估计，但其对企业的生存与发展所起的作用往往要大于直接经济效益。一般信息系统的成功应用所产生的间接经济效益可体现在以下几个方面。

① 对组织为适应环境所作的结构、管理制度与管理模式等变革会产生巨大的推动作用，这种作用一般无法用其他方法实现。

② 能显著地改善企业形象，对外可提高客户对企业的信任程度，对内可提高全体员工的自信心与自豪感。

③ 可使管理人员获得许多新知识、新技术与新方法，进而提高他们的技术素质，拓宽思路，进入学习与掌握新知识的良性循环。

④ 系统信息的共享使部门之间、管理人员之间的联系更紧密，这可加强他们的协作精神，提高企业的凝聚力。

⑤ 对企业的规章制度、工作规范、定额与标准、计量与代码等的基础管理产生很大的促进作用，为其他管理工作提供有利的条件。

系统评价结束后，应形成正式书面文件，即系统评价报告。系统评价报告既是对新系统开发工作的评价和总结，也是进行系统维护工作的依据。

习题

1．填空题

（1）企业为了做好信息系统运行管理，应该建立以下制度：基础数据管理制度、运行管理制度、________和________。

（2）系统的运行情况如何对系统管理是十分重要且十分宝贵的资料。在信息系统的运行中，需要记载以下4个方面的资料：________、________、________和________。

（3）软件的维护是指改写一部分或全部程序，软件维护可细分以下几种：改正性维护、适应性维护、________和________。

（4）在进行信息系统维护工作时，维护人员必须用较多的时间去理解别人编写的________和________且对系统的修改不能影响该程序的________和________。

（5）信息系统安全一般包括计算机安全、网络安全、________和________等方面。

2．选择题

（1）作为信息系统运行的管理人员，以下哪项工作是应该负责的？（　　）

A．培训公司的新员工掌握他们的业务

B．培训公司的新员工掌握如何进行业务分析

C．培训公司的新员工掌握怎样操作公司的信息系统

D．培训公司的新员工掌握怎样修改公司的信息系统的程序

（2）某公司更新了办公室的PC机，淘汰了旧的Windows XP系统的计算机，换上了新的Windows 7系统的计算机，并重装了办公自动化系统。运行时，发现有些业务不能操作，这时应该进行哪种类型的维护？（　　）

A．改正性维护　　B．适应性维护　　C．完善性维护　　D．预防性维护

（3）以下不属于系统维护工作的是（　　）。

A．系统运行日常数据的记录与分析

B．新入职员工操作错误，导致要修改数据库中的业务数据

C．某个业务工作流程发生改变，需要修改系统功能

D．信息系统新项目的方案制定

（4）某公司的办公系统出现了如下问题：一个普通员工用自己的账号登录系统以后，擅自执行部门经理才能使用的审批功能，审批通过了一项该普通员工提交的业务，该业务因为存在漏洞，给公司造成了损失。为了防止类似事情发生，针对办公系统系统管理员可以采用以下安全对策（　　）。

A．身份认证　　B．审计记录　　C．访问授权　　D．数据加密

（5）审计系统把可疑数据、入侵信息、敏感信息等记录下来，作为取证和跟踪使用。安全审计不能够实现以下哪一项功能（　　）。

A．记录和跟踪信息系统状态的变化　　B．监控和捕捉各种安全事件

C．发现系统错误功能　　D．实现对安全事件的识别、定位

3. 问答题

（1）为什么要设立信息系统的运行管理部门？各类人员的职责分别是什么？

（2）信息系统维护的内容包括哪些方面？软件维护有些什么类型？

（3）简述信息系统的安全策略。

（4）信息系统运行审计的内容有哪些方面？

（5）信息系统评价指标体系是怎样的？

第四部分 管理信息系统的典型应用

第10章 企业管理信息化

[**学习目的**] 通过本章的学习，学生应建立企业管理信息化的概念，熟悉企业管理信息化中几个典型的信息系统，重点掌握实际信息系统的应用，提高计算机的应用能力。

[**本章要点**]

- 企业管理信息化的概念；
- 了解ERP、CRM、SCM和HRM等的原理、系统组成和功能。

随着经济全球化的发展，企业间的竞争更加激烈。这种竞争不仅仅是在产品、价格和品牌层次上的竞争，更是客户与客户、供应链与供应链、知识与知识、管理与管理的竞争。可以毫不夸张地说，谁掌握了这种竞争形态的变化并依靠信息技术对此作出迅速反应，建立实时的信息系统，谁就会在企业资金、生产、经营和客户响应方面领先一步，谁也就赢得了市场。基于此，现代企业越来越重视自身信息化建设，特别是关系到企业发展方向、企业自身生产经营决策等重大问题的商业信息情报，和对一个企业的发展往往起着举足轻重的关键作用的企业管理信息化的建设。

10.1 企业管理信息化概述

10.1.1 企业管理信息化概念

企业信息化是当今世界各国都非常关注的课题。在认识企业信息化之前，应先了解什么是信息化。

1. 企业

企业一般是指以营利为目的，运用各种生产要素（土地、劳动力、资本、技术和企业家才能等），向市场提供商品或服务，实行自主经营、自负盈亏、独立核算的具有法人资格的社会经济组织。较常见的企业指各种独立的、营利性的组织（可以是法人，也可以不是），并可进一步分为公司和非公司企业，后者如合伙制企业、个人独资企业、个体工商户等。

另一种用法与组织接近，可以用来泛指公司、学校、社会团体乃至政府机构等。后一种用法主要出现在信息技术应用领域的一些专有名词中，例如企业应用（enterprise applications）、企业计算（enterprise computing）、企业集成（enterprise integration）、企业工程（enterprise engineering）、企业架构（enterprise architecture）、企业建模（enterprise modeling）等。本教材所指的企业是后一种。

2. 信息化的内涵

信息化（Informatization）的概念起源于20世纪60年代的日本。最初是由日本学者从社会产业结构的角度提出来的，是一种反映社会发展阶段的学说。但信息化的具体涵义是什么，至今并没有一个广为接受和认可的权威定义。实际上，由于信息化本身就是一个动态的发展的概念，所以不可能对它加以严格的定义。信息化可以理解为：信息化是指加快信息高科技发展及其产业化，提高信息技术在经济和社会各领域的推广应用水平，并推动经济和社会发展前进的过程。它以信息产业在国民经济中的比重、信息技术在传统产业中的应用程度和国家信息基础设施建设水平为主要标志。具体而言，从技术层面上看，信息化是一个新技术的扩散过程；从内容上看，信息化是一个不断提高对信息资源的开发利用程度的过程；从应用结果看，信息化又是一个社会经济活动流程再造过程；从社会变革进程看，信息化还将是促进人类社会实现由工业社会向信息社会转变的过程。

信息化包括信息的生产和应用两大方面。信息生产要求发展一系列高新信息技术及产业，既涉及微电子产品、通信器材和设施、计算机软硬件、网络设备的制造等领域，又涉及信息和数据的采集、处理、存储等领域。信息技术在经济领域的应用主要表现在用信息技术改造和提升农业、工业、服务业等传统产业上。

20 世纪 90 年代以来，信息产业对国民生产总值增长的贡献率不断上升，已经成为当代经济发展的主要驱动力之一。由信息化驱动的经济结构调整，将大大提高各种物质和能量资源的利用效率，大大提高企业在市场经济中的竞争力。

具体地说，信息化的任务十分广泛，涉及许多方面。

（1）在社会经济的各种活动中，例如在政府、企业、组织的决策管理与公众的日常生活中，信息和信息处理的作用大大提高，从而会使社会的工作效率与管理水平达到一个全新的水平。

（2）为了提供满足各种需求的信息资源、信息产品和信息服务，各种不同规模、不同类型的信息处理系统建设起来，并进入稳定、正常的运行，成为社会生活的不可缺少的、基本的组成部分。

（3）为支持信息系统的工作，遍及全社会的通信及其他有关的基础设施（如计算机网络、数据交换中心、个人计算机等）得到全面发展，并且投入正常运行。

（4）为支持信息系统和基础设施，相关的信息技术得到充分发展，相应的设备制造产业也得到充分发展，为信息处理系统和通信系统的正常运行提供设备和技术保证。同时，它自己也已经发展成为国民经济中的一个庞大的、新兴的产业部门，并且在从业人数和产值份额上均占相当的比例。

（5）与经济生活的变化相适应的法规、制度等经过一定时期的探索，已经逐步健全，并且走向完善，为全社会成员所了解和遵守。例如，关于信息产权的有关规则，关于通信安全与保密的有关规则等，特别是在政府与企业的各级管理中形成了有关信息的各种管理体制与管理办法。

（6）与各项经济和社会生活的变化相适应，人们的工作方式、生活方式以至娱乐方式也形成了新的格局，相应的习惯、文化、观念、道德标准也在新的形势下发生了深刻的变化。

所谓信息化，就是在国民经济各部门和社会活动各领域普遍采用现代信息技术，充分、有效地开发和利用各种信息资源，使社会各单位和全体公众都能在任何时间、任何地点，通过各种媒体（声音、数据、图像或影像）享用和相互传递所需要的任何信息，以提高各级政府宏观调控和决策能力，提高各单位和个人的工作效率，促进社会生产力和现代化的发展，提高人民文化教育与生活质量，增强综合国力和国际竞争力。

3. 企业信息化特点与层次

企业信息化实质上是为适应现代企业在信息化社会的发展，将企业的生产过程、物料移动、事务处理、现金流动、客户交互等业务过程数字化，通过各种信息系统网络加工生成新的信息资源，提供给各层次的人们洞悉、观察各类动态业务中的一切信息，以作出有利于生产要素组合优化的决策，使企业资源合理配置，以使企业能适应瞬息万变的市场经济竞争环境，求得最大的经济效益。

（1）企业信息化的特点。

① 企业信息化范围包括各类企业和企业的各个方面，如研发、设计、制造、管理、决策、营销、服务等。

② 企业信息化内容包括建设管理信息系统，开发和利用信息资源，调整或重构组织结构、管理体制和业务模式 3 个方面。

③ 企业信息化的本质是利用计算机和网络技术等，变革企业组织结构和业务流程，不断提高竞争能力和应变能力。

（2）企业信息化的层次或阶段。

① 企业技术层次的信息化（简称企业技术信息化）或生产的自动化。主要是指以计算机辅助设计（CAD）、计算机辅助制造（CAM）、计算机辅助检测（CAT）、计算机集成制造系统（CIMS）和工厂自动化系统（FAS）等为代表的信息化。

② 企业管理层次的信息化（简称企业管理信息化），包括：a. 数据处理的信息化。用计算机对生产、销售、财务等数据进行处理的过程。20 世纪 50 年代初期，计算机开始应用在经营管理工作中的数据处理上，主要是在会计和统计工作上，以代替算盘、手摇计算机等，形成所谓的电子数据处理系统。由于它主要用来处理一些具体事物，所以又称事物处理系统（TPS），如工资系统、定货系统、库存系统、货运系统和销售系统。b. 管理和办公的信息化。如企业管理信息系统（MIS）和办公自动化系统（OA）。c. 企业生产、经营、管理一体化，即将设计、制造的物流过程和整个过程的资金流、信息流以及设备、能源、人力资源等所有控制和管理综合起来，实施所谓 ERP 和 Intranet，使企业内部信息化达到一个新的高度。d. 与供应商和销售商之间的信息化。信息化从内部扩延到外部，利用企业内部网、外部网以及因特网平台、数据管理平台将内部的生产经营和外部供应、销售整合起来，实现与上游供应商以及下游分销商、客户、政府部门等外部实体进行信息交流和商务活动。于是企业信息化出现了一系列更高层次的新内容，如供应链管理（SCM）、客户关系系统（CRM）等。

③ 利用互联网开展电子商务。当企业信息化到了一定的程度，企业需要完成的已经不单单是自身信息化的问题，而是建立基于互联网的电子商务社区的问题。所谓电子商务社区，就是众多的企业基于互联网进行结盟、交易和业务协同，充分利用互联网提供的信息共享和实时交换，完成协同式的商务运作，减少中间环节，使交易可以一次完成。

企业信息化建设是一个渐进的过程，是一个从小到大，从简单到复杂，从内部到外部，从技术、信息到管理的发展过程。

当前我国企业信息化的重点是管理的信息化，企业管理信息化的核心是运用现代信息技术，把先进的管理理念和方法引入管理流程中，提高管理效率和水平，促进管理创新。ERP、SCM、CRM等综合性管理信息化系统涉及企业生产经营的全过程，对管理基础工作的规范性和各项管理业务的协同性要求很高，这些综合系统的实施将全面提高企业管理水平。

10.1.2 企业管理信息化中各信息系统之间的关系

以 ERP、CRM、SCM、HRM、电子商务等为主的企业管理信息系统的建立，在某种程度上大大提高了企业在资金、生产、经营、管理、销售和决策方面的水平，并使企业能够对产品、客户和市场的迅速变化作出及时反应。而这些系统对于企业实现 RTS（实时系统）也是必不可少的，是中国 CIO 所必须关注，也是企业信息化所必须经历的阶段。一个完整的企业信息化过程应该包括以下几个方面。

1. 系统一体化集成

系统一体化集成，使企业更具有竞争力。在以客户为导向、以变化为主题的今天，企业迫切希望通过对自身管理水平的提升、流程的优化、相应技术的采用使得自身能够更快、更好地为服务对象服务，并对服务对象的潜在需求和变化作出及时反应。而企业对自身的改变和快速反应已经离不开 IT 技术的应用。在企业应对客户需求迅速变化的同时，企业都在自觉或不自觉地利用 IT 技术构建一个更快速、更灵活、更高效、更富有弹性的信息系统，以适应现在、未来服务对象和市场的迅速变化，而这一系统正是我们提出的 RTS 理念，即通过管理的提升、流程的优化、适合的技术，使得政府和企业的信息系统能够更快更好地做出实时性反应。

在构建这一实时系统的过程中，ERP、CRM、SCM、HRM、电子商务等信息系统为其提供了有力的技术支撑（见图 10-1）。比如企业的信息收集层用的软件可能是 CRM，也可能是 CALL CENTER，决策层用的软件可能是 BI、KM、ERP，执行层可能用的是 ERP、SCM、DRP，但是不管每个层次用的是什么软件，只要整个系统能够对企业的市场和服务对象的迅速变化做出快速反应或调整，并能快速、有效地支撑企业的管理，我们认为它就是一个实时的信息系统。

在影响企业的 5 个信息系统中，各系统对企业的影响程度不尽相同，对企业财务、人事、生产、销售各部门的影响范围也不同。如 ERP 系统在企业生产、采购、库存、销售、财务、成本核算等方面给企业带来了诸多实惠。IDC 在对 11 种 ERP 应用的定义中指出，ERP 应包括财务、库存、HR、薪水、合同管理、维护管理、项目管理、资产管理、采购订单管理、经营成绩管理、制造应用 11 种基本应用。按 IDC 对 ERP 系统的定义，ERP 系统涉及企业财务、市场营销、生产制造、质量控制、服务维护、人力资源、工程技术等各方面。

CRM 系统作为企业与客户沟通的桥梁，可以帮助企业把给企业带来 80%利润的 20%客户和会使企业利润减半的最差的 30%客户找出来，从而对客户进行合理区分与维系。电子商务则不仅使企业的运作方式由传统纸介质过渡到以数字化网络为基础、以物流为依据、信息流为核心、以商流为主体阶段，同时使员工脱离了机械设备、原材料和工作条件的束缚，工作时间更具弹性，工作场合也不再受限制，员工更加依赖于自身的知识、智慧和创造性思维，而且使企业在“瘦身”的同时，不再受时间和空间的限制……

从某种意义上说，这些信息系统的应用不仅提高了企业的竞争能力，而且使企业能够从容应对产品供需、生产和价格、客户取向、资本市场、利率、雇员等方面的不断变化，对企业现在和未来的发展可谓意义深远。

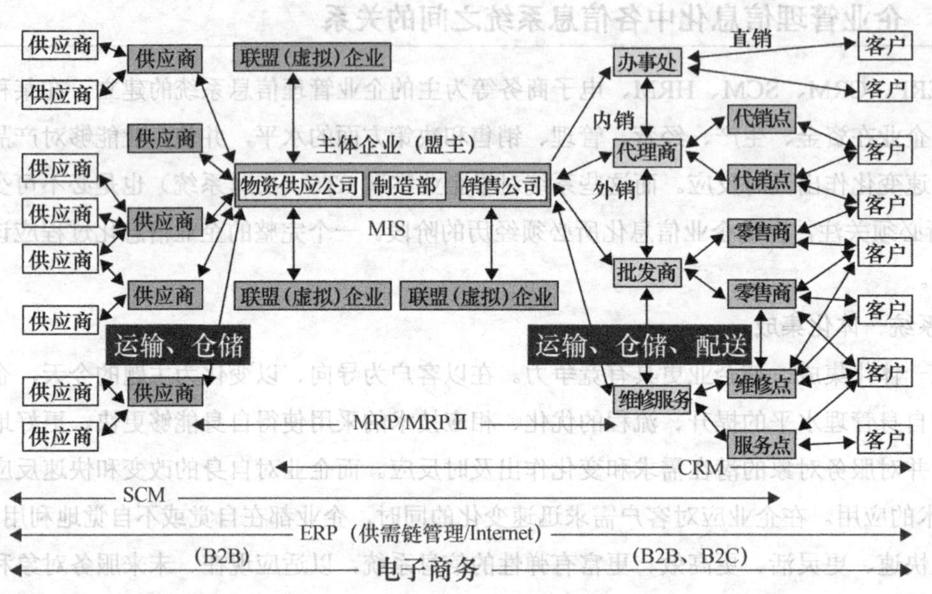

图 10-1 企业管理信息化技术支撑体系

2. 具有不可替代的功能

各个信息系统在各自擅长的领域具有不可替代的功能。

（1）ERP：企业运营总管。

如果没有 ERP 的实施，企业内部资源就难以实现有机整合，从这个意义上讲，ERP 充当着企业运营总管的重任。今天不论是跨国公司还是国内企业，都把 ERP 作为资源整合、实行高效管理的最有效信息化工具。

在我国 20 多年的企业信息化过程中，应该说已经取得了一定的成绩。在发展过程中，财务软件、生产制造软件、营销管理软件都在不断应用与完善。然而这些分散的信息系统却并未给企业的经营管理提供多么有效的数据和决策支持，企业的信息化工作者承担的责任就是要把这些内部长期累积、分散割裂的信息系统整合起来或者干脆换掉，以为企业的经营管理者提供更为有效的 IT 支持，而完成这一任务的最有效途径就是实施 ERP。

简单解释，ERP 就是一种有效组织、计划和实施企业人、财、物管理的系统。它通过 IT 技术和手段的实施，以保证企业信息的集成、实时和统一。大量资料证明：ERP 在生产、采购、库存、销售、财务、成本核算等方面确实给企业带来了有效支持，并已成为企业实施 CRM、SCM、电子商务等更深层次信息化建设的基石；没有实施 ERP 的企业也正在积极学习 ERP 知识和了解相关软件，为实施 ERP 做前期准备工作。

而随着 ERP 系统与 CRM、协同商务和商业智能等模块的集成，ERP 未来将在更为复杂多变的企业外部环境中，辅助企业经营管理者作出更科学的决策。

（2）CRM：打开市场先锋。

运用适合的 CRM 系统，企业可以及时了解、把握用户的购买心态和采购趋势，并有可能赢得一个全新的市场。企业营销符合“2/8/3 法则”，即最能让公司获利的 20%客户贡献了公司 80%的利润，而最差的 30%客户却使公司的潜在利润减半，越来越多的以产品为中心的企业在认识到这一营销理念的意义与客户划分的价值之后，逐渐开始向以客户为中心转型。而作为帮助跟踪客户状态和分析客户需求的 CRM 系统，则为企业的这一转型提供了最适合的技术手段。

CRM 系统通过把客户生命周期管理与客户价值管理相结合，可以有效控制阶段转化效率、保障分类客户的策略一致性，更好地维护客户忠诚度，同时通过对客户的收入/利润、影响力、信用和忠诚度等几方面建立客户价值评价体系，使高价值客户与负价值客户浮出水面，从而使企业能够把有限的资源投入最具产出的客户身上，并且保证不同价值客户的满意度，实现更合理的成本。

（3）SCM：让企业拳头更硬。

供应链管理（SCM）被越来越多的企业所关注，不仅仅是因为供应链管理可以使企业之间的合作关系更为稳固，同时也使企业在参与市场竞争时多了左膀右臂。

当今的市场是一个新技术不断涌现，市场迅速变化的复杂环境，而这使得企业与客户、供应商之间的合作关系变得越来越紧密和越来越重要。全球市场竞争趋势已使原来的企业与企业之间的竞争转变为供应链与供应链之间的竞争。

而在供应链与供应链竞争阶段，优势主要取决于供应链的创新能力和核心竞争能力，但这正是国内企业在供应链管理方面的短板。因此，国内制造和流通等行业迫切需要运用 IT 技术实现其生产、库存、日常交易管理的规范化、精确化，加强企业成本控制，提高企业运营效率。所以，对成本控制和价值创造进行的研究已经推动国内部分企业转向供应链管理解决方案，以便使企业能够获得更多盈利，并在竞争更为激烈的环境下巩固其与商业伙伴的关系。

基于此，SCM 正在为越来越多的企业所应用，其中大中型企业仍将是市场需求的主力，而行业用户则多集中在制造、流通、能源等行业。

（4）HRM：武装企业到牙齿。

相比财务、生产、销售等部门，国内企业人事部门的信息化建设最为薄弱，其效果也最不明显。从企业信息化全局考虑，人事部门信息化将是企业信息化建设的最后一块阵地。而这正是近来以 e-HR 为代表的人力资源管理市场渐热的原因。

通过 HRM 的实施，企业领导可以挑选最适合的员工，上下级之间可利用协同功能，为员工工作表现做出实时反馈，高层领导对于员工的工作状况和想法也可以了如指掌，并利用所有实时数据做出有效的人力资源分析和决策，以支持企业长远的人力资源规划。而 HRM 系统的成功实施则可以帮助企业认清每个员工的真正能力和价值，给予相关待遇和培训机会，并使人力资源管理工作由管理型向服务型、事务型向战略型转移。

以 e-HR 为代表的新型人力资源管理系统的核心正是体现了人才在企业生产、经营、管理中的价值，同时也注重了对于人才的培养。这对于把经营管理、产品销售放在第一位的传统企业来说，意味着新的挑战。因为现在企业之间的竞争已经不仅仅是产品、技术、品牌的竞争，更是供应链和人才的竞争。因此加大人力资源信息化建设的投入对企业来说意味着更多回报。

（5）电子商务：使企业空间更大。

电子商务是当今世界贸易中速度最快、应用前景最广、内容不断创新的一个领域。它从某种程度上突破了商务活动在时空上的限制，从而使商贸业务的运行和发展更加趋于灵活性、实时性和国际性。它涉及从供到需整个生产及流通的各个环节，不仅仅包括商务和服务的网上交易，还包括企业内部的运营和管理，以及企业间的商务活动，并且不仅仅是硬件和软件的结合，更是整个供应链上下游各个节点与企业间的结合与互动。

企业电子商务系统的搭建，不仅使企业的运作方式由传统纸介质过渡到以数字化网络为基础、以物流为依据、以信息流为核心、以商流为主体的全新时代，同时改变了员工的工作方式，在电子商务模式下，人们的工作时间更具弹性，工作场合不受限制，员工更加依赖于自身的知识、智慧和创造性思维，并逐步脱离机械设备、原材料和工作条件的束缚，摆脱对岗位的依赖。

在营销方面，电子商务系统对企业营销管理最为显著的影响是销售渠道和促销策略的改变。以往的批零方式将被网络代替，人们可以直接从网上采购，传统的推销人员将失去大部分市场，管理者对目标市场的选择和定位也更加依赖于上网者的需求和对网络的充分利用。

总之，各个信息系统在各自擅长的领域具有不可替代的功能。

10.2 企业资源计划

10.2.1 企业资源计划概述

1. 企业资源计划产生背景

企业资源计划（Enterprise Resources Planning，ERP）的产生是与信息的集成、新的管理思想不断出现和计算机和网络通信技术（互联网）的迅猛发展紧密相关的。

（1）信息集成。

随着经济全球化和全球市场的出现，MPR Ⅱ需要完善，特别是其管理范围需要扩充，就是体现管理信息的高度集成。管理信息集成的标志可以从以下几个方面说明：① 信息必须规范化，有统一的名称、明确的定义、标准的格式和字段要求；信息之间的关系也必须明确定义；② 信息的处理程序必须规范化，处理信息要遵守一定的规程，不因人而异；③ 信息的采集、处理和报告有专人负责，责任明确，没有冗余的信息采集和处理工作。保证信息的及时性、准确性和完整性；④ 在范围上，集成了供给链所有环节的各类信息；⑤ 在时间上，集成了历史的、当前的和未来预期的信息；⑥ 各种管理信息来自统一的数据库，既能为企业各有关部门的管理人员所共享，又有使用权限和安全保密措施；⑦ 企业各部门按照统一数据库所提供的信息和管理事务处理的准则进行管理决策，实现企业的总体经营目标。

（2）新的管理思想不断出现。

精益生产（Lean Production）、敏捷制造（Agile Manufacturing）、准时制生产 （Just-in-time）、供应链管理（supply chain management）等不断出现，要求 MRPⅡ融入这些新的管理理念。人类已从工业经济时代跨入了知识经济时代，企业所处的商业环境发生了根本性变化。顾客需求瞬息万变，技术创新不断加速，产品生命周期不断缩短，市场竞争日趋激烈，这些构成了影响现代企业生存与发展的三股力量：顾客（Customer）、竞争（Competition）和变化（Change）（简称 3C）。过去在工业经济时代的商业规则、“科层制”管理模式和以 MRP-Ⅱ应用为主的管理手段已经不再适用于今天企业的发展，甚至严重影响到企业的生存。为了适应以“顾客、竞争和变化”为特征的外部环境，企业必须要进行管理思想上的革命（Reform）、管理模式与业务流程上的重组（reengineering）、管理手段上的更新（Reform）（简称 3R），从而在全球范围内引发了一场以业务流程重组（Business Process Reengineering，BPR）为主要内容的管理模式革命和以 ERP 系统应用为主体的管理手段革命。

（3）计算机和网络通信技术（互联网）的迅猛发展。

客户/服务器（C/S）体系机构和分布式数据处理技术、Internet/Intranet/Extranet、电子商务、电子数据交换（EDI），使在不同平台的互操作以及对整个供应链信息进行集成管理得以实现。

2. ERP 发展历程

在 18 世纪工业革命后，人类进入工业经济时代，社会经济的主体是制造业。工业经济时代竞争的特点就是产品生产成本上的竞争，规模化大生产（Mass Production）是降低生产成本的有效方式。由于生产的发展和技术的进步，大生产给制造业带来了许多困难，主要表现在：生产所需的原材料不能准时供应或供应不足；零部件生产不配套，且积压严重；产品生产周期过长和难以控制，劳动生产率下降；资金积压严重，周转期长，资金使用效率降低；市场和客户需求的变化，使得企业经营计划难以适应。总之，降低成本的主要矛盾就是要解决库存积压与短缺问题。为了解决这个关键问题，人们开始进行生产与库存控制方面的研究，许多现代企业管理思想随之产生。ERP 是现代企业管理思想和信息技术相结合的产物，并随着它们的发展而发展。ERP 的发展可分为 5 个阶段。

（1）企业业务信息系统阶段。

企业的业务信息系统主要是记录大量原始数据，支持基础的查询、汇总等方面的工作。

（2）MRP 阶段（Material Require Planning）。

MRP 的发展经历了以下两个阶段：基本 MRP 和闭环 MRP。20 世纪 60 年代发展的基本 MRP 也称物料需求计划（Material Requirements Planning，MRP），它是在主生产计划决定生产多少最终产品后，再根据物料清单把企业要生产的产品数量转变为所需生产的零部件数量，并对照现有的库存量，计算还需加工多少，采购多少的最终数量。它只是一种计算物料需求量和需求时间的计算器，没有信息反馈，也谈不上控制。20 世纪 70 年代在此基础上发展成闭环 MRP，将物料需求、人力需求、车间采购计划等构成一个具有计划能力和执行计划功能的闭环系统，这时的 MRP 也称生产计划与控制系统。但是闭环 MRP 没有说明执行计划对企业带来什么效益，这要求企业的财务会计系统能同步从生产经营系统中获取资金信息，随时控制和指导生产经营活动，以期实现企业的整体目标。

（3）MRPⅡ阶段（Manufacture Resource Planning）。

闭环 MRP 系统的出现，使生产计划方面的各种子系统得到了统一。只要主生产计划真正制订好，那么闭环 MRP 系统就能够很好运行。但这还不够，因为在企业的管理中，生产管理只是一个方面，它所涉及的是物流，而与物流密切相关的还有资金流。这在许多企业中是由财会人员另行管理的，这就造成了数据的重复录入与存储，甚至造成数据的不一致性。降低了效率，浪费了资源。于是人们想到，应该建立一个一体化的管理系统，去掉不必要的重复性工作，减少数据间的不一致性现象和提高工作效率。实现资金流与物流的统一管理，要求把财务子系统与生产子系统结合到一起，形成一个系统整体，这使得闭环 MRP 向 MRPⅡ前进了一大步。最终，在 20 世纪 80 年代，人们把制造、财务、销售、采购、工程技术等各个子系统集成为一个一体化的系统，并称为制造资源计划（Manufacturing Resource Planning，MRP）系统，为了区别物料需求计划系统（亦缩写为 MRP），而记为 MRPⅡ。MRPⅡ可在周密的计划下有效地利用各种制造资源，控制资金占用，缩短生产周期，降低成本，但它仅仅局限于企业内部物流、资金流和信息流的管理。它最显著的效果是减少库存量和减少物料短缺现象。

（4）ERP 阶段（Enterprise Resource Planning）。

MRPⅡ仅能管理企业内部的物流和资金流。随着全球经济一体化的加速，企业与其外部环境的关系越来越密切，MRPⅡ已不能满足需要。于是新的企业管理哲理和软件应运而生。其中影响最深远的就是 ERP 思想。

以 MRPⅡ为基础发展起来的 ERP 理念和软件逐渐推开。ERP 把原来的制造资源计划拓展为围绕市场需求而建立的企业内外部资源计划系统。ERP 给出了新的结构，把客户需求和企业内部的经营活动以及供应商的资源融合到一起，体现了完全按用户需求为中心的经营思想。

进入 ERP 阶段后，以计算机为核心的企业级的管理系统更为成熟，系统增加了包括财务预测、生产能力、调整资源调度等方面的功能。配合企业实现 JIT 管理全面、质量管理和生产资源调度管理及辅助决策的功能，成为企业进行生产管理及决策的平台工具。

（5）电子商务时代的 ERP。

Internet 技术的成熟，为企业信息管理系统增加与客户或供应商实现信息共享和直接的数据交换的能力，从而强化了企业间的联系，形成共同发展的生存链，体现企业为达到生存竞争的供应链管理理想。ERP 系统相应实现这方面的功能，使决策者及业务部门实现跨企业的联合作战。

10.2.2 企业资源计划概念

从发展历程可知，作为新一代的 MRPⅡ，ERP 概念由美国 Gartner Group（加特纳集团公司）于 1990 年初提出。ERP 的概念层次如图 10-2 所示，所以，对应于管理界、信息界、企业界不同的表述要求，“ERP”分别有着它特定的内涵和外延。下面从管理思想、软件产品、管理系统 3 个层次给出它的定义。

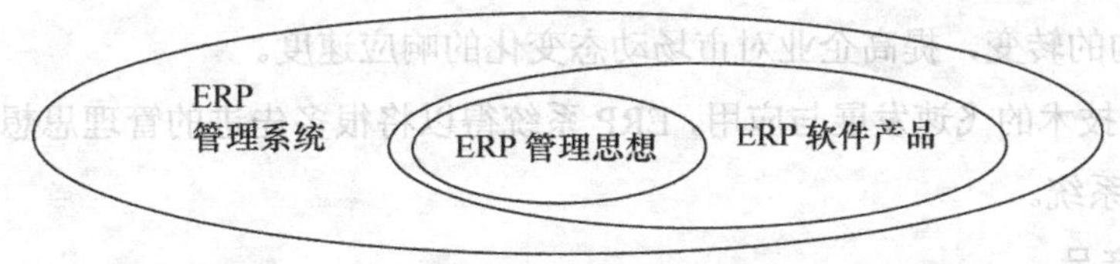

图10-2 ERP概念层次图

1. ERP管理思想

ERP的核心管理思想就是实现对整个供应链的有效管理，主要体现在3个方面。

（1）体现对整个供应链资源进行管理的思想。

在知识经济时代，仅靠自己企业的资源不可能有效地参与市场竞争，还必须把经营过程中的有关各方如供应商、制造工厂、分销网络、客户等纳入一个紧密的供应链中，才能有效地安排企业的产、供、销活动，满足企业利用全社会一切市场资源快速高效地进行生产经营的需求，以期进一步提高效率和在市场上获得竞争优势。换句话说，现代企业竞争不是单一企业与单一企业间的竞争，而是一个企业供应链与另一个企业供应链之间的竞争。ERP系统实现了对整个企业供应链的管理，适应了企业在知识经济时代市场竞争的需要。

（2）体现精益生产、同步工程和敏捷制造的思想。

ERP系统支持对混合型生产方式的管理，其管理思想表现在两个方面：其一是“精益生产（Lean Production，LP）”的思想，它是由美国麻省理工学院（MIT）提出的一种企业经营战略体系。即企业按大批量生产方式组织生产时，把客户、销售代理商、供应商、协作单位纳入生产体系，企业同其销售代理、客户和供应商的关系，已不再简单地是业务往来关系，而是利益共享的合作伙伴关系，这种合作伙伴关系组成了一个企业的供应链，这即是精益生产的核心思想。其二是“敏捷制造（Agile Manufacturing）”的思想。当市场发生变化，企业遇有特定的市场和产品需求时，企业的基本合作伙伴不一定能满足新产品开发生产的要求，这时，企业会组织一个由特定的供应商和销售渠道组成的短期或一次性供应链，形成“虚拟工厂”，把供应和协作单位看成是企业的一个组成部分，运用“同步工程（SE）”组织生产，用最短的时间将新产品打入市场，时刻保持产品的高质量、多样化和灵活性，这即是“敏捷制造”的核心思想。

（3）体现事先计划与事中控制的思想。

ERP系统中的计划体系主要包括：主生产计划、物料需求计划、能力计划、采购计划、销售执行计划、利润计划、财务预算和人力资源计划等，而且这些计划功能与价值控制功能已完全集成到整个供应链系统中。另外，ERP系统通过定义事务处理（Transaction）相关的会计核算科目与核算方式，以便在事务处理发生的同时自动生成会计核算分录，保证了资金流与物流的同步记录和数据的一致性。从而实现了根据财务资金现状，可以追溯资金的来龙去脉，并进一步追溯所发生的相关业务活动，改变了资金信息滞后于物料信息的状况，便于实现事中控制和实时做出决策。此外，计划、事务处理、控制与决策功能都在整个供应链的业务处理流程中实现，要求在每个流程业务处理过程中最大限度地发挥每个人的工作潜能与责任心，流程与流程之间则强调人与人之间的合作精神，以便在有机组织中充分发挥每个个体的主观能动性与潜能。实现企业管理从“高耸式”组织结构向

“扁平式”组织结构的转变，提高企业对市场动态变化的响应速度。

总之，借助 IT 技术的飞速发展与应用，ERP 系统得以将很多先进的管理思想变成现实中可实施应用的计算机软件系统。

2. ERP 软件产品

Gartner Group 信息技术词汇表中关于 ERP 的定义为：“一个由 Gartner Group 开发的概念，描述下一代制造商业系统和制造资源计划（MRPII）软件。它将包含客户/服务架构，使用图形用户接口，应用开放系统制作。除了已有的标准功能，它还包括其他特性，如品质、过程运作管理以及调整报告等。特别是，ERP 采用的基础技术将同时给用户软件和硬件两方面的独立性，从而更加容易升级。ERP 的关键在于所有用户能够裁剪其应用，因而具有天然的易用性。”可见，美国 Gartner Group 公司在当时流行的工业企业管理软件 MRPⅡ的基础上，提出了评估 MRPⅡ的内容和效果的软件包，这些软件包被称为 ERP。Gartner Group 是通过一系列功能标准来定义 ERP 系统的。

（1）超越 MRPⅡ范围的集成功能。

相对于标准 MRPⅡ系统来说，扩展功能包括：质量管理；试验室管理；流程作业管理；配方管理；产品数据管理；维护管理；管制报告和仓库管理。这些扩展功能仅是 ERP 超越 MRPⅡ范围的首要扩展对象，并非全部 ERP 的标准功能。

（2）支持混合方式的制造环境。

混合方式的制造环境包括：①生产方式的混合，既可支持离散又可支持流程的制造环境；②生产、分销和服务等业务混合，即具有支持按照面向对象的业务模型组合业务过程的能力；③经营方式的混合，这是指国内经营与跨国经营的混合，以适应经济全球化、市场国际化、企业经营国际化的环境。

（3）支持能动的监控能力，提高业务绩效。

该项标准是关于 ERP 能动性功能的加强，包括在整个企业内采用控制和工程方法；模拟功能；决策支持和用于生产及分析的图形能力。与能动性功能相对的是反应式功能。反应式功能是在事务发生之后记录发生情况。能动式功能则具有主动性和超前性。

（4）支持开放的客户机/服务器计算环境。

该项标准是关于 ERP 的软件技术的，包括客户机/服务器体系结构；图形用户界面（GUI）；计算机辅助设计工程（CASE），面向对象技术；使用 SQL 对关系数据库查询；内部集成的工程系统、商业系统、数据采集和外部集成（EDI）。

以上 4 个方面分别从软件的功能范围、软件应用环境、软件功能加强和软件技术支持上对 ERP 系统做了界定。可见，ERP 软件产品是综合应用了客户机/服务器体系、关系数据库结构、面向对象技术、图形用户界面、第四代语言（4GL）、网络通信等信息产业成果，以 ERP 管理思想为灵魂的软件产品。

3. ERP 管理系统

从最初的定义来讲，ERP 只是一个为企业服务的管理软件，在这之后，专家学者对这一概念进行不断的充实和丰富，全球最大的企业管理软件公司 SAP 在 20 多年为企业服务的基础上，对 ERP

的含义进行了重新定义，即“管理+ IT”的概念，具体如下。

（1）ERP 不只是一个软件系统，而是一个集组织模型、企业规范和信息技术、实施方法为一体的综合管理应用体系；

（2）ERP 使得企业的管理核心从“在正确的时间制造和销售正确的产品”转移到了“在最佳的时间和地点，获得企业的最大利润”，这种管理方法和手段的应用范围也从制造企业扩展到了其他不同的行业；

（3）ERP 从满足动态监控发展到了商务智能的引入，使得以往简单的事物处理系统，变成了真正具有智能化的管理控制系统；

（4）对软件结构而言，现在的 ERP 必须能够适应互联网，可以支持跨平台、多组织的应用，并和电子商务的应用具有广泛的数据、业务逻辑接口。

ERP 系统是整合企业管理理念、业务流程、基础数据、人力物力、计算机硬件和软件于一体的企业资源管理系统。

综上所述，ERP 是一种面向企业供应链的管理思想，可对供应链上的所有环节有效地进行管理，如订单、采购、库存、计划、生产制造、质量控制、运输、分销、服务与维护、财务管理、人事管理、实验室管理、项目管理、配方管理等。换言之，ERP 将企业内部所有资源整合在一起，对采购、生产、成本、库存、分销、运输、财务、人力资源进行规划，从而达到最佳资源组合，取得最佳效益。企业资源规划（ERP）的合理运用已经改变了企业运作的面貌。ERP 通过运用最佳业务制度规范（business practice）以及集成企业关键业务流程（business processes）来提高企业利润，市场需求反应速度和企业竞争能力。

10.2.3 ERP系统描述

1. ERP 系统拓扑结构

ERP 系统是一种科学管理思想的计算机实现，它强调对产品研究与设计、生产计划、作业控制、原材料采购、市场营销、供应、库存、财务和人事等方面进行集成优化的管理。其拓扑结构如图 10-3 所示，从 ERP 拓扑结构图可知，ERP 是以系统业务为导向，以价值链增值为主题，将企业的基础资源、需求链、供应链理论与竞争核心构成的三角形业务应用体系，再以业务应用为基础，构筑战略决策应用模式，形成三角形的应用价值体系。

ERP 系统覆盖了企业财务、销售、采购、客户关系、人力资源、生产制造、资产管理、工程项目、商业智能以及电子商务等业务，并针对一些特定企业如证券、银行、基金、保险、电信以及公共财政等提供行业应用方案。

2. ERP 系统特点

从 ERP 拓扑结构可知，ERP 系统具有以下特点。

（1）“社会一体化”的基本思想。ERP 系统是将企业的生存环境看作一条供应商、企业本身、分销网络以及客户等各个环节紧密连接的供应链，企业内部又划分成几个相互协同作业的支持子系统，如生产制造、工程技术、质量控制、财务、市场营销、服务维护等，还包括对竞争对手的监视管理。

较之以前的资源管理系统，它完全按用户需求生产，以新的角度重新定义供应商、生产商、分销商相互之间的业务关系，重新构建企业的业务和信息流程及组织结构，协调企业各子系统更加柔性（flexible）、更加能动（proactive）地响应市场的变化。

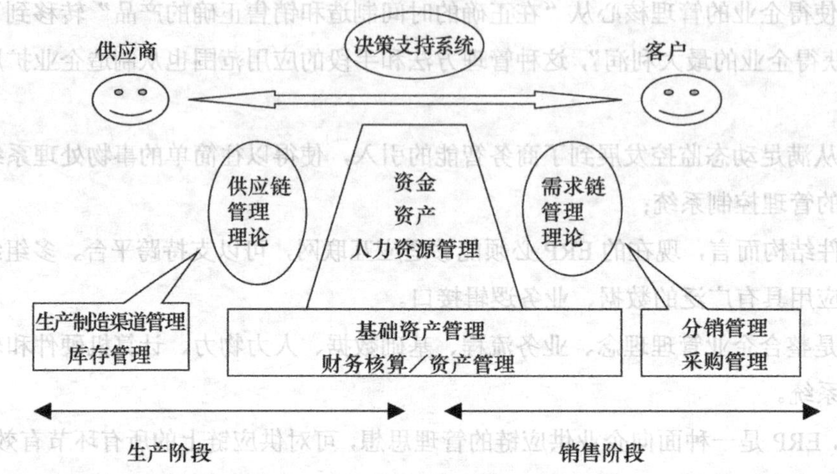

图 10-3　ERP 拓扑结构图

（2）强大的系统功能。ERP 系统除了能够实现 MRPⅡ的原有功能（制造、仓储、供销、财务等）以外，管理上更加适应企业多地点、多工厂、多国家生产经营的趋势，覆盖到多工厂管理、质量管理、实验室管理、设备维修管理、运输管理、过程控制接口、数据采集接口、电子通信（如采用 EDI、电子邮件等）、法规与标准、项目管理、金融投资管理、市场信息管理等几乎企业运营的所有领域。

（3）灵活的应用环境。传统的 MRPⅡ系统把企业归类为几种典型的生产方式来进行管理，如重复制造、批量生产、按订单生产、按订单装配、按库存生产等，针对类型设计管理标准。而在 20 世纪 80 年代末 90 年代初，企业为紧跟市场的变化，纷纷从单一的生产方式向混合型生产发展。ERP 系统则汇合了零散型生产和流程型生产的特点，能够很好地支持混合型生产环境，满足企业的多角化经营需求。

（4）实时控制能力。MRPⅡ是通过计划的及时滚动来控制整个生产过程，一般只能实现事中控制。而 ERP 系统强调企业的事前控制能力，可以将设计、制造、销售、运输等通过集成来并行地进行各种相关的作业，为企业提供了对质量、适应变化、客户满意、绩效等关键问题的实时分析能力。

3. ERP 系统组成

ERP 系统组成应从两个层面介绍，即技术层面和业务层面。

（1）技术层面。

ERP 系统通常包括 4 个主要组成部分。

① 基础应用模块。ERP 系统将一些常用功能以标准模块的形式给出，这是 ERP 系统的主体部分。这些模块主要包括生产计划、物料管理、工厂管理、设备管理、质量管理、销售和分销、财务管理、成本控制、人力资源管理、项目管理等。

② 客户化修改和二次开发工具。尽管 ERP 的核心思想是流程标准化，但不同企业的业务流程多少都会存在差异，不可能完全使用同样的流程。即使是使用标准流程，也要对系统大量复杂的参

数进行配置。这样的工作往往非常复杂，工作量也很大。ERP系统向用户提供一组完整的配置和再开发工具，帮助用户快速准确地实现客户化和进行完善、补充。

③ 接口系统。ERP系统不是孤立而万能的系统，它需要与其他外部应用系统或开发环境之间通信。另外，系统还为用户预留好接口，以便用户利用ERP提供的开发工具自行开发特殊应用模块，并使之与系统本身的基础模块有机地连接起来。

④ 系统内核。这部分主要负责ERP系统与客户端、服务器端操作系统、底层DBMS等系统间的交互。提供操作系统功能请求及数据访问等功能。

（2）业务层面。

ERP系统一般构成如图10-4所示。

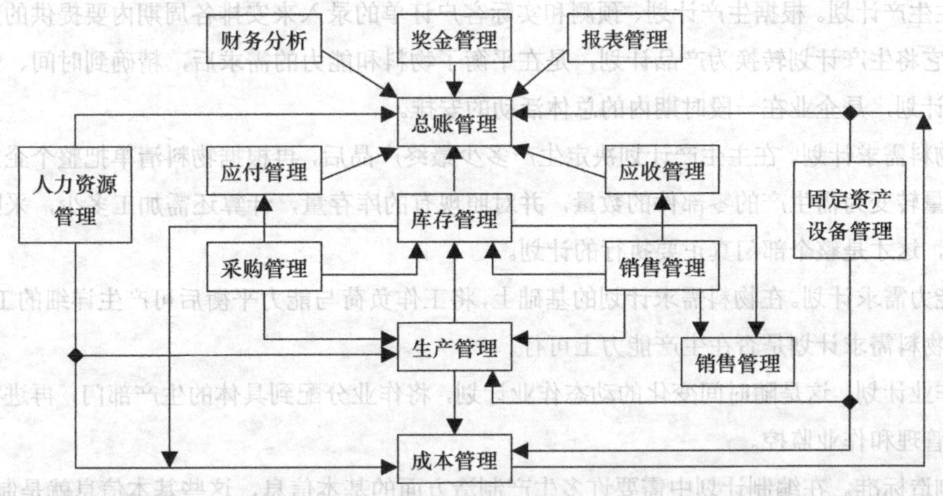

图10-4 ERP系统一般结构

从ERP定义及其拓扑结构图看，探讨ERP的功能要从基本功能、扩展功能两方面来看。基本功能是所有ERP系统软件必须提供的，强调将企业“内部”价值链上所有功能活动加以整合；扩展功能则是将整合的触角由企业内部拓展到企业的后端厂商和前端顾客，与后端厂商信息系统加以整合的是属于供应链管理（Supply Chain Management，SCM）方面的功能，加强整合前端顾客信息的则是属于顾客关系管理（Customer Relationship Management，CRM）和销售自动化（Sales Force Automation，SFA）方面的功能，现有电子商务（Electronic commerce，EC）方面的解决方案。

4. ERP的管理模块

下面着重探讨ERP的基本功能以及相应的模块组成。由于将企业“内部”价值链上所有功能活动加以整合必须涉及物流、信息流和资金流，一般的管理模块主要包括三方面的内容：生产控制（计划、制造）、物流管理（分销、采购、库存）和财务管理（会计核算、账务管理）。随着企业对人力资源管理的日益重视，人力资源管理也成为ERP系统的一个重要组成部分。

（1）财务管理模块。

一般的ERP软件的财务管理模块分为会计核算和财务管理子模块。会计核算主要是记录、核算、反映和分析资金在企业经营活动中的变动过程及其结果。它由总账、应收账、应付账、现金、固定资产等组成。财务管理的功能主要是基于会计核算的数据加以分析，从而进行相应的预测、管理和控制活动。它包括财务分析、财务计划和财务决策等。财务分析就是根据用户的需要进行财务绩效评估、账户分析等；财务计划就是根据前期财务分析做出下期的财务计划、财务预算等；而财务决策则是作出有关资金的决策，包括资金筹集、投放及资金管理。

（2）生产控制管理模块。

这一部分是ERP系统的核心，它将企业的整个生产过程有机地结合起来，使得生产流程连贯顺畅，提高生产效率。生产控制管理是一个以计划为导向的生产管理方法。首先企业确定一个总生产计划，经过系统层层细分后，下达到各部门去执行；生产部门据此生产，采购部门据此采购等。该模块通常包括以下几部分。

① 主生产计划。根据生产计划、预测和实际客户订单的录入来安排各周期内要提供的产品种类和数量。它将生产计划转换为产品计划，是在平衡了物料和能力的需求后，精确到时间、数量的详细的进度计划，是企业在一段时期内的总体活动的安排。

② 物料需求计划。在主生产计划决定生产多少最终产品后，再根据物料清单把整个企业要生产的产品数量转变为需生产的零部件的数量，并对照现有的库存量，计算还需加工多少，采购多少的最终数量，这才是整个部门真正要执行的计划。

③ 能力需求计划。在物料需求计划的基础上，将工作负荷与能力平衡后可产生详细的工作计划，用以确定物料需求计划是否在生产能力上可行。

④ 作业计划。这是随时间变化的动态作业计划，将作业分配到具体的生产部门，再进行作业排序、作业管理和作业监控。

⑤ 制造标准。在编制计划中需要许多生产制造方面的基本信息，这些基本信息就是制造标准。制造标准都用唯一的代码在计算机系统中标识，通常包括：零件代码，用来管理物料资源；物料清单，定义产品结构以编制各种计划；工序，描述加工步骤，即制造和装配产品的操作顺序，指明各道工序的加工设备和需要的额定工时等。

（3）物流管理模块。

物流管理通常包括分销管理、库存管理和采购管理。分销管理大致具有如下功能。

① 对客户信息的管理和服务。包括建立客户信息档案，对其进行分类管理，进而展开针对性的客户服务，以达到高效率地保留老客户、争取新客户。值得关注的是新进推出的CRM（客户关系管理）软件，ERP与它的结合必将提高企业的效益。

② 对销售订单的管理。销售订单是ERP的入口，所有的生产计划都是根据它制定并进行排产的。销售订单的管理贯穿产品生产的整个流程。它包括：客户信用审核及查询、产品库存查询、产品报价、订单输入、变更及跟踪分析、交货期的确认及发货安排等。

③ 对销售数据的统计与分析。根据销售订单的完成情况，依据各种指标做出统计，比如客户分类统计、销售代理分类统计等，根据这些统计结果对企业的销售效果进行评价。具体包括：销售统计（根据销售形式、产品、代理商、地区、销售人员、金额、数量等分别进行统计）、销售分析（包括对比目标、同期比较和订货发货分析，从数量、金额、利润和绩效等方面进行相应分析）和客户

服务统计与分析（客户投诉记录、原因分析）。

库存控制能够结合相关部门的需求，随时间变化动态地调整库存，精确地反映库存现状。具体功能包括：为所有的物料建立库存文件，决定何时订货采购，为采购部门和生产部门作计划提供依据；对收到的定购物料、产品检验入库；对收发料的日常业务进行处理。

采购管理能够随时提供订购、验收的信息，用最新的成本信息来调整库存的成本，以保障货物供应。该模块具体包括：对供应商的能力、信誉等信息进行查询；跟踪和催办外购或委托外加工的物料；对采购和外加工进行统计，计算成本；对原料价格进行分析，调整库存成本等。

（4）人力资源管理。

随着人力资源在企业资源中的地位提高，人力资源管理作为一个独立的模块加入ERP系统中，和财务、生产、库存等一起组成一个高效集成的企业资源系统，详见本书10.5节。

10.3 供应链管理

10.3.1 供应链管理概述

1. 供应链的概念

供应链目前尚未形成统一的定义，许多学者从不同的角度出发给出了许多不同的定义。早期的观点认为供应链是制造企业中的一个内部过程，它是指把从企业外部采购的原材料和零部件，通过生产转换和销售等活动，再传递到零售商和用户的一个过程。传统的供应链概念局限于企业的内部操作层上，注重企业自身的资源利用。

有些学者把供应链的概念与采购、供应管理相关联，用来表示与供应商之间的关系，这种观点得到了研究合作关系、JIT关系、精细供应、供应商行为评估和用户满意度等问题的学者的重视。但这样一种关系也仅仅局限在企业与供应商之间，而且供应链中的各企业独立运作，忽略了与外部供应链成员企业的联系，往往造成企业间的目标冲突。后来供应链的概念注意了与其他企业的联系，注意了供应链的外部环境，认为它应是一个“通过链中不同企业的制造、组装、分销、零售等过程将原材料转换成产品，再到最终用户的转换过程”，这是更大范围、更为系统的概念。例如，美国的史迪文斯（Stevens）认为：“通过增值过程和分销渠道控制从供应商的供应商到用户的用户的流就是供应链，它开始于供应的源点，结束于消费的终点”。

2. 供应链管理概念

供应链管理的研究最早是从物流管理开始的，随着垂直一体化物流的深入发展，对物流研究的范围不断扩大，在企业经营集团化和国际化的背景下，美国人Michael Porter首先提出了“价值链”的概念，并在此基础上，形成了比较完整的供应链理论。随着对供应链认识的不断加深，对供应链的定义也不断丰富，但到目前为止尚未形成统一的定义。一些专家学者从注重完整性，注重核心企业和注重网链 3 个角度出发给出了许多不同定义。如伊文斯（Evens）认为：“供应链管理是通过前馈的信息流和反馈的物料流及信息流，将供应商、制造商、分销商、零售商，直到最终用户连成一个整体的模”。这些定义都注意了供应链的完整性，考虑了供应链中所有成员操作的一致性（链中成员的关系）。

从考虑整体功能出发，供应链管理是围绕核心企业，通过对信息流、物流、资金流的控制，从采购原材料开始，制成中间产品以及最终产品，最后由销售网络把产品送到消费者手中的将供应商、制造商、分销商、零售商，直到最终用户连成一个整体的功能网链结构模式。

从组织结构来看，供应链是一个范围更广的企业结构模式，它包含所有加盟的节点企业，从原材料的供应开始经过不同企业的制造加工、组装、分销等过程直到最终用户。它不仅是一条连接供应商到用户的物流链、信息链、资金链，而且是一条增值链。物料在供应链上因加工、包装、运输等过程而增加其价值，并给相关企业带来收益。其模型结构示意图如图 10-5 所示。

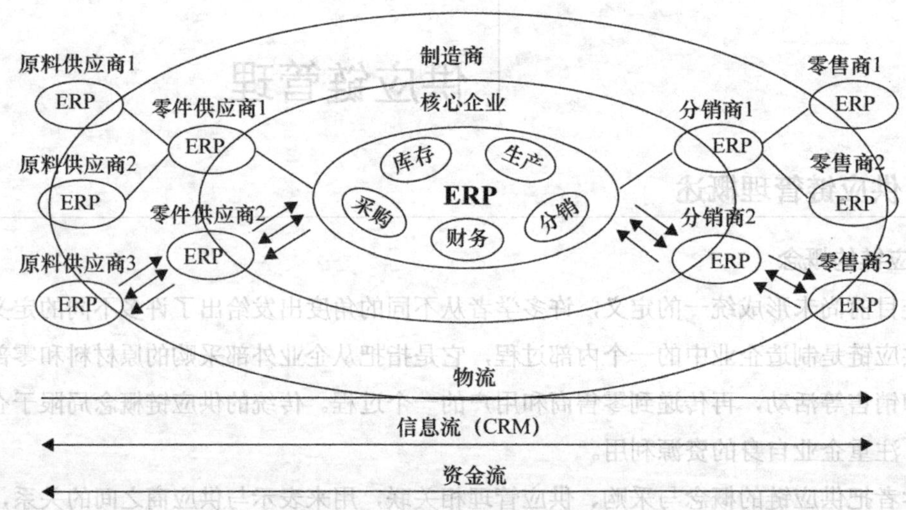

图 10-5 供应链模型结构示意图

10.3.2 SCM的原理

SCM 的理论依据是战略合作伙伴关系、双赢策略、拉式模式等。

1. 战略合作伙伴关系

企业与企业之间在传统管理中往往处于一种对立的状态。这种对立表现在合同谈判、签订协议、价格争论等各个方面。双方互不信任、相互设防，总之处于一种非伙伴关系的状态。

然而，随着社会的进步，这种现象在逐步消失，取而代之的是各成员之间建立一种长期的亲密关系，它是供应链各个成员之间建立的协作关系，在这个基础上，成员内部的企业之间的业务流程趋向集成。这是一种共担风险、共享收益、共享资源的关系，成员们有着共同的目标，长期的合作关系。这种关系不同于双方的交易活动，它可以使双方获得长期的利益，双方步调更加一致。

建立战略合作伙伴关系可以使产品增值，也可以促进销售，相互利用资源，加强技术合作，相互学习，取长补短，长期交流，计划更加周密，有利于产品质量的提高和成本的降低。

（1）相互信任。

从交易关系走向伙伴关系的基础是信任，各方首先应从协议方面、能力方面以及信誉方面取得相互信任，才能真正结成联盟。

（2）解决矛盾。

建立战略合作伙伴关系之后，并不等于一切问题都解决了，实际上合作双方之间还会产生新的矛盾、新的冲突。例如分配利益上的矛盾等。因此，需要在共同目标的基础上建立矛盾解决机制。

（3）权力运用。

解决供应链上的问题一般可采用协商的方法。然而，当供应链中企业力量悬殊较大，企业影响力相差甚远时，一些企业在供应链中地位上升，此时，地位高的企业很可能利用权力获取更高的利润，这将使战略合作伙伴关系受到很大伤害。

2. 双赢原理

（1）双赢策略的概念。

双赢（Win-Win）原理是指在市场中，并非一方损失，另一方获利，而是双方均有收益。例如：零售商不一定依赖压底进价的方式来增加利润，以致伤害了制造商的利益。制造商也不一定要靠压低原材料进价的方式来降低成本，以致伤害了供应商的利益。零售商和制造商利润可以通过供应链上的信息共享和快速反应，使商品畅销而得到。这样零售商、制造商和供应商等各方面均没有受到伤害。供应链成员之间不存在利害关系的冲突，而是共同创造新利益的合作伙伴关系。这种没有胜败、共同取胜的理念称为双赢。

（2）双赢原理的应用。

要想建立双赢关系，必须具备一定的条件。首先是合作双方目标要一致；其次是要求共同创造效益；此外，还需要共同分配收益。

要想建立双赢关系，合作双方必须具有一个共同的目标，例如增加销售额是零售商、制造商和供应商的共同愿望。零售商希望消费者多购商品，制造商希望零售商多进货，供应商则希望制造商多购买原材料。因此，增加销售额是一个统一目标，并不断分解，可以找到实现这一目标的方法。

3. 拉式供应链

（1）推式供应链。

在传统管理中，往往是以制造商为中心，由制造商根据市场订单和经验预测来制订生产计划、销售计划和物料供应计划，然后，再将这些计划下推至零售商，上推至供应商。因此，零售商、供应商与制造商在供应链上结合是否紧密就完全取决于制造商了。在这种情况下，制造商为了降低预测风险，必须加大库存量。同样，零售商为了保证销售，也不得不加大库存量，无形中增加了成本，不得不以压低价格的方式将增加的成本转嫁给制造商。即使客户消费是稳定的，但是由零售商至制造商，供应商的订货量都是不稳定的，也就是说，越是供应链上游，订货量的波动就越大。

推式供应链不能满足需求波动，而为了应付需求波动，库存冗余度较大，积压较多，造成产品过时，滞销产生。

（2）拉式供应链。

在现代管理中，如何削减库存是人们所关注的问题，因为降低库存意味着它将大大降低成本，这是供应链管理的最终目标。在现代生产管理中，制造商是以客户为导向来组织生产，因为需求来源于实际，数据更加准确，整个供应链上的提前期大为缩短，需求波动的影响也将变小。这种以客户为中心，真正由客户驱动生产的是一种拉动的方式，生产目标由下游客户来拉动，称拉式供应链。拉式供应链能满足客户需求，使库存处于最佳状态，是一种先进的管理技术。

10.3.3 SCM软件系统描述

1. SCM系统的特点

传统管理手段提供的优化方案可能使局部成本最小，但无力处理企业供应链中的复杂关系，控制整体运作的综合成本。必须采用大规模优化工具管理企业供应链，打破功能性限制，使企业和合伙人跨越界限优化计划和执行；通过供应链驱动一致的信息和处理流程，把供应商和制造商的相互需求和技术集成在一起，实现从以产品/物流为核心向以集成/合作为核心的转化。

（1）涉及了采购、生产、分销等不同的业务过程。

计划：监控供应链，管理所有资源，使之能够有效而低成本地为客户提供高质量和高价值的产品或服务。

采购：与供应商建立一套定价、配送和付款流程，进行监控和改善管理，包括提货、核实货单、转送货物、批准对供应商的付款等。

制造：安排生产、测试、打包和准备送货所需的活动，是供应链中测量内容最多的部分，包括质量水平、产品产量和工人的生产效率等。

配送：调整用户订单收据，建立仓库网络，递送人员提货并送货到客户，建立货品计价系统，接收付款。

退货：问题处理部分。建立网络接收客户退回的次品和多余产品，在客户使用产品出问题时提供支持。

以上业务过程与销售、采购、财务、运营/管理、物流/库存等关键功能模块紧密相关，比如财务部门准备票据，而销售部门控制装运和票据处理。通过ERP系统实现业务流程与功能模块的集成，建立企业内部供应链体系，是实现整个供应链的基础。

（2）SCM实现外部与内部系统集成。

SCM较好地通过管理信息流、产品流和需求流的合理流动，实现内部与外部的集成，包括SCP（供应链计划）和SCE（供应链执行）两个部分。

最有价值（最复杂和最易出错）的是需求计划，它决定着企业需要制造什么样和多少产品。SCP软件运用数学运算辅助改进供应链的流转和效率，降低库存，其精确性完全依赖于信息。

SCE软件用于实现供应链各个部分的自动化，使操作简单明了，如企业为了获得原料，可以从制造工厂发送电子订单给供应商。

通常，SCM的供应链管理功能经由不同的组件组成的系统来实现，包括高级计划和优化（APO）、企业采购（BBP）、商贸信息数据仓库（BW）、后勤执行系统（LES）、原料管理（MM）、产品计划（PP）、销售和配送（SD）。

（3）采用专项手段实现专门管理。

SCM 大量采用各种先进的管理和技术，它们是革新供应链的基本手段，包括：

① 通过 JIT、TQM 等先进管理技术，促请供应商进行管理革新，提升设计能力，管理和控制中间供应商网，保证交货的可靠性和准确性。

② 通过融入代理技术和调频识别技术（RFID），使供应链穿越传统界限并进一步延展，增强供应链管理系统的可视性，有效应对变化莫测的市场。

③ 借助因特网技术拓展供应链应用，为企业、合伙人和客户提供可见的交易评价数据，提供订购、预报、产品计划等关键指标的即时指示器，使企业掌握存货水平和供应速度，强化提高服务质量的能力和减少存货所需资本的能力。

④ 其他专项管理手段，包括采购管理系统（EPS）、供货商关系管理系统（SRM）、仓库管理系统（WMS）、运输管理系统（FMS）、销售管理系统（SMS）、订单管理系统（OMS）、需求计划系统（DP）等。

2. SCM 系统的典型功能

供应链管理的功能主要由采购管理、产品管理、库存管理、销售管理、客户关系管理（包括渠道管理）、预算管理、竞争对手分析、信息管理、系统管理（包括内部用户权限管理、系统模板选择、系统基本设置）功能等几部分组成。

（1）采购管理。

采购管理系统包括生产资料和非生产资料等各种业务采购。

采购企业可以通过虚拟的在线产品目录，迅速而实时地访问产品信息；通过价格和品质的比较，选定产品供应商；通过在线交易来实现传统采购交易中的多种功能，降低采购周期与成本，保证自身业务高效地进行。对于专业的采购人员，他们可以通过系统对库存状况的分析来评估供应商的实力；实时而迅速地了解供应商的信息，避免传统交易中的种种障碍，对于采购时间有限定的产品极为有利。

目录管理：建立买方私有目录，查询产品信息及供应商。

请购管理：生成请购单，可以根据常用的采购行为设置请购模板。

采购单管理：由请购单汇总成采购单及采购协议的维护。

询价模块：根据采购类型按照不同流程获取产品价格。询价单的内容包括：供应商名称和产品名称、数量、期望交货日期、截止日期、要求的送货地点、备注、附件、送货方式和付款方式（可选）。询价回应的内容包括：数量范围、是否包括运费、询价回应的有效期。

审批管理：根据审批流程实现对采购的审批。

（2）产品管理。

用户可以方便地在网上查询产品分类、新产品介绍、产品价格、产品库存（相关的供求情况）等，也可以通过产品的搜索引擎进行查找。后台进行产品信息的录入、删除、修改。

(3) 库存管理。

完成出入库管理、分仓管理（仓库档案增改删）、存量查询（一览表、汇总、明细）、盘点结存、移库调拨、残损管理、退换货管理、安全库存管理等库存业务管理的基本过程。

(4) 销售机构管理。

任意设置销售区域及区域的层次关系，加强对各区域的分级管理。用户还可根据需要建立适合自己的多层组织结构，定义组织职能和组织关系，进行人员配置，设置人员权限，管理人员信息。部门、人员的组织层次、角色、权限都可以任意划分，可以灵活地实现组织与部门的重组。

(5) 销售管理。

销售管理是对分销业务进行管理的主要功能，包括销售流程的管理、产品价格的管理、客户信用额度的管理以及优惠策略的管理。

销售流程的管理（订单管理）：客户在网上进行选购的过程实现，在线支付、状态查询等。

产品价格的管理：从后台管理产品的报价，针对不同的客户（等级）设定产品不同报价（折扣）。

促销管理：返点的申请，销售人员根据各级代理商和经销商的业绩，为他们申请返点，管理人员对返点申请进行审批，审批有效后系统自动把返点加在代理商和经销商账户上。返点可在系统中冲减应收款，以及返点的查询明细情况等。

赠品的管理。

退换货管理：申请表单流程处理。

(6) 订单管理。

对于客户下的订单通过订单履行来完成，即订单的处理、订单的确认、订单状态管理，包括取消、付款、发货等多种状态，以及订单出库和订单查询等。

(7) 销售统计。

可以通过销售统计查询某个产品、某地区的下级分销商、到某个下级分销商的销售情况，还可形成周/月报表。

(8) 竞争对手分析。

竞争对手的存在经常会阻碍销售的顺利进展，甚至会直接因此而造成销售失败，所以知己知彼就显得尤为关键。在这个模块中，将允许输入并查看竞争对手的产品、部件、价格、企业情报，并允许与竞争对手进行企业实力与背景、产品、价格等的比较，包括竞争对手产品、价格、市场策略等收集分析。

(9) 信誉额度管理。

管理客户的信誉额度，信用额度用来约束客户在使用先取货后付款方式下可以成交订单的最大金额，以控制风险。

(10) 渠道健康情况监测。

如货物周转周期过长或有货物超期未到，信用透支严重等，可以用颜色报警。以及基于渠道的销售统计：日常交易量、查询交易明细、渠道成本、流通率、效率计算等。客户的反馈及投诉，建立在线的客户服务，解决客户的投诉和反馈信息。

（11）预算和计划。

根据企业业务要求，参考本月发生额，就下个月份的资金（进出）、库存（进出）、人员、运输等因素进行预算申请及相应的业务计划，并通过内部流程的审批。

（12）分析和预测模块。

对销售管道中的线索来源、销售机会、销售进度、账户区域分布、客户组织结构等进行图表分析，能够最直观地展现销售业绩，便于销售人员和经理人员及时发现问题的关键所在，正确做出决策。

10.4 客户关系管理

10.4.1 客户关系管理概述

1. 客户关系管理产生的背景

客户关系管理（Customer Relationship Management，CRM）的产生，是市场竞争对客户资源的重视、企业管理运营模式的更新、企业核心竞争力提升的要求、电子化和信息化基础等几方面因素推动和促成的。

（1）市场竞争的必然结果。

由于产品高低的差距日益缩小，而客户将目光投向了服务，客户对服务的要求不断地提升。所以，企业的注意力就从产品转向客户。另外，激烈的市场竞争要求企业尤其是拥有庞大客户群体的企业，必须树立“以客户为中心”的经营管理理念，只有建立并维持良好的客户关系，才能在市场中长期拥有至关重要的客户资源。

（2）管理运营模式更新的要求。

首先，企业管理战略从市场占有率转向客户占有率。企业以往注意在市场上的占有率，以此来衡量企业的效率。而市场占有率是经常在变动的，因为一旦客户的要求得不到满足时，大批客户就会离你而去。因此，只有客户占有率高，特别是长期客户占有率高，企业管理战略目标才能达到。其次，管理成果的标志从投资回报率转向客户保持率。由于不同时期同样管理方式、同样投资的回报率可能是不同的，如果用客户保持率考核企业经营的好坏，则避免了这种现象。再次，企业目前的运营制度体系及管理流程中出现了一系列传统管理方式方法难以解决的问题，要求企业必须更新经营管理模式，才能实现业务的自动化或技术辅助式运行，形成与客户全面接触、全程服务的统一平台。

（3）企业核心竞争力提升的需要。

核心竞争力建设要求企业必须以全面管理客户关系为主线，提高客户满意率为目的，集成各种面向客户的信息开展业务活动。如果说企业资源规划（ERP）等系统和工具帮助企业理顺了内部流程，削减了成本，可实现事务处理自动化（OLTP），那么，企业将更需要能帮助其全面联系外部客户、把握市场、提高客户满意率的 CRM 工具。

（4）信息技术发展的驱动。

先进的技术支持使得客户关系管理的实现成为可能。Internet 和数据库等技术被日益广泛地应用于企业的信息系统构建和辅助管理上，包括从传统的办公事务自动化（OA）发展到决策支持（DS）、商业智能（BI）等。

以客户为中心、客户占有率、客户保持率和客户满意率都是围绕客户而言的。客户关系管理正是在这样的背景下应运而生的，并被视作电子商务的主要推动力量，将领导电子商务的革命性进程。

2. 客户关系管理的定义

最早发展客户关系管理的国家是美国，这个概念最初由 Gartner Group 提出来，在 1980 年初便有所谓的“接触管理”（Contact Management），即专门收集客户与公司联系的所有信息，到 1990 年，则演变成包括电话服务中心支持资料分析的客户关怀（Customer care）。最近开始在企业电子商务中流行。

关于 CRM 的定义，不同的研究机构有着不同的表述。

最早提出该概念的Gartnet Group认为：所谓的客户关系管理就是为企业提供全方位的管理视角；赋予企业更完善的客户交流能力，最大化客户的收益率。

美国著名的分析机构 Hurwitz group 认为：CRM 的焦点是自动化并改善与销售、市场营销、客户服务和支持等领域的客户关系有关的商业流程。CRM 既是一套原则制度，也是一套软件和技术。它的目标是缩减销售周期和销售成本、增加收入、寻找扩展业务所需的新的市场和渠道以及提高客户的价值、满意度、赢利性和忠实度。CRM 应用软件将最佳的实践具体化并使用了先进的技术来协助各企业实现这些目标。CRM 在整个客户生命期中都以客户为中心，这意味着 CRM 应用软件将客户当作企业运作的核心。CRM 应用软件简化协调了各类业务功能（如销售、市场营销、服务和支持）的过程并将其注意力集中于满足客户的需要上。CRM 应用还将多种与客户交流的渠道，如面对面、电话接洽以及 Web 访问协调为一体，这样，企业就可以按客户的喜好使用适当的渠道与之进行交流。

而 IBM 则认为：客户关系管理包括企业识别、挑选、获取、发展和保持客户的整个商业过程。IBM 把客户关系管理分为三类：关系管理、流程管理和接入管理。

从管理科学的角度来考察，客户关系管理（CRM）源于市场营销理论；从解决方案的角度考察，客户关系管理（CRM）是将市场营销的科学管理理念通过信息技术的手段集成在软件上面，得以在全球大规模的普及和应用。

作为解决方案（Solution）的客户关系管理（CRM），它集合了当今最新的信息技术，它们包括 Internet 和电子商务、多媒体技术、数据仓库和数据挖掘、专家系统和人工智能、呼叫中心等。作为一个应用软件的客户关系管理（CRM），凝聚了市场营销的管理理念。市场营销、销售管理、客户关怀、服务和支持构成了 CRM 软件的基石。

综上所述，CRM 有三层含义：（1）体现为新态企业管理的指导思想和理念；企业将在 CRM 理念指导下，创新并建设以客户为中心的商业模式，通过整合企业内外资源、集成并应用 CRM 管理系统，确保企业利润增长和客户满意的实现；（2）是创新的企业管理模式和运营机制；旨在通过改善与客户的关系，提高企业营销、销售、服务等与客户密切相关业务的效率和效益。企业建立和应用客户关系管理系统，在动态运营中就可以及时识别发生于企业产品、服务与客户间的交互关系，使营销、销售、客户服务以及决策等诸多业务领域形成彼此协调、互为支持的全新局面；（3）是企业管理中信息技术、软硬件系统集成的管理方法和应用解决方案的总和。它既是帮助企业组织管理客户关系的一系列信息技术、方法和手段，又是运用信息技术对企业涉及销售、营销、客户服务等业务流程自动化的软件乃至硬件系统。

其核心思想就是：客户是企业的一项重要资产，客户关怀是 CRM 的中心，客户关怀的目的是与所选客户建立长期和有效的业务关系，在与客户的每一个“接触点”上都更加接近客户、了解客户，最大限度地增加利润和利润占有率。

客户关系管理（CRM）是选择和管理最有价值客户关系的一种商业策略。CRM 要求以客户为中心的商业哲学和企业文化来支持有效的营销、销售以及服务流程。如果企业拥有正确的领导、策略和企业文化，CRM 应用将为企业实现有效的客户关系管理。

10.4.2 CRM的原理

CRM 之所以能够得到迅速发展，是和 CRM 所基于的理论分不开的，CRM 的基本原理涉及客户价值、“一对一”服务、定位客户类型和拉式模式等方面。

1. 重视客户价值

在当今以客户驱动的市场中，人们不再仅仅关心产品质量、准时交货的问题，而更多是迫切需要了解以下信息：什么样的新客户对产品有兴趣；他们更容易接受哪种销售方式；哪些客户对报价有反应；哪些客户是企业长期客户；哪些客户容易投向竞争对手……这些信息是客户对产品、服务和无形资产的满意程度的反应。这种反应是很有价值的，它来自客户，也就是客户价值。

客户对产品的感觉反映在对产品的选择、产品的报价方面；客户对服务的感觉反映在增值服务的提供方式，增值服务的提供品种方面。这些感觉若是比较好的话，则客户满意度就会比较高。当然，客户满意度并不等于客户忠诚度，企业不仅希望客户满意度高，更希望客户忠诚度也高。

当企业提供的产品和服务越有价值，客户对企业也就越忠诚。然而这个价值没有统一的标准，因为客户的需求是不一样的。企业必须了解客户真正需要什么。例如有的客户要求企业具有良好的信誉度；有的客户要求企业具有优秀的员工；还有的客户讲究企业提供一些特殊的服务……因此，企业只有通过对客户信息的调查研究，做出有价值的分析，根据客户的不同要求，为他们提供不同的附加值。

重视对客户价值的管理可以显著地提高企业盈利的能力。因此，企业越来越重视客户的价值，并建立以它为导向的战略来改善业绩，争取保留及发展最有价值的客户。要让客户参与价值的创造活动，只要客户使用了企业的产品和接受了企业的服务，产品和服务就有价值，而利润则来自客户所创造的价值。

当然，要有效地利用客户价值，还必须克服组织、技术、分析中的一些障碍。因为以产品为导向的传统思维模式和组织会成为以客户为导向的行动的阻力。

对客户价值的了解需要通过与客户交流而得到，而信息技术的发展又为这种交流提供了很好的工具。企业通过在 Internet 上与客户互动式交流，可以对客户有个全面的认识、持续的了解和深入的分析。

要实现客户价值管理，企业可以制定一份新的业务计划，计划一个新的业务流程，通过各种渠道，获得客户关系信息，建立客户盈利潜力核算模型，分析客户行为，了解客户真正的价值，为不同客户设计不同的业务规则和措施，在所有与客户接触点上提供全套服务。

2. 应用“一对一”的理论

在传统的经营活动中，是通过千篇一律的客户调查表、淡季打折的广告、形形色色的优惠卡等一些群体方式来争取客户。然而，客户调查表给客户增加了填写负担，微利打折广告客户对其兴趣不大，优惠卡增添了携带负担。总之，这些以金钱方式向客户购买忠诚度的方法是行不通的，它只是一种奖励式的单向交流而已。企业不会与客户建立起一种以填表、优惠卡等为基础的关系，而应建立起一种互相信任，互相了解，尊重客户，关心客户，倾听客户意见的一种友好关系。

取代以上营销方式的是“一对一”的个性化服务。这种方式将企业与客户之间的简单交易行为转化为解决方案的服务。而 CRM 正是建立在以客户关系“一对一”理论基础上的个性化服务。

不同客户的价值观是不一样的，各个客户的需求也是不一样的。因此，企业应该开展一种个性化服务去满足不同客户的要求。具体的做法是：同每个客户建立关系；同每个客户进行交流；了解客户的特殊需求，甚至他们的兴趣和爱好。在客户关系的整个生命周期中跟踪客户：通过收集工作汇总客户信息，建立客户档案，做到了解每个客户，关心每个客户，满足每个客户，做到为不同的客户提供不同的服务。只有这样，才能真正留住客户，保留企业的发展资源。

3. 定位客户类型

企业所面对的无数客户，无论是老客户、新客户、潜在客户，还是回头客户，都需要企业“一对一”地认真对待。除此之外，更重要的是企业还必须对客户的类型进行进一步分析。

从客户关系角度来看，客户的类型可以分为以下 2 种。

（1）关系客户。

关系客户和供应商是一种依赖关系，他们关心的是产品的质量和服务，购物环境、购物所花费的时间和精力，他们希望找到一家公司，双方能建立一种长期友好的关系，供应商能够“一对一”地为他们服务，而且是终生服务的关系。至于价格，不是主要考虑的因素。毫无疑问，这类型的客户能给企业带来可观的利润，客户的忠诚度将会很高，是价值较高的客户，属于高利客户。

（2）交易客户。

交易客户和供应商纯粹是一种买卖关系。他们唯一关系的是产品的价格和打折的动向，至于购物所花费的时间和精力，他们并不太关心。当价格不合适时，他们会转移采购的方向，所以谈不上什么客户忠诚度。因此，这类型的客户能给企业带来的利润较低，属于低利客户。

当企业了解了以上两种客户的情况之后，一定会从中得到一个结论：那就是要千方百计地呵护好关系客户，将营销工作目标对准关系客户。在营销过程中，给他们以特别的待遇，为他们提供特殊的照顾。应将营销的费用和时间主要投放在此类客户身上。

在关系客户中，又可分为给公司创造最大利润的关系客户，可能给公司创造最大利润的关系客户和将要失去价值的关系客户 3 种类型。当然，在这 3 种类型中，企业应该将目光投向给公司创造最大利润的关系客户身上。

4. 推行拉式模式

在物资短缺时代，实行的是推式的市场模式。推式模式往往是由预测来启动的，根据预测的需求产生产品的需求，然后推向客户，即由企业来引导市场的需求，通过库存来调节市场的需求。在推式市场结构中，企业为主动，客户为被动。企业从中可以得到部分的效益。

推式模式的主要优点是企业资源利用具有可预测性，其主要缺点是由于这种预测很可能不准确，因此就有可能产生呆滞产品，这些存货将会给企业带来一定的风险，因为过多的产品堆积使客户对产品销售更加敏感，销售额反而减少，以至造成销售的恶性循环。

在物资丰富的时代，实行的是拉式的市场模式，拉式模式往往是由客户需求来启动的，由客户的需求产生产品的需求。它是一种将需要的产品，在需要的时间，按需要的数量供给客户的市场模式，又称作及时系统（Just In Time，JIT）。拉式市场模式是由客户引导市场的需求，在拉式市场结构中客户为主动，企业为被动，企业向客户让利，并不断地创造新的资源和新的需求。

拉式模式的主要优点是需求准确，库存降低，甚至达到零库存，因此成本下降，其主要缺点是对预期的需求反应不够迅速。

CRM 的新概念是建立在拉式市场模式之上的，客户是主动的，销售人员采取的是耐心倾听客户需要的销售方式，因此，销售人员处于被动的地位。拉式市场模式是一种较有利的模式，能够通过客户与销售人员的交流，做到更好地沟通，便于企业了解客户的感觉，掌握市场脉搏，取得较大的效益。

10.4.3 CRM软件系统描述

集成了 CRM 管理思想和最新信息技术成果的 CRM 软件系统，是帮助企业最终实现以客户为中心的管理模式的重要手段。在此首先描述了 CRM 软件系统的一般模型，然后根据模型，进一步对 CRM 软件系统的结构和功能作详细分析。

1. CRM 软件系统的一般模型

CRM 软件系统的一般模型反映了 CRM 最重要的一些特性，如图 10-6 所示。

这一模型阐明了目标客户、主要过程以及功能之间的相互关系。CRM 的主要过程由市场、销售和服务构成。首先，在市场营销过程中，通过对客户和市场的细分，确定目标客户群，制订营销战略和营销计划。而销售的任务是执行营销计划，包括发现潜在客户、信息沟通、推销产品和服务、收集信息等，目标是建立销售订单，实现销售额。在客户购买了企业提供的产品和服务后，还需对客户提供进一步的服务与支持，这主要是客户服务部门的工作。产品开发和质量管理过程分别处于 CRM 过程的两端，提供必要的支持。

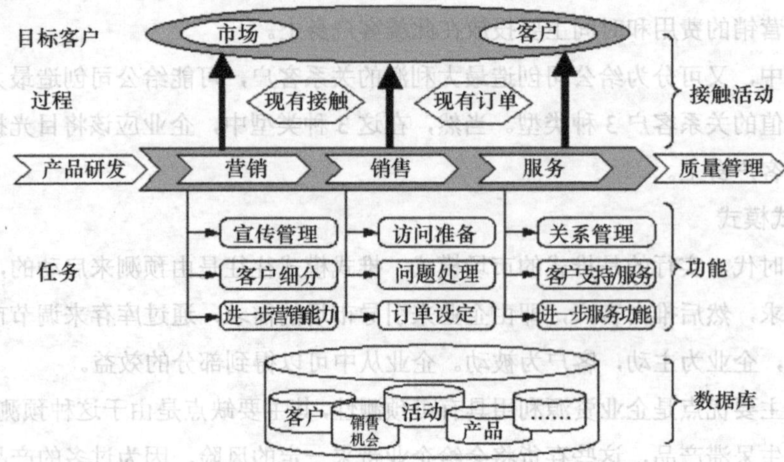

图 10-6 CRM 软件系统的一般模型

在 CRM 软件系统中，各种渠道的集成是非常重要的。CRM 的管理思想要求企业真正以客户为导向，满足客户多样化和个性化的需求。要充分了解客户不断变化的需求，必然要求企业与客户之间要有双向的沟通，因此拥有丰富多样的营销渠道是实现良好沟通的必要条件。

CRM 改变了企业前台业务运作方式，各部门间信息共享，密切合作。位于模型中央的共享数据库作为所有 CRM 过程的转换接口，可以全方位地提供客户和市场信息。过去，前台各部门从自身角度去掌握企业数据，业务割裂。而对于 CRM 模型来说，建立一个相互之间联系紧密的数据库是最基本的条件。这个共享的数据库也被称为所有重要信息的“闭环”（Closed-loop）。由于 CRM 系统不仅要使相关流程实现优化和自动化，而且必须在各流程中建立统一的规则，以保证所有活动在完全相同的理解下进行。这一全方位的视角和“闭环”形成了一个关于客户以及企业组织本身的一体化蓝图，其透明性更有利于与客户之间的有效沟通。这一模型直接指出了面向客户的目标，可作为构建 CRM 系统核心功能的指导。

2. CRM 软件系统的组成

根据 CRM 系统的一般模型，可以将 CRM 软件系统划分为接触活动、业务功能及数据库 3 个组成部分。

（1）接触活动。

CRM 软件应当能使客户以各种方式与企业接触，典型的方式有 Call Center、面对面的沟通、传真、移动销售（mobile sales）、电子邮件、Internet 以及其他营销渠道，如金融中介或经纪人等，CRM 软件应当能够或多或少地支持各种各样的接触活动。企业必须协调这些沟通渠道，保证客户能够采取其方便或偏好的形式随时与企业交流，并且保证来自不同渠道的信息完整、准确和一致。今天，Internet 已经成为企业与外界沟通的重要工具，特别是电子商务的迅速发展，促使 CRM 软件与 Internet 进一步紧密结合，发展成为基于 Internet 的应用模式。

（2）业务功能。

企业中每个部门必须能够通过上述接触方式与客户进行沟通，而市场营销、销售和服务部门与客户的接触和交流最为频繁，因此，CRM 软件主要应对这些部门予以支持。

然而，并不是所有的 CRM 软件产品都能覆盖所有的功能范围。一般来说，一个软件最多能够支持 2～3 种功能，如市场营销和销售。因此，在软件评价中，功能范围可以作为决定性的评判依据。表 10-1 给出了 CRM 软件各业务功能子系统较为详细的描述。

表 10-1　　CRM 软件系统的业务功能描述

市场	销售	服务
宣传管理，直接营销 • 选择判据的确立 • 定义接触渠道 • 设计、计划、展开一项宣传或活动 • 反馈处理 • 生成进度计划	访问准备 • 获得信息，需求分析 • 制作演示和样本 • 客户接触计划（如根据进度计划） • 提取客户信息 • 投资建议、样本组合成行情信息	关系管理 • 附加服务的识别和了解 • 识别和了解进一步的潜在客户需求 • 知道客户考虑新的产品或服务
客户评价 • 打分 • 客户评价 • 客户潜力分析 • ABC 分析 • 措施计划 进一步的市场营销功能 • 广泛收集有关投资策略、市场研究结果、市场分析、竞争者及外部数据来源的信息 • 客户及市场细分 • 市场机会的早期识别	问题处理及方案提供 • 客户数据控制 • 咨询系统 • 针对特定客户提供产品方案 • 进度计划的理解与形成 订单设定 • 订单的识别掌握（Checklist 控制） • 客户联系方式 • 客户反应 • 形成报告	客户支持与服务 • 问题处理（支付路径） • 答复 • 客户状态控制 • 投拆管理 • 掌握客户愿望 • 整体的费用结算 进一步的服务功能 • 外部行动 • 宣传册/广告文章的订购方式 • 产品和销售培训 • 客户帮助台（直接接触客户） • 问题及解决方案的数据库
客户数据库系统		
• 客户历史 • 潜在的客户管理 • 客户评价	• 客户的关系范围 • 个人情况 • 感兴趣者/客户数据的理解	• 产品使用 • 报告管理 • 客户合同关系
过程转换功能		
产品管理 • 产品设计、模拟及生产 • 产品组成管理	进度及日程管理 • 进度管理 • 人员及项目转换日程安排 • 销售计划管理	销售支持 • 销售指导（目标、推销渠道、产品、过程） • 预测计划、销售计划、销售分析 • 客户预测 • 投入计划

CRM 软件系统的业务功能通常包括市场管理、销售管理、客户服务和支持 3 个组成部分。市场管理的主要任务是：通过对市场和客户信息的统计和分析，发现市场机会，确定目标客户群和营销组合，科学地制定出市场和产品策略；为市场人员提供制定预算、计划、执行和控制的工具，不断完善市场计划；同时，还可管理各类市场活动（如广告、会议、展览、促销等），对市场活动进行跟踪、分析和总结，以便改进工作。

销售管理部分则使销售人员通过各种销售工具，如电话销售、移动销售、远程销售、电子商务等，方便及时地获得有关生产、库存、定价和订单处理的信息。所有与销售有关的信息都存储在共享数据库中，销售人员可随时补充或及时获取，企业也不会由于某位销售人员的离去而使销售活动受阻。另外，借助信息技术，销售部门还能自动跟踪多个复杂的销售线路，提高工作效率。

客户服务和支持部分具有两大功能，即服务和支持。一方面，通过计算机电话集成技术（CTI）支持的呼叫中心，为客户提供每周 7×24 小时不间断服务，并将客户的各种信息存入共享的数据库，以及时满足客户需求。另一方面，技术人员对客户的使用情况进行跟踪，为客户提供个性化服务，并且对服务合同进行管理。其实，上述三组业务功能之间是相互合作的关系，如图 10-7 所示。

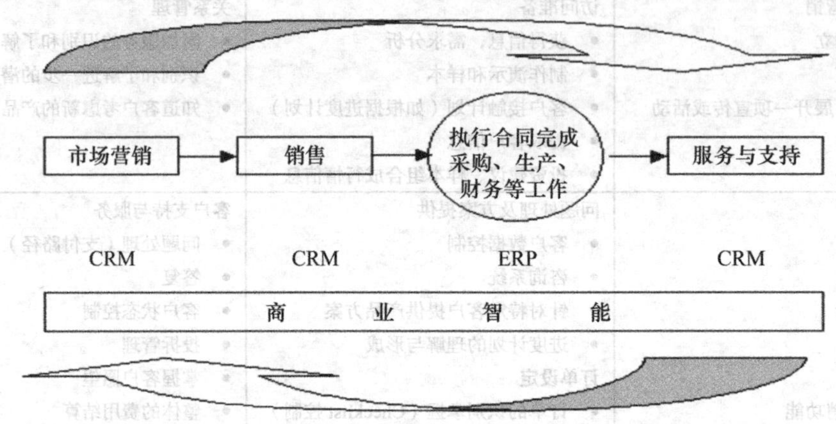

图 10-7 客户关系管理与客户生命周期

（3）数据库。

一个富有逻辑的客户信息数据库管理系统是 CRM 系统的重要组成部分，是企业前台各部门进行各种业务活动的基础。从某种角度来说，它甚至比各种业务功能更为重要。其重要作用体现在以下几点：帮助企业根据客户生命周期价值来区分各类现有客户；帮助企业准确地找到目标客户群；帮助企业在最合适的时机以最合适的产品满足客户需求，降低成本，提高效率；帮助企业结合最新信息和结果制定出新策略，塑造客户忠诚度。运用数据库这一强大的工具，可以与客户进行高效的、可衡量的、双向的沟通，真正体现了以客户为导向的管理思想；可以与客户维持长久的甚至是终身的关系来保持和提升企业短期和长期的利润。可以这样说，数据库是 CRM 管理思想和信息技术的有机结合。

一个高质量的数据库包含的数据应当能全面、准确、详尽和及时地反映客户、市场及销售信息。数据可以按照市场、销售和服务部门的不同用途分成三类：客户数据、销售数据和服务数据。客户数据包括客户的基本信息、联系人信息、相关业务信息、客户分类信息等，它不但包括现有客户信息，还包括潜在客户、合作伙伴、代理商的信息等。销售数据主要包括销售过程中相关业务的跟踪情况，如与客户的所有联系活动、客户询价和相应报价、每笔业务的竞争对手以及销售订单的有关信息等。服务数据则包括客户投诉信息、服务合同信息、售后服务情况以及解决方案的知识库等。这些数据可放在同一个数据库中，实现信息共享，以提高企业前台业务的运作效率和工作质量。目前，飞速发展的数据仓库技术（如 OLAP、数据挖掘等）能按照企业管理的需要对数据源进行再加工，为企业提供了强大的分析数据的工具和手段。

（4）技术功能。

CRM 系统除了上述 3 个组成部分外，在技术上需要实现其特有的一些功能。与其他标准软件相类似，主要必须遵循以下几点原则。

① 易转换——适应性及强大的参数设置功能。

在已有的 IT 环境下，要求对所定义的各个部分具有强大的一体化功能：强大的数据复制及同步功能，独立于开发平台（与核心部分是 C++还是 Java 编写无关），通过 COM/DCOM 以及 CORBA 与 E-Business 构成一体化结构，以及以网页为基础的组合结构。

② 界面友好。

③ 关系 DBMS 以及通常的开发环境（C++、Java）。

目前，CRM 标准软件系统在技术上仍不够成熟。根据 Forrester 研究公司的报告估计，目前只有 10%的标准软件产品在引入前不需作相应的调整，30%的产品则必须作全面的修改，导致引入成本非常高，而这些产品以后可能仍不能与现实相适应。软件厂商正试图通过向客户提供通用的开发工具、公共开放的接口以及对大型数据模型和组成结构的详细文档来改变上述现状，其技术功能如图 10-8 所示。

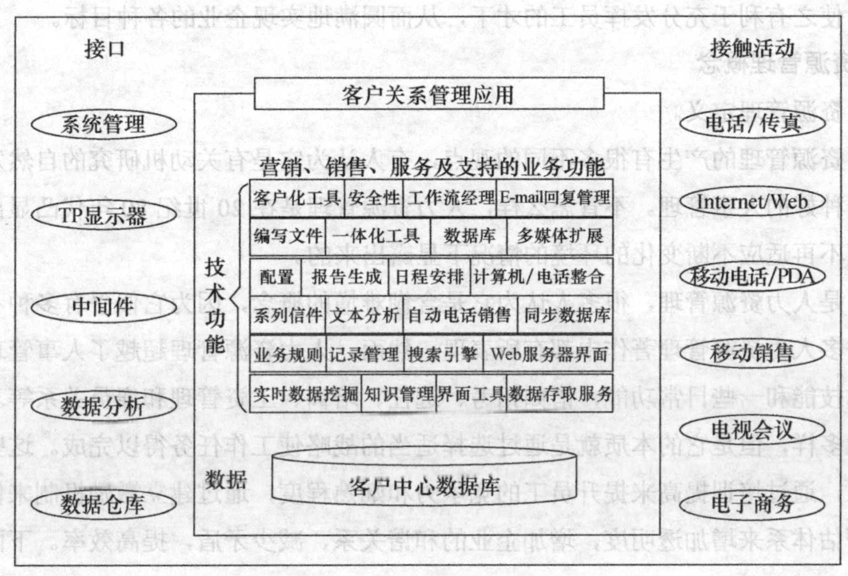

图 10-8　CRM 软件系统的技术功能

CRM 的主要目的就在于在适当的时间通过适当的渠道将合适的产品提供给合适的客户。通过 CRM 软件系统的应用，企业提高了前台业务的运作效率。客户信息可以从中央数据库完整地获取，而不依赖于销售渠道；产品及客户分析结果以及产品销售、地区销售等的预测能够非常容易且实时地得到利用；同时企业可以通过 CRM 软件系统来对销售进行管理，使得能在有很多决策部门的大型组织中实现复杂的销售过程；CRM 软件还能简化识别目标客户的工作，加强与目标客户的联系；能够更为合理地分配营销资源，提高反馈率，并加强宣传的作用，从而减少市场营销成本。

CRM 软件系统支持营销、销售和服务过程，使得对客户和所谓的“闭环”过程有一个全方位的视角。其作用是由业务功能和技术功能两方面共同决定和完成的。

10.5 人力资源管理系统

10.5.1 人力资源管理概述

在企业不断提高竞争力和努力完成各种使命的过程中，人力资源管理（Human Resource Management，HRM）起着至关重要的作用。企业要想生存和发展，就必须有效地提供适销对路的产品或服务，而人力资源正是提供这些产品和服务的要素之一，有时甚至是唯一的要素。人力资源不仅是企业中最重要的资源之一，同时也是最昂贵的资源，有时甚至是最容易引起问题的资源。近年来，高层管理者之所以日益重视人力资源的战略地位，其根本原因就在于，对人力资源的有效利用是企业在国内外保持竞争优势的必要条件。人力资源管理的根本任务就是在企业内部设计各种有关的正规制度，使之有利于充分发挥员工的才干，从而圆满地实现企业的各种目标。

1. 人力资源管理概念

（1）人力资源管理定义。

关于人力资源管理的产生有很多不同的观点，有人认为它是有关动机研究的自然发展，也有人认为它就是一种好的人事管理。不管怎么样，人力资源管理是在20世纪80年代凸显出来的，是在传统管理方式不再适应不断变化的环境的情况下显露出来的。

究竟什么是人力资源管理，很多人认为它是含糊难懂的概念，因为它似乎有多种不同的含义，这种混淆在许多人力资源管理著作中都有所表现。然而，人力资源管理超越了人事管理，人事管理重点强调技术技能和一些日常功能，诸如招考、选任、培训、工资管理和雇员关系等。人力资源管理的定义多种多样，但是它的本质就是通过选择适当的战略使工作任务得以完成。这些战略包括选择适当的员工，通过培训提高来提升员工的竞争力和娴熟程度，通过建立激励机制来保留员工，通过建立绩效评估体系来增加透明度，增加企业的和谐关系，减少矛盾，提高效率。下面给出人力资源管理的几个典型定义。

定义之一：是指影响雇员（工作人员）的行为、态度，以及绩效的各种政策、管理活动以及制度（是“规则+行为”及其影响）。

定义之二：是利用人力资源去实现组织目标。因此，所有层次上的经理都应该关心人力资源管理（是“组织”的事）。

定义之三：是指为了完成管理工作中涉及人或人事方面的任务所需要掌握的各种概念和技术，它包括：工作分析；制定人力需求计划以及人员招募；培训及开发；薪酬管理；奖金、福利管理、绩效评估；沟通；劳动关系管理等（包括各种“概念和技术”）。

综合上述定义，人力资源管理是指运用现代化的科学方法，对与一定物力相结合的人力进行合理的培训、组织和调配，使人力、物力经常保持最佳比例，同时对人的思想、心理和行为进行恰当的诱导、控制和协调，充分发挥人的主观能动性，以使人尽其才，事得其人，人事相宜，实现组织目标。

根据定义，可以从 2 个方面来理解人力资源管理。

① 对人力资源外在要素——量的管理。对人力资源进行量的管理，就是根据人力和物力及其变化，对人力进行恰当的培训、组织和协调，使二者经常保持最佳比例和有机的结合，使人和物都充分发挥出最佳效应。

② 对人力资源内在要素——质的管理。主要是指采用现代化的科学方法，对人的思想、心理和行为进行有效的管理（包括对个体和群体的思想、心理和行为的协调、控制和管理），充分发挥人的主观能动性，以达到组织目标。

（2）人力资源管理的意义。

在人类所拥有的一切资源中，人力资源是第一宝贵的，自然成了现代管理的核心。不断提高人力资源开发与管理的水平，不仅是当前发展经济、提高市场竞争力的需要，也是一个国家、一个民族、一个地区、一个单位长期兴旺发达的重要保证，更是一个现代人充分开发自身潜能、适应社会、改造社会的重要措施。其主要意义有：

① 通过合理的管理，实现人力资源的精干和高效，取得最大的使用价值。并且指出：人的使用价值达到最大 = 人的有效技能最大地发挥。

② 通过采取一定措施，充分调动广大员工的积极性和创造性，也就是最大地发挥人的主观能动性。调查发现：按时计酬的员工每天只需发挥自己 20%～30%的能力，就足以保住个人的饭碗。但若充分调动其积极性、创造性，其潜力可发挥出 80%～90%。

③ 培养全面发展的人。人类社会的发展，无论是经济的、政治的、军事的、文化的发展，最终目的都要落实到人——一切为了人本身的发展。目前，教育和培训在人力资源开发和管理中的地位越来越高，马克思指出，教育不仅是提高社会生产的一种方法，而且是造就全面发展的人的唯一方法。

2. 人力资源管理的职能

人力资源管理之所以不断演进，其根本原因是因为人力资源管理事实上存在着两种职能。如同表 10-2 所表示的那样，这两种职能分别是战略职能和经营职能。

表 10-2 人力资源管理的角色

角色	侧重点	汇报对象	常规工作
战略性的	全球性任务，长期性目标，创新	总经理或总裁	• 制定人力资源规划 • 跟踪不断变动的法律与规则 • 分析劳动力变化趋势和有关问题 • 参与社区经济发展 • 协助企业进行改组和裁员 • 提供公司合并和收购方面的建议 • 制定报酬计划和实施策略
经营性的	行政工作， 短期目标， 以日常工作为目的	负责企业行政管理的副总裁	• 招聘或选拔人员填补当前空缺 • 向新员工进行情况介绍 • 审核安全和事故报告 • 处理员工的抱怨和申诉 • 实施员工福利计划方案

人力资源管理以经营性职能为起点，但随着各种经营环境的变化，其战略职能的重要性正与日俱增。

（1）人力资源管理的战略职能。

从战略职能的角度看，人力资源管理的理念之一，是将企业的员工视为非常珍贵的资源，是企业各种投入中十分重要的组成部分。只要对这部分资源加以有效的管理，就能使之成为提高企业竞争力的重要推动力。因此，从战略角度出发，人力资源至少应被视为与企业的资金、技术和其他要素具有同等的重要性。人力资源的供给和需求也必须从战略的观点来看待。

（2）人力资源管理的经营职能。

从特点上看，日常的人力资源管理工作多属于战术性和行政性的工作。例如，平等就业机会和其他法规必须时时予以遵守；申请人必须给予面谈的机会；新员工必须熟悉企业情况；负责人员必须受到培训；安全方面的问题必须予以解决；薪水必须按时派发，等等。总之，日常与人的管理有关的各项工作必须有效地和恰当地予以完成。这些大量的日常工作通常被称为“人事工作”。人力资源管理的新战略当然不会排除这些日常工作，但又不能仅限于这些日常工作。不过，令人遗憾的是，不少人力资源管理者仅限于履行经营职责，而置战略职责于不顾。这种工作方法之所以在一些企业中仍然存在，其部分原因，可能是企业受到某些特定因素的限制，但在有些情况下，则仅仅是因为最高管理层拒绝拓展人力资源管理的职能。

3. 人力资源管理的目标与任务

（1）人力资源管理目标。

在人力资源管理方面，企业总的目标是尽可能拥有高素质的员工，以使企业得以保持竞争优势；而人力资源管理部门则主要侧重与这一总目标有关的更为具体的目标。最近，一项全国性的调查表明，人力资源经理们最为关注的目标是生产力、产品质量和服务水平。

① 生产力。随着全球性经济竞争的日益激烈和技术的不断进步，提高生产力的任务变得更加紧迫。企业越来越意识到，传统的削减成本特别是劳动力成本的办法，在有些情况下，反而可能阻碍生产力的提高。究其原因，乃是因为有些员工可能掌握着一些提高生产力的诀窍，而生产力恰恰被定义为每个员工所生产的产品数量。

② 质量和服务。由于企业的各种产品和服务必须通过员工来提供，因此，在确认阻碍质量和服务提高的因素和重新设计操作程序的过程中，必须吸收员工参加。但要使所有员工而非仅仅经理人员参与解决各种问题，则通常要求企业在文化、领导方式和人力资源政策与实践惯例等方面作出相应的改变。另外，还需注意，时至今日，企业可利用的人力资源在数量和构成上已与数十年前的情况大为不同。质量运动在许多美国企业中已成为一种存在方式。W.艾德沃兹·戴明（W. Edwards Deming）倡导了全面质量管理（T Q M）方法。与其他人力资源管理措施相比，全面质量管理的特点，更注重员工间的相互交流、各方面持续不断的改进、职工的业务培训以及上上下下对决策工作的积极参与。

（2）人力资源管理任务。

如图10-9所示，人力资源管理工作由若干组相互联系的任务所组成。在安排与执行这些任务时，负有人力资源管理责任的所有人员，都必须考虑法律的、政治的、经济的、社会的、文化的和技术的等各种因素的影响。

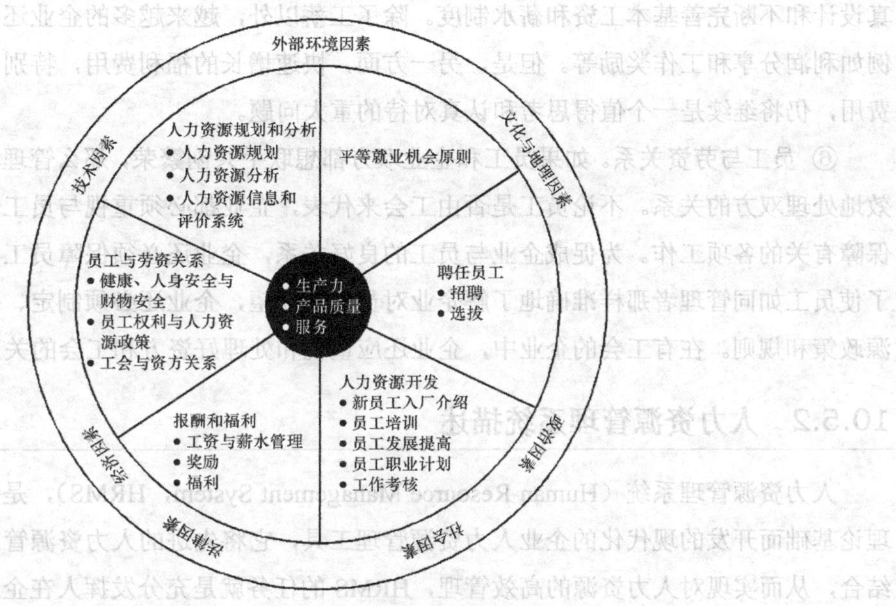

图 10-9　人力资源管理工作内容

人力资源管理工作的主要任务包括：进行人力资源规划和分析，贯彻平等就业机会原则，聘任员工，从事人力资源开发，确定报酬和福利，处理员工与劳资关系等。

① 人力资源规划和分析。人力资源规划和分析包括几方面的任务。在进行人力资源规划的过程中，经理人员将预计未来影响劳动力供求的有关因素。人力资源分析要求具备各种有关的信息资料、通信系统和评价体系，它们是从事协调人力资源工作所不可或缺的部分。

② 平等就业机会原则。政府在遵从平等就业机会法规方面的要求，无疑将对所有其他人力资源管理工作产生重大影响。例如，企业在进行战略性人力资源规划时，为贯彻在雇用少数民族成员和妇女方面的赞助性行动的要求，就必须为雇用各种各样的雇员留有充分的余地。另外，当招聘、选拔和培训人员时，所有经理人员都必须遵守平等就业机会法规的要求。

③ 聘任员工。聘任员工指选择适合标准要求的相应数量的人员，来填补企业的岗位空缺。职务分析是聘任工作的基础。根据职务分析所得结论，就可以准备工作说明（书）和职务要求细则，这两项都是在招聘中所需使用的材料。在人员选拔过程中，应特别注重选择最符合要求的员工来填补企业的岗位空缺。

④ 从事人力资源开发。员工培训与人力资源开发工作包括向新雇员介绍企业的各种情况、对现有员工进行职业技能培训、鼓励和帮助员工在多方面提高和发展等内容。在职务不断演化和改变的环境下，为了适应技术的变化，企业就必须对员工进行培训和再培训。此外，为迎接未来的挑战，还必须鼓励各级负责人、管理者和所有员工不断有所发展和提高。为此，企业一般制定了员工职业发展计划，这种计划的目的，是为那些在企业内寻求自我发展的员工设计出发展的路径，并安排为此所需要的有关活动。为了提高员工的工作成效，企业还应对员工的工作表现进行考核，以确定员

工的本职工作究竟做得怎么样。

⑤ 报酬和福利。报酬就是通过薪金、奖励和福利等方式来报答为企业工作的员工。企业必须认真设计和不断完善基本工资和薪水制度。除了工薪以外，越来越多的企业还制定了某些奖励计划，例如利润分享和工作奖励等。但是，另一方面，快速增长的福利费用，特别是扶摇直上的医疗保健费用，仍将继续是一个值得思考和认真对待的重大问题。

⑥ 员工与劳资关系。如果员工和企业双方都想联手共创繁荣，那么管理者和员工就必须卓有成效地处理双方的关系。不论员工是否由工会来代表，企业都必须重视与员工健康、人身安全和财物保障有关的各项工作。为促成企业与员工的良好关系，企业还必须保障员工的各种权利。另外，为了使员工如同管理者那样准确地了解企业对员工的期望，企业还必须制定、传达和不断更新人力资源政策和规则。在有工会的企业中，企业还应重视和处理好资方和工会的关系。

10.5.2 人力资源管理系统描述

人力资源管理系统（Human Resource Management System，HRMS），是以人力资源管理理念为理论基础而开发的现代化的企业人力资源管理工具，它将先进的人力资源管理理念与计算机技术相结合，从而实现对人力资源的高效管理，HRMS 的任务就是充分发挥人在企业发展中的作用，实现人力资源管理的系统性和整体性。越来越多的公司考虑利用 HRMS 来实现公司的信息化管理，以便有效地利用企业的人力资源，从而为企业持续地创造效益。据 IDC 统计，在全球的企业管理信息系统（MIS）中，HRMS 的投资占 10%～15%，是其中最重要的一部分。

1. HRMS 发展里程

20 世纪 80 年代后期，计算机大批引入中国，我国才开始 HRMS 的研发和应用。较早的应用就是采用计算机处理人事档案、工资，基于 DBASE、数据库的简单管理，多为企业自行开发。目前我国的人力资源管理已经逐步与世界接轨，国内外的 HRMS 产品已经纷纷活跃在中国市场。纵观全世界 HRMS 的发展，大致可以分为 5 个里程。

第一代 HRMS：20 世纪 60 年代末期，HRMS 诞生。伴随着计算机的发明和计算机应用技术进入实用阶段，大型企业为解决手工计算薪资既费时费力又非常容易出差错这个矛盾，研制出最初的 HRMS。第一代 HRMS 功能非常简单，只不过是一种自动计算薪资的工具，但是它的出现具有非常重要的意义，它为人力资源的管理展示了美好的前景。

第二代 HRMS：20 世纪 70 年代末，HRMS 功能逐步增强。随着计算机技术的飞速发展，计算机的快速普及，计算机系统工具和数据库技术的发展为 HRMS 的阶段性发展提供了可能。第二代 HRMS 解决了第一代系统的主要缺陷，增加了较多的管理功能，诸如对非财务的人力资源信息和薪资的历史信息给予了考虑，然而却未能系统地考虑人力资源的需求和理念。

第三代 HRMS：20 世纪 80 年代末，先进的人力资源管理理念进入 HRMS。随着全球经济化的浪潮，市场竞争加剧，人才成为企业最重要的资产之一，促使 HRMS 引进先进的人力资源管理理念。第三代 HRMS 从人力资源管理的角度出发，成为企业加强人力管理的重要工具，将与人力资源相关的数据统一管理，形成了集成的信息源。HRMS 得到了飞速的发展，但是 相比财务信息化的发展，

HR 信息化程度已经明显落后。

第四代 HRMS：20 世纪 90 年代末，HRMS 发生革命性变革。20 世纪 90 年代末，随着企业管理理念和管理水平的大幅度提高，使社会对 HRMS 有了更高的需求；同时由于个人电脑的全面普及，数据库技术、客户/服务器技术，特别是 Internet/Intranet 技术的发展，促使 HRMS 发生革命性变革。第四代 HRMS 已经开始运用网络技术，实现信息的实时共享，第四代 HRMS 对网络的应用还有限，功能还不够强大。

第五代 HRMS：21 世纪初，HRMS 飞速发展，智能化和电子化 HRMS 出现。进入 21 世纪，伴随互联网的快速发展及信息化的普及，企业需要思想、技术更为先进的 HRMS。第五代 HRMS，也即 IHRMS（智能化 HRMS）和 eHRMS（e 化 HRMS），它们紧密联系企业人力资源管理实际，同时充分利用信息网络，从根本上改变了员工与企业的沟通方式。第五代 HRMS 能够为企业提供人性化的管理模式，为企业提供大量的决策信息。中国的 HRMS 正在逐步向 IHRMS 和 eHRMS 迈进。

2. HRMS 的分类

进入 21 世纪，国内外与人力资源管理有关的系统和程序发展都非常迅速，众多 HRMS 如雨后春笋般涌现。这些 HRMS 尽管各有特点，可以根据其功能情况，大致将市场上的 HRMS 产品分为四类。

（1）具有某种单一功能的 HRMS：具有某种单一功能的 HRMS 产品，如薪资和福利计算系统、培训管理系统、考勤管理系统、人才测评软件和招聘管理软件等。

（2）传统的 HRMS：传统的 HRMS 产品，涵盖人力资源管理的各种功能，从科学的人力资源管理角度出发，从企业的人力资源规划开始，一般包括招聘、岗位描述、培训、技能、绩效评估、个人信息、薪资和福利等，将这些信息储存到集中的数据库中，从而实现对企业员工信息的统一管理。

（3）ERP——蕴含 HRMS：一般 ERP 产品中都有人力资源管理系统。ERP 在人力资源系统加入以后，使得其功能真正扩展到了全方位企业管理的范畴。人力资源的功能范围，也从单一的工资核算、人事管理，发展到可为企业的决策提供帮助的全方位的解决方案，并同 ERP 中的财务、生产系统组成高效的、具有高度集成性的企业资源系统。

（4）新型的 HRMS——IHRMS 和 eHRMS：Internet/Intranet 不仅冲击了传统的市场、供应、销售和服务等领域，也给人力资源管理带来了新的挑战和机遇。IHRMS 和 eHRMS，不仅使企业的人力资源管理自动化，实现了与财务流、物流、供应链、客户关系管理等系统的关联和一体化，而且整合了企业内外人力资源信息和资源与企业的人力资本经营相匹配，使 HR 从业者真正成为企业的战略性经营伙伴。

3. 人力资源管理系统功能与结构

（1）人力资源管理系统功能。

近几年来，国内外与人力资源管理有关的系统和程序的发展都非常迅速，众多软件如雨后春笋般地不断涌现。这些软件尽管各有特点，但从功能上来分析，大致可分为如下五种。

① 人力资源管理模块。人力资源管理系统从科学的人力资源管理角度出发，从企业的人力资源规划开始，记录招聘、岗位描述、培训、技能、绩效评估、个人信息、薪资和福利、各种假期、到

离职等与员工个人相关的信息，并以易访问和可检取的方式储存到集中的数据库中，将企业内员工的信息统一地管理起来，完整地记载员工从面试开始到离职整个周期的薪资、福利、岗位变迁、绩效等历史信息。

该模块可管理较全面的人力资源和薪资数据，具有灵活的报表生成功能和分析功能，使得人力资源管理人员可以从繁琐的日常工作中解脱出来，同时综合性的报表也可供企业决策人员参考，如生成按岗位的平均历史薪资图表，员工配备情况的分析图表，个人绩效与学历、技能、工作经验、接受过的培训等关系的分析等。

② 薪资和福利模块。该模块通常可用于管理企业薪资和福利计算的全过程，其中包括企业的薪资和福利政策设定、自动计算个人所得税、自动计算社会保险等代扣代缴项目。通常，这些程序还可以根据公司的政策设置并计算由于年假、事假、病假、婚假、丧假等带薪假期以及迟到、早退、旷工等形成的对薪资和福利的扣减，能够设定企业的成本中心，并按成本中心将薪资和总账连接起来，直接生成总账凭证，还能存储完整的历史信息供查询和生成报表；这类系统也可处理部分简单的人事信息。

③ 培训管理模块。培训管理系统一般通过培训需求调查、预算控制、结果评估和反馈以及培训结果记载等手段，实现培训管理的科学化，并且和人力资源信息有机地联系起来，为企业人力资源的配备和员工的升迁提供科学的依据。

在此值得一提的是，虽然严格地讲，基于计算机的培训管理系统不能归于人力资源管理系统，但由于学员可以不受时间、地点和教员讲课水平的限制，自学后通过联机考试，其结果也可以记入人力资源管理系统中，因而受到很多公司的青睐。不少公司甚至自己组织力量投资开发专用的培训软件。现在，“线上学习”（e-learning）如同 Internet 一样，正在风靡全球，它不仅可以节约可观的训练费用和人力投资，而且，正在给传统的培训业造成一定的冲击。有人甚至断言“线上学习”将成为未来的主要学习途径。

④ 考勤管理模块。为了有效地记载员工的出勤情况，很多企业购置了打卡机、考勤机等设备。考勤管理程序一般都与这些设备相接，根据事先编排的班次信息，过滤掉错误数据，生成较为清晰的员工出勤报告，并可转入薪资和福利程序中，使考勤数据与薪资计算直接挂钩。其生成的文档还可作为历史信息保存，用于分析、统计和查询。

⑤ e-HR。e-HR 是一种基于 Internet/Intranet 的人力资源管理系统。e-HR 强调员工的自助服务，如果员工的个人信息发生了变化，他本人就可以去更新自己的信息，经过一定的批准程序即可生效。同样，对于培训、假期申请、报销等日常的行政事务也可作类似处理。这样不仅减轻了人力资源管理人员用于数据采集、确认和更新的工作量，也较好地保证了数据的质量和数据更新的速度。而且由于 Internet 不受时间和地理位置的限制，即使经理远在国外，他也可以及时地处理其员工的各种申请，不会因为人不在公司而影响工作。同时，公司的各种政策、制度、通知和培训资料也可通过这种渠道来发布，有效地改善了公司内部沟通途径。e-HR 对公司的硬件环境、员工的素质和公司的管理水平都提出了较高的要求；这是 e-HR 在现阶段发展的一个最主要的制约因素。

（2）人力资源管理系统结构图。

典型人力资源管理系统结构图如图 10-10 所示。

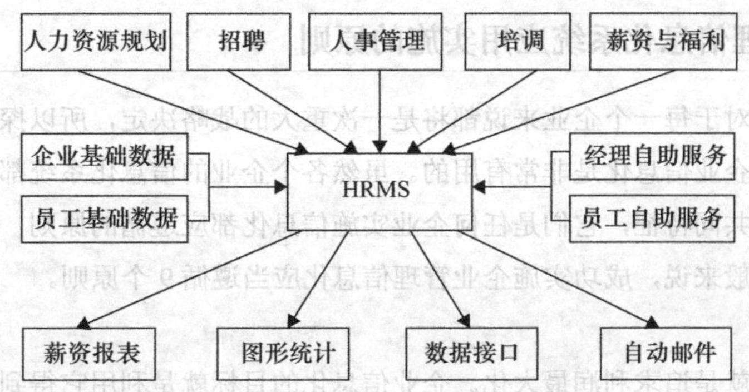

图 10-10 人力资源管理系统结构图

一套典型的 HRMS 系统从功能结构上应分为 3 个层面：基础数据层、业务处理层和决策支持层。

① 基础数据层。基础数据层包含的是变动很小的静态数据，主要有两大类：一类是员工个人属性数据，如姓名、性别、学历等；另一类是企业数据，如企业组织结构、职位设置、工资级别、管理制度等。基础数据在 HR 系统初始化的时候要用到，是整个系统正常运转的基础。基本人事数据处理层包括系统管理、权限管理、机构管理、职位管理、员工管理、查询统计、报表工具等模块。

② 业务处理层。业务处理层是指对应于人力资源管理具体业务流程的系统功能，这些功能将在日常管理工作中不断产生与积累新数据，如新员工数据、薪资数据、绩效考核数据、培训数据、考勤休假数据等。这些数据将成为企业掌握人力资源状况、提高人力资源管理水平以及提供决策支持的主要数据来源。

③ 决策支持层。决策支持层建立在基础数据与大量业务数据组成的 HR 数据库基础之上，通过对数据的统计和分析，就能快速获得所需信息，如工资状况、员工考核情况等。这不仅能提高人力资源的管理效率，而且便于企业高层从总体把握人力资源情况。

10.6 企业管理信息化软件系统应用实施

在实现企业管理信息化的过程中，实施是一个极其关键也是最容易被忽视的环节。因为，实施的成败最终决定着企业管理信息化效益的充分发挥。例如，据不完全统计，我国目前已有近千家企业购买了 MRPII/ERP 软件。而在所有的 ERP 系统应用中，存在 3 种情况：按期按预算成功实施实现系统集成的只占 10%～20%；没有实现系统集成或实现部分集成的只有 30%～40%；而失败的却占 50%。并且在实施成功的 10%～20%中大多为外资企业。如此令人沮丧的事实无疑向我们表明：ERP 实施情况已经成为制约 ERP 效益发挥的一大瓶颈因素。由此，我们得出：企业的 ERP 项目只有在一定科学方法的指导下，才能够成功实现企业的应用目标。

企业管理信息化是一个复杂、长期的系统工程，涉及政策法规、技术标准、软件开发、硬件设备、网络设施、系统集成、应用实施等方方面面。在这里仅就企业管理信息化系统应用实施的原则、实施步骤及注意事项等加以介绍。

10.6.1 企业管理信息化系统应用实施的原则

实施信息化改造对于每一个企业来说都将是一次重大的战略决定，所以探寻一些值得总结的经验和理论，对于指导企业信息化是非常有用的。虽然各个企业的信息化系统都不尽相同，但是有效的系统规划仍有一些共同特征，它们是任何企业实施信息化都应遵循的原则，也是获得信息化建设成功的必要条件。一般来说，成功实施企业管理信息化应当遵循9个原则。

1. 目标明确

企业存在的目标就是追求利润最大化。企业信息化的目标就是利用它得到行业信息、竞争对手信息、产品信息、技术信息、销售信息等，同时及时对这些信息进行分析，做出积极的市场反应，达到企业迅速发展的效果。

企业信息化不是一个简单的技术创新，必须做好总体规划，明确工作目标。这些目标要求要具有可操作性。避免孤立地设计或实施某项管理，防止形成信息孤岛和重复投资。整体规划要以企业综合性系统为重点，实现主要业务流程以及人力、物力、财力的优化配置和信息资源的高效利用。

2. 领导推动

由于信息化建设涉及全体员工和各级管理层人员，甚至可能造成某些领导职权的降低，所以并不是一件令人欢迎的事情，因此必须由最高当局来推动。

3. 注重实效

国家信息化领导小组指出："坚持面向市场，需求主导。不能为了信息化而搞信息化，要按照国民经济和社会发展的客观需要推进信息化；要用市场的办法发展信息化；不能搞没有效益的信息化，更不能搞'花架子'。"上面的这段论述可谓一针见血。每一个企业都是一个独立的个体，其信息化的状况、信息化建设的水平、信息化的需求都有其特性，应该分别对待。信息化的实施必须以企业实际为背景，结合自己的业务实际、管理水平、人力资源的素质，设计实施方案。

4. 循序渐进

企业信息化是一个循序渐进并贯穿于企业生命周期的动态过程，应本着"巩固基础、提高素质、总体规划、分步实施"的思路开展工作。

企业信息化方案应该依据整体规划、分步实施，分阶段、分步骤的原则。对于有多个功能模块的综合性系统，如果基础好、资金实力强的企业可以一步到位，但对在多数企业来说，还应按功能模块分步实施。企业要根据自身的特点和能力，找到工作的切入点，如重点实施财务管理信息化系统、采购管理信息化系统、营销管理信息化系统、质量管理信息化系统。

尤其是中小企业在发展信息化中应该量力而行，如可以先通过建立网站，发布企业信息、搜集信息资源来降低运营成本。

5. 重在管理

企业信息化系统只是为提高企业管理水平提供了一个平台，整体管理水平的提高最终还是在于企业管理人员的素质。中国企业信息化与国外相比，关键不在技术，也不在资金，而在于企业的管理基础，在于企业的管理水平能否达到信息化的要求，因为信息化所采用的软件和硬件都是可以买到的，但管理经验是买不到的。企业信息化建设，不只是技术方面的问题，更重要的是管理方面的问题，包括管理理念、管理方法、管理和技术的整合。所以企业信息化系统需要与之适应的管理，同时信息系统又必须能够提高企业的管理水平。

6. 先进适用

企业信息化要注意处理好先进与适用、当前与长远、局部与全局的关系，从实际出发，从需求出发。如在硬件和软件的选用、网络建设方面，既要充分考虑企业的现实需要，也要为今后的升级打好技术基础。要积极引入国内外管理思想先进、水平较高，方便实用且价格合理的管理软件，并将适当引进与自主开发相结合，重视搞好软件的二次开发，确保软件的先进性与适用性。

7. 持续改进

实施企业信息化系统，就必须转变经营理念，再造业务流程，改革不合理的管理架构和制度。企业信息化的过程也是企业管理创新的过程。不少企业在推进信息化进程中，是从局部ERP（企业资源计划）到全面ERP，再到实施CRM（客户关系管理）以及SCM（供应链管理），每一步的发展，都相应需要对企业管理的方方面面进行改进和创新。企业信息化建设要与转换经营机制、建立现代企业制度、推进技术进步相结合，通过实施信息化促进制度创新和技术创新。

8. 强调培训

企业信息化涉及企业的每一个人。信息化的实施过程中，可能还会涉及企业业务流程的重组，还关系到企业结构的调整，管理思想的调整，必须要让企业的每位员工都清楚。提高全体员工对企业信息化的认识，企业的每位员工要搞清自己所在的岗位要配合的工作和将要发生的变化。每一个人都要积极地做好准备，应对这个变化。

教育和训练的对象是企业的全体人员，上到企业总裁，下到基层的每一个人。企业全员建立共同的目标，构建企业的远景，调整员工的心态，把追求企业发展，推动信息化进程作为企业员工自觉行动。

企业信息化，人才是根本，要实行培训与引进并举，建立人才培训基地和人才引进渠道，为企业提供所需的适用人才。

9. 重视评估

企业信息化是由人、信息技术、组织管理等三要素有机构成的整体。这三要素是否在整体中协调并协同效应，直接影响了企业信息化的成效。企业信息化评估就是要从组成企业信息化的3个要素（人、信息技术、组织管理）角度，持续并综合地评估三要素有机结合的信息系统（如MIS、CAD、CIMS等）的成效和各要素对信息系统成效影响程度的过程。企业信息系统成效的评估是企业信息化评估的关键。CRM项目的实施不可能一蹴而就，原因在于它不是一个基建项目可以一劳永逸。CRM是一个管理项目，它的效果是通过不断地改进而体现出来的。

10.6.2 企业管理信息化系统实施过程

1. 典型的企业管理信息化系统实施进程

典型的企业管理信息化系统实施进程主要包括以下几个阶段，如图10-11所示。

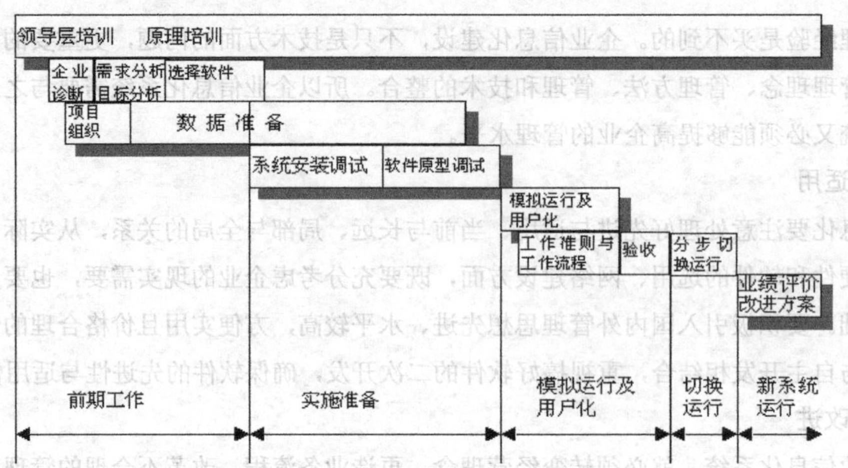

图 10-11 典型企业管理信息化实施进程简图

（1）项目的前期工作（软件安装之前的阶段）。

这个阶段非常重要，关系到项目的成败，但往往为实际操作所忽视。这个阶段的工作主要包括：

① 领导层培训及所实施软件系统原理的培训。主要的培训对象是企业高层领导及今后实施软件系统项目组人员，使他们掌握软件系统的基本原理和管理思想。这是软件系统应用成功的思想基础。因为只有企业的各级管理者及员工才是真正的使用者，真正了解企业的需求，只有他们理解了所实施软件系统原理，才能判断企业需要什么样的信息管理软件，才能更有效率地运用信息管理软件。

② 进行企业诊断。由企业的高层领导和今后各项目组人员用 ERP 的思想对企业现行管理的业务流程和存在的问题进行评议和诊断，找出问题，寻求解决方案，用书面形式明确预期目标，并规定评价实现目标的标准。这里会用到我们在下一个部分里将要介绍的业务流程重组方法。

③ 进行需求分析，确定目标。企业在准备应用 ERP 系统之前，需要理智地进行立项分析。

- 企业是不是到了管理信息化软件系统应用的相应的阶段？
- 企业当前最迫切需要解决的问题是什么，管理信息化软件系统是否能够解决？
- 管理信息化软件系统的投资回报率或投资效益的分析。
- 在财力上企业能不能支持管理信息化软件系统的实施？
- 上管理信息化软件系统的目的是什么，系统到底能够解决哪些问题和达到哪些目标？
- 基础管理工作有没有理顺或准备在上管理信息化软件系统之前让咨询公司帮助理顺，人员的素质够不够高？

然后将分析的结果写成需求分析和投资效益分析正式书面报告，从而做出是否上管理信息化软件系统项目的正确决策。

④ 软件选型。在选型过程中，首先要知己知彼。知己，就是要弄清楚企业的需求，即先对企业本身的需求进行细致的分析和充分的调研，这我们在需求分析阶段已经完成；知彼，就是要弄清软件的管理思想和功能是否满足企业的需求。这两者是相互交织进行的，可以通过软件的先进的管理思想来找出企业现有的管理问题，特定的软件则可能由于自身的原因，不能够满足企业一定的特殊需求，也需要一定的补充开发。此外，还要了解实施的环境。这里的环境包括两个方面：国情（比

如财务会计法则等一些法令法规，还包括汉化等）、行业或企业的特殊要求。根据这些来运行流程和功能，从“用户化”和“本地化”的角度来为管理信息化软件系统选型。

（2）实施准备阶段（包括数据和各种参数的准备和设置）。

这一阶段要建立的项目组织和所需的一些静态数据可以在选定软件之前就着手准备和设置，图中用向左延伸到前期工作阶段来表示。在这个准备阶段中，要做这样几项工作：

① 项目组织。管理信息化软件系统的实施是一个大型的系统工程，需要组织上的保证，如果项目的组成人选不当、协调配合不好，将会直接影响项目的实施周期和成败。项目组织应该由三层组成，而每一层的组长都是上层的成员。

第一层：领导小组，由企业的一把手牵头，并与系统相关的副总一起组成领导小组。这里要注意的是人力资源的合理调配，像项目经理的任命、优秀人员的发现和启用等。

第二层：项目实施小组，主要的大量的 ERP 项目实施工作是由他们来完成的，一般是由项目经理来领导组织工作，其他的成员应当由企业主要业务部门的领导或业务骨干组成。

第三层：业务组，这部分工作的好坏是管理信息化软件系统实施能不能贯彻到基层的关键所在。每个业务组必须有固定的人员，带着业务处理中的问题，通过对管理信息化软件系统的掌握，寻求一种新的解决方案和运作方法，并用新的业务流程来验证，最后协同实施小组一起制定新的工作规程和准则。还包括基层单位的培训工作。

② 数据准备。在运行管理信息化软件系统之前，要准备和录入一系列基础数据，这些数据是在运用系统之前没有或未明确规定的，故需要做大量分析研究的工作。包括一些产品、工艺、库存等信息，还包括了一些参数的设置，如系统安装调试所需信息、财务信息，需求信息等。

③ 系统安装调试。在人员、基础数据已经准备好的基础上，就可以将系统安装到企业中来了，并进行一系列的调试活动。

④ 软件原型测试。这是对软件功能的原型测试（prototyping），也称计算机模拟（computer pilot）。由于管理信息化软件系统一般是信息集成系统，所以在测试时，应当是全系统的测试，各个部门的人员都应该同时参与，这样才能理解各个数据、功能和流程之间相互的集成关系。找出不足的方面，提出解决企业管理问题的方案，以便接下来进行用户化或二次开发。

（3）模拟运行及用户化。

这一阶段的目标和相关的任务如下。

① 模拟运行及用户化。在基本掌握软件功能的基础上，选择代表产品，将各种必要的数据录入系统，带着企业日常工作中经常遇到的问题，组织项目小组进行实战性模拟，提出解决方案。模拟可集中在机房进行，也称之为会议室模拟（conference room pilot）。

② 制定工作准则与工作规程。进行了一段时间的测试和模拟运行之后，针对实施中出现的问题，项目小组会提出一些相应的解决方案，在这个阶段就要将与之对应的工作准则与工作规程初步制定出来，并在以后的实践中不断完善。

③ 验收。在完成必要的用户化的工作、进入现场运行之前，还要经过企业最高领导的审批和验收通过，以确保管理信息化软件系统的实施质量。

④ 切换运行。这要根据企业的条件来决定应采取的步骤，可以各模块平行一次性实施，也可以先实施一两个模块。在这个阶段，所有最终用户必须在自己的工作岗位上使用终端或客户机操作，处于真正应用状态，而不是集中于机房。如果手工管理与系统还有短时并行，可作为一种应用模拟看待（live pilot），但时间不宜过长。

⑤ 新系统运行。一个新系统被应用到企业后，实施的工作其实并没有完全结束，而是将转入业绩评价和下一步的后期支持阶段。这是因为我们有必要对系统实施的结果作一个小结和自我评价，以判断是否达到了最初的目标，从而在此基础上制定下一步的工作方向。还有就是由于市场竞争形势的发展，将会不断有新的需求提出，再加之系统的更新换代、主机技术的进步，都会对原有系统构成新的挑战，所以，无论如何，都必须在巩固的基础上，通过自我业绩评价，制定下一目标，再进行改进，不断地巩固和提高。

以上对典型的管理信息化软件系统的实施过程作了简要的介绍。当然，这些阶段是密切相关的，一个阶段没有做好，绝不可操之过急进入下一个阶段，否则，只能是事倍功半。值得注意的是，在整个实施进程中，培训工作是贯彻始终的。在此只是对第一个阶段的领导层培训和原理培训作了详细的介绍。而那些贯穿于实施准备、模拟运行及用户化、切换运行、新系统运行过程中的有关培训，如软件产品培训、硬件及系统员培训、程序员培训和持续扩大培训也都是至关重要的。因为只有员工才是系统的真正使用者，只有他们对相关的企业管理信息化软件产品及所要求的硬件环境有了一定的了解，才能够保证系统最终的顺利实施和应用。

2. SCM 系统的实施进程

一般的企业管理信息化系统（如 ERP、HRMS 等）的实施过程基本上与上述典型企业管理信息化系统的实施过程大同小异，而 SCM 系统的实施过程不仅包括典型企业管理信息化系统的实施过程，还有其特殊点，这是因为 SCM 的实施涉及企业外部，它包含了上游及下游的许多企业。所以，SCM 的实施的难度将更大。一般来说，SCM 实施除包括典型企业管理信息化系统的实施过程外，还应包括：

（1）组建实施推进团队。

实施团队由与 SCM 有关的人员组成。他们是掌握一定产品知识的技术人员、管理部门和供应商之间联系的组织人员；具有决策权力的企业（在供应链中的主导企业）高层管理者。

（2）选择合作伙伴。

选择合作伙伴是 SCM 设计的首要工作。因为合作伙伴选择得是否恰当将会对 SCM 产生很大的影响。选择合作伙伴原则是合作伙伴能增加产品的价值，提高销售水平，有效利用资源，加速运转过程，具有互补作用，增进技术合作。

（3）组建供应链。

当供应链各伙伴统一了认识，愿意建立合作关系之后，接下来可以签订正式组建供应链的各种协议。协议中要强调目标一致、信息共享和利益分享。

10.6.3 企业管理信息化系统评价

企业的一个信息化项目完成后（例如 ERP 系统实施完后），作为项目的负责人都想知道系统实施的结果如何，预期目标实现了没有。这就涉及企业管理信息化项目评价问题，而评价企业管理信息化是否成功的首要问题就是企业管理信息化成功标准是什么。

企业信息化的评价可以根据不同管理层所关注的重点不同，即分别从战略层面、管控层面、项目层面对企业信息化过程的绩效进行评价，形成一套综合完整的绩效管理评价体系。从评价的主体角度划分，可以划分为宏观层面和微观层面的信息化绩效评价，其中微观层面的信息化绩效评价根据侧重点不同，又可以划分为以战略实施、管理控制和项目管理为基础的绩效评价。

1. 宏观层面的评价

（1）宏观层面的评价目的。

宏观评价主要是政府根据企业信息化总体目标的要求，建立绩效评价的标准指标体系和数据的测度方法，统一测算和颁布不同行业不同规模信息化绩效的标准值，作为不同行业和不同规模企业进行IT绩效横向比较的依据，以判断企业在同行业、同规模、同区域的水平地位和主要差距，更有利于绩效评价制度的科学性。

对于正在进行信息化建设的企业而言，这种将相同条件下的企业进行横向比较的方法，还可以剔除外部环境的影响因素，如行业差别和规模差别等，更加客观公正地反映IT的成效，使得IT绩效评价结论满足科学客观和真实的要求。评价能够：

① 帮助企业明确信息化建设目标，围绕全面提高管理水平和整体竞争能力推进信息化；

② 有助于对企业绩效的横向比较，向行业先进水平看齐，从而找到自己与行业先进水平的差距，分析和研究产生差距的原因；

③ 帮助企业将信息化与企业战略有机融合起来，促使企业进一步改善经营管理，推动建立企业自我发展的激励与约束机制，使企业信息化取得实实在在的效果；

④ 帮助企业合理配置信息化建设资源，使有限的投资发挥最佳效果，促使企业在更大的空间内使各种资源得到有效利用；

⑤ 帮助企业利用信息化加强基础管理，促进企业管理创新、体制创新；

⑥ 帮助企业了解信息化建设基本情况，发现存在的薄弱环节，找到解决问题的正确途径。

（2）宏观层面的评价依据。

国家信息化测评中心已经正式推出了中国第一个面向效益的信息化指标体系——《企业信息化测评指标体系》，以全面评价中国境内各企业的信息化发展和应用水平。该体系包括三部分：一套基本指标、一套补充指标即效能评价和一套评议指标即定性评价。其核心部分是补充指标，也就是效能评价。

① 基本指标。该指标能够客观反映企业信息化的状况，用于统计调查和政府监测，从21个方面对企业信息化状况进行了客观描述，主要用于社会统计调查和政府监测。至于情况是好是坏，投入是浪费还是不浪费，基本指标不作评价。基本指标不独立用于对企业信息化水平的全面评价和认证，得分不向社会公示。

② 效能指标。该指标评价信息化行为的合理性和信息化的成效，客观评价企业信息化水平，是反映和评价企业信息化实效的一套评价指标体系。效能指标的重要评价思想是“标杆值”法，企业

信息化效能指标的标杆值是一套“标杆值”体系。根据企业所处的行业、规模和发展阶段的不同，评价其信息化实效的标杆值也各不相同。

企业信息化效能指标由适宜度和灵敏度两大类指标构成。适宜度指标包括：投资适宜度、战略适宜度、资源匹配度、组织与文化适宜度和应用适宜度。灵敏度指标包括：信息灵敏度、管理运行灵敏度、对外反应灵敏度和创新灵敏度等。效能指标是在企业信息化基本指标基础上，结合不同行业、不同对象特点，以标杆库和标杆值为参照，以信息化效益为评价目标的评价指标，可以形成信息化水平的客观定量分析结论。

以效能为评价依据，是企业信息化水平测评的方向，以分行业、分规模的企业标杆值作为重要的评价参考值评价企业信息化效益水平，是企业信息化水平评价思路的一个新的突破。该指标对于将企业信息化评价，从以“投入为主”确定信息化水平转变为以“绩效为主”确定信息化水平，具有重要的政策引导和实践价值。

③ 评议指标。评议指标是用于水平认证的专家指标，是对影响信息化绩效的非定量因素进行判断的指标，以此形成信息化评价的定性分析结论。由评价实施机构中的专家咨询组进行评价，全面深入反映企业的信息化水平及特殊情况。该评价体系主要为政府了解企业信息化应用情况和进行相关的决策服务，从而引导中国企业信息化的健康发展。该体系提出从效能角度全面评价企业信息化水平并提供解决方案的咨询，旨在引导企业信息化建立在有效益、务实、统筹规划的基础上。

2. 微观层面的评价

微观层面的评价主要是以企业信息化体系作为主要对象进行评价，即企业或组织根据自身业务发展和信息化项目的需要，评价自身信息化实施的状态和效果。随着市场竞争的加剧，利用信息化增强企业综合竞争优势已成为共识。为了适应竞争变化与技术变革，企业投入大笔资金用于复杂度日益剧增的信息系统建设与管理，但是信息技术投资回报往往处于不确定状态。面对这样的挑战，企业高层经理对信息技术的投资往往持十分谨慎的态度，企业希望能通过评价找到正确的战略实施方向，减少项目风险，提高信息化的投资收益。因此，这种微观层面的评价对于帮助企业正确认识IT的作用，理性进行信息化投资，具有非常重要的意义。

企业信息化在实施过程中往往分为几个不同层面：战略层、控制层、执行层，分别对应于企业的战略管理层、信息部门和具体的项目组。因此，企业信息化的评价也可以根据不同管理层所关注的重点不同划分成3类，即分别从战略层面、管控层面、项目层面对企业信息化过程的绩效进行评价，形成一套综合完整的绩效管理评价体系。

（1）以企业信息化战略实施为基础的评价。

在企业信息化战略层面的主要任务是，根据企业战略目标，通过规划、实施、维护、调整等工作，建立起适合企业运作环境的信息系统体系，目的是提高企业流程质量，改善企业对环境变化的灵敏度。以战略实施为基础的评价关注的是信息化支持企业的战略目标是否实现，如何实现，实现效果如何。企业拥有领先、适用的信息化战略，能够利用信息系统资源突破企业竞争中的地域、时间、成本、结构等障碍要素，进而提高企业差异化和适应变革的能力，建立起企业竞争优势。

（2）以企业信息化管理控制为基础的评价。

在企业信息化管控层面的主要任务是，以组织的业务目标为核心，对组织的信息资源进行统筹规划，并采用一定的控制准则和方法针对 IT 建立集中的管控体系，平衡在信息技术领域的投资与风险，并提供业务所需的信息。管理控制为基础的评价关注 IT 部门如何有效管理渗透其整个组织的复杂的信息技术，既能使企业充分利用其信息，达到收益最大化，又能更好地控制信息，降低应用信息技术的风险。

（3）以企业信息化项目管理为基础的评价。

信息化实施的中心环节是信息系统的建设和应用，并且通常是以项目形式组织实施的，因此，以项目为基础而进行的评价显得尤为必要。基于项目管理的系统评价主要是以信息系统项目为核心，其目的是保证项目管理的科学性，主要分为纵向评价和横向评价。纵向评价主要从项目进程的角度进行评价，包括：项目前瞻和立项论证——事前评价；项目建设中——中期评价和工程监理；项目建成交付和投入运行后——验收评价和事后评价。横向评价主要从下面几个角度进行综合评价：① 技术角度，简化出系统建设、系统性能等技术评价指标体系；② 经济角度，直接经济效益和潜在经济效益，定量与定性分析结合。③ 社会角度，宏观上评价系统对社会进步贡献的测算；④ 环境角度，系统对环境的影响。

以信息化战略实施、管理控制、项目管理为基础的这 3 类评价构成微观企业信息化评价的重点，实际上，这三类评价虽然在侧重点上各有不同，但在评价内容上存在交叉，因此在应用时可以结合企业信息化的具体实施策略，单独运用某一种评价框架，或者综合运用。

习题

1. 名词解释

信息化、企业信息化、MRP、MRPⅡ、ERP、人力资源管理、SCM、CRM

2. 简答题

（1）简述信息化和企业信息化的内涵。

（2）企业信息化包括哪几个层次或阶段？

（3）简述企业管理信息化中各信息系统之间的关系。

（4）ERP 的发展可分为哪几个阶段？

（5）企业资源计划定义有哪些层次？各层次的含义是什么？

（6）ERP 系统的特点有哪些？

（7）ERP 的基本功能以及相应的模块有哪些？

（8）简述供应链和供应链管理的定义。

（9）SCM 的理论依据是什么？

（10）SCM 系统的特点有哪些？

（11）简述 SCM 系统的典型功能。

（12）CRM 涉及哪些基本原理？

（13）CRM 软件系统的组成是什么。

（14）CRM 软件系统的业务功能通常包括哪些？

（15）简述人力资源管理的职能。

（16）简述 HRMS 发展里程及其功能模块。

（17）企业管理信息化系统应用实施的原则有哪些？

（18）典型的企业管理信息化系统实施进程主要包括几个阶段？

（19）企业信息化测评指标体系包括哪几部分？

参考文献

[1] 张晓鹏，董宁．面向对象开发方法及应用［J］．铁道学报，1996，（S2）．

[2] http://www.omg.org/spec/UML/2.4/Infrastructure.

[3] Object Management Group．UML 2.0［Z］．（2007-05-04）．http://www.omg.org.

[4] Jorgensen M，Shepperd M．A systematic review of software development cost estimation studies．IEEE Trans．on Software Engineering，2007，33（1）：33－53.

[5] 李明树，杨秋松等. 软件过程建模方法研究［J］．Journal of Software，Vol.20，No.3，March 2009，pp.524－545.

[6] 吴际等．UML 面向对象分析［M］．北京：北京航天航空大学出版社，2001.

[7] TOGAF Version 9:The Open Group Architecture Framework，Personal PDF Edition

[8] 于海澜．企业架构：价值网络时代企业成功的运营模式［M］．北京：东方出版社，2009.

[9] 王仰富，刘继．中国企业的 IT 治理之道［M］．北京：清华大学出版社，2010.

[10] 卢正文，刘春林. 信息化规划方法论:一个系统框架［J］. 情报学报，2010，29（11）: 10-14.

[11] http://www.ea-china.net/index.php/framework/.

[12] Kshirasagar Nailk，Priyadarshi Tripathy．软件测试与质量保证-理论与实践. 郁莲等译．北京：电子工业出版社，2013.

[13] 魏伟．笑傲测试：软件测试流程方法与实施．北京：清华大学出版社，2006.

[14] 黄磊．面向对象开发参考手册．北京：人民邮电出版社，2014.

[15] “7・23”甬温线特别重大铁路交通事故调查报告　国务院“7.23”甬温线特别重大铁路交通事故调查组. 2011 年 12 月 25 日.

[16] 肖汉，郭运宏，肖波．软件测试．北京：电了工业出版礼，2013.

[17] 王铁辰等．软件测试从入门到精通．北京：电子工业出版社，2010.

[18] 姚茂群，方敏，王玉槐．软件测试技术与实践．北京：清华大学出版社，2012.

[19] 曲朝阳，刘志颖等．软件测试技术．北京：中国水利水电出版社，2006.

[20] 聂长海．软件测试的概念与方法．北京：清华大学出版社，2013.

[21] 郑晓霞，刘任重．管理信息系统．北京：中国水利水电出版社，2012.

[22] 张新兰．管理信息系统．北京：清华大学出版社，2009.

[23] 王欣．管理信息系统（第二版）．北京：中国水利水电出版社，2011.

[24] 何泽恒，胡晶．管理信息系统．北京：科学出版社，2010.

[25] 吴洪波．管理信息系统．北京：科学出版社，2011.

[26] 杨宏霞，李联宁．管理信息系统．北京：科学出版社，2011.

[27] 李淼．管理信息系统-理论与实践（第二版）．兰州：兰州大学出版社，2009.

[28] 刘腾虹，向卓元．管理信息系统．北京：清华大学出版社，2010.

[29] 郭宁，郑小玲．管理信息系统．北京：人民邮电出版社，2010.

[30] 郭宁．IT 项目管理．北京：清华大学出版社，北京交通大学出版社，2013.